新世纪研究生教学用书
会计系列

含 MPAcc
及MBA、EMBA财会方向

企业税务筹划理论与实务

Corporate Tax Planning Theory and Practice

（第四版）

盖地 主编

东北财经大学出版社
Dongbei University of Finance & Economics Press
大 连

图书在版编目（CIP）数据

企业税务筹划理论与实务／盖地主编．—4版．—大连：东北财经大学出版社，2015.1
（新世纪研究生教学用书·会计系列）
ISBN 978-7-5654-1762-7

Ⅰ.企…　Ⅱ.盖…　Ⅲ.企业管理-税收筹划-研究生-教材
Ⅳ.F810.423

中国版本图书馆CIP数据核字（2014）第301222号

东北财经大学出版社出版
（大连市黑石礁尖山街217号　邮政编码　116025）
教学支持：（0411）84710309
营 销 部：（0411）84710711
总 编 室：（0411）84710523
网　　址：http://www.dufep.cn
读者信箱：dufep @ dufe.edu.cn

大连图腾彩色印刷有限公司印刷　　东北财经大学出版社发行

幅面尺寸：170mm×240mm　　字数：410千字　　印张：20
2015年1月第4版　　2015年1月第9次印刷

责任编辑：李智慧　高　铭　　责任校对：那　欣　孙　萍
封面设计：张智波　　版式设计：钟福建

定价：38.00元

第四版前言

本书第三版出版后经过多次印刷，其间虽有修改，但仍然赶不上频繁变化的税收制度。本次改版，我们根据截至修改稿日的税收法规制度和相关会计准则，对全书进行了修改、调整。本书突出以下特点：

（1）理论与实务并重，强调理论联系实际。在理论上正确界定税务筹划，在实务上正确掌握税务筹划，突出案例教学。

（2）按税种与按经营内容（过程）两个角度分别阐述税务筹划的方法和技术。

（3）国内税务筹划与国际税务筹划相结合，以国内税务筹划为主。

（4）在主教材内容的基础上，辅以"相关链接"和"补充阅读材料"，增加信息量，以适应读者自学的要求。

（5）在阐述国内税务筹划时，以我国现行税收法规、会计准则为主要依据，同时也涉及对我国税制改革的某些前瞻性问题的探讨。

税务当局是投资者与管理者之间的契约中不请自来的一方当事人，向各方纳税人施加了一系列的契约条款（税收规则），并对纳税人税收遵从情况实施审计。契约的表现形式有税收法律、税收行政法规、税务规章等。作为税收契约的另一方，纳税人缴纳的税金不应超过其法定的纳税义务。他们有权事先通过精心安排其经济活动，努力将税收带来的"伤害"降到最低，以实现其税后收益最大化目标。

由于税收法规与会计准则存在差异，管理当局通常希望向投资人报告高水平的盈利，同时又希望向税务机关报告低水平的收入。要实现向税务机关报告低水平的收入，就需要税务筹划。正确合理的税务筹划会给企业带来实实在在的经济利益。但是，税务筹划与其他财务行为一样，是有成本、有风险的。理性的纳税人应该牢记成本效益原则和风险收益均衡原则。追求利益是以不违法为前提的，一旦突破底线，就会受到法律的惩处。

本书除主要作为研究生教材外，还可以作为企业高管、财务、会计、审计、税务等在职人员以及会计、税务、法律等中介机构从业人员的业务学习用书。

本书的作者及分工如下（以章为序）：盖地教授（第1章）、卢强博士（第2、3、4章）、刘植才教授（第5章）、张雅杰博士（第6、8章）、王成秋博士（第7章，张雅杰修改）、刘荣博士（第9章）。盖地担任本书主编，并负责全书框架设计、大纲拟定和书稿审阅及定稿。

囿于作者水平，书中难免存在缺憾，竭诚欢迎广大读者不吝指正。

盖　地

2014 年 11 月

于天津财经大学会计与财务研究中心

目　录

第 1 章

税务筹划总论

[学习目标]

学完本章后，应当掌握：

1. 税务筹划的概念、动因和意义；
2. 税务筹划的目标、原则和特点；
3. 税务筹划的基本技术和方法；
4. 税务筹划的基本程序和步骤；
5. 税务筹划的相关经济制度；
6. 税务筹划与财务管理、财务报告的关系。

1.1 税务筹划的概念和分类

可以说，与税收同样历史悠久的是纳税人对税收的抗争。一部税收史，同时也是一部税收抗争史。如何评价税收与税收抗争？这要区分不同社会制度、不同税收法制环境，不能一概而论。我国唐代诗人杜荀鹤的诗中曾经写到："任是深山更深处，也应无计避征徭。"如果纳税人"有计避征徭"，即如果能够通过税务筹划方式减轻自己的税收负担，则不会去作违反、对抗税法[①]之事。据史料记载，在 19 世纪中叶的意大利，就有税务专家对企业和个人开展税务咨询，而税务咨询大多是有关税务筹划的内容。但在一个相当长的历史时期，"税务筹划"只能说是原始意义上的税务筹划。它从企业计划中独立出来，并逐步形成一套较为完整的理论与实务体系，应该是在 20 世纪 50 年代[②]。我国应是从 20 世纪 90 年代中期开始研究税务筹划理论与实务的。

---

① 在现代税制产生以前，"税法"并非"法定"意义的税法，而是"钦定税法"。

② 1959 年欧洲税务联合会成立，它由从事税务咨询的专业人士和团体组成，其成员包括英、法、德、意等 22 个欧洲国家。"联合会"明确提出以税务咨询为中心开展税务服务，而税务筹划就是其服务的主要内容。

1.1.1 税务筹划（tax planning）的概念

在发达国家，纳税人对税务筹划早已耳熟能详，而在我国，税务筹划尚处于初始阶段，但不论是法人还是自然人，对税务筹划越来越关注已是不争的事实。何谓税务筹划，又是人言言殊。国际上对税务筹划概念的描述也不尽一致，以下是几种有代表性的观点：

荷兰国际财政文献局（IBFD）《国际税收词汇》是这样下定义的："税务筹划是指通过纳税人经营活动或个人事务活动的安排，实现缴纳最低的税收。"

印度税务专家 N. J. 雅萨斯威编写的《个人投资和税务筹划》一书中认为，税务筹划是："纳税人通过财务活动的安排，充分利用税务法规提供的包括减免在内的一切优惠，从而获得最大的税收利益。"

美国华盛顿大学税收教授斯特温·J. 赖斯认为："你可以把税务筹划看成是挖掘现行税法中的理论漏洞并设计自己的交易行为以利用这些漏洞的过程。"

美国南加州大学 W. B. 梅格斯与 R. F. 梅格斯合著的《会计学》中，在援引最高法院法官伦德·汉德在 1947 年国内税收特派员对纽曼诉讼案中的陈述"法庭一再重申，（纳税人）处于尽可能将税负降低到最低的目的而安排自己的活动并无不当。所有纳税人都有权这样做，不论贫富，没有人应当承担多于法律要求的社会义务；税收是强制缴纳的，而不是自愿捐献。以道德的名义要求缴纳更多的税，不过是侈谈空论而已"之后，作了如下阐述："人们合理而又合法地安排自己的经营活动，从而缴纳可能最低的税收。他们使用的方法可称之为税务筹划。"书中接着说："美国联邦所得税已变得如此之复杂，这使为企业提供详尽的税务筹划成为一种谋生的职业。现在几乎所有的公司都聘用专业的税务专家，研究企业主要经营决策上的税收影响，为合法地少纳税制订计划。"另外，书中还说："在纳税发生之前，系统地对企业经营或投资行为做出事先安排，以达到尽量少纳税的目的，这个过程就是税务筹划，如选择企业的组织形式和资本结构、投资采取租用还是购入的方式以及交易的时间。"

再向前追溯，1935 年，英国上议院议员汤姆林爵士针对"税务局长诉温斯特大公"一案，作了有关税务筹划的声明："任何一个人都有权安排自己的事业，依据法律这样做可以少缴税。为了保证从这些安排中得到利益……不能强迫他多缴税。"汤姆爵士的观点赢得了法律界的认同。英国、澳大利亚、美国等在以后的税收判例中经常援引这一原则精神。

在我国理论界，有关税务筹划概念的认识和理解也不相同。兹将有代表性的观点列示如下：

"税收筹划是一门涉及法学、管理学和经济学三个领域中的税收学、税法学、财务管理学、会计学等多门学科和知识的新兴的现代边缘学科……税收筹划是指制订可以尽量减少纳税人税收的纳税人的税务计划，即制定可以尽量减少纳税人税收的投资、经营或其他活动的方式、方法和步骤。"（方卫平．税收筹划［M］．上海：上海财经大学出版社，2001）

“税收筹划是纳税人在不违反现行税法的前提下，在对税法进行精细比较后，对纳税支出最小化和资本收益最大化综合方案的纳税优化选择，它是涉及法律、财务、经营、组织、交易等方面的综合经济行为。”（王兆高．税收筹划［M］．上海：复旦大学出版社，2003）

“税收筹划是市场法人主体在遵守税法及其他法规的前提下，运用纳税人的权利和依据税法中的‘允许’与‘不允许’、‘应该’与‘不应该’以及‘非不允许’与‘非不应该’的项目和内容等，对经营、投资、理财活动的事先筹划和安排，以获取最大税收利益。”（黄衍电．税收政策与筹划［M］．北京：经济科学出版社，2002）

“税收筹划是指纳税人为实现自身价值最大化和使其合法权利得到充分的享受和行使，在既定的税收环境下，对多种纳税方案进行优化选择的一种理财活动。”（宋献中，等．税收筹划与企业财务管理［M］．广州：暨南大学出版社，2002）

“企业税收策划换言之就是纳税人在现行税制条件下，通过充分利用各种有利的税收政策，适当安排投资行为，通过合理的财务协调和有机的会计处理，巧妙地安排纳税方案，在合法的前提下，以实现税后利益最大化为目标的涉税经济行为。”（庄粉荣．税收策划实务［M］．上海：立信会计出版社，2003）

“税务筹划是指税收事务参与主体就征收管理事务和税款缴纳事务所进行的策划，以期达到一方面将应收的税款尽可能收上来，另一方面纳税人尽可能在政策法规允许的范围内少缴税款以期减少税务成本。由此可见，税务筹划的主要内容分为以下两个领域：一是站在税收征管的角度进行的税收筹划；二是站在纳税人减少税收成本角度所进行的纳税筹划。”（张中秀．避税节税转嫁筹划［M］．北京：中华工商联合出版社，2001）

“税务筹划是指税收事务参与主体就税收征收管理事务和税款缴纳事务所进行的策划，以期达到一方面将应收的税款尽可能收上来，另一方面纳税人尽可能在政策、法规允许的范围内少缴税款，以减少税收成本。可见，税务筹划的内容主要涉及两个方面：一种是站在税收征管的角度进行的税收筹划；另一种是站在纳税人减少税收成本的角度进行的纳税筹划。后者属于纳税筹划的范畴，前者属于税收筹划的范畴。税务筹划包括纳税筹划和税收筹划。”（刘建民，等．企业纳税筹划理论与实务［M］．成都：西南财经大学出版社，2002）

“纳税筹划是纳税人在法律许可的范围内，以纳税成本和税收支付最小化及税后收益最大化目标为指导，对企业的生产、经营、投资、理财等事项进行事先安排的一系列活动。”（李胜良．纳税人行为解析［M］．大连：东北财经大学出版社，2001）

“纳税筹划是纳税人依据所涉及的现行税法，在不违背税法的前提下，运用纳税人的权利，通过合理的非违法的筹划安排，进行的旨在减轻税负的活动。也就是说，纳税筹划是纳税方自身权利的一种体现。而税收筹划则不仅涵盖了纳税方的纳税筹划，同时还包括了征税方的税务机关以征税为对象的税务筹划，包括税收立法，特别是反避税条款的制定，以及税务机关队伍和制度建设等，从而保障国家的税收收入，维护税法的尊严。可以说，进行税务筹划是征税主体的一种职责。”（管强．从经济学假设前提看税收筹划［N］．中国税务报．2003-10-15）

由此可以看出，在我国，首先是称呼不同，有“税务筹划”、“纳税筹划”和“税收筹划（策划）”等之称；其次是主体不同，即“筹划（策划）”是包括征纳双方两类主体，还是仅指纳税人一类主体，至于称为“税务筹划”或是“税收筹划”等，还是税务筹划包括税收筹划与纳税筹划，似乎不是最核心的问题。

笔者认为，在征纳双方法律地位平等但不对等的情况下，对公法来说，应遵循“法无授权不得行”的原则。如果征管方也可进行“筹划”，则会造成对公法的滥用。对纳税人来说，可遵循“法无明文不为过（罪）”的原则。因此，涉税筹划只应（能）是纳税人（企业、单位和个人）的“筹划”或“策划”，即纳税人进行税务筹划是其一项基本权利（详见下节），而征管方只能依法征管、依法治税。在明确筹划主体的前提下，再根据会计理论与实务的划分，既然税务会计与税收会计是两类非常明确的会计主体，那么纳税人的纳税筹划称为“税务筹划”似乎更好①。基于上述认识，本书认为税务筹划有狭义与广义之分。狭义的税务筹划仅指节税②；广义的税务筹划既包括节税，又包括避税，还包括税负转嫁。节税的天地并不宽，税负转嫁仅限于间接税，手段比较单一，而避税的弹性和空间则比较大③。在企业税务筹划实务中，节税、避税、税负转嫁既可单独采用，也可同时采用。本书所述税务筹划是广义的税务筹划。

根据上述理解与认识，本书认为：税务筹划是纳税人依据所涉及的税境，在遵守税法、尊重税法的前提下，规避涉税风险，控制或减轻税负，以实现税后收益最大化的谋划、对策与安排。也可以说，税务筹划是一种努力寻找纳税人自身经营活动与税收法规契合点的行为，是一种自主行为、自我受益的行为（当然也是自担风险的行为）。税务筹划的基本理念是精心安排企业的财务活动，最大限度地避免税法的影响。

从学科建设的角度分析，税务筹划既可以是税务会计的一个组成部分，也可以作为一个独立的学科，因为无论是税务会计还是税务筹划，都是涉及两门以上学科知识的现代边缘学科。如果将税务筹划视为一门新兴的边缘学科，那么它应该属于财务学科的范畴。

1.1.2 税务筹划的分类

根据不同的划分标准，税务筹划可以有不同的分类，一般有：

1）按税务筹划的主体分类

根据本书对税务筹划含义的理解，税务筹划的主体只能是纳税人，包括企业

---

① 尽管英语中“税务会计”与“税收会计”不分（都是 tax accounting），税务筹划、纳税筹划、税收筹划与税收计划不分（都是 tax planning）。

② 严格讲，节税不过是考虑了税收后果，并非真正意义上的“筹划”。

③ 在理论界，对避税的争议较多，有人认为避税有合法、违法之分，甚至还有人认为税务筹划不包括避税。

（含事业单位，下同）和个人两类。税务筹划的行为人既可以是税务筹划的主体，也可以是其聘请的税务顾问。

企业税务筹划是企业通过其投资活动、融资活动和日常经营活动等涉税财务事项，在现行税法等有关法律环境下，采用税务筹划的技术和方法进行的、有利于实现其财务目标的税务筹划。

个人税务筹划是个人通过精心安排其个人投资、经营和消费活动等，实现减轻税负的行为。

2）按税务筹划的期限分类

按税务筹划的期限分类，可以分为短期税务筹划和长期税务筹划两类。长短期的划分一般以1年或一个经营周期为界。

短期税务筹划主要运用于税务筹划主体的日常经营活动和短期投资、融资活动，主要追求的是少缴税，以达到降低税负的目的。

长期税务筹划主要运用于税务筹划主体的长期投资、融资决策和长期营销战略，以便更好地实现筹划主体的财务目标、可持续发展能力和企业战略目标。

3）按税务筹划的区域分类

按税务筹划的区域分类，即按税收管辖权分类，可以分为国内税务筹划和国际税务筹划两类。

国内税务筹划是在一国的税境下，税务筹划主体利用所在国税法规定的差异性和某些特殊条款，精心安排其经营活动、投资和融资活动等，以获得最大的税收利益。

国际税务筹划是跨国纳税人在国际税收环境下，利用各国税法规定的差异性和国际税收协定的具体条款，通过人的流动和非流动、物的流动和非流动等的策划，以期最大限度地规避税负，使其全球（整个集团）利益最大化。

【相关链接1-1】

纳税人为实施其收入转换而各显神通。这些转换方式包括：①从一种形式转变为另一种形式；②从一个口袋转移到另一个口袋；③从一个纳税期限转到另一个纳税期限。

（斯科尔斯，等．税收与企业战略：筹划方法［M］．张雁翎，主译．北京：中国财政经济出版社，2004）

4）按税务筹划采用的手段分类

按税务筹划采用的手段分类，可以将税务筹划分为节税筹划、避税筹划和税负转嫁（内容详见1.5和2.2）

1.1.3　税务筹划是纳税人的基本权益

在市场经济条件下，国家承认企业的独立法人地位，企业行为自主化，企业利益独立化。企业作为独立法人，所追求的目标是如何最大限度地、合理合法地满足自身的经济利益。无论从法律还是从企业行为看，企业权益归根到底是企业的权利和利益。企业利益是从企业权利派生的，有权利才可能有利益。任何利益都产生于一定的权利。企业权利是客观存在的，是由企业赖以生存的社会经济条件及企业承担的义务决定的。可以说，有什么样的社会经济条件就有什么样的企业义务，就有什么样的企业权利以及由此派生出来的企业利益。

企业权利作为社会经济发展一定时期的产物，其内在质与量的规定性要由这种内容的形式表现并明确下来。这种形式就是法律。法律对权利的规定是实施权利的前提，但还需要企业在遵守法律的同时，主动地实现其需求，即企业对自己采取的主动而有意识的行为及其后果，事先要有所了解，预测将给企业带来的利益。税务筹划就是这种具有法律意识的主动行为。

税务筹划是纳税人的一项基本权利。纳税人在法律允许或不违反税法的前提下，有从事经济活动、获取收益的权利，有选择生存与发展、兼并与破产的权利；税务筹划所取得的收益应属合法收益。

税务筹划是企业对其资产、收益的正当维护，属于企业应有的经济权利。纳税人对经济利益的追求可以说是一种本能，具有明显的排他性和为己的特征，其最大限度地维护自己的利益是十分正常的。税务筹划应是在企业权利的边界内或边界线上。超越企业权利的范围和边界，必然构成对企业义务的违背、践踏，而超越企业义务的范围和边界，又必然构成对企业权利的破坏和侵犯。对纳税人来说，遵守权利的界限是其应承担的义务，坚守义务的界限又是其应有的权利。税务筹划没有超越企业权利的范围，应属于企业的正当权利。

税务筹划是企业对社会赋予其权利的具体运用，属于企业应有的社会权利。企业的社会权利是指法律规定并允许的受社会保障的权利。它不应因企业的所有制性质、经营状况、贡献大小不同而不等。在对待税务筹划上的态度上，政府不能对外资企业与内资企业、国有企业与非国有企业采取不同的态度，不能对某类企业默许或认同，而对其他企业反对或制止。其实，对企业正当的税务筹划活动进行打压，恰恰助长了逃、抗、骗、欠税现象的滋生。因此，鼓励企业依法纳税、遵守税法的最明智的办法是让企业（纳税人）充分享受其应有的权利（其中包括税务筹划），而不是剥夺其权利、促使其走违法之途。

【相关链接 1-2】

纳税人权利保护原则。从社会契约论与交换论的角度看，国家与个人在税收上是平等关系与对等交换关系，但具体到某一纳税行为，就变成了纳税人单方面支付税款给强大的国家（政府）。因而，在征纳税过程中，强调保护纳税人权利显得非常重要。该原则包括量能课税原则、实质课税原则、合理回避税收原则。

企业税务筹划的权利与企业的其他权利一样，都有特定界限，超越（不论主动还是被动）这个界限就不再是企业的权利，而是违背企业的义务，就不再是合法，而是违法。企业的权利与义务不仅互为条件、相辅相成，而且可以相互转换。在纳税上，其转换的条件是：

（1）当税法中存在的缺陷被纠正或税法中不明确的地方被明确后，企业相应的筹划权利就会转换成纳税义务。如某种税由超额累进税率改为固定比例税率后，纳税人利用累进级距的不同税率而进行的筹划就不存在了。

（2）当国家或政府对税法或条例中的某项（些）条款或内容重新解释并明确其适用范围后，纳税人原有的权利就可能转变成义务。由于税法或条例中的某项（些）条款或内容规定不明确或不适当，纳税人就有了税务筹划的权利。如果国家或政府发现后予以重新解释或明确其适用范围，那么，有些纳税人就可能不再享有筹划的权利了，而且再发生这种经济行为就可能变为纳税义务。

（3）当税法或条例中的某项（些）特定内容被取消后，税务筹划的条件随之消失，企业的筹划权利就转换为纳税义务。如某项税收优惠政策（对某一地区或某一行业）取消后，纳税人就不能再利用这项优惠政策进行筹划，而只能履行正常的纳税义务。

（4）当企业因实施税务筹划而对其他纳税人（法人、自然人）的正常权利构成侵害时，企业的筹划权利就要受到制约，就要转变为尊重他人权利的义务。这就是说，企业税务筹划权利的行使是以不伤害、不妨碍他人权利为前提的。

【相关链接 1-3】

西方国家税收管理体系十分严密，在数字化管理和严重的法律后果的前提下，逃税在国外几乎是不可能的或者说是一种风险极大的违法行为。可见，在人类社会道德修养群体性地达到相当程度之前，大部分人的行为模式取决于制度设置而不是自身道德修养。

在西方，纳税人纳税之后，其知情权和监督权也是受法律保障的。税款征收之后的用途，除涉及国家机密之外，其财政预算、决算是受到严格监管和控制的，普通市民可以通过登陆政府的公务网站查询一些项目的开支情况，提出质疑，甚至以纳税人的名义提出诉讼，因为他有权怀疑自己交给政府的钱被花得不明不白。

司法实践证明，也正是这种法律制度的设置，使得地方的财政避免了许多滥用或错误开支的情况发生。

在西方税法原理中，国家是由全体社会成员依契约而成立的，公民纳税，如同社区居民交物业管理费一样，纳完税后，就有权利要求政府提供高质量的公共服务。如果政府所提供的公共服务存在瑕疵，给公众造成损害，公众就会通过司法救济要求赔偿。政府将纳税人缴纳的钱花到不正当的地方，纳税人当然也有权利上法院讨个说法。

（黄鸣鹤．法治的罗马城［M］．厦门：厦门大学出版社，2009）

【相关链接 1-4】

“米兰达告知”：20 世纪 60 年代，美国国会批准并沿用至今的一项执法原则。它规定，如果执法相对人在未被告知违法事实和上诉程序的情况下，执法机关做出的处罚结论是不能生效的。一直以来，“米兰达告知”被西方法治发达国家所推崇，并被当做当今世界执法文明与进步的重要标志。该原则目前尚未被大多数中国人所知。令人欣喜的是，2000 年 4 月，青岛成立了我国首家纳税人学校——山东即墨纳税人学校。“米兰达告知”正悄然走近纳税人。该校遵循“穿越心灵阻隔，共创美好明天”的建校准则，以实现征、纳税成本最小化为办学目标。税法告知正在发挥“倒挤效应”(进一步规范和约束税收执法行为，切实提高税收征管质量和效率)。

(中国税务报，2003-11-10)

1.2 税务筹划的动因和意义

1.2.1 税务筹划的动因

根据组织行为学理论，可从行为人的内在心理因素和外在环境因素两方面分析企业进行税务筹划的动因。目前，世界各国的财政收入一般都包括税收收入和规费收入两大类。对企业（纳税人）来说，其所负担的“税”与“费”① 是有差异的：①税收具有对“公共服务”、“公共物品”付费的性质，规费具有对“个人服务”付费的性质；②税收的纳税对象是税法规定范围内的所有纳税人，具有普遍性、统一性，其“支出”与“受益”没有直接的对应性，规费则是针对特定受益者，具有受益与其支出的直接对应性；③税收是政府的集中性收入，一般不具有特定用途，而规费一般具有特定用途。

由于“税”与“费”的上述差异，企业一般更乐意支付与其享受的特定服务有关的收费，或认为缴纳规费是不能避免的，但认为其享受的公共服务、公共物品是抽象的、人人可享的，与其是否纳税和纳税多少没有直接关系，因此，总是希望尽可能地减轻自己的税收负担，即尽可能争取晚纳税、少纳税甚至不纳税，但同时又希望尽可能争取多享受政府提供的公共服务和公共物品。

现代企业理论从个人交易行为的角度理解企业，将企业视为“一系列契约的联结，是个人之间产权交易的组织结构”，它是企业与企业（单位）、企业与政府、企业与个人（个人投资者、个人债权人、经营者、职工等）之间的契约，且各契约关系人之间又必然存在利益冲突（博弈）。在承认经济人的逐利本性、契约的不完备性和相当一部分契约是以会计信息为基础等前提条件的情况下，部分契约关系人（如经营者、投资者）便有动机、有条件、有机会进行某种（些）安排（操纵），以实现企业价值或税后利润最大化的目标。因此，只要在税收契约中承认会计确认和计量的某些原则和方法、允许进行某些会计政策选择，只要在税收契约中能够利用会计资料作为计税依据，在税收契约的执行过程中，理性的企业（纳税人）就会具有强烈的意识，追求企业税收利益最大化。纳税人为了税后收益的最大化，必然要充分考虑各契约方当前和未来的税收情况，以及税收政策的变化将如何影响供应商、客户、竞争对手等的行为。

【相关链接1-5】

税务当局是所有契约中不请自来的一方当事人。税务当局向其他“被迫”

① 本文所指的“费”是符合国家规定项目和标准的收费，而非乱收费、乱摊派之“费”。

加入的各方即纳税人施加了一系列的契约条款（税收规则）。与其他契约方不同，税务当局一般不与每个企业分别协商这些企业条款，因为很明显，这样做的代价太昂贵了。取而代之的是，税务当局宣布纳税人必须接受一系列的标准条款。

（引自《税收与企业战略筹划方法》）

现代经济学研究有两个基本假定前提，即资源是稀缺的，人是理性的。资源的稀缺要求人们对资源的使用应以效率为原则，使之发挥最大效用；经济人假设认为人是理智的、清醒的，即对自身行为的成本收益、风险有清楚的认识，在特定环境下，总是尽可能追求自身利益的最大满足。税务筹划也是遵循现代经济学的这两个基本假定前提。另外，根据信息经济学理论，当信息不对称时，企业既有动机利用其掌握的会计信息进行盈余管理，也有可能充分利用其掌握的会计信息最大限度地寻求自己的税收利益，即存在粉饰效应。

由此可见，不论从组织行为学理论，还是从现代企业理论、经济学理论分析，减轻税负、实现税后利润最大化[①]是企业（纳税人）生来具有的动机和不懈追求的目标。既然税收是政府凭借政治权利和公共权力的强制性征收，“没有人负有缴纳法定税款之后再额外多缴税款的爱国义务。相反，纳税人会寻找各种途径（合法（避税）和不合法（逃税））使税后收益最大化。[②]”“好的管理者们力图在法律允许的情况下，在最晚的时刻支付最少的所得税。[③]”企业（纳税人）恒久存在税务筹划的行为动因，但主观动机最终是否能够通过税务筹划的形式得以实现，则主要取决于企业所处的客观环境和条件。

1.2.2　税务筹划的客观环境和条件

企业减轻税负、实现税后利润最大化的目标可以有多种途径，按其是否违法进行分类，可以分为违法与不违法两类，而税务筹划则属后者。企业能否或愿否通过税务筹划方式实现其财务目标，还需要一定的客观环境和条件。

1）税收法律制度

健全、合理、规范的税收法律制度将大大缩小纳税人逃税等违法行为的空间，从而促使其通过税务筹划寻求自己的税收利益。这也是企业逐步成熟和行为理性的标志。

影响整个社会经济运行的导向意图，会在公平税负、税收中性的一般原则下，渗透税收优惠政策，如不同类型企业的税负差异，不同产品税基的宽窄，税率的高低，不同行业、不同经济事项进项税额的抵扣办法，减税、免税、退税政策等。因存在税收的优惠政策（税式支出），同种税在实际执行中的差异并非完全统一（非

---

① 税后利润最大化是企业财务目标的观点之一。有关企业财务目标，目前主要还有每股盈余最大化、股东财富最大化、相关者利益最大化、企业价值最大化等。企业财务目标之所以有多种表述，是因为企业的组织形式、治理结构不同，或所站的角度不同。本书不对各种财务目标进行探讨，以利润最大化泛指企业财务目标，但从税务筹划的角度分析，它应是“税后利润最大化”。

② 克拉尼斯基. 财务会计与税务会计的联系与区别［J］. 会计研究，1995（2）.

③ 亨格伦，等. 财务会计教程［M］. 北京：华夏出版社，1998.

中立性）的税收法制，无疑为企业选择自身利益最大化的经营理财行为（进行税务筹划）提供了客观条件。企业利用税收法制的差异进行旨在减轻税负的税务筹划，如果仅从单纯的、静态的税收意义上说，的确有可能影响国家收入的相对增长，但这是短期的，因为税制的这些差异是国家对社会经济结构规模进行能动地、有意识地优化调整，即力图通过倾斜的税收政策诱导企业在追求自身利益最大化的同时，转换企业经营机制，实现国家的产业政策调整、资源的合理开发和综合利用以及环境保护等意图。以发展的眼光从长远看，对企业、对国家都是有利的，这是国家为将来取得更大的预期收益而支付的有限的机会成本。因此，企业利用税制的非完全同一性所实现的税负减轻，与其说是利用了税收制度的差异，不如说是对税法意图的有效贯彻执行。

在税收实践中，除了上述税收政策导向性的差异外，税收法律制度也会存在自身难以克服的各种纰漏，即真正的缺陷或不合理，如税法、条例、公告、解释等不配套、不一致，政策模糊、笼统，内容不完整、不统一，税目、税率设置不合理或税制太复杂等。这也为企业进行税务筹划提供了可资利用的条件。对此，不论国家（政府）基于维护其声誉、利益的目的而做出怎样的解释或结论，从理论上说，不能认为企业进行的税务筹划是不合法的，从而给予处罚，也不能从道德的范畴、用舆论的方式予以谴责。尽管它可能与国家税收立法的意图相背离，国家只能在不断健全和完善税收法律制度上去努力。企业也应该认识到，税务筹划应该尽可能地从长远考虑、从整体考虑，过分看重眼前的、局部的税收利益可能会招致更大的、整体的潜在损失，或者扭曲企业的投、融资财务决策行为。

【相关链接 1-6】

1913 年诞生的美国联邦个人所得税法，从当初的 400 页增至 2003 年的 5 万页，纳税人填写一份 1 040 表平均花费 67.3 小时。同年诞生的美国联邦税法典，现已厚达 2 000 页，配套法规超过 6 000 页。每年，国内收入局向大约 1 亿纳税人发放 80 亿页的表格和指导说明。如果将它们首尾相连，这些表格和指导说明可以延伸达 70 万英里，相当于环绕地球 28 圈。为了印刷这些表格和指导说明，每年需砍伐近 30 万棵大树。

2）税收执法环境

税收执法环境包括外部环境和内部环境。外部环境是指税收征收管理人员的专业素质和执业水平。税收征管人员的专业素质和执业水平直接影响纳税人的纳税行为。如果其整体素质和执业水平较高，能够做到严格依法监管、依法治税、依率计征、公平高效，保证税法在具体执法环节及时、准确到位，形成良好的税收执法环境，那么纳税人要想获得税收利益，只有通过税务筹划方式，一般不会或不易、不敢做出违反税法等有关法律法规之事。如果在税收征管中“人治”明显，税款缴纳没有统一标准和规范，执法弹性大，违反税法的行为不能受到应有的惩罚，那么在这种税收执法环境下，纳税人采用最简单、最“便捷”的方法（当然是违法、违规的方法）就能达到其少缴税或不缴税的目的，而且其成本及风险又非常低，企业当然就不会苦心孤诣地去进行税务筹划。

税务筹划需要熟知税法及相关法律法规并熟练掌握税务筹划方法，亦即需要高素质的专业人才，同时也就意味着企业必须投入较多的人力资源成本；如果聘请税务筹划（咨询）专家，也需要支付较高的劳务费用。可以说，纳税人为了减轻自己的税收负担，实现税后利润最大化，是采用理性的税务筹划方式还是采用非理性的逃税等违法方式，在很大程度上受外部税收执法环境的影响。

内部税收执法环境是指企业内部高管层对减轻企业税收负担、实现税后利润最大化所持态度（其“态度”当然受其依法纳税意识，即其任职能力、政策水平等的影响）。根据受托责任观，企业会计人员要接受企业高管层的领导，执行其纳税意图。[①] 如果企业高管层整体素质较低、法制观念较差，就会直接要求或唆使、强令会计人员通过税务违法的手段达到其目的，企业为此会面临高风险。如果企业高管层整体素质较高、法制观念较强，就会在企业内部营造良好的税收执法环境，会计人员就会通过合法或不违法的途径，即通过税务筹划方式谋求企业的税收利益，有利于提高企业的税务管理和会计管理水平。

1.2.3 税务筹划的行为规范

企业要在有关法律（不限税法）约束下，通过内在经营机制的优化而谋取最大限度的利益增值。这是企业经营理财（含税务筹划）的行为准则和根本出发点。税务筹划作为企业维护自身利益的必要手段，不能仅考虑税负的减轻，而应将减轻税负置于企业的整体理财目标之中，为此，要充分考虑（分析）：①企业采取怎样的行为方式才能达到最佳的税务筹划效果，即有利于企业财务目标的最大化；②税务筹划的实施对企业当前和未来发展是否会产生现实的或潜在的损失；③企业取得的税务筹划效应与形成的机会成本配比的结果是否真正有利于企业内在经营机制的优化和良性循环；④企业税务筹划行为的总体实施是否具有顺应动态市场的应变能力，即具有怎样的结构弹性、可能的结构调整成本及风险程度；⑤企业进行的税务筹划是否存在受法律惩处的可能性，一旦避税不利将给企业带来什么后果等。单纯为了减轻税负可能降低税务筹划的效果，甚至可能出现以下负效应：

第一，税务筹划的显性收益抵补不了税务筹划的显性成本（税务筹划的费用过大，收不抵支）；

第二，税务筹划的显性收益虽然大于相应的显性成本，但其显性净收益低于机会成本；

第三，税务筹划的净收益虽然超过了机会成本（损失），但因片面税务筹划动机导致的筹资、投资或经营行为短期化，使企业资金运动的内在秩序受到干扰，影响企业资金未来的获利能力，形成潜在损失；

---

① 企业办税人员（会计人员）对严重违反税法的行为当然应该抵制，但这是另一个问题或另一方面，不是本书要述及的内容。

第四，存在触犯法律的可能性，形成有形或无形的机会损失。

由此可见，单凭主观动机并不一定就能减轻税负、降低税收成本，而只有将主观动机与决策素质（水平）较好地融汇于具体的经营理财行为中，并通过对客观环境和条件的深刻理解与充分把握，在对国家未来经济政策走向、国内外市场动态准确预测的基础上，才能有效而持续地进行税务筹划。

1.2.4　法律对税务筹划的行为约束

纳税人在进行税务筹划时，一定要谨记国家的法律约束（反避税措施等），因为各国一般都赋予税务当局质询纳税人交易或事项是否能够“通过嗅觉检查”（pass the smell test）的权力，即审查其交易或事项究竟是处于有效商业目的（valid business purpose）、还是避税目的。如果纳税人所进行的交易或事项被认为没有有效（合理）商业目的而有避税嫌疑，或者类似的经济结果可以使用更简单的交易即可获得，税务当局有权对其交易重新界定，这就会对纳税人不利。即使纳税人的交易或事项的商业目的可以得到证实，也不一定就能获得税收优惠。因此，要全面理解和掌握有关法律约束原则。

1）推定收入原则（constructive receipt doctrine）

推定收入原则是税务当局有权调整纳税人的税务会计方法，以保证能够清晰地反映其收入，因为大部分会计方法的采用都可能推迟应税收入的实现。为阻止纳税人隐瞒其已经实现的收入，以便于税款征收，税务当局会按推定收入原则确认纳税人的应税收入。

2）实质重于形式原则（substance-over-from doctrine）与商业目的原则（business-purpose doctrine）

实质重于形式原则允许税务当局透过合法的交易形式审查其交易实质。商业目的原则就是要求证明其交易的正当性。美国国会将来自司法实践的支持变成法律或法规，根据国内税收法（IRC）482 款的规定，赋予国税局（IRS）透过交易的合法形式在经济实质上对交易重新定性的自由审查权（目的是阻止纳税人在其左口袋与右口袋的税率不同时，获得不同的利益）。该款还常用于国际转让定价和在同一税收管辖权下不同税率的关联方之间的各种交易。赋予 IRS 享有特权的其他条款还有：446 款（b），当纳税人所选择的会计方法“没有清晰地反映收入”时，IRS 有权调整其会计方法。269 款，授权税务当局否认一定的已获损失。7701 款（1），授权税务当局制定规则对多方的金融交易重新定性为直接发生于两个或两个以上交易人之间的交易，这种重新定性有利于阻止避税。

在 2000 年的预算中，美国政府提出了几个旨在限定公司税收屏蔽的提案。这些提案集中在：①增加对公司税收屏蔽活动的披露；②增加并修改对逃避所得税的罚款；③修改现行法律，以阻止公司享用税收屏蔽带来的税收利益；④规定交易各方（发起人、咨询人等）的税收后果。上述规定、建议在法律团体和美国注册会计师协会（AICPA）引起了震动。虽然我国目前尚无类似规定，但这对我们不无启发。

3）收入转移原则（assignment of income）

收入转移是纳税人使某一方代表其将收入支付给第三方，从而使应纳税义务也转移到第三方（假定第三方享有较低的税级）。该原则明确纳税人转移应税收入的同时，“必须赠与整棵树[①]”。

4）关联方合同

在交易方是关联方的情况下，税务当局对该问题的关注程度肯定要大于交易方利益相反时的情况。因为有相反利益的双方不可能总是能够对合法形式与经济实质两者相差甚远的合同达成一致，否则，当一方违反合同约定义务时，法庭可能不会保护另一方的财产权利。一旦供货商在本次供货中拿到了高于市价的货款，他就很难在下一次依生产商的意愿再将价格压下来，或者供货商可能会宣称这样安排的目的是为了在下次供货时提供质次一些的原材料。如果供货合同规定的十分清楚，就会阻止供货商违反合同，但这样也就容易被税务当局关注，其税务筹划就会失败。税务当局关注关联方合同总是多于正常合同。

1.2.5　税务筹划的意义

企业正确地进行税务筹划，不论在微观上还是在宏观上，都有其积极意义。

1）税务筹划有助于提高纳税人的纳税意识

税务筹划与纳税人纳税意识的增强具有客观一致性和同步性的关系。企业进行税务筹划的初衷的确是为了不缴、少缴或晚缴税，但企业的这种行为是通过合法的或不违法的形式进行的，企业对经营管理活动进行税务筹划是利用国家税收调控政策取得成效的具体鉴证。

企业纳税意识强的基本要求是：①财务会计账证齐全、行为规范、信息真实完整；②按规定办理营业登记与税务登记手续；③及时、足额地申报缴纳税款；④自觉配合税务机关的纳税检查；⑤接受税务机关的处罚，如上缴滞纳金及罚款等。

从我国情况来看，进行税务筹划的企业多是外资企业或大、中型内资企业。这些企业的会计核算和管理水平较高，纳税管理比较规范，相当一部分还是纳税先进户或模范户。也就是说，税务筹划搞得好的企业往往是会计基础较好、纳税意识较强的企业。税务筹划与纳税意识的这种一致性关系体现在：

其一，税务筹划是企业纳税意识提高到一定阶段的表现，是与包括税制改革在内的经济体制改革发展水平相适应的。只有税制改革与税收征管改革取得了一定的成效（逐步完善、立法层次提高等），税法的权威才能得以体现；否则，该收的税收不上来，而对非法逃避缴纳税款行为的处罚也仅局限于补缴税款，无疑会助长企业逃税的倾向。企业不必进行税务筹划即能取得较大的税收利益，那么企业依法纳税意识自然不会很强。

其二，企业纳税意识强与企业进行的税务筹划具有共同点，即企业税务筹划所

---

① 但纳税人可能希望将合伙企业的收益、利润（树上结的果）而不是合伙企业的资本（树本身）转移给子女。

安排的经济行为必须合乎税法条文和立法意图或者不违反税法，而依法纳税更是企业纳税意识强的应有之意。

其三，设立完整、规范的财务会计账表和正确进行会计处理是企业进行税务筹划的基础和前提，会计账表健全、会计行为规范，其税务筹划的弹性应该会更大，它也为以后提高税务筹划效率提供依据；同时，依法建账也是企业依法纳税的基本要求。

2）税务筹划有助于实现纳税人财务利益的最大化

税务筹划可以降低纳税人的税收成本，还可以防止纳税人跌入税法陷阱（tax trap）。

税法陷阱是税法漏洞的对称。它是税法中可能导致纳税人多缴税的某些条款。纳税人一旦大意或无意落入规定条款的范围或界限中，就要缴纳更多的税款。税收陷阱的存在使纳税人不得不加以注重，否则就会落入税务当局设置的看似漏洞或优惠、实为陷阱的“圈套”，导致多缴税款。税务筹划可防止纳税人跌入税法陷阱，不缴不该缴的税款，有利于纳税人财务利益最大化。

3）税务筹划有助于提高企业的财务与会计管理水平

资金、成本、利润是企业财务管理和会计管理的三大要素。税务筹划就是为了实现资金、成本、利润的最优组合，从而提高企业的经济效益。企业进行税务筹划离不开会计。会计人员要熟知会计准则，更要熟知现行税法，要按照税法要求设账、记账、编报财务会计报告、计税和填报纳税申报表及其附表。这也有利于提高企业的财务管理水平和会计管理水平。

4）税务筹划有利于提高企业的竞争力

税务筹划有利于贯彻国家的宏观调控政策。企业进行税务筹划，减轻了企业的税负，企业有了持续发展的活力，竞争力提高了，收入和利润增加了，税源丰盈，那么国家的收入自然也会随之增加。因此，从长远和整体看，税务筹划不会减少国家的税收总量，甚至可能增加国家的税收总量。

5）税务筹划有助于优化产业结构和资源的合理配置

纳税人根据税法中税基与税率的差别，根据税收的各项优惠政策，进行投资、融资决策，企业制度改造，产权结构调整，产品结构调整等，尽管在主观上是为了减轻税负，但在客观上却是在国家税收的经济杠杆作用下，逐步走向了优化产业结构和生产力合理布局的道路，体现了国家的产业政策，有利于促进资本的有效流动和资源的合理配置，也有利于经济的持续增长和发展。

6）税务筹划有利于提高税收征管水平、不断健全和完善税收法律制度

可以肯定，纳税人的税务筹划是不违反税法的，但不一定都符合政府的政策导向。它涉及的是法律范畴——作为征管方，也只能在法律范围内加强征管——而不是感情问题，不能情绪化。它可以促使税务当局及早发现现行税收法规制度中存在的缺陷与漏洞，然后依法定程序进行更正、补充或修改，从而提高税务当局的征管水平，促进税法不断健全和完善。

7）税务筹划有利于促进社会中介服务的发展

成功的税务筹划需要综合的专业知识，复杂的筹划方案更需要专业人才的系统设计，其实施具有诸多的不确定性。因此，大多数企业会有些力不从心。这就需要税务代理咨询机构提供税务筹划服务，从而也促进了注册会计师、注册税务师、律师、评估师、财务分析师等中介服务的发展。

1.3　税务筹划的目标

税务筹划的行为主体是纳税人，其本身可以是税务筹划的行为人，也可以是聘请的税务顾问。税务筹划可以在两个层面上进行：一是在企业目前既定的产权结构和经营条件（范围）下，在企业的日常经营活动中，以及对资产、收入、利润、费用等的税务会计确认、计量和记录方法的选择，以及对投资、融资方式的筹划等，实现减轻税负、提高盈利水平的目标；二是利用税法及相关法规制度等，通过企业组建、注册登记、兼并重组、合并分立、破产清算等方式，以达到减轻税负、增加企业营运资金和实现资本扩张的目的。

关于税务筹划的目标，目前有各种表述，如税后利润（财富、价值）最大化；税负最小（轻）化（其外在表现就是纳税最少、纳税最晚，即实现“经济纳税”）。诺贝尔经济学奖得主迈伦·斯科尔斯等编著的《税收与企业战略筹划方法》中提出了“有效税务筹划”的观点，认为“有效税务筹划在实施最大化税后利益的决策规则时要考虑税收的作用。在交易成本昂贵的社会里，税负最小化策略的实施可能会因非税因素而引发大量成本”。本书认为，由于各个企业的产权结构、规模大小、组织形式、管理水平等存在差异，其税务筹划的具体目标也应该有所不同，因此，本书主张将税务筹划的目标层次化或具体化。

1.3.1　恰当履行纳税义务

恰当（得当、正确）履行纳税义务是税务筹划的基础目标或最低目标，旨在规避纳税风险、规避任何法定纳税义务之外的纳税成本（损失）的发生，避免因涉税而造成的名誉损失，做到诚信纳税。为此，纳税人应做到纳税遵从(conformity)，即依法进行税务登记，依法建账并进行账证管理，依法申报纳税，在不超过税法规定的期限内缴纳该缴的税款。税收具有强制性。如果偏离了纳税遵从，企业将面临涉税风险。

税制具有复杂性、频变性。这就意味着纳税义务不能自动履行，纳税会给企业带来或者加重企业的经营损失风险、投资扭曲风险和纳税支付有效现金不足风险等。纳税人必须及时、正确、全面地掌握所涉税境的税法，将税务筹划置于理财学的框架内，尽可能地避免纳税风险带来的潜在机会成本，努力实现涉税零风险。

1.3.2　纳税成本最低化

纳税成本最低化与恰当履行纳税义务，虽然都是防卫型的税务筹划目标，但也都是最基本的税务筹划目标。纳税人为履行纳税义务，必然会发生相应的纳税成本①。在应纳税额不变的前提下，纳税成本的降低就意味着纳税人税收利益（税后收益）的增加。纳税成本包括直接纳税成本和间接纳税成本。前者是纳税人为履行纳税义务而付出的人力、物力和财力，即在计税、缴税、退税及办理有关税务凭证、手续时发生的各项成本费用；后者是纳税人在履行纳税义务过程中所承受的精神负担、心理压力等。直接纳税成本容易确认和计量，间接纳税成本则需要估算或测算。税制越公平，纳税人的心理越平衡；税收负担若在纳税人的承受能力之内，其心理压力就小；税收征管越透明、越公正，纳税人对税收的恐惧感便越小。纳税成本的降低，除与纳税人的纳税成本意识、涉税业务素质等主观因素有关外，还与税制是否合理、征管人员水平、征管手段、征管方式等有直接关系。因此，纳税成本的降低，除了要提高纳税人的自身业务素质、加强企业管理外，不断健全、完善税制及提高税收征管人员的执业水平、业务素质也是降低纳税成本的重要因素。应该看到，纳税人纳税成本的降低不仅会增加企业利润，从而增加企业的应税所得额，对国家来说，也会增加其税收收入，并降低税务机关的征管成本。这是一种双赢的结果。

【相关链接 1-7】

税务筹划的非税成本是指企业因实施税务筹划所产生的连带经济行为的经济后果。非税成本是一个内涵丰富的概念，有能够量化的内容，也有不能够量化的内容，具有相当的复杂性和多样性。在不同的纳税环境下，不同筹划方案引发的非税成本也有所不同。在一般情况下，税务筹划的非税成本有代理成本、交易成本、机会成本、组织协调成本、隐性税收②、财务报告成本、沉没成本和违规成本等。

1.3.3 获取资金时间价值最大化

如果纳税人能够合理有效地运作其资金，在不考虑或无通货膨胀的前提下，则随着时间的推移，货币的增值额会成几何级数增长。通过税务筹划实现推迟（延缓）纳税，相当于从政府取得一笔无息贷款，其金额越大、时间越长，对企业的发展越有利。在信用经济高速发展的时代，企业一般都是负债经营，而负债经营既有成本又有风险，要求企业负债规模要适度，负债结构应合理；而通过税务筹划实现的推迟（延缓）纳税额，则没有任何风险，应是多多益善，对企业实现低成本、高效益经营，改善企业的财务状况是十分有利的。

1.3.4 税收负担最低化与税后利润最大化

"公司的目标是在税务会计的限度内实现税负最小化及税后利润的最大化。"③

---

① 对纳税人来说，其纳税成本中有一部分是不可控成本，即税收遵从成本，而遵从成本的高低，则主要取决于国家税制的公平程度。2003 年 9 月 12 日的《中国税务报》披露，美国联邦所得税制的遵从成本每年估计为 2 250 亿美元左右，约占年所得税收入的 29%，而小公司所承担的税收遵从成本是大型公司的 27 倍。

② 根据迈伦·斯科尔斯等教授的界定，隐性税收是有税收优惠的投资以取得较低税前收益率的形式间接支付给税务当局的税收，而相对于隐性税收的显性税收则是直接支付给税务当局的税收。我们认为，显性税收属于企业纳税成本中的直接成本。

③ 纳什．未来会计［M］．宋小明，译．北京：中国财政经济出版社，2001.

不论从理论角度，还是从实务角度，税务筹划都是企业财务管理的重要组成内容。减轻税负只有在纳税人整体收益增长的前提下才有实际意义，即减轻税负是为了实现税后利润最大化。因此，当实施某项税务筹划使税收负担最低化与其税后利润最大化呈正相关时，税收负担最低化就是税务筹划的最高目标。当实施某项税务筹划使税收负担最低化与税后利润最大化呈负相关时，税务筹划的目标应该以企业的财务目标为其最终目标，即税务筹划要服从、服务于企业的财务目标。从这个角度来说，税收负担最低化是手段而不是目的。

在企业经营中采取措施以实现税负最低、利润（价值）最大，是一项复杂的系统工程，需要事先对企业的涉税事项进行总体运筹和安排。在法律（不仅是一国）规定、国际惯例、道德规范和经营管理需要之间寻求平衡，争取涉税零风险下的企业税后利润（价值）最大化。税务筹划不能只考虑个别税种缴纳的多与少，不能单纯以眼前税负的高低作为判断标准，而应以企业整体和长远利益作为判断标准，因此，企业可能会选择税负较高而税后利润最大的方案。在考虑货币的时间价值时，如果是超额累进税率，还要考虑边际税率因素，因为边际税率的改变可能会抵销货币时间价值的作用。税负最低化目标更多的是从经济观点而非税收角度来谋划和安排，税务筹划的焦点是现金流量、资源的充分利用和纳税人所得的最大化。

税务筹划的各项目标不是截然分开的，不同企业可以有不同的具体目标，同一企业在同一时期也可能有几种具体目标，其不同时期的具体目标也可能有所不同、有所侧重。

1.4　税务筹划的原则和特点

1.4.1　税务筹划的原则

1）守法原则

守法包括合法与不违法两层含义。税务筹划一定不能违反税法，换言之，违反税法的行为根本不属于税务筹划范畴。因此，以避税为名、行逃税之实的“筹划”根本不是税务筹划（当然也不是避税）。企业进行税务筹划，应该以国家现行税法及相关法规等为法律依据，要在熟知税法规定的前提下，利用税制构成要素中的税负弹性等进行税务筹划，从中选择最优的纳税方案。

2）自我保护原则

自我保护原则实质上是守法原则的延伸。因为只有遵循守法原则，才能实现自我保护。纳税人为了实现自我保护，一般应做到：①增强法制观念，树立税法遵从意识。②熟知税法等相关法规。例如，我国大部分税种的税率、征收率不是单一税率，有的税种还有不同的扣除率、出口退税率，纳税人在兼营不同税种、不同税率的货物、劳务时，在出口货物时，在同时经营应税与免税货物时，要按不同税率（退税率）分别设账、分别核算（它与财务会计的设账原则不同）；当有混合销售行为时，要掌握混合销售的计税要求。另外，由于增值税实行专用发票抵扣制，依法取得并认真审核、妥善保管专用发票也是至关重要的。③熟知会计准则、制度。例如,《企业会计准则》明确了与税法分离的原则,如何正确进行涉税事项的会计处理就是非常重要的问题。④熟悉税务筹划的技术和方法。对纳税人来说,税务筹划要首先保证不能违反税法,然后才是如何避免高税率、高税负,进而实现税后利润最大化。

3）成本效益原则

成本效益原则是人类社会的首要理性原则。税务筹划要有利于实现企业的财务目标;进行税务筹划应遵循成本效益原则;税务筹划要保证其因之取得的效益大于其筹划成本,即体现经济有效。“效益”又有目前利益与长远利益之分。在考虑目前利益时,不仅要考虑各种筹划方案在经营过程中的显性收入和显性成本,还要考虑税务筹划成本（税务筹划成本可分为显性成本和隐性成本。显性成本是在税务筹划中实际发生的相关费用,隐性成本是纳税人因采用税务筹划方案而放弃的潜在利益,对企业来说,它是一种机会成本）。因此,目前利益是用利润衡量,还是用净现金流量衡量,从长远利益的角度看,两者是一致的,但若考虑资金的时间价值,用净现金流量来衡量可能更为确切。资产的内在价值是企业未来现金流量的现值,因此,企业的内在价值也是企业未来现金流量的现值。在考虑成本效益原则时,应注意“税负最低”与“企业价值最大”的关系。当两者相悖时,前者应该服从后者。

4）时效性原则

税务筹划是在一定法律环境下,在既定经营范围、经营方式下进行的,有着明显的针对性、特定性。随着时间的推移,社会经济环境、税收法律环境等各方面情况不断发生变化,企业必须注重时效性原则,把握时机、灵活应对,以适应税收的政策导向,不断调整或制订税务筹划方案,以确保企业持久地获得税务筹划带来的收益。时效性原则也体现在充分利用资金的时间价值上。

5）整体性原则

整体性原则是指在进行某一税种的税务筹划时,还要考虑与之有关的其他税种的税负效应,进行整体筹划、综合衡量,以求整体税负最轻、长期税负最轻,防止顾此失彼、前轻后重。

综合衡量从小的方面说,眼睛不能只盯在个别税种的税负高低上。要考虑一种税少缴了,另一种税是否会因之多缴?因而要着眼于整体税负的轻重。从另一个角度看,税金支付的减少不一定就是资本总体收益的增加。某些设在我国经济特区的外资企业用转让定价的方法将利润逆向转移到境外高税区,为的是逃避国家外汇管制,追求集团整体利益甚至只是外方投资人的收益而非企业税负最轻。

6）风险收益均衡原则

根据财务学中的资本资产定价模型,资产的期望收益率会随着其风险系数的增加而提高,随风险系数的降低而降低。也就是说,收益与风险价值具有配比性,风险越大,收益越高;风险越小,收益越低。企业要想获得高收益,就要准备面对、迎战高风险；但是，高风险也不一定必然会带来高收益，当然，低风险一般也不会带来高收益。税务筹划有收益，但也会有风险。企业应当遵循风险与收益均衡的原则，采取措施，分散、化解风险，选优弃劣，趋利避害。

1.4.2　税务筹划的特点

1）事前性

税务筹划一般都是在应税行为发生之前进行谋划、设计、安排的。它可以在事先测算企业税务筹划的效果，因而具有一定的事前性。在经济活动中，纳税义务通常具有滞后性。企业交易行为发生后，才会发生纳税义务，才可能缴纳有关流转税；收益实现或分配后，才可能缴纳所得税；财产取得或应税行为发生之后，才可能缴纳财产、行为税。这在客观上提供了在纳税前事先做出筹划的可能性。另外，经营、投资和融资活动是多方面的，税法规定也是有针对性的。纳税人和纳税对象的情况不同，税收待遇也往往不同，这为纳税人选择较低税负提供了机会。如果经营活动已经发生、应纳税款已经确定，再去“谋求”少缴税款，则不属税务筹划行为，而是税务违法行为。

2）目的性

税务筹划具有很强的目的性，就是要取得纳税人的税收利益。它有两层意思：一层意思是选择低税负。低税负意味着低的税收成本，低的税收成本则意味着高的资本回报率。另一层意思是滞延纳税时间（非指不按税法规定期限缴纳税款的欠税行为）。税款缴纳期的递延，除了可以获得资金时间价值外，还可能减轻税收负担（如避免高边际税率）。不管是哪一种，其结果都是税款支付的节约。

3）政策导向性

政策导向性是指政府为了某种经济或社会目的，针对投资人、经营者、消费者希望减轻税负、获得最大利益的心态，有意识地制定一些税收优惠、税收鼓励、税法差异政策，引导投资人、经营者、消费者采取符合政府政策导向的行为，其结果是实现“双赢”。

4）普遍性

纳税人的普遍性决定了税务筹划的普遍性。在税法面前，所有纳税人都可以、都有权进行税务筹划。

5）多变性

各国的税收政策，尤其是各税种的实施细则等，随着政治、经济形势的变化会经常发生变化，因此，税务筹划也就具有多变性。纳税人应随时关注涉税国家的税收法规变动，及时进行税务筹划的应变调整。

1.5　税务筹划的基本手段和技术

根据税务筹划包括的内容，税务筹划技术可以分为节税筹划技术、避税筹划技术和税负转嫁技术。

1.5.1　节税（tax saving）的手段和技术

1）节税的含义

节税乃是纳税人在符合税法意旨的前提下，意图减少税收负担的行为。换言之，当法律形式可能存在数个与经济实质相当的选择时，纳税人必然会选择其中税收负担最轻者，以达到减轻税收负担时，纵使此税收构成要件被规避，仍应认为节税行为，必须承认其税法上的效果。[①]

节税是在税法规定的范围内，当存在多种税收政策、计税方法可供选择时，纳税人以税负最低为目标，对企业经营、投资、筹资等经济活动进行的涉税选择行为。

2）节税的特点

（1）合法性

节税是在符合税法规定的前提下，在税法允许、甚至鼓励的范围内进行的纳税优化选择。

（2）符合政府政策导向

税收是有力的宏观调控手段（杠杆）。各国政府都会根据纳税人谋求利润最大化的心态，有意识地通过税收优惠、鼓励政策，引导投资、消费。纳税人在实现节税目的的同时，政府也实现了其政策导向的目的。

（3）普遍性

各国的税收制度都强调中性原则，但它在不同纳税人、缴纳对象（范围）、缴纳期限、地点、环节等方面，总是存在差别的，这就使纳税人节税具有普遍性。

（4）多样性

各国的税法不同，会计准则、会计制度、汇率政策等也不尽相同，同一国家的不同时期，其税法、会计准则、会计制度等也有变化，而且在不同地区、不同行业之间税法也存在差异。这种差异越大，变动越多、越频繁，纳税人节税的余地也越大、形式也越多。

3）节税的形式

（1）利用税收优惠政策[②]进行的节税，是最基本的节税形式。

（2）在现行税法规定的范围内，选择不同的会计政策、会计方法以求节税。

（3）在现行税法规定的范围内，在企业筹建、经营、投资与筹资过程中进行旨在节税的选择。

4）节税筹划技术

节税筹划技术主要是根据税制构成要素进行的筹划，主要有：

（1）免税技术（tax exemption technique）

免税方式有法定免税、特定免税和临时免税三种，其中后两种免税方式带有不

---

① 黄士洲．掌握税务官司的关键［M］．中国台北：元照出版有限公司，2005.

② 有的税收优惠政策不得叠加享受，但有的税收优惠政策可以叠加，如被认定的高新技术企业除可以享受低税率外，其发生的研发费用还可以加计扣除。

公平性和随意性。免税筹划技术就是利用税法规定的免税条件，尽量争取免税额最大、免税期最长。比如，国家对新办企业、IT 企业、集成电路产业以及符合条件的节能、节水和环保项目所得等，规定一定时间的免（减）税期。

（2）减税技术（tax reduction technique）

减税就是国家对纳税人应缴税款的减征。它是国家对某些纳税人或纳税人的某些纳税对象进行的鼓励、照顾或扶持。减税筹划技术就是尽量争取获得减税待遇和使其减税额最大、减税期最长。比如 A、B、C 三个国家，公司所得税的普通税率基本相同，其他条件基本相似或利弊基本相抵。某企业生产的商品 90% 以上出口到世界各国，A 国对该企业所得按普通税率征税；B 国为鼓励外向型企业发展，对此类企业减征 30% 的所得税，减税期为 5 年；C 国对此类企业减征 40% 的所得税，而且没有减税期限的规定。打算长期经营此项业务的企业完全可以考虑把公司或其子公司办到 C 国去，从而在合法的情况下使节减的税款最大化。

（3）税率差异技术（tax rates difference technique）

税率差异技术就是在不违反税法的前提下，尽量利用税率的差异，使因之减少的应纳税款最大化。在开放的经济环境下，一个企业完全可以利用税率的差异使节减的税款最大化。比如 A 国的公司所得税税率为 20%，B 国为 25%，C 国为 30%，那么在其他条件基本相似或利弊基本相抵的条件下，投资者到 A 国开办公司就可使减税最大化。

（4）分割技术（splitting technique）

分割技术就是使应税所得、应税财产在两个或更多个纳税人之间进行分割而使节减的税款最大化。所得税和财产税的适用税率如果是累进税率，则计税基础越大，适用的边际税率也越高。应税所得、应税财产在两个或更多个纳税人之间进行分割，可以使计税基础缩小，从而降低最高边际适用税率，节减税款。比如一国应税所得 20 万元以下的适用税率是 8%，20 万元到 45 万元部分的适用税率是 15%，该国允许夫妇分别或合并申报，那么一对某年各有应税所得 15 万元的夫妇就可以采用分别申报纳税的方式来减少税款。

（5）扣除技术（deductions technique）

扣除技术就是使税前扣除额、宽免额和冲抵额等尽量最大化。在同样收入额的情况下，各项税前扣除额、宽免额和亏损等冲抵额越大，计税基础就越小，应纳税额也越少，所节减的税款就越多。比如，创业投资企业从事国家需要重点扶持和鼓励的创业投资，可以按投资额的一定比例抵扣应纳税所得额。创业投资企业采取股权投资方式投资于未上市的中小高新技术企业 2 年（含）以上的，可以按照其对中小高新技术企业投资额的 70% 在股权持有满 2 年的当年抵扣该创业投资企业的应纳税所得额；当年不足抵扣的，可以在以后纳税年度结转抵扣。企业为开发新技术、新产品、新工艺发生的研究开发费用，可以按其实际发生额加计扣除 50%。

(6) 抵免税技术 (tax credit technique)

抵免税技术就是使税收抵免额尽量最大化、重复纳税额最小化。各个国家往往规定了多种税收抵免,如国外所得已纳税款抵免,购买节能、节水、环保等专用设备等。税收抵免额越大,应纳税额越小,所节减的税额就越大。对一个必须不断进行研究开发才能求得生存和发展的企业来说,在其他条件基本相似或利弊基本相抵的条件下,就可以选择抵免额最大的方案。

(7) 延(缓)期纳税技术 (tax deferral technique)

延(缓)期纳税技术就是尽量采用延(缓)期缴纳税款的节税技术,即递延纳税。它是纳税人根据税法的有关规定将应纳税款推迟一定期限缴纳。递延纳税虽不能减少应纳税额,但纳税期的推迟可以使纳税人无偿使用这笔款项而不需支付利息,对纳税人来说等于降低了税收负担。纳税期的递延有利于资金的周转,不但节省了利息支出,还可使纳税人享受通货膨胀带来的好处,因为延期后缴纳的税款由于通货膨胀币值下降,更加降低了其实负税额。纳税人在某一年内取得特别高的所得,有可能被允许将这些所得平均分散到数年之后去计税和纳税,或是对取得高所得年度应纳税款采用分期缴纳的方式,以避免纳税人的税负过重。若允许纳税人对其营业财产采用初期折旧或自由折旧法可以减少高折旧年度的应税所得,从而实现延期纳税,鼓励投资。如国家规定公司国外投资所得只要留在国外不汇回,就可以暂不纳税,那么把国外投资所得留在国外,就会有更多的资金可供利用,将来可取得更多的收益。税收递延的途径很多,纳税人可充分利用税法给予的优惠,积极创造条件,在遵守法律规范的前提下进行税务筹划,享受应得的税收实惠。

(8) 退税技术 (tax repayment technique)

退税技术就是尽量争取获得退税待遇并使退税额最大化的节税技术。许多国家的税法都规定了投资退税、出口退税、即征即退、先征后退等退税政策,在纳税人已缴纳税款的情况下,退税无疑降低了纳税人的税负。比如A国规定企业用税后所得进行再投资可以退还已纳公司所得税税额的40%,公司在其他条件基本相似或利弊基本相抵的条件下,用税后所得而不是借入资金进行再投资,无疑可以节减税款。

1.5.2 避税 (tax avoidance) 的手段和技术

1) 避税的含义

对避税的认识和理解的差异较大,现将有代表性的观点摘录如下:

(1)"避税指以合法手段减少应纳税额,通常含有贬义。例如,此词常用以描述个人或企业,通过精心安排,利用税法的漏洞、特例或其他不足之处来钻空取巧,以达避税目的。法律中的规定条款,用以防范或遏止各类法律所不允许的避税行为者,可以称为'反避税条款'或'对付合法避税的条款'。"(荷兰国际财政文献局. 国际税收词汇[M]. 北京:中国财政经济出版社,1992)

(2)"国际避税可以认为是跨国纳税人采取合法手段,利用税法上的漏洞或含糊之处进行税务安排，达到规避或减轻税收负担的行为。”（中国注册会计师教育教材编审委员会．税法［M］．大连：东北财经大学出版社，1995）

（3）“国际避税是指跨国纳税人利用各国税法规定的差别，采取变更其经营方式或经营地点等种种公开的合法手段以谋求最大限度减轻其国际纳税义务的行为。”（葛惟熹．国际税收学［M］．北京：中国财政经济出版社，1999）

（4）“国际避税就是指跨国纳税人或征税对象通过合法方式跨越税境，逃避相关国家税收管辖权的管辖而进行的一种减少税收负担的行为。”（李九龙．国际税收［M］．武汉：武汉大学出版社，1990）

（5）“避税可以定义为规避、降低或延迟纳税义务的一种方法……节税是用法律并不企图包括的方法来使纳税义务降低；而避税则是对法律企图包括但由于这种或那种理由而未能包括进去的范围加以利用。”（偷税与避税［M］．国家税务局税收科学研究所，译．北京：中国财政经济出版社，1992）

（6）“避税是指纳税人利用合法的手段，在税收法规的许可范围内，采取一定的形式、方法或手段，通过经营和财务活动的安排，逃避纳税义务的行为。”（刘隽亭，刘李胜．纳税、避税与反避税［M］．北京：社会科学文献出版社，2000）

（7）“会计师们强调避税的合法性，将避税称为税务筹划或税收减轻。”（诺布斯．税收经济学［M］．北京：中国财政经济出版社，1988）

（8）“避税是使用税法允许的合法方法使纳税义务最小化。避税通常是筹划计划中的交易以便得到一种特殊的税收待遇。进一步说，避税是建立在与一项交易的纳税处理有关的、公开的相关事实的基础上。”（墨菲，等．美国联邦税制［M］．解学智，等，译．大连：东北财经大学出版社，2001）

（9）“纳税人利用法律上的漏洞或模糊之处来安排自己的涉税事务，以减少本应承担的纳税数额。纳税人的避税行为一旦与两个或两个以上的国家的税收管辖权产生了联系，就构成了国际避税。”（李齐云，王剑峰．国际避税的概念与方式［J］．中国税务报，2002-09-10）

由此可见，避税的概念差异较大，有的称合法避税、有的称非违法避税、有的称违法避税。

根据笔者的理解，避税应是纳税人在熟知相关税境的税收法规的基础上，在不直接触犯税法（非违法）的前提下，利用税法等有关法律的差异、疏漏、模糊之处，通过对经营活动、融资活动、投资活动等涉税事项的精心安排，达到规避或减轻税负的行为。简言之，避税是利用税法的疏漏，规避税法，以求免除或减轻纳税人负担的行为。

研究避税最初产生的缘起，不难发现，避税是当初纳税人为抵制政府过重的税政、维护自身的利益而进行各种逃税、抗税等受到政府的严厉制裁后，寻求更为有效的规避办法的结果。纳税人常常会发现：有些逃避纳税义务的纳税人受到了政府的严厉制裁，损失惨重，而有些纳税人则坦然、轻松地面对政府的各项税收稽查，顺利过关，不受任何损失或惩罚。究其原因，不外乎这些充满智慧的纳税人（还包括注册会计师、注册税务师、法律顾问等）常常能够卓有成效地利用税法本身的纰漏和缺陷，顺利而又轻松地实现了规避纳税或少纳税而又不触犯法律的目的。这就使越来越多的纳税人对避税趋之若骛，政府也不得不将其注意力集中到不断完善、健全税制上。这种对税法的避与堵，大大加快了税收法制建设，使税制不断健全、不断完善，有助于社会经济的进步和现代文明的发展。

【相关链接1-8】

最令人气愤的是要比自己的邻居多缴税。——威廉·佩蒂

别对你征税，也别对我征税；对树后那个家伙征税。——拉塞尔·隆

避税可能合法，但不道德。——劳德·邓宁

2）避税的法律依据

从法律的角度分析，避税行为可以分为顺法意识避税和逆法意识避税两种类型。顺法意识避税活动及其产生的结果，与税法的法意识相一致，它不影响或削弱税法的法律地位，也不影响或削弱税收的职能。但在现实中，只有顺法意识的节税，而不可能有真正的顺法意识避税，因为各种避税方法都是为了规避税法，而不是“顺应”税法。逆法意识避税是与税法的法意识相悖的，它是利用税法的不足进行反制约、反控制的行为，但并不影响或削弱税法的法律地位。企业既然有订立最有利的契约以达到追求其商业利益的权利，则同样也有选择某种法律行为方式以达成最低税负的权利。

阿根廷宪法规定：“不应强迫阿根廷的居民去做法律没有规定的事情，同时也不能禁止他们去做法律没有禁止的事情。”德国的法庭在审判过程中承认：“只要法律没有禁止，纳税人就可按自己的意愿来从事经营，特别是从缴税最少的角度来有效地组织经营。”①

避税实质上就是纳税人在履行应尽法律义务的前提下，运用税法赋予的权利保护既得利益的手段。避税并没有、也不会、也不能不履行法律规定的义务，避税不是纳税人对法定义务的抵制和对抗，也不会导致滥用税法。避税是纳税人应该享有的权利，即纳税人有权依据法律的“非不允许”进行选择和决策。政府针对纳税人避税活动暴露出的税法的不完备、不合理，采取修正、调整等举措（如在税法中加入反避税条款的内容，尽管税法中都未明写），也是国家拥有的基本权力，这正是国家对付避税的唯一正确的办法。如果用非法律的形式去矫正法律上的缺陷，只会带来诸多不良后果。因此，国家不能借助行政命令、政策、纪律、道德甚至舆论，来反对、削弱、责怪、谴责纳税人避税。退一步说，即使不承认避税是合法的、受法律保护的经济行为，但它肯定应是不违法、不能受法律制裁的经济行为。

【相关链接1-9】

法治两大原则：①“凡法律未禁止的，都是允许的。”此原则目的是充分调动

---

① 国际财政协会．偷税与避税［M］．国家税务局税收科学研究所，译．北京：中国财政经济出版社，1992.

个人的积极性，赋予公民广泛的自由。②“凡法律未允许的，都是禁止的。”不能做法律不允许的事，否则就是违法。此原则目的是维护正常的社会经济秩序。

3）避税的分类

（1）按避税涉及的税境分类

①国内避税。国内避税是纳税人利用国内税法所提供的条件和存在的可能性等进行的避税。一般情况下，从事国内避税比国际避税要容易些。

②国际避税。国际避税比国内避税更普遍、更复杂。纳税人的避税活动一旦具备了某种涉外因素，从而与两个或两个以上国家的税收管辖权产生联系，就构成了国际避税，即国际避税是在不同税境（国境）下的避税。国际避税产生的原因很多，从纳税人的角度来看，当然是为了追求企业（公司）利润。从客观条件看，国际避税主要是因为各国税制存在的差异（税收管辖权、税率、获利机会等），税收的国际协调不够，国家之间的政治、经济以及税收方面的合作、协定不同。有的国家为了吸引外资推动本国经济发展，在税收上制定了一些特定的优惠政策，同时各国税收征管的力度不等，这些都为国际避税提供了机会。发达国家往往认为国际避税产生的原因是发展中国家为吸引外资、技术、管理经验等而制定的税收优惠政策。这种看法有失偏颇，因为企业的获利除了税收因素外，还有资金及资源供给、管理基础、技术、公共基础设施等因素。实际上，发达国家企业的获利能力和机会是发展中国家的40%～83%（据联合国与世界银行的资料）。

（2）按避税针对的税收法规制度分类

①利用选择性条款避税。它是纳税人从税法中某一项目、某一条款并列规定的内容中选择有利于自己的内容和方法，如纳税期限、折旧方法、存货计价方法等。

②利用伸缩性条款避税。它是针对税法在执行中有弹性条款，纳税人按有利于自己的理解去执行。

③利用不明确条款避税。它是针对税法中过于抽象、过于简化的条款，纳税人根据自己的理解，从有利于自身利益的角度去进行筹划。

④利用矛盾性条款避税。它是针对税法相互矛盾、相互冲突的内容，纳税人进行有利于自己的决策。

上述几种避税行为，有的可以使纳税人实现永久性避税（只要税法不变、不改），给企业带来长远利益；有的则仅使纳税人利用了时间差，暂时递延了纳税义务（反映在财务会计上是先发生递延税款贷项），使纳税人获得资金营运上的好处（尽管是暂时的），因为这等于企业从政府获得了一笔无息贷款。而且，暂时性的避税利益也可能转化为永久性利益，如国家在该期间修改了税法，并对已实现的暂时性避税利益不再追溯。因此，企业要根据各种条件，随时注意变化的各种情况，运用可能运用的一切避税形式寻求企业利益。

（3）按政府对避税的态度分类

这种分类是政府根据纳税人的税务筹划行为是否违背立法意图进行的分类。它可以分为：

①可接受的避税：是指不违背法律意图的避税，也就是广义概念下的避税。如当国家对烟酒课以重税时，人们通过戒烟、戒酒而规避纳税；再如，当国家对某些以金属为原材料的产品课以重税时，企业通过技术革新，改用非金属材料生产同样性能的产品而规避纳税。

②不可接受避税：是指违背法律意图的避税，即狭义概念下的避税。企业所进行的避税一般均指这种类型的避税，而各国政府所采取的反避税措施一般也都是针对这类避税。对政府而言，这类避税是“不可接受（或不愿接受）的避税”，但在法律的界定上，它又是不违法的行为。从这种意义上说，纳税人的避税行为是不以政府的意志为转移的行为。

在避税种类上，还有一种税负转移避税，即税负转嫁（详见 1.5.4）。

4）避税筹划技术

避税筹划技术是纳税人在现行税法的框架下，为降低税负而采用的某些手段和技巧，主要是从缩小税基、降低税率两方面筹划，常见的技术有：

（1）价格转让法

价格转让法亦称转让价格法、转让定价法。它是指两个或两个以上有经济利益联系的经济实体为共同获取更多利润和更多地满足经济利益的需要，以内部价格进行的销售（转让）活动，这是避税实践中最基本的方法。

企业（经济实体）之间的经济往来有两种情况：一是在没有经济利益联系的企业之间发生的；二是在有经济利益联系的企业之间发生的。前者企业在购销活动中不易在价格方面做文章（一般由市场供求关系决定其价格），而后者企业之间经常发生大量交易往来，为保证集团（公司）的整体利润最大化，其价格会有扭曲现象，可能高于或低于正常成本，甚至根本不考虑成本，这种价格一般称为“非正常交易价格”、“非竞争价格”或“非独立企业价格”，而局外人很难获得这种定价的全部、真实资料。

由于转让价格的具体运用不同，其作用也是特定的：

①避税或者拖延缴纳所得税。价格转让可以使转出方与接受方的实际税负趋缓，乃至消失。它主要适用于规定起征点的超额累进所得税税率的情况。

②减少从价计征的关税。利用有经济联系的企业发生进出口业务，通过拆装、分包、增减批量等方式使纳税额减少。

③集团公司（尤其是跨国集团公司）通过转让价格实现税负最小。利用高税区与低税区的税收差别，提高高税区产品的成本，减少其利润，而在低税区采取相反的策略，以使公司整体税负最轻。

④在一定条件下可以逃避外汇管制。不少国家的外汇管制较严，价格转让如果在不同外汇管制办法的国度进行，会使外汇管制失效或减效。因为价格转让可以起到货币转让的效果，如果 A 国外汇管制很严，B 国外汇管制松、甚至不管制，那么在 A 国的企业向在 B 国的企业转让产品或劳务时就可以起到逃避 A 国外汇管制的作用。

⑤有助于减轻、消除风险。转让价格不仅使有利益关系的企业之间受益，而且也因风险随利益的均摊而降低，从而增强其竞争实力。

由此可见，在不同情况下采用转让定价法，可以实现特定目的，发挥特定作用。不论是集团公司还是非集团公司，只要它们之间有经济利益关系，并且是非单一利润中心，也就是说，它们之间有互补性、合法性，既保持独立，又进行联合，就能以转让定价方式进行避税。

各国为防范避税，对关联企业及其交易都有所界定。从各国的税收实践看，对关联企业及其交易的界定主要有三种方法：第一种，股权测定法。据企业之间相互控股的比例判断，达到规定比例者便构成关联企业。各国确定的具体比例不尽相同，一般为25%～50%。第二种，实际控制管理判定法。按“实质重于形式”的原则，根据企业之间相互控制管理的实际情况进行判定，不单纯按股权比例确定。第三种，避税港特殊处理法。有的国家对境内企业与设在避税港（国家税务当局确认）的企业进行交易按关联企业对待。

（2）成本（费用）调整法

成本（费用）调整法是通过对成本（费用）的合理调整或分配（摊销），抵销收益、减少利润，以达到规避纳税义务的避税方法。应该指出，合理的成本（费用）调整和分摊，应是根据现行税收法规制度、会计准则、会计制度等，在可允许的范围内所做的一些“技术处理”，而不是违反有关法规制度，乱摊成本，乱记费用。企业会计人员、企业领导人员业务素质的高低决定其财务管理水平的高低，而财务管理水平高低的一个重要标志就是如何最大限度地维护企业的利益，这是作为真正的独立实体的必然要求。

成本（费用）调整法适用于各类企业、各种经济实体，在具体运用时，有发出或销售存货成本计算方法、库存存货成本计算方法、折旧计算方法、费用分配（摊）方法、计提减值准备方法以及技术改造运用方法等。

企业发出存货成本计算与结转方法有先进先出法、一次加权平均法、移动加权平均法、个别辨识法、分批实际进价法、毛利率法等。如果存货采用计划成本计价或售价法，还可以有不同的成本差异率、进销差价率计算方法；企业库存存货，有成本与市价孰低法等。企业不论先确定发出存货成本，还是先确定库存存货成本，都有多种方法可供选择。

折旧计算方法有平均折旧模式与递减折旧模式两种类型，每类模式又有不同的折旧方法。企业从避税的角度选择折旧方法时，目的是为了最大限度地推迟或减缓应纳税款。因此，要考虑折旧时间、预计残值和折旧方法的特点、所得税法及其预计未来税法变动等因素，综合考虑，不能顾此失彼。

成本（费用）分配（摊）法是指一次（笔）费用如何分配（摊）才能使企业利益最大。费用分配（摊）方法很多，有直接记入法、分期平均分摊法、净值摊销法、五成摊销法等，企业应根据各项费用的特点，恰当选择分配（摊）方法。

技术改造运用法是指企业在固定资产（设备）投入使用后，在对其进行技术改造时，要综合考虑设备本身的技术状况、年收入情况、所得税税率等因素，选择税负最轻、税后利润多的年度进行技术改造（在不影响产品质量、市场占有率的前提下）。

（3）融资（筹资）法

融资法即利用融资技术使企业达到最大获利水平和使税负最轻的方法。融资是关系企业生存和发展的一项重要理财活动。企业的融资渠道有很多，但从避税的角度分析，企业内部集资（内部发行债券、吸收入股等）、企业之间资金拆借方式最好，向银行或其他金融机构贷款次之，而靠企业自我积累效果最差（自我积累资金的形成需时较长、归投资人所有的资金在企业内部使用也不会产生利息税前扣除）。①

（4）租赁法

租赁可以获得双重好处，对承租方来说，它可以避免因长期拥有机器设备而增加负担和承担风险，同时，又可以在经营活动中以支付租金的方式冲减企业利润，减少应纳税额；对出租方来说，不必为如何使用这些设备及提高利用效果而费心，获得的租金收入通常比经营利润享受较优惠的税收待遇，也是一种减轻税负的行为。

（5）回避税收管辖权

主权独立国家都有其税收管辖权，即对本国居民、非本国居民，仅就其发生或来源于该国境内的收入征税，或者行使收入来源地管辖权与居民收入管辖权，即除了对非本国居民仅就其来源或发生于该国境内的收入征税外，对本国居民来源于境内、境外的收入均要征税。前者的法律依据是涉税事项的发生地，后者则是纳税人的“身份”。因此，跨国经营企业可以通过对生产经营活动和居留时限的安排，回避税收管辖。这种避税原理亦称“税境流动（移动）法”，具体包括纳税人（企业）的流动、纳税对象（资财）的流动以及两者兼有的流动或不流动。

（6）选择有利的公司组织形式

企业组织形式不同，其账务处理和税负也不尽相同。跨国公司对外投资时，应考虑何种组织形式最为有利。由于子公司是一个独立的纳税主体，其亏损不能记在母公司的账上，而分公司与居住国总公司是同一个法人主体，公司可以汇总纳税，分公司的经营亏损可以冲抵总公司的盈利。公司投资办企业，在开办初期往往会有较大亏损，因此，可以先设立分公司，使其开业的亏损能在汇总纳税时冲抵总公司利润，以降低企业的税负。当生产经过起步阶段进入正常盈利阶段后，则建立子公司更为有利。这样，可以避免汇总纳税时母公司所在国因税率较高且累计计征而导致其实际税负加重。

---

① 企业债务融资的利息支出一般可以在税前扣除，因此，适当增加债务融资比例，能够缩小税基、降低所得税税负，但应适度，因为通过增加债权性投资比例、减少权益性投资比例以达到增加税前扣除的方法可能被主管税务机关认定为资本弱化，从而给予纳税调整。

(7) 利用国际税收协定

鉴于国际税收协定一般都规定缔约国只能对常设机构的经常所得征税，在某些协定条款中，其原则的确定及其运用存在差异，税收协定会有一些税收庇护等。因此，跨国公司通过设置直接的传输公司、踏脚石式的传输公司、外国低股权的控股公司，设立地点是根据税收协定提供的税收优惠的某一缔约国，而这样的缔约国往往不是避税地。

(8) 低税区避税法

低税区避税法是最常见的避税方法。低税区包括税率较低、税收优惠政策较多、税负较轻的国家和地区。我国的经济特区、保税区等就属于国内低税区。此外，世界上有些国家或地区，如巴哈马、瑙鲁、开曼群岛、英属维尔京群岛、乌拉圭、哥斯达黎加等都属于国际避税港或低税区（列于黑名单、灰名单上的国家或地区），即所谓“避税天堂”。

避税天堂是国家间竞争的战略、跨国公司制胜的法宝、超级富豪增收的手段；避税天堂是一个阳光与黑暗并存的地方、一个游离在征税与逃税之间的灰色地带、一个社会公平与正义的破坏者。[①]

【相关链接 1-10】

避税天堂的特点

1. 一般是在历史上曾为他国殖民地而没有税收自主权，从而形成了有利于资本输入国的税收制度和法规。

2. 自然资源稀缺，人口数量较少，经济基础薄弱。为了发展本地经济，政府另辟蹊径想出了一个吸引投资、增强地区竞争力的策略，即创造宽松的税收环境，增强配套的金融服务。

3. 从地域分布看，大部分避税地靠近经济发达的国家和地区，从而便于为纳税人的避税活动提供服务，如南北美洲的大西洋、加勒比海地区、欧洲地区和东南亚地区。

避税天堂与离岸公司

离岸公司是指在境外注册、注册地和经营地分离的公司。比如，非当地居民在英属维尔京群岛、巴哈马群岛及开曼群岛等岛国或地区注册，但不在当地从事经营活动的国际业务公司。当地政府对这类公司基本不征税或者税率非常低。因此，避税是注册离岸公司主要目的，这些国家和地区也常常被称为“避税天堂”。可见，避税天堂为离岸公司提供了方便，是离岸公司的聚集地。

G20 国家也有避税天堂

澳大利亚格里菲斯大学教授詹森·沙尔曼出于好奇，用 1 万美元和谷歌搜索，尝试通过网络在全球范围内注册多家匿名壳公司，同时设立多个秘密银行账户。没想到，他非常轻松地突破银行保密法禁令而试验成功。在这个尝试过程

① 辛乔利，张潇匀．避税天堂［M］．北京：社会科学文献出版社，2012.

中，沙尔曼惊讶地发现，有关银行保密、洗钱、税收欺诈等最极端的避税案例，不是发生在瑞士、百慕大、开曼等传统的避税天堂，而是发生在美国等发达国家。

沙尔曼在申请开设秘密银行账户时发现，美国银行对客户开设账户的条件非常宽松，有关保密规定比瑞士的银行保密规则历史都长，银行不需要知道客户的真实姓名，也不需要透露其他秘密，这使洗钱者很容易就能开设账户、注册公司、转移资产。以内华达州为例，该州政府官方网站公然兜售避税广告，如“有限的披露要求”和“1小时办理公司注册服务”等。内华达州不要求提供公司股东的姓名，也不与联邦政府分享任何信息。这使仅有260万人口的内华达州，现有公司40万家，大概平均每6个人就有1家公司，现在每年还新增8万家，其中50%以上都违反了联邦税法。沙尔曼感慨地税：“就设立壳公司而言，OECD国家的规定实际比避税天堂还宽松。美国最宽松，比列支敦士登都宽松。”

5）避税的发展趋势

避税现象的产生，既与纳税人竭力增大自己利益的“经济人”本性有关，也与现行税法的不完善（或缺陷）有关。避税作为市场经济的特有现象，随着各国法制建设的不断完善，将逐渐演变成一种高智商的经济技巧和经营艺术：

①国内避税与国际避税相互交织、相互促进，使避税实践、避税理论将有长足发展。当今避税活动已不是社会少数人的偶然经济行为，它已成为有理论依据、有操作方法的社会经济活动。

②因各种历史和现实的原因而产生的避税港、低税区，日渐被纳税人认识和利用，从而使避税具有国际普遍性特征。从这个意义上讲，国际避税，既可追求企业利益，又可维护国家利益。

③由于避税活动越来越普遍，又因各国政府的反避税措施越来越有力，避税不再只是由纳税人自己来运作，而是要借助社会中介力量，例如会计师事务所、税务师事务所、律师事务所都将成为企业避税的主要依靠力量，越来越多的会计人员、税务专家、法律工作者加入这一队伍，成为避税专家，把为企业进行避税筹划当做一种职业。

④最初的避税都是通过财务会计手段，但随着避税条件的不断变化，利用税法、税收政策、税收征管等进行避税已日益被广泛利用；因此，以财务会计手段的避税已变为财务会计手段与非财务会计手段并用，避税日渐成为企业的一种经营行为。

各国税收法规制度在不断完善、不断实现税收的国际协调，作为税务筹划主要手段的避税也在不断深化，也在既着眼于国内、又着眼于国际。

6）税收的国际协调

2010年3月28日，美国总统奥巴马签署了已获国会通过的《海外账户税收遵从法》（FATCA），使其成为正式法案。该法案自2014年7月1日起生效。它要求所有非美国金融机构鉴别和披露其“美国账户”持有人和成员（美国公民和“绿卡”持有者），按要求向美国国税局报告其详细信息并承担代扣代缴义务，否则将被强行征收一项新的 30% 的预提税[①]，预计将影响生活在美国与国外的数百万美国纳税人。市场分析人士称它是“一张用以在世界各地强制推动透明度和减少逃税行为的罗网”。目前，已有近 70 个国家的诸多机构已签署遵守《海外账户税收遵从法》规定的协议。

2014 年 2 月 13 日，OECD 在巴黎总部公布了以《通用报告准则》（CRS）为框架的国际税务情报自动交换全球统一标准。2014 年 5 月 6 日，在巴黎召开的欧洲财长会议上，40 多个国家签署了一项关于各国政府共享纳税人境外金融账户信息的全球新标准。与瑞士[②]一起签署协议的还有另一个位于亚洲的重要离岸金融中心——新加坡，以及开曼群岛和泽西岛等“避税天堂”地区。这是一个里程碑式的变化，一方面象征着这个孤立主义国家决定告别坚守无条件保护银行客户隐私的悠久传统，另一方面也是打击逃漏税的全球协作行动的重大突破。

2014 年 6 月 28 日，《华尔街日报》报道，美国财政部表示，已经与中国政府草签了一份协议，此举旨在贯彻实施《海外账户税收遵从法》。中美签订的互惠协议要求中国向美国提供美国公民金融账户信息，而作为回报，美国将中国公民美国账户的信息提供给中国政府。

税收的国际协调是各国政府共同应对全球跨国避税的问题。国与国之间通过跨国协议要求非本国金融机构提供账户信息的模式已开始被各国政府所接受，反跨国避税的全球合作逐步进入一个新阶段。

【相关链接 1-11】

国际反避税——跨国税源竞争

2014 年初，在江苏省投资的 270 多家跨国公司母公司都收到了江苏省国家税务局寄去的《2014—2015 年度国际税收遵从管理规划》（以下简称《管理规划》），旨在表明税务机关的立场，引起企业重视，防止潜在风险。《管理规划》中明确了“四个匹配”和“三个错配”。

四个匹配：

（1）市场贡献与集团全球利润分配要匹配。中国作为新兴经济体，拥有巨大的市场和旺盛的需求。这个市场的特殊性对跨国公司利润的实现意义重大，希望在中国拥有重要市场份额的跨国集团对中国子公司进行利润分配时要考虑并体现这

---

① 尽管 FATCA 的实施有利于全球反避税，但外国金融机构需要对账户开立流程、文档及系统进行改善，以识别新增账户持有人是否为美国人，并对现存账户持有人进行尽职调查，以识别其是不是美国人，这将使金融企业产生高额的合规成本。

② 瑞士是全球离岸金融中心，也曾是外国人的“避税天堂”，拥有全球财富的保险箱和黑金天堂的“美誉”。但近年来，在欧美的步步紧逼下，在“为客户保密”问题上被欧美各国扒得只剩一条底裤，令倔强的瑞士人逐渐失去了抵抗之力。早在 2009 年，瑞士就不得不向美国政府支付 7.8 亿美元罚金，并交出 4 000 多名美国客户的身份信息，还为美国政府追回 60 亿美元的税款。因此，在这次欧洲财长会议上，瑞士同意签署一项有关自动交换信息的全球新标准也就不足为奇了。

一点。

（2）企业功能承担与利润回报要匹配。承担了什么功能就要有相应的利润配比，不能功能已经增加了研发、营销、管理等，但利润还按简单加工定位。

（3）中国政府的投入、配套、成本节约与企业利润回报要匹配。中国政府为吸引外资在土地、厂房、公共配套等方面做了大量投入，中国劳动力仍相对低廉，产业配套相对齐全。这些因素对跨国公司利润贡献不可低估，对中国子公司利润回报要与之匹配。

（4）跨国公司社会形象与税收贡献要匹配。近年来，有些全球著名跨国公司不断曝出税收问题。人们都在质疑这些公司在占有大量市场份额、获取高额利润的同时，却利用税收筹划很少纳税，违背了社会道德。

三个错配：

（1）契约加工商和高新技术企业的错配。不能一边被认定为中国高新技术企业，享受各种优惠，另一边还定位为契约加工商，仅获取简单加工利润。

（2）集团利润趋势和中国子公司利润趋势不一致的错配。不能说集团在全球整体盈利情况很好，但作为重要的制造中心和销售市场所在地的中国子公司却微利甚至连年亏损。

（3）对投资母国高遵从和投资所在地低遵从的错配。不能说对投资母国的税法和规定高度遵从，但对投资所在国的税法和规定却不关心。这很容易产生跨国投资的税务风险和争议。

江苏省国税局局长说："由发达国家主导的新规则对跨国公司的生产经营、业务重组、税收筹划和各国政府之间的税源竞争将产生重大的影响。中国作为最大的发展中国家，如何在规则的制定中抢占制高点，在跨国税源竞争中抓好切入点，已经变成摆在税务机关面前的紧迫任务。"

1.5.3 避税与节税、逃税的关系

1）避税与节税的关系

避税与节税均属税务筹划范畴，虽然两者联系密切，但在理论上还是有别的：

（1）在执行税收法规制度方面

节税是用法律并不企图包括的方法来使纳税义务降低，而避税则是对法律企图包括但由于这种或那种理由而未能包括进去的范围加以利用。避税一般不符合政府的政策导向，表现为逆法意识，属于非违法行为，即在法律上无法加以适用的"脱法行为"，其本质是利用税法的漏洞和缺陷；而节税符合政府的政策导向，表现为顺法意识。避税不违反税法或不直接触犯税法，而节税符合税法规定。

避税是否合法，学术界和法学界一般认为，避税不会导致滥用税法（法律）。德国的法庭在审判过程中承认这一结论："不能将所有减少纳税义务的行为都视为

逃税。只要法律上没有禁止，纳税人就可按自己的意愿从事经营，特别是从缴税最少的角度来有效地组织经营；但从民法的角度看，如果纳税人为了达到既定的经济目的，而采取不正当的手段，以及在进行了合理的法律解释和考虑法律的一般目的之后，减税行为仍不为法律所承认，这就会出现严重的滥用法律问题”。在德国的一个著名判例中，其结束语是这样写的：“纳税义务人基于规避税收负担之目的而选择一项法定的经济形态，是可以被认为是符合真实之法律规定要素。此点是与以欺骗方式滥用税法条文有别的”。这说明法律承认，即使是纳税人以避税为目的而选择一项法定的经济形态（关联企业的内部定价除外），法律也认为是正当的。也就是说，从法学角度看，不违反税法就应视为合法。但从另一方面看，各国为了保证会计信息的公允、有效，在会计准则中都对关联方关系及其交易事项的披露作了会计规范；在税法上，对关联企业的内部转让定价，要进行税收上的调整；这就说明，从法律（至少是税法）上要对其纠正或限制。从这个角度看，避税可分为可接受避税与不可接受避税两种类型。前者如选择不同行业、不同地点进行投资、避免成为常设机构等方法进行避税，后者如企业与关联企业之间的购销业务，不按独立企业之间的业务往来计价而进行的避税。不过，政府的反避税措施，其实主要是针对后者的。

(2) 在政府的政策导向方面

节税是完全符合政府的政策导向的，国家不但允许，而且鼓励（体现在税收的优惠政策上）。不论是欧洲大陆法系，还是英美海洋法系，都有“法律无明文规定者不为罪（法无明文规定不罚）”的原则。避税就是遵循这项原则，去寻求纳税人利益，而这当然不符合政府的政策导向。眼看着纳税人避税成功而不能处罚（因为法律一般没有可追溯性），政府只能在今后税法修订中弥补。世界上没有哪一个国家在法律上规定避税合法，但也没有哪一个国家在法律上规定避税非法。

在税务筹划实务中，两者很难严格划分。只要能够减轻税收负担、实现税收利益，且又不违反税法，纳税人肯定乐意为之。正是由于两者密不可分，因此本书在以后的叙述中，不再刻意区分节税与避税。

2) 避税与逃税的关系

尽管纳税人的避税与逃税在主观上都是一种有意识的行为，但避税行为是在税收负担构成要件是否发生尚不确定的情况下所策划的法律形式与经济实质不相当的脱法行为，而逃税行为是在税收负担构成要件已发生后的使用虚假、隐瞒等手段的不法行为。两者的主要区别表现为：

第一，在经济行为方面。避税是对某项应税经济行为的实现形式和过程进行某种人为的安排，使之变成非应税行为，而逃税则是对一项已发生的应税经济行为全部或部分的否定。

第二，在税收负担方面。避税是有意减轻或解除税收负担，只是采取不违法的手段对经济活动的方式进行安排，而逃税则是在纳税人的实际纳税义务已发生的情况下，采取不正当的手段逃避其纳税义务。

第三，在承担法律后果方面。避税是通过某种“合法”（至少表面上）的形式规避其纳税义务，与法律规定的要求相吻合，因而当修改税法条件不成熟时一般受到政府的默许；而逃税行为则是公然践踏税法、与税法公开对抗的行为，因而一旦被税务当局查明属实，纳税人就要为此承担相应的法律责任。

第四，在对税法的影响方面。避税的成功，需要纳税人对税法的深刻理解和恰当掌握，十分清楚合法与非法的临界点，在总体上确保自己经营活动和有关行为的不违法性，而逃税是纳税人藐视税法的行为，他们根本不去钻研税法，绞尽脑汁去搜寻逃税成功的“捷径”，具有明显的欺诈性。

避税与逃税其实只有一步之遥，避税往往充斥着“暗箱操作”，且可能涉嫌违法。典型的避税方法是通过层层交易形成复合所有权关系和蜘蛛网似的复杂所有权结构。这些交易仅仅是为了谋取税收利益，对纳税人的经济状况不会带来任何有意义的变化，这种交易被称为“滥用避税交易”。

【相关链接 1-12】

比逃税更加重要的是合法的规避赋税，原因在于议会制定的法规中有许多“漏洞”，听任大量的收入不上税或以较低的税率上税。

（选自萨缪尔森、诺德豪斯的著作《经济学》）

1.5.4 税负转嫁

1）税负转嫁的含义

税负转嫁是纳税人通过价格的调整与变动，将应纳税款转嫁给他人负担的过程。广义的避税包括税负转嫁，这种避税不是对缴税的回避，也不是对税法不完善及其缺陷的利用，而是在纳税人直接缴纳税款后，再将税负转移给他人，最终由他人负担。狭义的避税不包括税负转嫁，视税负转嫁为独立的税务筹划领域。税负转嫁一般只适用于流转税，即适用于纳税人与负税人有可能分离的税种。只有在该领域内，通过精心筹划，实现纳税人与负税人的分离，才能达到减轻纳税人税负的目的。税负转移能否如愿，关键是看其价格定得是否适当，但价格高低归根结底是看其产品在市场上的竞争能力、看供求弹性。

与其他减税方式相比，税负转嫁有其特点：①不影响国家的税收收入总量，只是在不同纳税环节、不同纳税人之间调节；②一般不存在法律上的问题，不承担法律责任，是纯经济手段；③方法单一，主要通过价格调整，适于从价计税的范围；④直接受商品、劳务供求弹性的影响，有一定的风险性，可促使企业不断提高经营管理水平，增强其产品在市场上的竞争力。

税负转稼与避税的主要区别是：①适用范围不同。税负转嫁适用范围较窄，受制于商品、劳务的价格，供求弹性，而避税则不受这些限制。②适用前提不同。税负转嫁的前提是价格自由浮动，而避税不受此限。③税负转嫁可能会与企业财务目标相悖。若其产品不是供不应求或非垄断时，当企业为转移税负而提高商品、劳务供应价格时，同时可能也在导致其市场占有率下降、利润减少。避税筹划一般不会出现这种悖谬。

企业能够在多大程度上把握税负转嫁是一种艺术。相对于在垄断形势下不由分说地转嫁，在自由竞争中，如何使对方接受你转嫁过来的税负就是一门绵里藏针的学问；再则，如何消化没有成功转嫁出去的税负也是一个必须运筹的现实。税负转嫁是有条件、有限度的，不能一厢情愿，企业更应该在提高产品的竞争力上下工夫。

2）税负转嫁的技术

税负转嫁技术是纳税人通过一定的方式和途径，将自己的税收负担转嫁给他人的方法和技巧。税负转嫁是税务筹划的一种特殊形式，它只能在一定的条件和范围内（供求弹性）采用，因此，税务筹划一般只涉及节税和避税。税负转嫁的形式有前转（顺转）、后转（逆转）、混转（散转）、消转（税收的转化）和税收资本化（资本还原，税负后转的特殊形式）。税负转嫁的具体内容见第 2 章。

【相关链接 1-13】

税务筹划的基本技巧是时机的选择和所得的转移。时机的选择就是在何时申报纳税和进行税前扣除，在对时机的选择做出决策时，必须比较边际税率的变化和税收对货币时间价值的影响，对不同的选项进行测算，比较其税后成本的高低。所得的转移是通过在关联方纳税人之间转移所得，获得相关纳税人的全部所得适用的最低边际税率或最小的合计税额。

1.5.5　税务违法责任

1）税务违法行为

税务违法是指侵害税务法律关系的行为。按我国现行法律、法规的规定，税务违法行为主要有：

（1）未按规定登记、申报及进行账证管理的行为

纳税人有未按规定进行税务登记，会计账证管理，向税务机关报告全部银行账号，安装、使用税控装置等行为，具体包括：①未按规定期限申报办理税务登记、变更或者注销登记；②未按规定设置、保管会计凭证、账簿和有关资料；③未按规定将财务、会计制度或其处理方法和会计核算软件报送主管税务机关备查；④未按规定将其全部银行账号向税务机关报告；⑤未按规定安装、使用税控装置，或者损毁或擅自改动税控装置。

（2）违反发票管理的行为

违反发票管理的行为包括：①未按规定印制或者生产发票防伪专用品；②未按规定领购发票；③未按规定开具发票；④未按规定取得发票；⑤未按规定保管发票；⑥未按规定接受税务机关检查；⑦利用发票从事其他犯罪。

（3）逃税行为

纳税人伪造，变造，隐匿，擅自销毁账簿，记账凭证，或在账簿上多列支出或者不列、少列收入，或经税务机关通知申报而拒不申报或者进行虚假的纳税申报，

不缴或者少缴税款的行为是逃税行为，其具体的特征是行为主体的纳税人实施了偷税行为，其手段为：①伪造、变造、隐匿和擅自销毁账簿、记账凭证；②在账簿上多列支出或者不列、少列收入；③经税务机关通知申报而拒不申报或进行虚假的纳税申报。

（4）欠税行为

纳税人欠缴应纳税款，采取转移或者隐匿财产手段，致使税务机关无法追缴其所欠税款的行为是欠税行为，其一般表现为：纳税人有能力缴纳欠缴的税款但谎称无力给付，并采取转移、隐匿财产的手段加以逃避。

（5）骗税行为

纳税人以假报出口或者其他欺骗手段，骗取国家出口退税款的行为。

（6）抗税行为

纳税人以暴力、威胁方法拒不缴纳税款的行为。

（7）阻碍税务人员执行公务行为

纳税人、扣缴义务人逃避、拒绝或者以其他方式阻挠税务机关检查的行为。

（8）编造虚假计税依据行为

纳税人、扣缴义务人编造虚假计税依据的行为。

（9）未按规定履行扣缴义务行为

扣缴义务人应扣未扣、应收而不收税款的行为。

2）税务违法责任

税务违法责任是指税务法律关系中的违法主体由于其行为违法，按照法律规定必须承担的消极法律后果。根据税务违法的情节轻重，税务违法处罚分为行政处罚和刑事处罚两种类型。

（1）行政处罚

行政处罚是指国家行政机关对违反法律、法规的相对一方当事人所给予的一种惩戒或制裁。行政处罚的方式主要有：①责令限期改正。这是税务机关对违反法律、行政法规所规定义务的当事人的谴责和告诫，适用于情节轻微或尚未构成实际危害后果的违法行为的一种处罚形式。②罚款。对违反税收法律、法规，不履行法定义务的当事人的一种经济上的处罚。这是税务处罚中应用最广的一种形式，罚款额在2 000元以下的，由税务所决定。③没收。它是对行政管理相对一方当事人的财产权予以剥夺的处罚。

行政处罚的标准分为以下几种：

①对未按规定办理税务登记（还包括验证、换证）、纳税申报及进行账证管理行为的处罚除责令限期改正外，可处以2 000元以下的罚款；情节严重的，处2 000元以上1万元以下的罚款。纳税人未按规定使用税务登记证件，或者转借、涂改、损毁、买卖、伪造税务登记证件的，处2 000元以上1万元以下的罚款；情节严重的，处1万元以上5万元以下的罚款。

②对违反发票管理行为的处罚，由税务机关销毁非法印制的发票、没收违法所

得和作案工具，并处 1 万元以上 5 万元以下的罚款。

③对逃税行为的处罚，由税务机关追缴其不缴或少缴的税款、滞纳金，并处不缴或少缴税款部分 50% 以上五倍以下的罚款。此项处罚规定也适用于扣缴义务人不缴或少缴已扣、已收的税款。

④对欠税行为的处罚，由税务机关追缴欠缴的税款、滞纳金，并处欠缴税款 50% 以上五倍以下的罚款。税务机关可采取停止供票、发布公告、强制执行、行使税款优先权、阻止出境、移送司法机关等措施。①

⑤对骗税行为的处罚，由税务机关追缴其骗取的退税款，并处骗取税款一倍以上五倍以下的罚款。并在规定期间内，税务机关停止为其办理出口退税。

⑥对抗税行为的处罚，情节轻微，未构成犯罪的，由税务机关追缴其拒缴的税款、滞纳金，并处拒缴税款一倍以上五倍以下的罚款。

⑦对阻碍税务人员执行公务行为的处罚，由税务机关责令改正，处 1 万元以下的罚款；情节严重的，处 1 万元以上 5 万元以下的罚款。

⑧对编造虚假计税依据行为的处罚，由税务机关责令限期改正，并处 5 万元以下的罚款。纳税人不进行纳税申报，不缴或少缴应纳税款的，由税务机关追缴其不缴或少缴的税款、滞纳金，并处不缴或少缴税款部分 50% 以上五倍以下的罚款。

⑨对未按规定履行扣缴义务的处罚，由税务机关向纳税人追缴税款，对扣缴义务人处应扣未扣、应收未收税款 50% 以上三倍以下的罚款。

⑩银行和其他金融机构未按规定在从事生产、经营的纳税人账户中登录税务登记证件号码或未按规定在税务登记证件中登录纳税人的账户号码的，除责令限期改正外，处 2 000 元以上 2 万元以下的罚款；情节严重的，处 2 万元以上 5 万元以下的罚款。

（2）刑事处罚

新修订的《中华人民共和国刑法》（以下简称《刑法》）对纳税人、扣缴义务人违反《中华人民共和国税收征管法》（以下简称《税收征管法》），情节严重、构成犯罪的涉税犯罪规定了危害税收征管罪。危害税收征管罪分为两类：一类是直接针对税款的，包括偷税罪、抗税罪、逃避追缴欠税罪、骗取出口退税罪；另一类是妨害发票管理的，包括虚开增值税专用发票用于骗取出口退税、抵扣税款发票罪，伪造、出售伪造增值税专用发票罪，非法购买增值税专用发票、购买伪造的增值税专用发票罪，非法制造、出售非法制造的用于骗取出口退税、抵扣税款发票罪，非法制造、出售非法制造的发票罪，非法出售用于骗取出口退税、抵扣税款发票罪，非法出售发票罪。

危害税收征管罪均属故意犯罪，犯罪主体可能是自然人，也可能是法人。刑事

① 美国税法中没有“欠税”的明确定义，它有别于逃税、抗税、骗税等违法行为，其中可能有客观原因，因此，IRS 可接受纳税人分期纳税（仍要缴利息、罚款）或减少应纳税额的申请。

处罚分为主刑和附加刑两类，并规定税务机关追缴优先的原则，即在判决未执行前，应先由税务机关追缴偷逃的税款和骗取的出口退税款。对直接针对税款的涉税犯罪，其规定如下：

①逃税罪的处罚。

依据新修订《刑法》第 201 条规定，纳税人采取欺骗、隐瞒手段进行虚假纳税申报或者不申报，逃避缴纳税款数额较大并且占应纳税额 10% 以上的，处三年以下有期徒刑或者拘役，并处罚金；数额巨大并且占应纳税额 30% 以上的，处三年以上七年以下有期徒刑，并处罚金。

扣缴义务人采取前款所列手段，不缴或者少缴已扣、已收税款，数额较大的，依照前款的规定处罚。

对多次实施前两款行为，未经处理的，按照累计数额计算。有第一款行为，经税务机关依法下达追缴通知后，补缴应纳税款，缴纳滞纳金，已受行政处罚的，不予追究刑事责任；但是，5 年内因逃避缴纳税款受过刑事处罚或者被税务机关给予 2 次以上行政处罚的除外。

②抗税罪的处罚。

依据《刑法》第 202 条规定，犯抗税罪的，处三年以下有期徒刑或者拘役，并处拒缴税款一倍以上五倍以下罚金；情节严重的，处三年以上七年以下有期徒刑，并处拒缴税款一倍以上五倍以下罚金。情节严重一般是指抗税数额较大、多次抗税、抗税造成税务人员伤亡的，以及造成较为恶劣的影响等。抗税罪的犯罪主体只能是具备刑事责任能力的自然人。

③逃避追缴欠税罪的处罚。

依据《刑法》第 203 条规定，犯逃避追缴欠税罪，致使税务机关无法追缴欠缴的税款，数额在 1 万元以上 10 万元以下的，处三年以下有期徒刑或者拘役，并处或者单处欠缴税款一倍以上五倍以下罚金；数额在 10 万元以上的，处三年以上七年以下有期徒刑，并处欠缴税款一倍以上五倍以下罚金。单位犯逃避追缴欠税罪的，对单位判处罚金，并对其直接负责的主管人员和其他直接责任人员依照自然人犯逃避追缴欠税罪处罚。

④骗取出口退税罪的处罚。

依据《刑法》第 204 条的规定，犯骗取出口退税罪的，处五年以下有期徒刑或者拘役，并处骗取税款一倍以上五倍以下罚金；骗取国家出口退税数额巨大或者有其他严重情节的，处五年以上十年以下有期徒刑，并处骗取税款一倍以上五倍以下罚金；数额特别巨大或者有其他特别严重情节的，处十年以上有期徒刑或者无期徒刑，并处骗取税款一倍以上五倍以下罚金或者没收财产。单位犯骗取出口退税罪的，对单位判处罚金，并对其直接负责的主管人员和其他直接责任人员依照自然人犯骗取出口退税罪处罚。

根据上述阐述，税务筹划与逃、抗、欠、骗税的区别如图 1-1 所示。

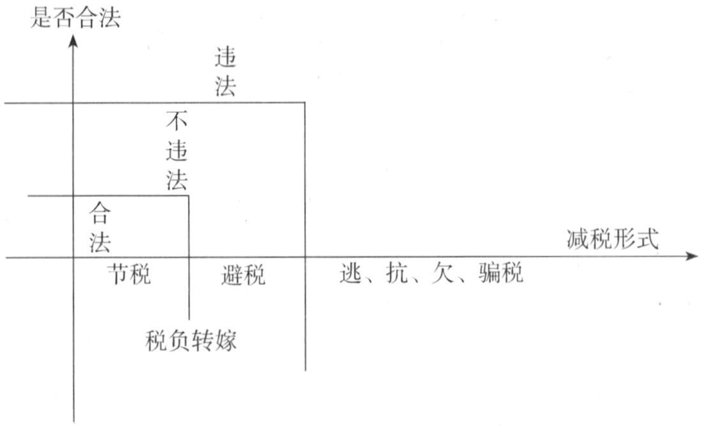

图 1-1　税务筹划与逃、抗、欠、骗税的区别

【实例 1-1】

2003 年 1 月底，山东省费县地税局稽查分局对该县某厂上年度企业所得税进行专项检查，了解到该企业 2002 年账面利润在弥补以前年度亏损后，余额为 387 642.38元，已自行申报缴纳企业所得税 127 921.98 元。在查阅其账簿、报表时，未发现异常申报现象，但在检查其会计凭证时，发现一份金额为 5 万元的可疑凭证。该凭证“摘要栏”写明：提取 2001 年度应提未提利息。后经了解，该厂 2001 年度经营虽有起色，但仍未完成“军令状”上的考核目标，为实现 2001 年度的“扭亏目标”，厂领导决定将当年应提银行贷款利息支出的一部分（5 万元）留至 2002 年。在 2002 年企业实现盈利后，补提了上年的 5 万元利息。对此，税务机关认定该企业偷税，责成补缴税款 16 500 元，并处一倍罚款。

（中国税务报，2003-04-16）

根据《税收征管法》第 63 条及有关企业所得税的规定，税务机关对该厂的责任认定正确、处罚得当。企业的费用列支不仅要真实，还要合法；不仅要正确划分经营性支出与资本性支出，还要正确确认其归属期。“造假”要缴税、受罚，“吹牛”也要缴税。

【实例 1-2】

某冶金设备厂 2002 年 11 月份欠缴税款 8 万元，当年 12 月份又欠缴税款 2 万元。其主管税务机关在催收无效的情况下，于 2003 年 2 月份决定对该企业欠税依法采取强制执行措施。在措施执行过程中，该企业采取厂外租赁生产车间的手段，转移了大部分应税产品等资产，以逃避强制措施的执行。税务机关将剩余应税产品（18 台矿建桶体）予以查封，并依法拍卖，将拍卖所得 9.2 万元抵缴了税款。

征收分局认为，该企业欠税未能全部追缴入库，决定继续追缴税款，并加收滞纳金，同时认为该企业欠税 10 万元，并采取转移财产和产品的手段，致使税务机关无法将欠税全部追缴入库，已经构成逃避追缴欠税罪，应移交司法机关追究刑事责任。

但税务机关的法制部门认为，根据《税收征管法》和《刑法》的有关规定，该企业属于逃避追缴欠税行为，并未涉嫌犯罪，应该给予行政处罚。

（中国税务报，2003-07-16）

综合《税收征管法》第65条和《刑法》第203条的规定，构成逃避追缴欠税罪应同时具备以下4点：

①主体仅限于欠缴应纳税款的纳税人。

②纳税人采取了转移或隐匿财产的手段。

③导致税务机关无法追缴欠缴的税款。如果纳税人虽有转移或隐匿财产的行为，但在数额上并不足以致使税务机关无法追缴欠税，或者税务机关能够有效控制的财产，足以抵缴纳税人欠缴的税款；或者虽有转移或隐匿财产逃避追缴欠税的企图、迹象，但经税务机关责令限期缴纳而如数缴纳了税款的情形，则不构成犯罪。

④税务机关无法追缴的欠税数额必须在1万元以上。

该企业不同时符合上述4点，不构成逃避追缴欠税罪，而属于逃避追缴欠税行为。征收分局在追缴税款、加收滞纳金的同时，应根据《税收征管法》第65条的规定，处该企业欠缴税款50%以上五倍以下的罚款，不应移交司法机关追究刑事责任。

● 1.6 税务筹划的程序和步骤

税务筹划有简有繁、有大有小，不一定每一项税务筹划都有完整的程序和步骤。一般情况下，税务筹划可遵循如下程序和步骤：

第一步，熟知税法，归纳相关规定。

要进行税务筹划，必须熟知税法及相关法律，全面掌握税法的各项规定，尤其是各项税收优惠政策，往往散见于各项文件之中，有的是人大常委会、国务院颁发的，有的是财政部、国家税务总局联合发文，有的是国家税务总局发文，还有的可能是省（市、区）发文，这些都要收集齐全、进行归类。

第二步，确立筹划目标，建立备选方案。

根据税务筹划内容，确立税务筹划的目标，建立多个备选方案，每一方案都包含一些特定的法律安排。

第三步，建立数学模型，进行模拟决策（测算）。

根据有关税法规定和纳税人预计经营情况（中、长期预算等），尽可能建立数学模型，进行演算，模拟决策，定量分析，修改备选方案。

第四步，根据税后净回报，排列选择方案。

分析每一备选方案，所有备选方案的比较都要在成本最低化和利润最大化的分析框架里进行，并以此标准确立能够产生最大税后净回报的方案。另外，还要考虑企业风险、税收风险、政治风险等因素。

第五步，选择最佳方案。

最佳方案是在特定环境下选择的，这些环境能保持多长时间的稳定期，事先也应有所考虑，尤其是在国际税务筹划时，更应考虑这个问题。

第六步，付诸实践，信息反馈。

付诸实践后，再运用信息反馈制度，验证实际税务筹划结果是否如当初测算、估算。根据变化，适时调整，为今后税务筹划提供参考依据。

● 1.7　税务筹划的经济制度分析

税务筹划都是在特定的政治、经济、法律、社会、文化、历史等环境下进行的，国内税务筹划受国内诸环境的影响，国际税务筹划受国际诸环境的影响；但是最直接、最具体的影响还是经济制度环境，其中税收制度、会计制度和汇率制度又是税务筹划的主要经济制度环境。

1.7.1　税务筹划的税收制度分析

正因为政府征税才有纳税人的税务筹划，换言之，如果政府不征税或者企业不缴税，当然也就无须税务筹划①。因此，税收制度（税收法律制度的简称）与税务筹划是一种“孪生”关系。

税收制度对税务筹划的影响可从两方面分析：

1）税收制度的法定性分析

现代税收应该是法定税收，即税收法定主义，亦称税收法律主义原则或税收法定性原则。它是指税款的征收和缴纳必须基于法律的规定。没有法律依据，政府不能征税，任何人也不得被要求缴税。法律仅限国家立法机关制定的法律，不包括行政法规、制度。因此，要求税收立法、税收执法和税收司法等各环节都必须依法进行，行政机关不能有自由裁决权。纳税人缴什么税、缴多少税，不能由政府决定，而必须通过国家立法机构立法。税收法定主义和罪行法定主义，两者构成法治国家保障人民权利的两大手段。前者旨在保障人民的财产权利，后者旨在保障人民的人身权利。

税制的法定性越强，税务筹划的预期性越明确，税务筹划的技术、方法越具稳定性、规范性。我国现行的税收制度远未达到税收法定主义，大部分税种仍然是“暂行条例”，而且是已经执行几十年的“暂行条例”，政府主管部门随时还会颁布一些有关税收的“通知”、“办法”、“公告”解释性文件等。这种情况增加了税务筹划的不确定性和风险性，使企业难以进行长期的税务筹划，但因此也增加了诸多差异，拓展了税务筹划的空间。

2003 年 7 月 25 日，SEC 发布了《美国财务报告采用原则基础会计》的研究报告，提出了今后美国会计准则的制定，既不能是“规则导向”，也不能是“纯原则

① 在“税利不分”的计划经济环境下，也不需要税务筹划。

导向”模式，而应是“原则基础会计准则”模式（目标导向法），并列举了该模式的五个基本特征，其中之一是尽可能避免“明线”测试规定（规定百分比）。这样，加大了财务会计报告提供者的责任，从而使会计监管者保持主动。笔者认为，税收制度既要具有法定性，又必须具有规则导向性。因为要保证税法的有效贯彻实施，必须授权国务院制定实施条例，国务院主管部门也会随时颁布一些具体“通知”、“公告”等，即制定众多而具体的规则。纳税人只要符合规则，打“擦边球”，寻找其“漏洞”，也不属于违法行为。因为税务筹划属于法律范畴而非道德范畴。

2）税收立法权与税收执法权的分析

不少国家的税收立法权与税收执法权分中央和地方两级。我国的全国性税种（包括全部中央税、共享税和在全国范围内缴纳的地方税）的立法权归于全国人大及其常委会，它可以授权国务院制定税法实施条例和调整税目、税率的权力。省级人大及其常委会在不违背国家统一税法、不影响中央财政收入、不妨碍全国统一市场的前提下，可以对地区性的地方税收立法。根据国务院《关于实行财政分税制有关问题的通知》等有关法规的规定，按税种划分为中央税、共享税和地方税，前两类由国税局负责征收，后者由地税局征收。

我国税收立法权基本上集中在中央，税收执法权分“国”、“地”两块。在这种制度安排下，不仅因国、地税机构的分设使政府的税收征管成本大为提高，也使纳税人的纳税成本大大提高（如税务登记的办证费等需要双份支出）。[①] 企业税务筹划既要正确处理分税种与分地区的关系，充分考虑其差异性，又要考虑国税局与地税局分征、分管给企业带来的税负影响。

1.7.2　税务筹划的会计制度分析

1）税收制度与会计制度的关系

会计制度是制约会计行为人及利益相关者的法律、法规、准则（包括单位内部会计制度）的总和。会计制度有广义与狭义之分。广义的会计制度是包括《中华人民共和国会计法》（简称《会计法》）在内的所有会计法规制度[②]，狭义的会计制度仅指会计的规章制度（不包括《会计法》和国务院颁布的会计行政法规）。本文的“会计制度”仅指狭义的会计制度，而且主要指财政部颁布的会计规章制度。

由于各国的会计制度背景不同，按其与税收制度的关系划分，可以分为以税法为导向的会计制度和以投资人为导向的会计制度两大类。法国、意大利等大陆法系国家属于前者，英、美等海洋法系国家属于后者。不论哪种类型，企业会计制度与国家的税收制度都有非常密切的关系。可以说，现代税收的计算和缴纳都离不开会计的确认、计量和记录。即使在以投资人为导向的会计制度下，虽然其规范的财务会计报告主要是为投资人、债权人服务的，但其对各项会计要素的确

---

① 摘自《中国税务报》，2003-09-23。

② 《会计法》第50条规定：“国家统一的会计制度，是指国务院财政部门根据本法制定的关于会计核算、会计监督、会计机构和会计人员以及会计工作管理的制度。”

认、计量和记录的程序和方法，也同时是按税收制度确认、计量和记录收入、收益、成本、费用和应税所得的基础和前提，甚至在各国的税收制度中直接认可财务会计的某些计算程序和计算方法。从另一方面看，就是在以税法为导向的会计制度下，其会计确认、计量和记录也不一定与税收制度完全一致，也存在某些差异（尽管较少）；而且从发展趋势看，以税法为导向的会计制度存在较为明显的弊端，近年欧洲各国的会计制度改革①并接受国际会计准则（国际财务报告准则），就是有力的说明。

笔者认为，我国在 20 世纪 90 年代以前是以税法为导向的会计制度，20 世纪 90 年代②开始趋向于投资人导向。我国现行《企业会计准则》、《小企业会计制度准则》，以《会计法》为法律依据，以服务于企业财务会计报告的主要使用者为目标，保持了自身作为规范体系的完整性和统一性，即将会计确认、计量、记录和报告统一于会计制度内。因此，与我国现行税法的有关规定存在不少差异。如何看待两者的差异，全国人大常委会预算工委副主任冯淑萍2001 年撰文写道："由于会计核算制度与税法的目的存在不同程度的差异，必然会导致会计核算制度与税法不一致的情况，这也是国际惯例。我国也将采用国际通行的做法，会计核算制度规定的会计要素确认计量标准与税法不一致时，采取纳税调整的方法进行处理。"同年，财政部刘玉廷司长也明确："我们一贯主张企业会计制度应当与税收制度相互分离，因为两者属于两个体系，在我国，要使会计制度得以很好地贯彻，并与国际会计惯例协调，必须遵循会计与税收相互分离的原则。在实际工作中，会计制度如有与税收制度不一致或不相协调的，应按会计制度进行核算，纳税时再作调整。"

既然会计制度与税收制度两者存在差异，而且在税收制度中又承认或认可某些会计政策选择，企业当然会利用会计技术进行税务筹划。

2）税务筹划与会计制度的关系

税务筹划包括国内税务筹划和国际税务筹划，它所涉及的会计制度（会计规范）也就不限于一国一地。

（1）国内税务筹划与本国的会计制度

利用本国会计制度与其税收制度的联系与差异，通过会计政策选择进行国内税务筹划，大部分企业的税务筹划都是这种类型的税务筹划。相对于国际税务筹划，其筹划技术比较简单。

（2）国际税务筹划与涉税国的会计制度

跨国经营企业进行的国际税务筹划，应全面了解并掌握涉税国家或地区的税收法规制度，在其法规框架下进行会计政策选择，以实现税务筹划目的，其筹划技术比较复杂。

---

① 如欧洲共同体发布的第四号指令和第七号指令。

② 具体时间以 1993 年 7 月 1 日起企业执行"两则"、"两制"及 1994 年起企业执行工商税制作为划分标志。从 2007 年 1 月 1 日起，企业陆续执行《企业会计准则》后，我国企业财务会计实现会计准则主导型的中国企业会计制度体系。

(3) 税务筹划与国际会计准则

根据2001年改组后的国际会计准则理事会（IASB）的工作规划，国际会计准则（IAS）将逐渐被国际财务报告准则（IFRS）所取代。目前，世界上只有少数国家全盘照搬IFRS（IAS），其余各国都有自己的会计准则，但各国的会计准则又都是以IFRS（IAS）为主要参照标准的。因此，除全盘接受IFRS（IAS）的国家和地区外，其税务筹划不会直接以IFRS（IAS）为依据，但了解并掌握IFRS（IAS），尤其是其发展趋势，对税务筹划也是非常有益的。

1.7.3 税务筹划的汇率及汇率制度分析

汇率制度亦称汇率安排，它是“一国货币当局对本国汇率变动的基本方式所作的一系列安排或规定”。（钱荣堃．国际金融［M］．成都：四川人民出版社，1994）传统上，按照汇率变动的幅度，汇率制度划分为固定汇率和浮动汇率。

在全球化的背景之下，跨国贸易和跨国资本流动增长迅速，汇率风险也日益突出。汇率风险会对涉外企业的应纳税所得额产生影响。这些企业虽然不能对汇率制度进行选择，但是可以在某一既定汇率制度下选择不同的方式来进行税务筹划。

以外币为计价货币的跨国贸易为例（如果本币为计价货币，就不存在外汇风险了，但这也正是目前中国企业不能选择的方式）。假如一国将其对主要贸易国的汇率固定在或维持在某一个比价上，那么其国内企业在与这些国家进行贸易时，企业汇兑损益项下的余额可能会比较小。但是，如果一国与其主要贸易国之间汇率的浮动范围较大，甚至不受限制，那么企业在从事钱货非即时两清的进出口交易时，应当考虑对损益的影响。比如，在对未来汇率走势加以研究判断的基础上，在签订合同时选择一种对自己有利的货币作为计价货币（买方应选择软币，卖方则选择硬币），即使不能选择对自己有利的货币作为交易货币，也要注意采取其他办法（如外汇的远期交易、期货、期权等等）来规避风险。

在企业外币购销交易的会计处理中，由于各国的汇率制度不同，企业选择的汇率不同以及选择的会计处理方法（分单一交易观和两项交易观）不同，每期计算的汇兑损益额不同；另外，对未实现汇兑损益是用当期确认法，还是用递延法，其结果也不一样。进行税务筹划时，应该充分考虑所涉国家的汇率制度、汇率波动趋势，进行正确的会计政策选择，以期获得更多的税收利益。

● 1.8 税务筹划与财务管理、财务报告

1.8.1 税务筹划与财务管理

1）税务筹划目标与财务管理目标

从学科上看，税务筹划是联结税务会计与财务管理的一门边缘性学科；从其目标和作用看，税务筹划应该归属财务学科范畴。在实务中，税务筹划作为企业的一种理财活动，是企业财务管理的重要组成部分，它贯穿于企业财务管理的全过程。税务筹划应服从、服务于企业的财务管理目标。如果企业财务管理目标是企业价值

最大化，则税务筹划应该是使纳税人可支配的财务利益最大化，即税后财务利益最大化。

①税务筹划绝对收益的存在，直接减少企业现金流出，提高企业的获利能力和投资回报率。税务筹划绝对收益是纳税人通过实施税务筹划而得到的应纳税额绝对减少的好处，这仅是税务筹划收益的外在表现形式。纳税人除了获得税务筹划的绝对收益（少缴税款）外，还可以获得税务筹划的相对收益[①]，能使企业拥有更多的可资利用的现金，有利于把握更多的投资机会，更容易获得较高的投资回报率（详见本书第 6 章），使企业的生产经营处于良性循环，有利于实现企业财务管理的目标。

②当存在多种纳税方案时，既要考虑企业税负轻重，更要考虑其对企业整体收益的影响。在实际工作中，纳税人往往面临着多种纳税方案的选择，而不同方案的税负不同。企业在进行税务筹划时，既要分析不同纳税方案的税收负担，又要分析其对企业整体收益的影响，而以整体收益最大为最优方案，如负债具有减税利益，但当负债的成本水平超过其息税前的投资收益率时，负债融资就会产生负效应，这时权益资本收益率会随负债比例的提高而下降，反而阻碍了企业实现其财务管理的目标（详见本书第 7 章）。

③税务筹划对企业偿债能力的影响。企业主要有两类债务的清偿：一类是一般性商业债务的清偿，包括债务本息的偿还和股利的分配，它们有时可以不必实际动用现金进行清偿，如债权债务相互抵销、以非货币性资产清偿、进行债务重组等。另一类是纳税债务的清偿。应付税金对企业现金流量是一种“刚性”约束，法定税款必须以现金形式及时、足额缴纳，具有单向性和强制性的特点，一般不存在债务减免和延期的可能性（法定的税收优惠除外），是企业最大的现金流出项目。因此，一旦企业现金匮乏而又无法融通，就会增加企业不必要的纳税成本和涉税风险。税务筹划无论是直接降低实际税负，还是延缓纳税时间，都会形成对应付税额现金流出量的有效控制，使企业当期可支配总资金增加，提高企业的偿债能力，有利于企业的长期发展和实现企业的财务目标。

2）税务筹划与财务管理的职能

企业财务管理职能一般分为财务决策、财务预算和财务控制，税务筹划同样体现于财务管理的三项职能中。

（1）税务筹划是企业的财务决策

根据财务决策系统的构成要素，税务筹划主要有：①决策主体。税务筹划作为企业一项财务决策同样有决策主体，即企业高层管理者。企业高层管理者对税务筹划应有正确的认识、明确的目标和具体的要求。②决策客体。企业经营、筹资、投资以及收益分配过程都会涉及税收问题，税务筹划就是要正确选择最佳组织形式、

---

① 税务筹划的相对收益是指税款的延迟缴纳。税款早晚都是要缴纳的，但因货币具有时间价值，企业通过税务筹划，若能实现递延纳税，相当于从政府那里获得了一笔无息贷款，而且没有财务风险。

经营模式、筹资结构及投资方向等。③相关信息。企业进行税务筹划，必须及时、准确、全面地获得相关信息，如税收法规制度、会计制度、准则和国家宏观调控政策的颁布、调整、变动等。④决策结果。按照前述税务筹划的一般程序，税务筹划应该从税务筹划的各种备选方案中选择一个最佳纳税方案，即正确进行财务决策。

（2）税务筹划是企业的财务规划和财务预算

税务筹划具有事前规划的特点，是企业财务规划的组成部分。企业在进行税务筹划时，应测算各纳税方案的税负及预期经济效益，为决策提供可靠的依据。在财务预算中应该充分考虑税金因素及其对企业现金流量的影响。在编制预算时，应尽可能明确税前、税后的各项财务指标。

（3）税务筹划离不开企业的财务控制

财务控制分为事前、事中和事后控制。企业在税务筹划时，从企业酝酿成立到注册登记、从生产经营活动开展之前到生产经营过程中，都应进行涉税的规划和分析。在既定筹划方案的执行过程中，应对税金的支出进行监督，对纳税成本进行控制；及时反馈税务筹划方案的执行情况，以便改进后续决策。税务筹划离不开财务控制，财务控制是落实税务筹划方案的有效保证。

1.8.2 税务筹划与财务报告的冲突

当我们在解读美国安然公司、世通公司、施乐公司以及日本奥林巴斯和我国银广夏、万福生科等（财务）会计欺诈案件时会发现：尽管其造假方法“各有高招”，但最终一般都是虚列收入、虚增利润，这似乎与税务筹划背道而驰。即使是大多数不造假的企业，一般也都希望向税务当局报告低水平的应税收入，而希望向投资者报告较高水平的财务会计收入，这就会出现税收利益与财务报告成本之间的冲突。节税与负面的财务报告后果也不都是相悖的，如成立研发有限合伙公司时，发起公司会尽量避免举债或分摊研发费用，因为这样会带来较高的杠杆比率和较低的财务报告收益；就是说，有限合伙人不但有节税的税收动机，还希望获得较好的财务会计结果。也就是说，经营者会有双重动机，外部投资人应有正确的判断和对策。由于国家制定税法的原则与制定财务会计准则的原则不同，企业税务筹划的规则通常会有别于财务报告规则，这就会导致应税收入与财务报告收入之间存在差异。为此，企业在进行税务筹划时必须充分考虑，在一般情况下，鱼和熊掌不可兼得。

但也应看到，某些减少应税收入的交易或事项也可能会减少报告给投资人的收入。例如，当企业某项资产的账面价值高于其市场价值时，从税收利益考虑，出售该资产可以确认损失，但该行为也要确认为财务报告损失；又比如，因税收折旧与会计折旧不同，资产的税基可能与其账面价值存在差异，导致基于两种口径的损失数额也可能不同。企业可能会担心低价（亏损）出售该资产将增加资本成本，其金额可能大于节税额。对那些自身报酬与财务会计报告利润紧密相关的管理人员来说，出于自身利益考虑，他们可能会放弃节税计划。牺牲节税额会产生隐蔽行为问题，投资人当然会赞成在这种情况下出售资产，以便节税，但因投资人不了解这些信息而无法惩处未采取节税策略的管理人员。

【相关链接 1-14】

管理者为什么如此关心财务报告中的数据：

1. 其报酬合约往往以会计盈利为基础；

2. 若账面收入与应税收入之间有较大差异会招致税务当局的更多检查和审计调整项目；

3. 贷款人订立的控制借贷双方利益冲突的债券契约条款常常以会计数据为基础；

4. 财务分析师、投资人运用会计数据为债务和权益证券定价，企业报告较低的收入可能会导致较低的股票价格和较高的利息成本；

5. 各类监管者往往运用会计数据监督和控制企业。

[总结与结论]

税务筹划是 21 世纪的朝阳产业，但“对大多数企业来说，税务筹划仍然是皇冠上的明珠”。税务筹划具有必然性、复杂性和广泛性，税务筹划呈现出越来越专业化的特点。

要成功地进行税务筹划，必须认真学习并熟练掌握税务筹划的基本理论、基本方法和基本技术，严格区分税务筹划与逃税、欠税、抗税、骗税的法律界限，即正确界定合法、不违法与违法之间的界限。税务筹划应该在合法或不违法的前提下进行，既不能越雷池一步，也不能刻舟求剑，更不能为筹划而筹划，要服从、服务于企业的财务目标。

有人说，现在是野蛮者抗税，愚昧者逃税，糊涂者漏税，智慧者进行税务筹划。可以说，税务筹划是明智之举、文明之举、进步之举。

[练习题库]

★案例分析题

案例 1

2002 年 1 月，某市国税局稽查局对一家服装厂进行税务检查时，发现该厂销售给个体批发户的 1 万件总价值 140 万元的服装没有记账，少缴增值税 23.8 万元。根据该线索，又发现该厂 1999 年隐瞒销售收入 88.9 万元，少申报增值税 15 万多元。1 月 20 日，稽查局对该厂做出补税、加收滞纳金、罚款的处理；同日，向该厂下达了税务行政处罚事项告知书，并由检查人员送达该厂财务科的出纳会计，但该会计因当晚出差去上海，未将此事向厂长汇报。3 天后，稽查局依法向该厂下达了税务行政处罚决定书，对该厂 1999 年度、2001 年度所偷税款给予 5 倍罚款的处理，并由检查人员将“税务行政处罚告知书”送达该厂厂长。厂长认为处罚太重，要求申请复议，但还是在送达回证上签了字。

该厂认为，其偷税行为是两年前的事情，按照《行政处罚法》的规定，不应再给予处罚。于是，以适用法律错误、程序违法为由，将稽查局告上法庭。稽查局认为，对该厂1999年度偷税给予处罚，符合《税收征管法》第86条的规定，有法律依据。

（中国税务报，2003-04-16）

请分析，法院会支持哪一方？其法律依据是什么？

案例2

纳税人李某拖欠税款8 000元，滞纳金600元，当地国税分局责令其限期缴纳，但其逾期仍未缴纳。经县国税局局长批准，国税分局开具扣押清单，扣押了李某价值相当于市场零售价9 000元的烟酒等商品。

随后，国税分局将扣押的烟酒委托当地百货公司代为销售。一星期后，扣押的烟酒全部售出，因市场价格变动，共得售货款8 860元。国税分局当即将8 860元货款用于抵缴李某应纳税款、滞纳金，并代扣销售费90元，将剩余的170元退还纳税人李某。

纳税人李某认为，国税分局违反了《税收征管法》第40条的规定，超价值扣押并变卖其商品，遂申请行政复议。

（中国税务报，2003-08-06）

请分析，纳税人的上述行为是否违反《税收征管法》第40条的规定，国税分局的做法是否得当？

案例3

2014年1月，某市玉液酒厂受托为当地双口酒厂加工100吨粮食白酒。2014年7月，玉液酒厂如数将受托加工的100吨白酒交给了双口酒厂。2014年9月10日，市国税征收分局在对玉液酒厂进行税务检查时，发现该厂对受托加工的100吨粮食白酒，没有履行代扣代缴消费税的义务，遂以玉液酒厂当月同类粮食酒的平均销售价，计算并下达补缴消费税150万元的“税务处理决定书”，限玉液酒厂在15日内缴清。玉液酒厂同类粮食白酒7月份的平均不含增值税销售价为每公斤60元。

截至2014年9月26日，玉液酒厂一直没有按市国税征收分局的要求缴纳税款。2014年9月27日，征收分局派人将玉液酒厂在工商银行账户上的150万元存款予以冻结，要其立即缴纳税款，否则将对冻结的该厂资金作划缴入库处理，并视情节给予罚款。

2014年9月30日，玉液酒厂在提供纳税担保后，向征收分局的上级税务机关——市国税局提出复议申请，要求撤销征收分局的征税决定，解除对其银行存款的冻结。

请分析，玉液酒厂的要求是否合法？市国税局应该做出怎样的复议决定？

[补充阅读材料]

材料 1：税收遵从与遵从成本

税收遵从是指簿记和纳税申报准备活动。例如，1991 年美国国内税务局联合检查计划中的 1 329 家企业耗费了大约 14 亿美元用于与联邦税收有关的活动。米尔斯、埃里克森和梅杜估计（1998），大公司用于税务筹划的每 1 美元支出能够节税 4 美元。因此，税务筹划不仅是一个巨大的行业，而且其回报也十分可观。

《新西兰商业》杂志与毕马威会计公司对纳税遵从成本进行的问卷调查，共收到 760 家大型企业纳税人的答卷，其中生产性企业占 30%，服务性和集团企业占 57%。另外，受政府委托的科尔默布伦顿研究所对 1 611 个小企业和 400 家税收代理机构的纳税遵从成本也进行了调查。

调查表明，目前新西兰纳税遵从成本较高，尤其是中小企业在这方面问题更加突出。遵从成本高主要表现在：

1. 税收法规过于复杂，纳税花费的时间太多，而且多数人无法自己办理纳税。懂得使用多项税率的纳税人只有 18%，企业为节省营业时间和实现纳税成本最小化，大多依赖税务代理人办理纳税，从而增加了税收成本。

2. 罚款及滞纳金利息的规定过于苛刻，而且对不诚实纳税人的蓄意逃税和诚实纳税人的差错逃税不加区分。

3. 纳税人提供资料的负担过重，企业要填报税务部门的多项数据和表格，许多数据往往是超出账簿记载范围的，需要另耗人力物力才能提供。

4. 纳税次数过多，且计算复杂。

5. 税务机关办事拖拉，效率低下，对纳税人质疑或询问的答复一般都要等待很久，特别是企业新办和停办的审批时间更久。

（中国税务报，2004-01-15）

材料 2：安永避税的“四大绝招”

《纽约时报》披露：据一位熟悉内情的财务顾问透露，按照美国税法，富人们的收入要按 15% ~38.6% 的税率缴纳个人所得税，但安永四大绝招中的任何一种都能让他们逍遥于税法之外。

第一招适用于在一项投资中获得巨额利润的人，他们用所获利润购买多元化的证券组合，至少能推迟 20 年纳税。

第二招针对拥有价值 500 万美元以上股票期权的企业负责人。按照美国税法，行使期权时获得的每 500 万美元利润，要缴纳 190 万美元的税。但该招可将纳税时间推迟 30 年，相当于原本应缴纳的每 1 美元税款实际只支付了 6 美分。

第三招是把薪金转化为税负较低的资本收益。一笔 2 000 万美元的薪金收入，如果按资本利得缴税，应纳税额可从 770 万美元降低到 400 万美元。

第四招是通过企业间的复杂交易来形成名义损失，抵销真实收益，从而实现逃税。这种方法适合于有耐心的企业所有者，逃税比例也最高。据安永一位名叫卡姆弗戴姆的客户披露，他曾为这一招向安永支付了106万美元的报酬。安永还将卖给他的方案又卖给其他47位客户，获得了5 000万美元的收入。和安永一样，其他大型会计师事务所也都各有高招。

目前，美国会计界采取的是审计、咨询混业经营模式，会计师事务所一边与其客户一起从事“创造利润”的税务咨询业务，一边对该客户进行审计监督，实际上是既当裁判员又当运动员。而且，事务所在对其税务咨询客户进行审计时，难免会审计到自己的“工作”，这就好比某人一手持矛，一手持盾，双手互搏，结果可想而知。

更何况，其中还有巨大的利益冲突。在2000年，世界通讯向安达信支付的审计费是230万美元，但咨询费却接近1 200万美元。费用如此悬殊，会计师事务所当然难以为真实公正的审计而放弃咨询费这块“肥肉”。这样，会计师审计结果的真实性、会计界的独立性和公信力也就无从谈起。因此，专家指出，要想彻底制止避税方案的蔓延，就必须考虑修改会计公司目前的混业经营模式。

在2002年7月由布什总统签署的《萨班斯—奥克斯利法案》中，对会计公司向其审计客户提供非审计业务进行了限制。但2003年1月，在四大会计师事务所的游说下，证监会又把税务咨询业务作为例外，允许事务所继续开展这种获利业务。为此，证监会遭到严厉批评。

2003年3月4日，美参议院部分议员又致信要求美国证券交易委员会修改法令。3月17日，前任美联储主席沃尔克也呼吁证监会尽快采取行动。在这种形势下，证监会开始重新考虑禁止会计师事务所向其审计客户提供税务咨询。数据表明，税务咨询所获收入大约占美国四大会计师事务所全部收入的1/3，如果证监会最终决定禁止这项业务，会计业将遭受沉重打击。

（中国税务报，2003-03-21）

材料3：安然公司的避税方案

2003年2月中旬，美国国会税收联合委员会公布了对安然公司的税收调查报告。报告显示，安然在经营最红火的时候，使用多种复杂的避税手段，5年内少缴税20亿美元。

美国参议院财经委员会主席查尔斯·格雷斯里说：“调查报告读起来就像一本阴谋小说，美国一些最有信誉的银行、会计公司和律师共同配合，与这家大公司一起上演了一场世纪闹剧。”

（1）调查报告厚达2 700页

经过一年多的调查，美国国会税收联合委员会公布了安然纳税情况的调查报告，报告共三大卷，长达2 700页，展示了一幅令人眼花缭乱的避税图景：复杂的交易，周密的计划，名律师为避税计划提供的法律担保……这一切使国内收入局蒙在鼓里。

报告显示，1995—2001年，安然利用12个大的避税方案，规避了巨额税款。

这些避税方案都有一个个神秘的名称，如坦尼娅、阿派切、背叛者、秃度、瓦尔哈拉殿堂、斯蒂尔等。其中最大的避税方案是 2000 年德勤会计公司提供的，该方案通过复杂的交易，使安然节省了 4.14 亿美元的联邦公司所得税。另外，银行家信托公司提供的“斯蒂尔”方案长达几千页，在方案的封面上，用黑色粗体字赫然写着：“让我见到钱!”该方案使用各种手段增加安然公司的所得税税前扣除额，使安然少纳税 1.3 亿美元。“坦尼娅”方案，使安然在一项投资利得中少纳税 6 580 万美元。“阿派切”方案，为安然节省税款 5 070 万美元。

这些避税方案都是由美国顶级的会计公司和银行提供的，如德勤会计公司、安达信公司、曼哈顿投资银行、摩根银行、德意志银行和银行家信托公司等。其避税方法主要是通过关联企业间的交易，以复杂的贷款、转租、现金往来或股票出售等手段，想方设法冲销公司收入，或增加税前扣除，以达到少纳税甚至不纳税的目的。

（2）安然税务部成了“盈利中心”

在安然公司，具体运作这些避税方案的是税务部。报告说，安然税务部已成了一个特殊的盈利中心，其盈利手段是和咨询公司及银行、律师进行合作，目标就是少纳税甚至不纳税。

1998 年，银行家信托公司邀请安然税务部负责人罗伯特·汉姆和其他高级职员，到佛罗里达州海滨旅游胜地参加当年的冬季会议，就在这些职员享受钓鱼、高尔夫球、游艇、晚宴等休闲生活的同时，银行家信托公司成功地向其兜售了一项避税计划。1998 年，该公司董事长给安然董事长肯尼思·莱写了一封热情洋溢的信，称赞安然税务部门负责人汉姆和迈克塞的工作能力，并说：“双方的关系越来越紧密，这就为进一步合作提供了坚固的平台，以后我们将根据安然公司的需要，继续创造新的税务处理方案。”据调查，在安然运作的 12 个避税方案中，银行家信托公司提供的就有 5 个。

税务部的“出色工作”为安然赢得了巨额“利润”，这就是少纳巨额税款。报告显示，1995—2001 年，安然少缴纳公司所得税 20 亿美元，其中 1996—1999 年，竟未缴纳一分钱的联邦公司所得税；2000—2001 年，只纳税 6 300 万美元。同时，安然高级经理人员也利用这些计划大肆逃税。1998—2001 年，安然高级管理人员每年都获得 1.5 亿美元的延期报酬。2000 年，公司有 200 位高级经理人员共得到 14 亿美元的延期报酬。在避税计划“指导”下，这些延期报酬都是免税的。

随着安然税务筹划事业越来越大，其税务部人员也从当初的 83 人迅速增加到 253 人，而各顾问公司也从安然那里得到了 8 800 万美元的“咨询费”。

（3）防止再出现一个“安然”

安然避税调查报告引起美国上下一片震惊，同时也推动立法者尽快采取行动，打击非法避税。参议院民主党领袖达施勒说：“这个报告对我们来说是一个召唤，我们将开始行动。”

据报道，2002年以来，美国逐渐加大了打击非法避税的力度。参议院财经委员会主席格雷斯里曾提交一份立法草案，要求非法避税手段的发明者和使用者要主动上报，否则国内收入局将对其进行严厉惩罚。该议案得到财经委员会的通过，但在参议院却被搁置了。安然调查报告公布后，议案支持者再次呼吁："希望政府站在诚实的纳税人一方，不要再阻止打击非法逃税的行动。"据悉，财经委员会将以安然案例为借鉴，对原来的议案进行修改，完善打击非法避税的各种规定，加快打击非法避税的立法进程。

尽管民主、共和两党在许多问题上存在分歧，但在打击非法避税上却非常一致，在安然避税调查听证会上，两党表示要联合起来，"防止再出现一个'安然'"。

（中国税务报，2003-03-07）

材料4：政府在反避税中对商业安排中"经济实质"的认定

如何判定纳税人在一项商业安排中是否构成避税？"经济实质"成为一般反避税判定的重要原则。

作为"经济实质"原则确立的标志性事件，不能不说到美国的弗兰克林公司案。受美国银行业相关法规的约束，银行不能为自己提供融资服务。为此，沃斯银行与弗兰克林公司就沃斯银行的一栋房产签订了售后回租合同。沃斯银行先将房产出售给弗兰克林公司，弗兰克林公司再向第三方银行融资并在房产建成后租赁给沃斯银行使用。弗兰克林公司对支付给第三方银行的贷款利息及该出租房屋的折旧进行了税前扣除。由此，弗兰克林公司纳税额减少了不少，这引起了税务当局的关注：弗兰克林公司的这一商业安排目的是否合理？房屋折旧是否能在弗兰克林公司计算联邦所得税时扣除？这些问题既是本案的焦点，也是"经济实质"原则逐步形成的关键所在。

为了充分了解纳税人商业安排的主客观因素，美国法院在弗兰克林公司案中首次使用了"主客观双面测试法"。在主观方面，主要测试纳税人商业安排的动机。在客观方面，主要测试纳税人在实施安排前后经济状况的变化。对这一测试方法，在美国法庭中产生了两种观点：一些法庭认为，要判断纳税人某项商业安排是否具有避税动机，主观和客观两方面要同时满足税务机关的判定要求；另外一些法庭却将主观方面与客观方面视为相互联系的因素，认为只要主观和客观两方面中任意一方面能充分证明纳税人某项商业安排的经济实质及其税务目的，都可以作为判定纳税人是否避税的依据。

美国法院在对弗兰克林公司案做出判决时，重点考虑了出租人弗兰克林公司的经济权利和义务。法庭认为，只要该案中出租人弗兰克林公司保留了传统意义上出租人的显著属性，那么，各方安排就具有合理目的。根据售后回租合同，出租人可以获得一定的经济权利，包括如果承租人执行其期权将房产回购，出租人将获得至少6%的回报等。作为交换，出租人同意履行一定的经济义务，并承受显著的商业风险。比如，即使承租人没有给付租金，出租人也必须支付贷款的首付，并将按揭贷款作为一项负债计入账中。这些权利与义务足以使最高法院相信，这项售后回租的安排具有非常明确实在的经济与法律意义。

美国最高法院在弗兰克林公司案中还指出，如果一项真正意义上的多方安排包含了由商业事实或规章制度支持的经济实质，即使这项安排可能有独立的纳税方面的考虑，但不仅仅是纯粹的避税行为，政府就应承认安排各方权利与义务分配的有效性。美国第三巡回法庭也坚持认为，如果一项安排客观上改变了纳税人的经济状况、法律关系或者是非税商业利益，那么，即使出于避税动机，也不能仅因此而将其否决。此后，越来越多的法庭倾向于只采用“经济实质”原则，认为“经济实质”的分析比“商业目的”的意图表示更具有决定性。

总体来看，从“经济实质”的角度来判定一项具有税收利益的安排是否违反了反避税原则，要看在这项安排中，纳税人（参与各方）是否承受了与其经济地位相当的权利与义务。需要注意的是，纳税人的权利与义务实现的时点有可能并不一致，有可能是在将来的某个不确定时点才能实现，重要的是要看纳税人在法律意义上是否负有相应权责。同时，从“经济实质”的角度来判定一项具有税收利益的安排是否违反了反避税原则还有一个显著的标志，那就是看纳税人（参与各方）的经济地位是否发生变化。

材料 5：商业交易安排要经得起反避税“显微镜”检验

如果一系列的交易从整体看具有合理的商业目的，但其中一项交易的主要目的是为寻求税务利益，那么这一系列交易是否经得起一般反避税原则的检验？或者，一系列交易中的每一项交易都具有合理的商业目的，但其整体目的是为获取税务利益，那么这一系列交易在商业合理性上能否被接受？

在加拿大所得税法中，“一系列交易”被称为相互联系的、为达到事先预计目的的一种安排。如果安排整体的主要目的不是为获取税务利益，安排当中某项交易的主要目的是为获取税务利益，那么这种安排会被否认吗？我们在从加拿大迈克尔案中可以找到答案。

某购物中心的所有者在银行办理了对该购物中心的抵押贷款业务，已贷款金额为16 亿美元。由于贷款者违约，银行拟将该购物中心赎回，计划按 10 亿美元的价格将购物中心出售。但此举可能给银行带来 6 亿美元的损失。该银行通过设计并实施一系列交易最终实现了将上述抵押贷款损失向该购物中心购买方的转移。具体交易过程如下：

第一步，银行先以购物中心为主要资产设立子公司；

第二步，银行与该子公司共同设立一家有限合伙公司，银行作为有限责任合伙人，该子公司作为无限责任合伙人；

第三步，银行将丧失抵押品赎回权处理中应收回的抵押贷款及利息分为 1 万股，每股价值 1 000 美元，共计 1 000 万美元，银行承诺将作为合伙公司的合伙人不少于 30 天；

第四步，购物中心的购买方通过收购股权的形式成为合伙公司的一般合伙人；

第五步，银行退出合伙企业其所持股权转让给购物中心的购买方；

第六步，相关交易完成后将合伙公司注销。前5个交易步骤全部完成后，按照加拿大企业所得税法的相关规定，购物中心购买者可以分配获得合伙企业的6亿美元的损失并在其纳税申报时扣除。

税务法庭认为上述安排存在税务利益但并不认定其构成了避税安排，原因在于即使购物中心的购买方不能获得损失税前扣除的好处，也会进行上述交易，其以10亿美元购买购物中心是有利可图的，因此，安排的主要目的是购买购物中心而不是为实现损失转移。但上诉法庭驳诉了税务法庭的观点，认为在这一系列交易中，合伙企业只存续了很短的时间，主要目的就是为了获得税务利益，在一系列交易中，任何一项获取税务利益的交易其主要目的都必须是非税的，如果有一项交易的主要目的不是非税的，那么整个安排取得的税务利益将不被认可。

此案可以看出，加拿大不仅要看安排整体的主要目的是否具有合理的商业理由、是否仅为获取税务利益，同时也要看其中每一项交易的主要目的是否具有合理的商业理由。

迈克尔案引发我们进一步的思考，如果安排中每项交易的主要目的都是合理的，但安排整体的主要目的是为获取税务利益，安排会被否认吗？从英国的瑞姆森案中可以找到上述问题的答案。

瑞姆森公司为避免其出售农场收益缴纳资本利得税采取了一系列安排。在同一天，瑞姆森公司首先购买了凯瑟门德公司的股票，又以11%的贷款利率给该公司两笔贷款，同时约定瑞姆森公司有权调整两笔贷款间的利率。数日后，瑞姆森公司将一笔贷款利率减为零，另一笔贷款利率增为22%，之后将高利率的贷款债权凭证出售，按照英国税法规定，该笔交易获利免交资本所得税。一星期后，凯瑟门德公司将零利率贷款归还瑞姆森公司，但由于凯瑟门德公司成为了高利率的贷款人造成其股价下跌，瑞姆森公司抛售该公司股票的损失与出售债权凭证收益相等，该公司认为可以其股票损失抵减其出售农场的收益。

英国上议院的判决否认了瑞姆森公司的交易安排。判决认为，在瑞姆森案中，虽然购买股票、贷款、出售债权凭证、收回贷款以及出售股票等一系列交易中的每项交易都是有效的法律行为，也很难判定哪一项交易没有合理的商业目的，但从这一系列安排的结果整体看，交易各方的经济地位没有发生实质性的变化，安排没有商业目的。

由此可以看出，不论是一系列交易的主要目的是为获取税收利益，还是构成安排的一系列交易中某个交易环节的主要目的是为获取税收利益，在具体的税务实践中都需要经得起所在国一般反避税原则的检验。

（中国税务报，2010-05-24）

材料 6：跨国公司在英避税引关注①

一、星巴克在英避税

路透社和一家名叫“税务研究”的英国独立调研机构共同进行的一项为期 4 年的调查，根据 10 月份公布的报告显示，这家全球最大的咖啡连锁店，在英国经营的 13 年间，销售额达到了创纪录的 31 亿英镑（约合 48 亿美元），但累计缴纳公司所得税仅为 860 万英镑（约合 1 374 万美元），纳税额低于营业额的 1%。在过去 3 年，星巴克在英国没有缴过企业税所得税。2011 年，星巴克在英国的营业额为 3.98 亿英镑（6.37 亿美元），却宣布亏损 3 290 万英镑（5 264 万美元），未缴纳任何税金。

英国税务专家分析，星巴克公司采用了一系列复杂的方法来逃避缴纳税款，包括收取专利和版权费，向英国分公司提供高息贷款和利用公司的供应链将利润转移，像变戏法似的让自己在英国产生的利润消失得无影无踪，聪明地避了税。

专家称，这些跨国企业恰恰是利用了现存法律规定中的空子，他们的做法属于合法范畴。虽然这些企业没有缴纳多少公司所得税，但它们通过为职工缴付包括医疗和养老等各种保险和向消费者收取增值税等方式也为英国税收做了不少贡献。

星巴克否认公司逃税，认为公司在每个国家都遵守了税收规则，寻求支付公平份额的税收。星巴克的首席执行官表示，英国是该公司最重要的市场之一，重申在英国的税务一切合法，将给英国相关机构提供证据。公司的首席财务官表示，租金高是公司在该国运营糟糕的主要原因，英国业务只盈利过一次。公司发言人称：“我们是守规矩和良好的纳税人。对我们逃税的指责是绝对失实的。”该公司同时也强调星巴克为英国创造了9 000 名工作机会。

英政府税务部门一位官员也表示无能为力。他说：“我们调查了所有有逃税嫌疑的企业或个人的收入账目，最后的结论只有一个：就是避税。”

星巴克问题的暴露让跨国企业税务问题成为众矢之的，英国社会开始关注和质疑英国涉外企业税收法规，并将矛头指向了其他有类似问题的跨国企业，如麦当劳、脸谱、谷歌、亚马逊和苹果公司等。有人认为，跨国公司避税对英国本土中小企业是一种不公平待遇。包括星巴克在内的一些跨国公司在商业中心经营盈利，但却不用交或少交税金，很明显，税收制度上存在严重漏洞。

二、星巴克避税的连锁效应

路透社报道，英国司法部门将对星巴克、谷歌和亚马逊这三家公司的高管进行调查，并质询他们为何在英国销售额巨大，而纳税额却很少。面对公众对大型跨国公司避税问题越来越高涨的关注声，英国公共账目委员会已经请这些公司提供证据。

英国议会反对党成员玛格利特表示，对于普通人来说，难以认为避税是公平的。在当前英国不得不进行紧缩减支的经济形势下，这使得公众十分愤怒。在一份

---

① 根据 2012 年 10 月、11 月新华网、经济参考报等报道整理。

关于大企业利用漏洞来避税的报告发布后，英国和德国宣布了推动20国成员让跨国公司支付公平份额税收的行动。

谷歌的文件显示，去年该公司在英国销售额为40亿美元，尽管这家公司的毛利率达到33%，但是在英国的分部去年纳税金额仅为340万英镑。这家公司据称将非美国的销售通过爱尔兰分部的安排来使其支付的非美销售税率仅为3.2%。谷歌欧洲北部与中部销售与运营副总裁表示，公司确实通过百慕大转移欧洲区收入以减少税款，但他表示，这种做法完全合法。

亚马逊英国的销售额为53亿至72亿美元，去年支付的所得税不足100万英镑。亚马逊逃避在英国税收的方法是通过在卢森堡的一家分支来报告欧洲的销售，这一方法使得去年公司支付的国外税率只有11%，不到其主要市场的平均企业所得税率的一半。

9月份，法国税务机构也曾要求亚马逊补交2.52亿美元的税款，这与该公司通过卢森堡转移欧洲销售额有关。亚马逊表示，公司正就该要求进行抗争。谷歌也受到法国税务机关的调查，但它对上个月收到补交10亿欧元税款的要求报道予以了否认。

思考：面对跨国公司的避税行为，政客可以充分利用这个话题，为民请命，为己捞取政治资本；公司当然会极力辩解，认为自己的行为并不违法；但站在专业的角度，更应该考虑税收制度的设计。

材料7：加强转让定价风险管理

一、强化转让定价的全球税务监管——OECD在行动

经济合作与发展组织（OECD）称，全球贸易的大约60%实际上是在跨国公司内部发生的。目前，该组织正在进行的税基侵蚀和利润转移课题旨在强化各国税务当局对消除跨国公司不合理的避税方法的协调活动。

2013年2月，OECD在其发布的第一份有关税基侵蚀和利润转移的报告中，从历史的视角分析了跨国公司在全球范围内如何从事经营活动，认为各国税制没有与经济全球化的发展同步。报告承认税收主权的重要性并认识到各国政府为了吸引投资，为创造有利的投资环境，都在不断提供各种税收优惠措施。

2013年7月19日，OECD在其发布的新报告——《有关税基侵蚀和利润转移的行动方案》中详细阐明了OECD在近期内如何处理跨境税收问题。报告提出的15项行动方案中有3个专门涉及转让定价，其他行动中的部分内容也对转让定价有很大的影响。这15项行动方案分别是：

第1项，应对数字经济带来的税收挑战；

第2项，消除或者中和混合金融工具错配带来的影响；

第3项，加强受控外国企业规则的应用；

第4项，通过利息扣除和其他金融支付手段来限制税基侵蚀；

第5项，通过加强透明度更加有效地对抗有害税收做法；

第6项，防止滥用条款；

第 7 项，防止人为地规避常设机构（PE）地位；

第 8 项，无形资产——防止以在团体成员中转移无形资产的方式转移利润；

第 9 项，风险和资本——防止以对团队成员分配过多资金的方式转移利润；

第 10 项，关注其他高风险交易；

第 11 项，统一收集和分析税基侵蚀和利润转移的方法，并制订相应的解决方案；

第 12 项，要求纳税人披露其激进的税务筹划安排；

第 13 项，重新审视转让定价资料要求；

第 14 项，使争端解决机制更有效；

第 15 项，制定多边工具。

二、跨国公司重视转让定价风险管理

安永会计师事务所通过对全球 26 个国家近 900 家跨国公司的调查，于 2014 年初发布了 2013 年全球转让定价调查报告，报告的标题为《探索国际税务的波涛汹涌》（Navigating the Choppy Waters of International Tax）。报告显示，转让定价依然是全球税务当局和各国跨国公司之间税务争端的重要起源。66% 的公司都将转让定价风险管理作为其首当其冲的任务，比 2010 年的调查结果的数值提高了 32%。在巴西、俄罗斯、印度、中国或非洲国家经营的跨国公司中，30% 的受访者将管理转让定价问题作为其排在第一或第二的首要任务。

47% 的受访者因转让定价审计而在遭受双重征税，24% 的母公司称在过去 3 年中受到了税收处罚。与 2010 年的 19% 和 2007 年的 15% 相比，遭受处罚的可能性增加了。60% 的母公司因为转让定价调整正在缴纳罚息，28% 的跨国公司试图从自己国家的政府获得援助来减少或消除与另外一国税务当局的转让定价税务争端，而这种争端的数量与 2010 年的调查结果相比翻了一番。在承认管理转让定价重要性的同时，跨国公司正在强化纳税遵从的努力。在所有被调查的受访者中，70% 的受访者表示，他们已经完全遵从了转让定价要求和法规；20% 的跨国公司能够实时或按月监督其财务结果是否符合转让定价政策，并比较哪种方法最优。

调查报告向试图更好地管理税务风险和转让定价生命周期的公司提出了建议，如在更多的国家范围内开发出高标准的证明资料、将其他国家的执法机制如何影响转让定价行为考虑进来、更好地将资源统一起来应对那些快速发展的市场等。

即使在目前税务监管严峻的国际环境下，跨国公司也不会放弃转让定价的涉税安排，明智的举措是切实加强转让定价的风险管理。正如安永会计师事务所负责转让定价服务的全球总监托马斯·博斯坦所说，为了取得成功，跨国公司需要采取积极措施提供其转让定价证明资料，监督全球变化和升级财务分析技术。

第 2 章

税收负担与税收成本

［学习目标］

学完本章后，应当掌握：

1. 税收负担的含义；
2. 税收负担的衡量指标；
3. 税负转嫁的方式和影响因素；
4. 纳税成本的类型和特性。

2.1 税负理论

2.1.1 税收负担的含义

税收负担，简称税负，是指纳税人因向国家缴纳税款所承受的经济负担。它反映一定时期内，国家与纳税人在社会产品分配上的量的关系。

税收负担一般以负担率的形式出现。所谓税收负担率是指所纳税款占纳税人收入的比例。根据分析角度和分析目的的不同，所谓“税款”和“纳税人收入”均可能选取不同的指标。在纳税人其他情况不明的条件下，仅凭纳税绝对额难以判断该纳税人税收负担的轻重。

在分析税收负担的时候，要注意名义税收负担与实际税收负担的区别。名义税收负担是指税法上规定的纳税人发生某种应税行为时应承受的经济负担，在此主要指名义税率。一般来说，计税依据乘以名义税率，即为应纳税额。实际税收负担则是纳税人实际承受的经济负担，也称实际税率。大部分情况下，名义税负和实际税负之间同方向变动，较高的名义税率一般会带来较重的实际税收负担。但是，有些情况下二者又很不相称，而且，即使是同方向，二者之间也可能存在很大差距。

名义税收负担和实际税收负担的差异主要存在于两个方面：应纳税额与实纳税额之间以及计税依据与实际收入之间。

①应纳税额与实纳税额的差异。应纳税额是计税依据与名义税率的乘积，实纳税额则是纳税人实际缴纳的税款。由于如下原因，应纳税额和实纳税额之间总有很大不同。一是减、免、退税。这两项是典型的税式支出项目，直接减轻纳税人纳税义务，减少国家税收，使名义税负与实际税负之间出现差异。比如，某一电力企业的所得税名义税率为25%，但在取得第一笔生产经营收入所属纳税年度起，第一年至第三年免征企业所得税，实际税率为 0；第四年至第六年减半征收企业所得税，实际税率为 12.5%。二是欠税、逃税、骗税、抗税。这是四种基本的违反税法的行为，虽然被严厉打击，但是总是难以完全杜绝的。

②计税依据与实际收入之间的差异。这种差异主要发生在所得税上。企业所得税法规定，企业所得税的计税依据是企业年度应纳税所得额，而非税前的会计利润。某些收益计入税前会计利润但不计入应税所得，如国债利息收入；某些费用或损失不能在税前会计利润中扣除但可以在应税所得中扣除，如技术开发费的加计扣除；某些收益不计入税前会计利润但计入应税所得，如视同销售的收入；某些费用或损失可以在税前会计利润中扣除，但不能在应税所得中扣除，如计提的固定资产减值准备。前两者会使税前会计利润大于应税所得，而后两者会使税前会计利润小于应税所得。

在分析税收负担的时候，还会用到边际税率与平均税率。边际税率是指再增加一些应纳税所得额的时候，新增的应纳税所得额的所纳税额同新增的应纳税所得额之间的比例。平均税率是相对于边际税率而言，是指全部税额与全部应纳税所得额之比。以超额累进的个人所得为例，所得额为 2 000 元的时候，由于免征额为2 000 元，则边际税率为 0，平均税率也为 0；所得额为 2 500 元时，增量 500 元，税额 25 元，则边际税率为 25 元÷500 元＝5%，平均税率为 25 元÷500 元＝5%；当所得额从 2 500 元增长到 3 000 元时，增量 500 元，税额 50 元，则边际税率为 50 元÷500 元＝10%，平均税率为 75 元÷1 000 元＝7.5%。根据边际税率在应纳税所得额增加时的变化情况，即不变、上升或下降，可将税种依次划分为比例税、累进税、累退税。在比例税情况下，边际税率与平均税率相等；在累进税情况下，边际税率高于平均税率。边际税率的提高会带动平均税率上升；边际税率上升的幅度越大，平均税率提高就越多。通过边际税率和平均税率的比较易于表明税率的累进程度和税负的变化情况。

2.1.2　税收负担的衡量指标

一般来说，税负指标有总体指标和个别指标两类。总体指标是可以对税收负担水平做出总体判断的指标，也可称为宏观税收负担指标。个别指标是用于衡量不同纳税人税收负担水平或不同税种（类）税收负担水平的指标，也可理解为总体税负在不同纳税人、不同税种（类）上的具体化。

1）税收负担总体指标

税收负担总体指标主要由两个具体指标组成。

(1) 税收占国民生产总值（GNP）的比重

该指标可用下列公式表示：

$$国民生产总值税收负担率=\frac{一定时期的税收总额}{同期国民生产总值（GNP）}\times100\%$$

（2）税收占国内生产总值（GDP）的比重

该指标可用下列公式表示：

$$国内生产总值税收负担率=\frac{一定时期的税收总额}{同期国内生产总值（GDP）}\times100\%$$

2）税收负担个体指标

税收负担个体指标主要由三个具体指标组成。

（1）$企业税收总负担率=\frac{各种纳税总额}{同期销售收入}\times100\%$

（2）$企业流转税负担率=\frac{流转税税额}{同期销售收入}\times100\%$

流转税分为价外税和价内税。在计算价外税的税收负担率的时候，销售收入为不含税销售收入；在计算价内税的税收负担率的时候，销售收入为含税销售收入。但在比较价内税和价外税的税负时，应该都采取含税销售收入，以取得口径上的一致。

（3）$企业所得税负担率=\frac{所得税税额}{同期会计利润}\times100\%$

3）"拉弗曲线"简介

美国供给学派的代表人物阿瑟·拉弗提出的"拉弗曲线"形象地说明了税收负担与税收和经济的关系，如图 2-1 所示。

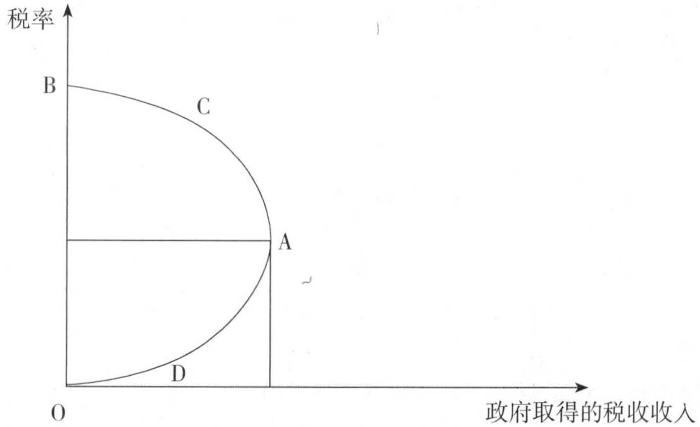

图 2-1 拉弗曲线

该曲线在于说明税率与税收收入或 GDP 之间的函数关系。图中的纵轴代表税率，横轴代表税收收入或 GDP，原点 O 表示两者皆为零，税率逐步提高到 B 点为 100%，则税收收入或 GDP 的函数呈 OAB，即为"拉弗曲线"。当税率提高到 A 点时，税收收入或 GDP 最大；当税率超过 A 点继续提高时，税率越高，税收收入或 GDP 越少；当税率提高到 B 点即 100% 的时候，税收收入或 GDP 为 0。

该曲线说明高税率不一定会带来高的税收收入，高的税收收入也不一定是由高税率引起的。这是因为高税率会削弱经济主体的活力，导致经济的停滞或下降，高税率往往还会带来过多的减免和优惠。该曲线还说明取得同样多的税收收入可以采取两种不同的税率，如图中 C 点和 D 点的税收收入是相同的，而 C 点是高税率，D 点是低税率，这表明从当前看适度的低税率尽管会减少政府的税收收入，但从长远看却可以刺激生产扩大税基，最终有利于政府税收收入的增长。

2.1.3　案例分析

案例分析一：税负比较

某生产电池的公司执行的是企业会计准则，表 2-1 为该公司 2014 年度的部分财务数据。表 2-2 为会计与企业所得税处理差异比较（适用于该企业的情况）。请根据已知信息，回答下列问题：

表 2-1　**某公司 2014 年度的部分财务数据**　单位：万元

项　　目	本期金额
一、营业收入	6 000
减：营业成本	2 200
营业税金及附加	300
销售费用	1 200
其中：广告费用	1 000
管理费用	600
其中：业务招待费	50
财务费用	100
资产减值损失	200
加：公允价值变动收益	
投资收益（购买国债的利息）	100
二、营业利润	1 500
加：营业外收入	
减：营业外支出	
三、利润总额	1 500

表2-2 会计与企业所得税处理差异比较

项目	会计	企业所得税
资产减值损失	计入当期损益	不得税前扣除
广告费用	计入当期损益	企业发生的符合条件的广告费和业务宣传费支出，除国务院财政、税务主管部门另有规定外，不超过当年销售（营业）收入15%的部分，准予扣除；超过部分，准予在以后纳税年度结转扣除
业务招待费	计入当期损益	企业发生的与生产经营活动有关的业务招待费支出，按照发生额的60%扣除，但最高不得超过当年销售（营业）收入的5‰
国债利息	作为当期投资收益	免税

（1）如果该公司的所得税税率为25%，其所得税税负为多少？

纳税调整增加额：100+20+200=320（万元）

纳税调整减少额：100万元

该公司应纳税所得额：1 500+320−100=1 720（万元）

该公司应纳所得税：1 720×25%=430（万元）

所得税税负：430÷1 500×100%=28.67%

（2）如果该公司是设在西部的鼓励类企业，适用的税率为15%，其所得税税负为多少？

纳税调整增加额：100+20+200=320（万元）

纳税调整减少额：100万元

该公司应纳税所得额：1 500+320−100=1 720（万元）

该公司应纳所得税：1 720×15%=258（万元）

所得税税负：258÷1 500×100%=17.2%

案例分析二："营改增"对企业流转税税负的影响

"营业税改征增值税"是继2009年全面实施增值税转型之后，货物劳务税收制度的又一次重大改革，也是一项重要的结构性减税措施。试点的主要内容是，在现行增值税17%和13%两档税率的基础上，新增11%和6%两档低税率，交通运输业、邮政服务业和基础电信服务适用11%的税率，研发和技术服务、文化创意、物流辅助和鉴证咨询、电信增值服务等现代服务业适用6%的税率；试点纳税人原享受的营业税减免税政策，调整为增值税免税或即征即退；现行增值税一般纳税人向试点纳税人购买服务，可抵扣进项税额。

上海某咨询公司在"营改增"试点中被认定为一般纳税人。在"营改增"之前，该公司的业务收入为1 000万元，适用5%的营业税税率。在"营改增"之后，该公司适用6%的增值税税率。该公司的客户也是增值税一般纳税人，鉴于该公司可以开具增值税专用发票，同意该公司涨价，该公司的业务收入提高到 1 060 万元（含税价，不含税价为 1 000 万元）。在“营改增”前后，为执行业务，该公司均需向自己的供应商（增值税一般纳税人）采购咨询所需物品 292.5 万元（含税价，不含税价为 250 万元）。

在“营改增”之前，该公司缴纳营业税：

该企业应纳营业税 = 1 000×5% ＝ 50（万元）

营业税税负 = 50÷1 000 ＝ 5%

在“营改增”之后，该公司缴纳增值税，可以抵扣采购相应的进项税额：

该企业应纳增值税 = 1 000×6% −42.5 ＝17.5（万元）

增值税税负 = 17.5÷1 060 = 1.65%

2.1.4　税务筹划中的税收负担判断原则

税务筹划最直接也是最重要的目的就是减轻企业的税收负担。在判断税务筹划前后企业的税收负担变化时，应该注意以下几点原则：

1）相对减少税收负担原则

在比较税负的时候，不能只静态地考虑纳税额的变化，还要考虑纳税额相对于销售收入、利润的变化。去年销售收入 500 万元，纳税 30 万元，今年销售收入 1 000 万元，纳税 50 万元。纳税数额增加了，可是相对销售收入的增长来看，税负是下降的。

2）整体利益原则

税收利益要服从企业价值最大化的目的。在两者发生冲突时，前者要服从后者。比如销售额低于免征额可以享受免税的优惠，或者利润在一定数额以下可以适用低税率，就不能单从税收的角度出发而自我限制销售额和利润的增长，因为企业的发展就在于增加收入，企业的目的就在于盈利。

3）口径一致原则

在比较税负时，应该保持期间、基数的一致性。比如在比较增值税税负和营业税税负时，二者必须都以含税销售额为基数，而不能增值税税负以不含税销售额为基数，营业税税负以含税销售额为基数。

4）综合税负原则

企业不只适用于一个税种，因此应该就综合税负进行比较，避免只关注减少一种税的税负却忽略了其他税的税负的增加。

案例分析：

某建设单位有一工程需找一施工单位承建。在工程承包公司的组织安排下，施工单位最后中标，于是，施工单位与建设单位签订了承包合同，合同金额为 200 万元。另外，建设单位还支付给工程承包公司 10 万元的服务费用。此时，工程承包公司应纳营业税（目前适用服务业的营业税税率）为 5 000 元（100 000×5%）。若工程承包公司进行筹划，让建设单位直接和自己签订合同，合同金额为 210 万元。然后，工程承包公司再把该工程转包给施工单位。完工后，工程承包公司向施工单位支付价款200万元。这样，工程承包公司应缴纳营业税（适用建筑业税率）为3 000元（（2 100 000–2 000 000）×3%）。于是，通过筹划，工程承包公司可少缴2 000元的税款。

这个例子只有单纯的理论上的意义，如果是发生在现实生活中则需要推敲。因为通过该筹划方案，纳税人节省了税款2 000元，但节省的税款仅仅是工程价款的0.95‰。如此之小的比例很容易被其他负面因素所抵销，特别是考虑到工程承包公司现在要对整个工程负责，由此增加的风险是节省的这点税款远远无法弥补的。

税务筹划要考虑到真实环境中的条件限制，不能为了筹划而筹划。

● 2.2　税负转嫁

2.2.1　税负转嫁的含义

税负转嫁是纳税人通过各种途径和方式使缴纳的税款转由他人负担的过程。不论税负转嫁采取何种方式，都表现为纳税人和负税人的不一致。

税负归宿是税负运动的终点。从政府征税到税负归宿是一个从起点到终点的运动过程。政府向纳税人征税，成为税负运动的起点；纳税人把缴纳的税款由他人负担的过程，成为税负转嫁；税负由负税人最终承担，不再转嫁，称为税负归宿。税负归宿和税收负担是两个既有联系又有区别的概念。税负归宿是相对于税负转嫁而言的，是从税负转嫁运动过程中来确定税负主体，即税收由谁负担。税收负担是相对于税负归宿而言的，是在税负主体已经确定的情况下，来计量税收负担水平，即负担多少。

总之，税负是在运动着的，总要由纳税人或其他人来承担。税负运动的结果形成三种不同的形态，展示税负转嫁的不同程度：第一种，税负完全转嫁，即纳税人将自己应负担的税款全部转嫁给他人负担；第二种，税负部分转嫁，即纳税人将自己负担的税款的一部分转嫁给他人负担，余下部分则由自己负担；第三种，税负完全不转嫁，即纳税人自己负担全部缴纳的税款，不转嫁给他人。

税负转嫁的特点是：第一，税负转嫁是与价格的升降直接联系的，而且价格的升降是由税负转嫁引起的；第二，税负转嫁是纳税人的一般行为倾向，是纳税人的主动行为；第三，税负转嫁只会导致税收归宿变化，引致纳税人和负税人不一致，税收并未减少或损失。

【相关链接2–1】

18世纪末古典政治经济学的杰出代表人物大卫·李嘉图在《政治经济学及赋税原理》中指出：当货币价值不变的时候，一切商品的课税都会至少按照税额使商品价格上涨，无论这些商品是必需品还是奢侈品。

2.2.2　税负转嫁的方式

1）前转

前转也称顺转，是指纳税人在进行商品或者生产要素的交易的时候，将其所缴纳的税款用提高出售价格的办法，转移给商品与生产要素的购买者或最终消费者负担。这是税负转嫁最典型也是最普遍的形式。前转大多发生在对商品或劳务的课税上。比如，对某个产制环节的消费品课税，生产厂商提高了出厂价，把税负转嫁给批发商；批发商再提高批发价，将税负转嫁给零售商；零售商再提高零售价，将税负转嫁给消费者。在这一过程中，名义上的纳税人是生产厂商，而实际的税负承担者是商品和劳务的消费者。这一过程可以简单地用图2-2 表示如下：

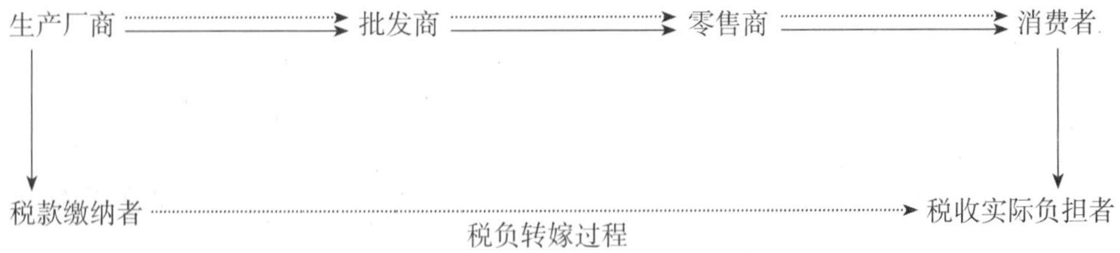

图 2-2　前转

2）后转

后转也称逆转，是指纳税人将其所缴纳的税款以降低购买价格的办法，部分或者全部地转移给商品和生产要素的提供者。这里税负转嫁的方向正好与商品与生产要素流转的方向相反。后转一般发生在由于商品供大于求或其他原因而引起的产品降价、纳税人无法以提高价格的方式将税款前转给购买者的情况下。比如，对某个零售环节的消费品课税，零售商降低了向批发商购货的批发价，把税负转嫁给批发商；批发商再降低向生产厂商购货的价格，将税负转嫁给生产厂商；生产厂商再降低向原材料或劳动力供应者支付的价格，将税负转嫁给消费者。在这一过程中，名义上的纳税人是零售商，而实际的税负承担者是商品和劳务的消费者。这一过程可以简单地用图2-3 表示如下：

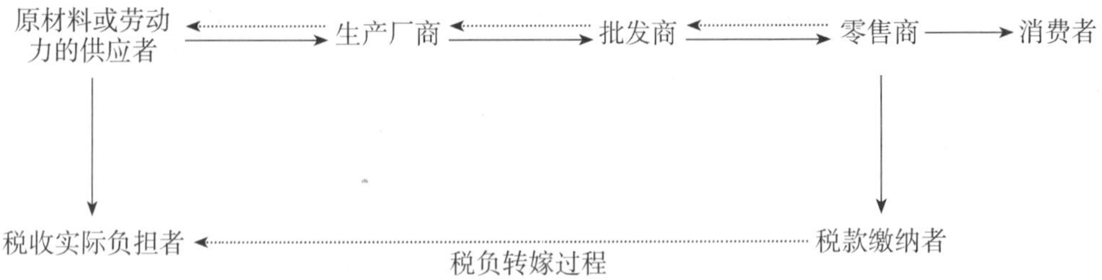

图 2-3　后转

3）税收资本化

税收资本化也称税收还原，即生产要素购买者将购买生产要素在未来要缴纳的税款，通过从购进价格中预先扣除，即压低生产要素购买价格的方法，向后转嫁给生产要素的出售者。从结果上看，税收资本化实际上就是税负后转的一种特殊形式。税收资本化只能发生在资本品的交易中。

例如，国家征收土地税前，土地价格每亩 10 000 元，年租金收入为 1 000 元/亩，资本收益率同其他行业一样，为 10%。现在政府对每亩土地征收土地税

100元，且土地租金不能提高。因为资本收益率为10%，那么100元税收还原为资本额为100÷10%＝1 000元，购地者会将这资本化的税收预先从土地价格中扣除，支付的土地售价为9 000元。这样，以后每年课税的100元土地税其实全部转嫁到土地出售者身上。

税收资本化同一般税负转嫁的不同之处在于：一般转嫁可发生在任何性质的商品之间，税收资本化只能发生在某些资本品的交易之中。主要指土地和债券，一般税负转嫁是将每次交易所征税款，通过各种途径予以转移，税收资本化则是将未来累计应纳税款作了一次性转移，也就是将应纳税收还原为一定的资本额，预先从资本品价格中扣除。

4）散转

散转又称混转。在现实经济生活中，无论税收是向前转嫁还是向后转嫁，转嫁的程度要取决于许多经济因素和经济条件。有时纳税人可以把所缴税款全部转嫁出去，有时则只能把税款部分转嫁出去。有的时候税收转嫁过程是单纯的前转或后转，但更多的时候是同一笔税款，有一部分向前转嫁，有一部分向后转嫁。

2.2.3　影响税负转嫁的因素

转嫁税负是纳税人的一般行为倾向，是纳税人的主动行为，但纳税人要将转嫁税负的愿望变为现实，要受种种条件的制约。

1）商品供求弹性决定税负转嫁程度

最重要的是商品供给弹性和需求弹性问题。

所谓供求弹性，是指商品或劳务供应量对市场价格升降所做出的反应程度。用公式表示：

$$\text{供给弹性系数}=\frac{\text{供给量变动百分比}}{\text{价格变动百分比}}$$

所谓需求弹性，是指商品或劳务需求量对市场价格升降所做出的反应程度。用公式表示：

$$\text{需求弹性系数}=\frac{\text{需求量变动百分比}}{\text{价格变动百分比}}$$

需求弹性和供求弹性对税负转嫁的影响是同时发生作用的，因此最终的影响要看供求弹性力量的对比。从理论上分析而言，当需求弹性为零时，即商品需求量对价格的变动没有任何反应，税负转嫁极易实现，税负完全可以通过提高商品销售价格而转嫁给购买者；当供给弹性为零时，即生产者对价格的变动没有任何反应，税负会完全向后转嫁或不能转嫁而由生产者承担；当需求弹性有完全弹性的时候，税负则不能转嫁；当供给有完全弹性的时候，税负则可以完全转嫁出去。不过上述四种情况只是理论分析中的假定，在实际生活中极少出现。纳税人转移税负所面临的情况通常是需求与供给都具有一定的弹性，或者是需求弹性大于供给弹性，或者是供给弹性大于需求弹性。

在商品价格和供求关系变动的影响下，税负转嫁与归宿的一般规律可用图2-4和图2-5来表示。图中的符号S代表税前供给曲线，S′代表税后供给曲线，D代表需求曲线，P 代表价格，Q 代表供给或需求量。图 2-4 是说明供给弹性大于需求弹性情况下税负转嫁和归宿的情况。由于供给弹性大于需求弹性，税后的购买者支付价格由 P_1 上升到 P_2，供给者所得价格由 P_1 下降到 P_3，P_2-P_3 为全部税收，且 $P_2-P_3=(P_2-P_1)+(P_1-P_3)$。这时税收由购买者和供给者共同负担，即消费者负担 P_2-P_1，供给者负担 P_1-P_3，而且 $P_2-P_1>P_1-P_3$ 说明由于供给弹性大于需求弹性，税收的大部分向前转移给消费者负担，小部分由供给者自身负担。

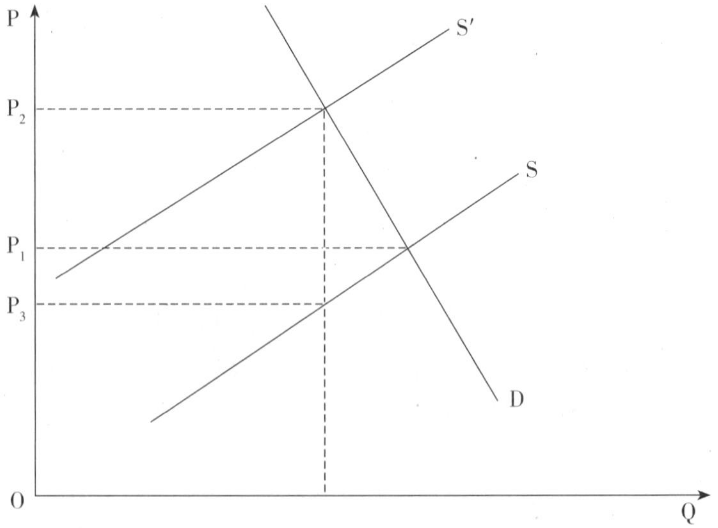

图 2-4　供给弹性大于需求弹性的税负转嫁和归宿

图 2-5 则说明需求弹性大于供给弹性条件下税负转嫁和归宿的情况。由于需求弹性大于供给弹性，税后的购买者支付价格由 P_1 上升到 P_2，供给者所得价格由 P_1 下降到 P_3，P_2-P_3 为全部税收，且 $P_2-P_3=(P_2-P_1)+(P_1-P_3)$。这时税收由购买者和供给者共同负担，即消费者负担 P_2-P_1，供给者负担 P_1-P_3，而且 $P_2-P_1<P_1-P_3$，说明由于供给弹性大于需求弹性，税收的小部分向前转移给消费者负担，大部分由供给者自身负担。

一般认为，当需求弹性小于供给弹性的时候，税负较易实现向前转嫁，税负更多地落在购买者身上；当供给弹性小于需求弹性的时候，税负较易实现向后转嫁，税负更多地落在生产者或生产要素提供者身上。

2）课税对象税收种类影响税负转嫁

税负转嫁一般是通过改变商品的价格来实现的，因此，不同种类的税收在税负转嫁问题上有明显的区别。以商品或劳务为课税对象的流转税，其课税对象在流转过程中与价格关系密切，因此可以改变课税对象的价格来转移税负；而以财产和所得为课税对象的税收则不具备这些条件，因此财产税和所得税一般不能转嫁。

3）商品课税的范围影响税负转嫁

课税范围越宽广越普遍，税负转嫁就越容易；相反，商品课税范围越小，税负转嫁则越困难。这是因为税负转嫁发生是以商品价格的提高来实现的，当课税范围

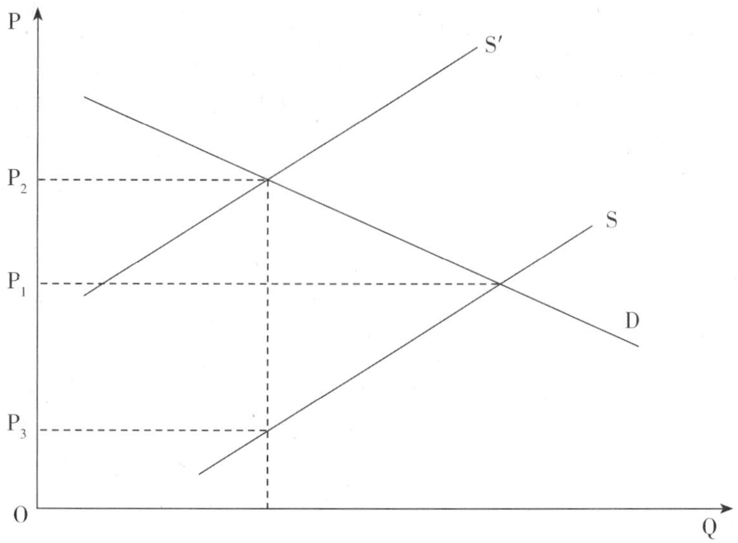

图 2-5 需求弹性大于供给弹性的税负转嫁和归宿

较小的时候，消费者很容易找到非税商品来替代已税商品，使税负转嫁的加价失败；当课税范围较普遍的时候，税负转嫁引起的价格上升非常普遍，消费者找不到价格不变的替代品，此时税负转嫁则相对容易。比如茶和咖啡同属饮料，如果对咖啡课税而不对茶课税，咖啡生产经营者将对咖啡课的税额加到价格上转嫁给购买者或消费者，导致咖啡价格上涨时，饮咖啡者就会改饮茶，以致咖啡的需求减少，这时咖啡生产供应商把税负转嫁到咖啡价格上去就很难实现。

4）企业的目标影响税负转嫁

税负转嫁也服务于企业价值最大化这一目标，但是在某些特定环境下，两者会发生矛盾。比如，为了全部转嫁税负必须把商品售价提高到某一程度，而售价提高就会影响销量，进而影响企业的利润。此时，经营者就必须权衡税负转嫁所得与商品销量减少的损失。

● 2.3 税收成本

2.3.1 税收成本

税收成本是指在税收征纳过程中征纳双方所发生的各项费用支出，分为征税成本和纳税成本。

税收成本是在确定税收原则时需要考虑的重要因素，与税收成本有关的税收原则称为税务行政原则。亚当·斯密在《国民财富的性质和原因的研究》中列举了四个原则：平等原则、确实原则、便利原则、最少征收费用原则。确实原则是指纳税人缴纳的赋税必须是确定的，不得随意变更，完纳的日期、完纳的方法、完纳的数额都应该明确。便利原则是指各种赋税完纳的日期和完纳的方法应该给予纳税人以最大的便利。最少征收费用原则是指“一切赋税的征收，须设法使人民所付出的，尽可能等于国家所得的收入”，也就是要使人民缴纳的税额与国库收入的税额之差最小，这个差额就是征收费用。瓦格纳在《财政学原理》中提出的九项税收原则中的后三项是确实原则、便利原则、节省原则，基本上是亚当·斯密所提出的后三项原则的重复：①确实原则，即税法必须确实可靠。纳税的时间、地点、方式等要让纳税人明了，不能由征税者任意变更；②便利原则，即征税手续应当简便，使纳税人感到便利；③节省原则，即征税费用和纳税费用应尽可能节省，以增加国库实际收入，减轻纳税人负担。

2.3.2 征税成本

征税成本，又称征收成本、征管成本，是指税务机关为取得税收收入而发生的行政管理及其他各项费用。征税成本至少应包括人员经费、办公费、业务费、基建费、设备费及其他费用。

征税成本常用人均征税额和征收成本率两项指标来衡量。

人均征税额是指一定时期的税收收入总量与税务人员之间的比例。其公式为：

$$人均征税额=\frac{一定时期税收收入}{一定时期税务人员数量}\times 100\%$$

征收成本率是指一定时期的征税成本与税收收入之间的比例。其公式为：

$$征收成本率=\frac{一定时期征税成本}{一定时期税收收入}\times 100\%$$

征收成本率与征税成本成正比，与税收收入成反比。从理论上来说，随着费用支出的增加，税收收入也逐渐增加，但在经济总量与税收负担率一定的条件下，税收收入总量会达到一个最高点，而到了这个点之后，无论支出增加到多大，税收收入都不会增加。图 2-6 表示税收收入与税收成本的非线性关系。

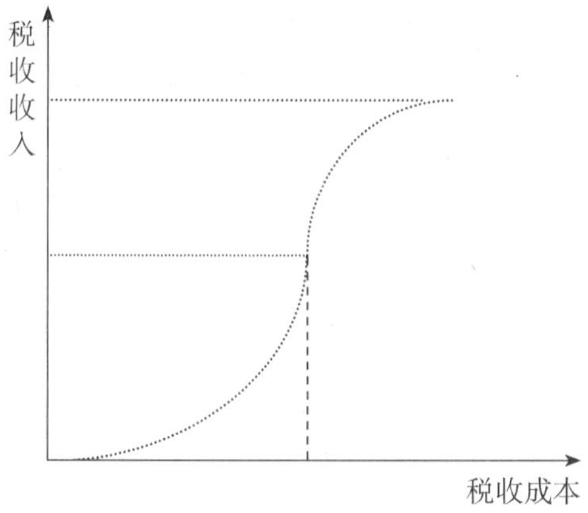

图 2-6　税收收入与税收成本

【相关链接 2-2】

国家税务总局《2002—2006 年中国税收征收管理战略规划纲要》中关于征管成本的部分作了如下阐述：

11 征管成本

11.1 树立征管成本观念

11.1.1 在传统的征管模式和管理理念中，征管成本被长时期忽略，即使在近年的改革中开始注意到征收成本问题，但我们仍不能找到一种可能的方法来计算或考核税收的征收成本。

11.1.2 成本管理应该是征管战略规划的重要组成部分，首要的任务是在各级税务机关，特别是决策层领导干部中树立成本意识。

11.1.3 在确定征管成本构成的基础上，要十分注重税收总规模对征管成本的影响，增加税收收入的总量是比减少征管费用开支更加有效的降低成本的方法。

11.2 降低税收征管成本的基本途径

11.2.1 信息化无疑是降低征收成本的重要手段，但前期的投入、后期的运行维护与优化升级必须有足够的资金投入，因此，建议就“金税工程”三期向世行申请第二笔贷款。

11.2.2 精简机构、简化征管程序和手续、推广零散税收的委托代征、推行纳税信誉等级制度、引导纳税人自觉纳税、提高纳税遵从度、推广税务代理都是压缩征管成本的有效途径。

11.2.3 改革税务档案的管理办法、简化税收票证制度、探索纳税人或税务代理人的举证责任制度，也将有利于征管成本的降低。

11.2.4 在有条件的城市地区，按照“抓大控小”的原则，对零散税收实施简易管理办法，不仅可以集中力量管理重点税源，也有利于降低成本。

11.3 建立税收征管成本监控、考核机制

11.3.1 随着管理水平的提高，应尽早建立征管成本的考核、监控机制以促使税收征管工作进一步树立成本意识，关注成本管理工作。

11.3.2 建议为此成立专门的工作班子，借鉴国际行政成本管理经验，结合中国税务的实际情况提出工作方案，尽早建立我国税收征管成本管理的初步机制。

2.3.3 纳税成本

纳税成本是指纳税人、代扣（征）代缴义务人履行税法规定，在纳税过程中所花费的人力、物力和财力。按照我国现行税法规定，向税务部门缴税的单位与个人，除了纳税义务人之外，还有扣缴义务人或代征代缴义务人。不仅纳税义务人会发生纳税成本，代扣（征）代缴义务人也要承担纳税成本。

1）纳税成本的类型

纳税成本可以根据不同的标准划分为若干类型。

（1）按其表现形式划分，纳税成本分为货币成本、时间成本和精神成本。①货币成本是指能直接以货币形式表现的纳税成本，比如纳税人或代扣代缴义务人招聘税务会计、税务筹划职员，以及支付给税务咨询顾问、税务会计人员、律师等

的劳务费用和其他杂费。②时间成本包括纳税人或代扣代缴义务人收集和整理数据资料、填报申报表、获取和掌握有关税收知识、聘请税务顾问、与税务当局沟通等所占用的时间。③纳税成本中的精神成本是指纳税人或代扣代缴义务人因不能把握自己计缴的税款是否准确而产生的担心和忧虑。税法越复杂、越难理解，纳税人的精神成本就越大。

（2）按照性质划分，纳税成本可分为初始成本、临时成本和经常成本。①初始成本是指在某一新税种或者新规定出台或者某一现行税制的大规模变动时而花费的一次性成本，如由于金税工程的推行，一般纳税人需要购买微机和金税卡。②临时成本是指纳税人或代扣代缴义务人临时、偶尔发生的为掌握自己所处的税收环境而发生的开支，例如就某一涉税事项向税务师事务所咨询的费用。③经常成本，它是纳税人或代扣代缴义务人在纳税过程中不断发生的费用，例如税务会计人员的工资。

（3）按照纳税人的意图，纳税成本可分为相机抉择成本和非相机抉择成本。前者指纳税人为了合法合理地减轻其纳税义务而主动花费的成本，如纳税人雇佣税务代理人员来填报其纳税申报表，或聘请税务专家、顾问进行税务筹划，使其纳税义务最小化。后者是指纳税人认真遵守税法所必须发生的服从成本。

2）纳税成本的特性

纳税成本具有累退性。在涉税事务中也存在“规模经济”的效应，企业的组织规模越大，相对的纳税成本越低。

纳税成本具有隐蔽性。尽管纳税人在履行纳税义务过程中发生了各种费用，但它们都分散于每个纳税人的与纳税有关的日常活动中，一般没有专门对此归类记载，因此这些费用不像征税成本那样直观，容易被政府所忽略。

纳税成本具有难以计量性。纳税成本的难以计量性是指有些纳税成本不能定量化，有些纳税成本难以与会计成本区别开，从而使纳税成本不能准确核算。例如，纳税成本中的“精神成本”、“时间成本”，难以用货币价值来衡量。此外，纳税成本与会计成本也难以区分。同样一种核算资料，既可以供企业经营管理使用，也可以作为完税资料。在这种情况下，把这笔费用在会计成本与纳税成本之间分配就很困难。

【相关链接 2-3】

国家税务总局《2002—2006 年中国税收征收管理战略规划纲要》关于纳税成本的部分作了如下阐述：

12.4　纳税人的纳税成本。

12.4.1　税务机关应充分尊重纳税人希望降低纳税成本的愿望，包括尽可能地节省纳税人的办税时间、金钱与精力。

12.4.2　法定的纳税服务必须由税务机关向纳税人无偿提供，税务机关也应有足够的经费支持，印制并无偿发放各种通俗易懂的税收宣传品。

[总结与结论]

名义税收负担与实际税收负担存在差异。计算税收负担需要正确地确定比较的基数。税负转嫁是纳税人和负税人之间对税收负担的分配。纳税人除了税款支出外，还要承受纳税成本。

[练习题库]

★ 案例分析题

案例 1

某公司 2013 年度和 2014 年度财务报告中的部分数据，请计算比较该公司两年的增值税负担率、营业税负担率、所得税负担率的变化。该公司的主营业务收入缴纳增值税，其他业务收入缴纳营业税。该公司的所得税会计方法为应付税款法（见表 2-3）。

表 2-3 **某公司 2013 年度和 2014 年度财务报告部分数据** 单位：元

项　　目	2013 年	2014 年
主营业务收入	300 777 148	377 883 978
其他业务收入	1 030 995	702 597
利润总额	75 194 287	83 134 475
所得税	11 279 143	19 952 274
净利润	63 915 144	63 182 201
增值税	24 062 172	26 451 878
营业税	51 550	35 130

案例 2

若市场需求曲线为 Q=2 000-100P，Q 为市场需求量，P 为价格。现在的价格为 4 元，政府决定对每一个供应量单位增加 0.5 元税收。供应商打算将价格提升到 5 元，是否可行？

案例 3

某公司某年度有以下支出：雇用的税务会计全年工资为 2 万元，聘请某会计师事务所作税收政策顾问全年顾问费 4 万元，往返税务机关办理涉税事宜的交通费用 0.5 万元。该公司全年纳税成本中的货币成本是多少？

★ 思考题

1. 我们常说“喝酒抽烟的人对国家的贡献大”，怎么理解其中的税收含义？
2. 增值税转型对增值税税负有什么影响？

3. “两税合一”后，所得税税率下调对所得税税负有什么影响？

4. 估算你所知道的一个企业的纳税成本为多少。

5. 分别就税收负担与税收转嫁思考税收利益与企业整体利益的关系。

[补充阅读材料]

材料 1：我国税收成本几成世界最高

我国是税收收入增长最快的国家之一，但也是全球税收成本最高的国家之一。有数据显示，按 1992 年的年报统计，美国的税收征收成本占税收总额的 0.58%，日本为 1.13%，而据有关专家透露，估算中国这一指标近年来已接近 8%。

税收成本指的是国家在税收征纳过程中所发生的各种费用，有广义和狭义之分。狭义的税收成本又称“税收征收成本”，专指税务机构为征税而直接支付的各种费用，包括税务机关人员费、设备费、办公费以及税法宣传费等；广义的税收成本还包括“纳税成本”及“经济成本”。这里讨论的主要是狭义税收成本。

记者日前在安徽、江苏等地采访时发现，降低税收成本并不能只靠简单地压缩税收经费支出，税收体系复杂、税种繁多才是导致这一状况的根本原因。自从 1993 年国、地税分设以来，两套征管机构的矛盾在 10 多年的运转中逐日堆积，“抢税”的斗争一直在继续，纳税人的纳税成本也无形增加。在采访中，业内专家和基层税务工作人员纷纷反映，国税局与地税局作为两个独立的行政执法主体，有着各自的工作职责和范围，在业务领域互不沟通，相关信息不相共享，但工作对象又同为纳税人，除增加了征税成本以外，在征收管理上也存在不协调的问题。

（刘璐璐，杨玉华，邓华宁．我国税收成本几成世界最高［N］．经济参考报，2009-01-21. 编者有删节）

材料 2：税负痛感揭示财政改革方向

宏观税负和微观税负是不同角度的概念，纳税人更多直接感受的是微观税负。一个纳税人在狭义的宏观税负不高的情况下却感受到较大痛苦和不满，无非有几方面原因。或者是过去税收征管的弹性较大，有时可以人为地调节税收进度、实际执行税率等，由于近年来征管力度有所加强，更多人感受到痛苦；或者是纳税人被征收了非税收入，这些政府性收入相对不透明，但又切实地从纳税人手里被政府部门收走，因此也容易产生不满；或者是财政支出的后评价机制不完善，缺乏财政收入与支出在微观层面上的有效关联，纳税人没有感受到太多税收收入被最终用到个人身上；或者存在部分主体的偷税漏税，征税出现了“鞭打快牛”的现象，从而即使宏观税负不变，也可能使纳税人的平均税负上升。

另外，还有可能是预算不够透明，或者政府财务报告不完善，即使有些福利性支出已有所提高，多数人还是未能看明白财政收入的来源和流向；我国以流转税为主的体系中存在更多税负转嫁，而由于市场竞争机制在很多领域还不完善，因此税负往往会被转嫁给市场弱势群体，这又增强了这部分人群的税负痛感；不得不承认，我国部分税种的负担远高于国际平均水平，如购车承担的税费。如果让更多纳税人参与到政府预算过程中，直接影响和决定税收征收和财政资金使用的过程，则纳税人的痛苦感将会大大减少。

（杨涛．税负痛感揭示中国财政改革方向［N］．上海证券报，2011-09-06．编者有删节）

材料3：回应《人民日报》有关“负税痛苦指数”文章

近来媒体所称的“税负痛苦指数”，一般都是指2009年3月《福布斯》杂志亚太版发布的“2009 Tax Misery & Reform Index”，即“税负痛苦与改革指数”排行榜，中国内地的税负痛苦指数在榜单所列的50个国家或地区中名列第二，仅次于最高的法国。该指数的计算方法是，将企业所得税、个人所得税、财产税、雇主社会保险、雇员社会保险和增值税（或销售税）的最高法定税率进行加总，得出了税负痛苦指数为159。

这个榜单的目的是为了在全世界各国的税负之间寻找一个可以比较的尺度，因此对各样本国家一视同仁地选取了各国政府通行的税种和最高税率。这些都是各国政府明文规定的。福布斯的专家向纳税人提供了一种比较简明直观的方式，并且相信这是一种有价值的观察角度。一些专家使用“宏观税负”，无论是经济合作与发展组织（OECD）的统计，还是国际货币基金组织（IMF）的界定，都是观察税负的重要参考。

“税负痛苦与改革指数”的观察角度，也传递了纳税人对纳税负担的实际感受。我们也注意到《人民日报》的该篇文章提到中国纳税人的实际感受：政府非税收入比 重偏高；中小企业和中低收入阶层的税负相对较重；政府预算透明度较低，支出的结构效益与公众希望的理想状态还有距离。

表2-4是我们对中国实际有效税率的分析（注：宏观税负来自《人民日报》文章）：

表2-4 **对中国实际有效税率的分析**

税种	税率	排名
企业所得税	25%	28
个人所得税	45%	12
雇主社会保险费	49%	1
雇员社会保险费	23%	4
增值税	17%	22
宏观税负	31.4%	（估计位居中游，具体不详）

据我们的分析，中国大陆的企业所得税和增值税均处于中游水平，而个人所得税、雇主社会保险费及雇员社会保险费率则相对较高。在这一点上，福布斯与《人民日报》的结论是接近的，即中国的中低收入者、中小企业的税负较重。

财税制度是中国下一步改革的核心，也是当前公众最关心的问题。更多媒体加入讨论，甚至批评，都能把公众对当前税收、透明度以及政府提供公共服务质量的讨论引向深入及更加科学。

（周健工．回应《人民日报》有关“负税痛苦指数”文章［M］．福布斯中文版，2011-09-19. 编者有删节）

材料 4：六大税种引领税制改革

问：下一步税制改革的主要任务是什么？

答：完善税制改革的目标是建立“有利于科学发展、社会公平、市场统一的税收制度体系”，改革重点锁定六大税种，包括增值税、消费税、资源税、环境保护税、房地产税、个人所得税。

增值税改革目标是按照税收中性原则，建立规范的消费型增值税制度。下一步营改增范围将逐步扩大到生活服务业、建筑业、房地产业、金融业等各个领域，“十二五”全面完成营改增改革目标，相应废止营业税制度，适时完成增值税立法。

完善消费税制度。调整征收范围，优化税率结构，改进征收环节，增强消费税的调节功能。

加快煤炭资源税改革。推进资源税从价计征改革，逐步将资源税扩展到水流、森林、草原、滩涂等自然生态空间。

建立环境保护税制度。按照重在调控、清费立税、循序渐进、合理负担、便利征管的原则，将现行排污收费改为环境保护税，进一步发挥税收对生态环境保护的促进作用。

加快房地产税立法并适时推进改革，由人大常委会牵头，加强调研，立法先行，扎实推进。（选自财政部税政司网站，编者有删节）

（韩洁，高立，何雨欣．一场关系国家治理现代化的深刻变革——财政部部长楼继伟详解深化财税体制改革总体方案［EB/OL］．（2014-07-03）．http：//www. mof. gov. cn/zhengwuxinxi/caizhengxinwen/201407/t20140704_ 1108534. html. ）

第3章

流转税的税务筹划

[学习目标]

学完本章后，应当掌握：

1. 流转税税务筹划的特点；
2. 增值税的税务筹划；
3. 消费税的税务筹划；
4. 营业税的税务筹划。

3.1 流转税概述

流转税是以商品和劳务的流转额为课税对象而缴纳的税种的统称，国际上一般将其称为商品和劳务税。商品和劳务的流转额，是指从事商品生产、经营活动和各种劳务活动而发生的货币金额，包括商品销售收入额、购入商品支付金额、提供劳务取得营业收入额和取得劳务支付的货币金额。

流转税一直是我国税制结构中的主体税种。我国现行流转税制由增值税、消费税、营业税组成，在工业领域和商业批发零售领域普遍缴纳增值税，选择少量消费品交叉缴纳消费税，对不实行增值税的劳务和第三产业缴纳营业税。目前的“营业税改增值税”改革是在交通运输业、邮政服务业、电信业、部分现代服务业等生产性服务业开展试点，逐步推广至其他行业。

3.1.1 流转税的分类

1）按照课税对象分类

按照对课税对象的分类，可以将流转税分为以下三种：

（1）增值税

增值税是对在我国境内销售货物或者提供加工、修理修配劳务，以及进口货物的单位和个人，就其取得的货物或者应税劳务的销售额，以及进口货物的金额计算税款并进行税款抵扣的一种流转税。

(2) 消费税

消费税是以特定消费品为课税对象所征收的一种流转税。现行税制是在对货物普遍缴纳增值税的基础上，选择少数消费品再征收一次消费税。

(3) 营业税

营业税是以在我国境内提供营业税应税劳务、转让无形资产和销售不动产的行为为课税对象所收取的一种流转税。

2) 按照课税环节分类

按照课税环节的不同分类，可以将流转税分为以下两种类型：

(1) 单一环节的流转税

单一环节的流转税，指在商品的产制（进口）、批发、零售各环节中只选择一个环节课税，如消费税。

(2) 多环节的流转税

多环节的流转税，指在商品流通的两个或者两个以上环节课税，如增值税。

3) 按照计税方式分类

按照计税方式分类，可以将流转税分为以下三种类型：

(1) 从价税

从价税，即以商品（劳务）的价格为计税依据计算应纳税额的流转税。从价税一般按照商品的不同类别采取差别比例税率。

从价税又可以分为按照含税价计税和按不含税价计税。

按含税价计税的称为价内税，是将应纳税额包含在价格之内，按照含税价格计算应纳税额，如营业税。

按不含税价计税的称为价外税，是指将应纳税额排除在价格之外，按照不含税价格计算应纳税额，如增值税。

(2) 从量税

从量税，即以商品的数量、重量、容积或者面积为计税依据计算应纳税额的流转税，比如对黄酒、啤酒、汽油、柴油课征的消费税。

(3) 复合计税

复合计税，即从价从量复合计税，比如对卷烟、白酒课征的消费税。

3.1.2 流转税的特点

流转税与其他税类相比，具有以下特点：

①与商品或劳务的交易行为紧密联系在一起。流转税是按商品和劳务的流转额计税的。只有发生商品和劳务的交易行为，发生了商品和劳务的流转额，才有可能缴纳流转税。

②流转税是对物税。所谓对物税，是指不考虑从事经济活动人的情况，对不同纳税人从事同一种经济活动或发生同一种行为，按照相同标准课税。

③流转税是间接税。所谓间接税，是指纳税人不一定是负税人，纳税人缴税之

后，可能将税款附加在商品的价格上，通过商品的流通，转嫁给最终消费者。

3.1.3 流转税的计税公式

流转税的一般计税公式为：

$$T=S\cdot t_s-P\cdot t_p$$

一般来说，T为应纳税额，S为销售货物或者应税劳务的收入，t_s为销售的货物或者提供的应税劳务所适用的税率，P为购进货物或者接受应税劳务的支付额，t_p为购进的货物或者应税劳务所适用的税率。

在不同的税种中，S、t_s、P、t_p有更明确的含义：

在增值税一般纳税人的计税公式中，S为不含税（指不含增值税，下同）销售收入，t_s为销售货物或者应税劳务适用的税率（17%、13%、11%或者6%），$S\cdot t_s$为销项税额；P为增值税专用发票上注明的购进货物或者应税劳务的不含税价款，t_p为增值税专用发票上注明的税率（17%、13%、11%、6%或者代开专用发票时的3%），$P\cdot t_p$为进项税额。增值税一般纳税人购进农产品，P为农产品收购发票或者销售发票上注明的农产品买价，t_p为13%。

增值税小规模纳税人的计税公式中，S为不含税销售收入，t_s为销售货物或者应税劳务适用的征收率（3%）。因为增值税小规模纳税人不实行税款抵扣制度，所以$P\cdot t_p$为0。

消费税的计税公式中，在从价定率方法下，S为应税消费品的销售额，t_s为应税消费品的适用消费税税率；在从量定额方法下，S为应税消费品的销售数量，t_s为单位税额。P为当期准予扣除的外购应税消费品买价，t_p为外购应税消费品适用的消费税税率。

在营业税的计税公式中，一般计税公式可以转化为$T=(S-P)\cdot t_s$，S为提供营业税应税劳务、转让无形资产或者销售不动产向对方收取的全部价款和价外费用，P为减除项目支付款项的价款，t_s为适用的营业税税率。（S-P）为应税营业额，比如金融商品转让业务的营业额为买卖金融商品的价差收入，单位或者个人进行演出的营业额为全部票价收入或者包场收入减去付给提供演出场所的单位、演出公司或者经纪人的费用后的余额。营业额减除项目支付款项发生在境内的，该减除项目支付款项凭证必须是发票或其他合法有效凭证；支付给境外的，该减除项目支付款项凭证必须是境外单位或者个人的签收单据。

3.1.4 流转税的税务筹划特点

（1）利用税率差异技术

不同的流转税税种之间以及同一流转税的不同税目之间的税率是不同的。在同一税种内，纳税人兼营不同税率的税目的业务，应当分别核算不同税率的税目的销售额，否则会从高适用税率。在不同的税种之间，增值税和营业税的税率也不同，所以增值税和营业税的混合销售行为就存在筹划的可能。

（2）选择课税环节

这一点特别明显地体现在消费税的税务筹划上，因为消费税的课税环节一般情况下是产制环节，而不是批发、零售环节，这就有可能在产制环节和批发零售环节之间合理分配收入，从而降低消费税负。

（3）分析现金流量

增值税是价外税，难以用利润衡量，所以在涉及销售货物、应税劳务的时候，应该以税后现金流量作为判断指标，决定方案的取舍。

（4）符合双方交易原则

双方交易原则是指每一项交易都至少存在两方，在一方根据自己的经济利益决策时，另一方也会按照自己的经济利益决策，并且对方和你一样聪明、勤奋和富有创造力。因此，在决策时要正确预见对方的反应。流转税的涉税事项往往都涉及交易双方，一方在税务筹划的时候，必须考虑到另一方的反应，如销售方在选择自己的增值税纳税人身份的时候，要考虑购买方是否要求取得增值税专用发票。

3.2　增值税的税务筹划

增值税的税务筹划可以从身份选择、特殊区域、商业模式、供应链等方面入手，结合商业需要综合考虑方案。

3.2.1　增值税纳税人的购销关系

增值税的计缴与扣除是前后相接的环节，从事货物销售或者提供应税劳务的纳税人，要根据货物或者应税劳务销售额，按照规定的税率计算税款，然后从中扣除上一环节已纳增值税税款，其余额即为纳税人应缴纳的增值税税款。因此，在进行增值税的税务筹划时，必须考虑到上一环节的供应商与下一环节的销售对象在增值税上的反应。以一个购销过程为例，销售方可能是一般纳税人或者小规模纳税人，购买方也可能是一般纳税人或者小规模纳税人，这样，购销双方的购销关系就存在四种可能情况（如图3-1 所示）。此处所指的小规模纳税人，包含小规模企业、个人、非企业性单位、不经常发生增值税应税行为的企业以及不需要抵扣进项税额的增值税免税企业等，其共同点是不可以或者无须抵扣含税购进价款中的进项税额。

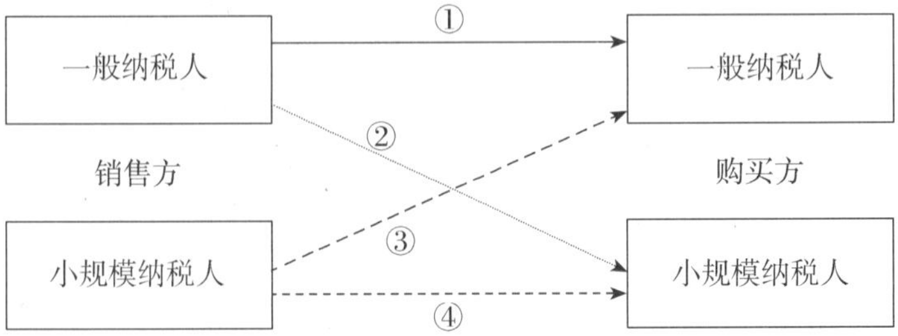

图 3-1　增值税纳税人的购销关系

3.2.2　增值税纳税人选择购进价格的税务筹划

1）一般纳税人企业对购进价格的选择

从图 3-1 来看，就是对情况 1 与情况 3 的分析。一般纳税人企业在采购货物（或服务，下同）的时候，可以选择不同纳税身份的供应商。有的供应商是增值税一般纳税人，有的供应商是小规模纳税人。一般纳税人选择不同的供应商，企业负担的税负不同。在货物不含税价格不变的情况下，取得17%、11%、6%、3%的增值税专用发票和不能取得专用发票时的纳税总额是依次递增的，但这种假设不现实，因为货物不含税价格相同，小规模纳税人和个体工商户将无法生存；若要在市场中生存，他们必然要降低销售价格，这样才能与一般纳税人竞争。因此，一般纳税人企业在采购货物的时候，无论是从一般纳税人处购进，还是从小规模纳税人处购进都要计算比较销售价格以及增值税的影响。

假定一般纳税人身份的销售方的含税销售额为S，其从一般纳税人的供应方购进的含税购进额为P，适用的增值税税率为T_1，从小规模纳税人购进货物的含税价与从一般纳税人购进货物的含税价的比率为R，小规模纳税人适用的增值税征收率为T_2，小规模纳税人向主管税务机关申请代开发票，则从一般纳税人购进货物后销售的税后现金流量为：

$$S-P-\left(\frac{S}{1+T_1}\times T_1-\frac{P}{1+T_1}\times T_1\right)$$

从小规模纳税人购进货物后销售的税后现金流量为：

$$S-P\times R-\left(\frac{S}{1+T_1}\times T_1-\frac{P\times R}{1+T_2}\times T_2\right)$$

当两者的税后现金流量相等时，则有：

$$R=\frac{1+T_2}{1+T_1}\times 100\%$$

当一般纳税人选择从小规模纳税人处购进货物还是从一般纳税人处购进货物时，若实际含税价格比小于R，应当选择小规模纳税人的货物；若实际含税价格比大于R，应当选择一般纳税人的货物；若实际的含税价格比等于R，从税收而言两者均可，但是应该考虑货币的时间价值。从一般纳税人购入时支付的进项税额占用的资金较多，在下个月的缴税实际缴纳的税款较少，而从小规模纳税人购入时支付的进项税额较少，在下个月的缴税实际缴纳的税款较多。虽然总的现金流出量不变，但是后者显然可以获得更多货币的时间价值。

依据上述公式，假设小规模纳税人在销售货物时，不愿或不能委托主管税务局代开增值税专用发票而出具一般普通发票，则一般纳税人在购进货物时，小规模纳税人销售货物的含税价格与一般纳税人销售货物的含税价格比为：

$$R=\frac{1}{1+T_1}\times 100\%$$

在增值税一般纳税人适用的增值税税率为17%、13%，小规模纳税人适用的增值税征收率为3%，以及不能出具增值税专用发票的情况下，R计算见表3-1。

表 3-1　　不同纳税人含税价格比率

一般纳税人适用的增值税税率	小规模纳税人适用的增值税征收率	小规模纳税人向税务机关申请代开发票后的含税价格比率	小规模纳税人未向税务机关申请代开发票的含税价格比率
17%	3%	88.03%	85.47%
13%	3%	91.15%	88.50%
11%	3%	92.79%	90.09%
6%	3%	97.17%	94.34%

【实例 3-1】

某生产企业为增值税一般纳税人，适用增值税税率为 17%，预计实现含税销售收入 234 000 元，需要外购原材料 10 吨。现有 A、B、C 提供货源，其中 A 为一般纳税人，能够出具增值税专用发票，适用税率 17%；B 为生产该原材料的小规模纳税人，能够委托主管税务机关代开增值税征收率为 3% 的专用发票；C 为个体工商户，仅能提供普通发票。A、B、C 所提供的原材料质量相同，含税价格不同，分别为每吨 11 700 元、11 000 元、10 500 元。企业应当如何进行购货价格的税务筹划，选择什么样的供应企业？

B 与 A 的实际含税价格比率 R＝11 000÷11 700＝94.02%＞88.03%

C 与 A 的实际含税价格比率 R＝10 500÷11 700＝89.74%＞85.47%

可以看出，选择从 B、C 购进原材料显然不合算。应当选择 A。其应纳增值税税额和税后现金流量计算如下：

方案 1：从 A 企业购进

$$应纳增值税税额=\frac{234\ 000}{1+17\%}\times 17\%-\frac{11\ 700\times 10}{1+17\%}\times 17\%$$
$$=17\ 000（元）$$

税后现金净流量＝234 000－117 000－17 000＝100 000（元）

方案 2：从 B 企业购进

$$应纳增值税税额=\frac{234\ 000}{1+17\%}\times 17\%-\frac{11\ 000\times 10}{1+3\%}\times 3\%$$
$$=30\ 796.12（元）$$

税后现金净流量＝234 000－110 000－30 796.12＝93 203.88（元）

方案 3：从 C 企业购进

$$应纳增值税税额=\frac{234\ 000}{1+17\%}\times 17\%=34\ 000（元）$$

税后现金净流量＝234 000－10 500×10－34 000＝95 000（元）

2）小规模纳税人对购进价格的选择

从图 3-1 来看，这是对情况 2 与情况 4 的分析。小规模纳税人在购进货物的时候，含税价款中的增值税税额对其意味着单纯的现金流出，因为不能在其销项税额中得到扣除，所以小规模纳税人对含税购价敏感，但对不含税购价不敏感。小规模纳税人愿意从小规模纳税人购进货物的含税价与愿意从一般纳税人购进货物的含税价的比率 R 为 1，也就是两者相等。

3.2.3　增值税纳税人身份选择的税务筹划

一般纳税人和小规模纳税人的身份选择既要做可能性分析也要做可行性分析。

1）一般纳税人和小规模纳税人身份选择的可能性

增值税法规对一般纳税人和小规模纳税人的划分采取了经营规模大小的标准及会计核算健全与否的标准。有关增值税法规还对某些特定货物允许一般纳税人既可以按照一般纳税人的规定计算缴纳增值税，也可以采取简易缴纳办法，即不计算进项税额，直接按照不含税销售额乘以6%的征收率计算缴纳增值税，实质上等同于小规模纳税人，比如“用微生物、微生物代谢产物、动物毒素、人或动物的血液或组织制成的生物制品”,[①] 但所选择的计算缴纳增值税的办法至少 36 个月内不得变更。除了简易缴纳办法为一般纳税人和小规模纳税人的身份选择提供了税务筹划空间外，我们还可以利用合并或分立的手段来控制经营规模的大小，以满足一般纳税人或小规模纳税人的条件。按照税法的规定：①从事货物生产或者提供应税劳务的纳税人，以及以从事货物生产或者提供应税劳务为主并兼营货物批发或者零售的纳税人，年应征增值税销售额在 50 万元（含）以下的；②其他纳税人，年应税销售额在 80 万元（含）以下的，为小规模纳税人，征收率为 3%。因此经营规模在标准以上的一般纳税人可以将自己分立为几个经营规模在标准以下的企业来成为小规模纳税人，几个经营规模在标准以下的小规模纳税人也可以合并成为经营规模在标准以上的一般纳税人。

2）购买方为一般纳税人的情况下销售方的增值税纳税人身份选择

从图 3-1 来看，这是对情况 1 与情况 3 的分析。当购买方为一般纳税人时销售方对增值税纳税人身份选择应该作如下考虑：

其为一般纳税人时的不含税售价为 y，不含税进价为 x，含税进价 $x(1+T_1)$；其为小规模纳税人时的不含税售价为 z，含税进价 $x(1+T_1)$，假设货物适用的税率均为 T_1。当购买方为一般纳税人的时候，根据前面的分析我们知道，购买方能够接受从小规模纳税人购进货物的含税价与从一般纳税人购进货物的含税价的比率为 R，则有：

$$R=\frac{1+T_2}{1+T_1}\times 100\%$$

也就是，$y(1+T_1)R=z(1+T_2)$

当销售方选择一般纳税人身份的时候，则：

$$\text{其税后现金流量}=y(1+T_1)-x(1+T_1)-(y-x)T_1=y-x$$

当销售方选择小规模纳税人身份的时候，则：

---

① 《财政部、国家税务总局关于部分货物适用增值税低税率和简易办法征收增值税政策的通知》（财税［2009］9 号）。

其税后现金流量 $=z(1+T_2)-x(1+T_1)-z\cdot T_2=z-x(1+T_1)$

若 $z<y+x\cdot T_1$，销售方应该选择一般纳税人身份更合适，可以获得更多的税后现金净流量；反之，则应选择小规模纳税人身份。

3）购买方为小规模纳税人的情况下销售方的增值税纳税人身份选择

从图 3-1 来看，这是对情况 2 与情况 4 的分析。当购买方为小规模纳税人时销售方对增值税纳税人身份选择应该作如下考虑：

在为一般纳税人时的不含税售价为 y，不含税进价为 x，含税进价 $x(1+T_1)$；其为小规模纳税人时的不含税售价为 z，小规模纳税人的含税进价 $x(1+T_1)$，假设其进销货物适用的税率均为 T_1。当购买方为小规模纳税人的时候，根据前面的分析我们知道购买方能够接受从小规模纳税人购进货物的含税价与从一般纳税人购进货物的含税价的比率 R 为 1。所以：

$$y(1+T_1)=z(1+T_2)$$

当销售方选择一般纳税人身份的时候，则：

税后现金流量 $=y(1+T_1)-x(1+T_1)-(y-x)T_1=y-x$

当销售方选择小规模纳税人身份的时候，则：

税后现金流量 $=z(1+T_2)-x(1+T_1)-z\cdot T_2$

$$=\frac{y(1+T_1)}{1+T_2}-x(1+T_1)$$

若 $r=\frac{y-x}{x}$，联立方程后解得：

$$r=\left[\frac{T_1(1+T_2)}{T_1-T_2}-1\right]\times 100\%$$

r 为增值率，根据公式可以求得两类纳税人的税后现金净流量相等时的平衡点见表 3-2：

表 3-2　**两类纳税人税后现金净流量平衡点的增值率**

一般纳税人适用的增值税税率	小规模纳税人适用的增值税征收率	不含税平衡点增值率
17%	3%	25.07%
13%	3%	33.90%
11%	3%	41.63%
6%	3%	106.00%

当实际增值率等于税后现金净流量平衡点的增值率时，小规模纳税人与一般纳税人的税后现金净流量相同；当实际增值率小于税后现金净流量平衡点的增值率时，小规模纳税人税后现金净流量低于一般纳税人，所以销售方应该选择一般纳税人身份；当实际增值率大于税后现金净流量平衡点的增值率时，小规模纳税人税后现金净流量高于一般纳税人，所以销售方应该选择小规模纳税人身份。

【实例 3-2】

某食品零售企业，年零售含税销售额为 90 万元，会计核算制度比较健全，符合一般纳税人条件，适用 17% 增值税税率。该企业购入食品 50 万元（不含税），均取得增值税专用发票。仅从税收的角度，该食品零售企业如何进行增值税纳税人身份的税务筹划？

该企业支付购入食品价税：50×1.17=58.5（万元）

该企业收取销售食品价税：90 万元

该企业缴纳增值税合计：（90÷1.17-50）×0.17=4.58（万元）

该企业税后现金净流量合计：26.92 万元

该企业的增值率：$\frac{90\div(1+17\%)-50}{50}\times 100\%=53.85\%$

如果将该企业设成两个零售企业分别作为独立核算单位，假定一分为二后两个单位的年零售含税销售额均为 45 万元，都符合小规模纳税人条件，可适用 3% 征收率。

分立后的两个企业支付购入食品价税：50×1.17=58.5（万元）

分立后的两个企业收取销售食品价税：90 万元

分立后的两个企业缴纳的增值税合计：90÷1.03×0.03=2.62（万元）

分立后的两个企业的税后现金净流量合计：28.88 万元

3.2.4　组织运输的税务筹划

交通运输业的纳税人可能涉及不同增值税税率的应税活动。一般纳税人销售货物的，增值税税率为 17%；提供交通运输业服务的，增值税税率为 11%；提供管道运输服务的，增值税税率为 11%，但对其增值税实际税负超过 3% 的部分实行增值税即征即退政策；提供物流辅助服务的，包括航空服务、港口码头服务、货运客运场站服务、打捞救助服务、货物运输代理服务、代理报关服务、仓储服务、装卸搬运服务和收派服务的，增值税税率为 6%。

根据税法规定，兼有不同税率或者征收率的销售货物、提供加工修理修配劳务或者应税服务的，应当分别核算适用不同税率或者征收率的销售额；未分别核算销售额的，按照以下方法适用税率或者征收率：①兼有不同税率的销售货物、提供加工修理修配劳务或者应税服务的，从高适用税率；②兼有不同征收率的销售货物、提供加工修理修配劳务或者应税服务的，从高适用征收率；③兼有不同税率和征收率的销售货物、提供加工修理修配劳务或者应税服务的，从高适用税率。

因此，交通运输业的纳税人应当分别核算适用不同税率或者征收率的销售额，以避免低税率的应税活动被从高适用税率征税。

【实例 3-3】

某企业为生产钢材的增值税一般纳税人，拥有一批运输车辆。2014 年某月销售钢材时一并取得物流收入 1 000 万元（不含税），其中包括运输收入 900 万元（不含税）、仓储收入 100 万元（不含税）。

方案1：运输收入、仓储收入与销货收入分别核算。

运输收入的销项税额=900×11% =99（万元）

仓储收入的销项税额=100×6% =6（万元）

合计105万元。

方案2：运输收入、仓储收入与销货收入未分别核算。

运输收入的销项税额=900×17% =153（万元）

仓储收入的销项税额=100×17% =17（万元）

合计170万元。

方案1优于方案2。

一般纳税人提供的公共交通运输服务，可以选择按照简易计税方法计算缴纳增值税，征收率为3%。公共交通运输服务包括轮客渡、公交客运、轨道交通（含地铁、城市轻轨）、出租车、长途客运、班车。但是，公交客运等服务具有典型的公益性质，其提供交通运输应税服务的销售额所对应的销项税额可能低于其进项税额，因此纳税人可以考虑放弃按照简易计税方法计算缴纳增值税。

【实例3-4】

某公交企业为增值税一般纳税人。该公司计划每年购买公交车辆花费金额4 000万元（不含税），取得增值税进项税680万元，消耗油料及后勤的进项税额为300万元，取得客运运输收入6 000万元（含税）。

如果该公司按照简易计税方式缴纳增值税，则每年需缴纳增值税：

6 000÷（1+3%）×3% =174.76（万元）

如果该公司放弃简易计税方式，则每年不需要缴纳增值税：

6 000÷（1+11%）×11%－（680+300）=－385.41（万元）

3.2.5 农产品的税务筹划

纳税人有自属的农业生产基地，可以将该农业生产基地独立出来成立一个企业，不仅该农业基地可以享受“农业生产者销售的自产农业产品免征增值税”的优惠，企业也可抵扣进项税额，实现降低税负的目的。

以购进农产品为原料生产销售液体乳及乳制品、酒及酒精、植物油的增值税一般纳税人，其购进农产品的增值税进项税额采取核定扣除的方式，其他的增值税一般纳税人根据农业基地开具的普通发票计算进项税额。

【实例3-5】

某果汁企业有一自属的柑橘种植园，采摘的柑橘再送到本企业的果汁加工厂进行果汁生产。果汁的增值税税率是17%，而只有企业的水费、电费和购入包装物等按规定可以抵扣进项税额。全年允许抵扣的进项税额为10万元。全年果汁销售收入500万元。

应纳增值税税额=500×17%－10=75（万元）

若该企业将柑橘种植园和果汁加工厂分立为两个独立核算的企业，分立后，柑橘种植园为农业生产者，销售其自产的柑橘免征增值税；而果汁加工厂从柑橘种植园购入的柑橘可以抵扣13%的进项税额。假设柑橘园销售给果汁加工厂的柑橘售价为300万元。

应纳增值税税额=500×17%－10－300×13%＝36（万元）

分立后比分立前节减税额39万元。

3.2.6 兼营的税务筹划

《中华人民共和国增值税暂行条例》（以下简称《增值税暂行条例》）规定："纳税人兼营不同税率的货物或者应税劳务，应当分别核算不同税率货物或者应税劳务的销售额；未分别核算销售额的，从高适用税率。""纳税人兼营免税、减税项目的，应当分别核算免税、减税项目的销售额；未分别核算销售额的，不得免税、减税。"例如，根据《增值税暂行条例》和实施细则及相关法规，纳税人销售或者进口下列货物，税率为13%：

（1）粮食、食用植物油；

（2）自来水、暖气、冷气、热水、煤气、石油液化气、天然气、沼气、居民用煤炭制品；

（3）图书、报纸、杂志；

（4）饲料、化肥、农药、农机、农膜；

（5）农产品；

（6）音像制品；

（7）电子出版物；

（8）二甲醚；

（9）国务院规定的其他货物。

《增值税暂行条例》和实施细则及相关法规规定的增值税的免征项目有：

（1）农业生产者销售的自产农产品；

（2）避孕药品和用具；

（3）古旧图书；

（4）直接用于科学研究、科学试验和教学的进口仪器、设备；

（5）外国政府、国际组织无偿援助的进口物资和设备；

（6）由残疾人的组织直接进口供残疾人专用的物品；

（7）销售的自己使用过的物品；

（8）再生水、以废旧轮胎为全部生产原料生产的胶粉、翻新轮胎以及生产原料中掺兑废渣比例不低于30%的特定建材产品。

【实例3-6】

某企业属于增值税一般纳税人，1月份机电的销售额500万元，其中农机销售额200万元（销售额都为不含税销售额）。企业当月可抵扣的进项税额为60万元。

（1）未分别核算

应纳增值税税额=500×17%－60＝25（万元）

（2）分别核算

应纳增值税税额 $=300\times17\%+200\times13\%-60=17$（万元）

分别核算可以少缴纳增值税 8 万元。

纳税人兼营免税、减税项目的，应当单独核算免税、减税项目的销售额，但免税、减税项目耗用的购入项目是否也应该单独核算则需要进一步分析。按照税法的规定：一般纳税人兼营免税项目或者非增值税应税劳务而无法划分不得抵扣的进项税额的，按下列公式计算不得抵扣的进项税额：

$$\text{不得抵扣的进项税额}=\text{当月无法划分的全部进项税额}\times\text{当月免税项目销售额、非增值税应税劳务营业额合计}\div\text{当月全部销售额、营业额合计}$$

设免税产品的增值税进项税额占全部产品增值税进项税额的比例为 R，其计算公式为：

$$\text{单独核算前可以抵扣的进项税额}=\text{全部进项税额}-\text{无法划分的进项税额}\times\frac{\text{免税项目销售额}}{\text{全部销售额}}$$

单独核算后可以抵扣的进项税额 $=$ 全部进项税额 $\times$（$1-R$）

求平衡点，则：

$$\text{全部进项税额}-\text{全部进项税额}\times\frac{\text{免税项目销售额}}{\text{全部销售额}}=\text{全部进项税额}\times(1-R)$$

$$R=\frac{\text{免税项目销售额}}{\text{全部销售额}}$$

当 $R<\frac{\text{免税项目销售额}}{\text{全部销售额}}$ 时，单独核算较为有利；

当 $R>\frac{\text{免税项目销售额}}{\text{全部销售额}}$ 时，不单独核算较为有利；

当 $R=\frac{\text{免税项目销售额}}{\text{全部销售额}}$ 时，是否单独核算并无差别。

【实例 3-7】

某制药厂主要生产抗菌类药物，也生产避孕药品。该厂抗菌类药物的销售收入为 1 000 万元（不含税收入），避孕药品的销售收入为 500 万元。全年购进货物的增值税进项税额为 150 万元。从税收的角度考虑，该厂是否应该对避孕药品耗用的购入项目（原料、水、电等）单独核算呢？

$$R=\frac{\text{免税项目销售额}}{\text{全部销售额}}=\frac{500}{1\,000+500}\times100\%=33.33\%$$

若避孕药品耗用的购入项目的进项税额为 40 万元，则 $40\div150<33.33\%$，则该制药厂应该将避孕药品耗用的购入项目单独核算；若避孕药品耗用的购入项目的进项税额为 60 万元，则 $60\div150\times100\%>33.33\%$，则该制药厂不应将避孕药品耗用的购入项目单独核算。

【相关链接 3-1】

免税和零税率。增值税的免税是指被“免税”的销售者在购买货物时要缴税，而他们出售商品时免税。他们出售商品不收税，因而就无法将其在购入货物时所支付的税金从被销售货物应收的税金中扣除。就是说免税的商品仍然是含税的，只是最后免税环节的增值额不含税。因此，增值税的免税并不是真正意义上的免税。

零税率是指享受零税率的销售者除了销售商品不用缴税外，还可以扣除生产这一商品所外购的所有货物的税金，即可得到退税。零税率的商品不含增值税，因而是真正地免除了增值税。

3.2.7 放弃免税权的税务筹划

增值税免税是国家为鼓励一些特殊行业的发展而采取的税收优惠政策。但是，我国的增值税是对应税项目在各个流转环节中的增值额计征的，其征收方式是一个环环相扣的链条式。任何一个环节征税或抵扣不足，都会导致该链条的脱节，使税负在不同环节间发生转移。正因如此，才会使免税在某些情况下不但不能给纳税人增加利益，反而加重其税收负担，甚至影响其产品销售。

假设某产品从最初生产到最终退出市场流转进入消费领域经过如下环节，相关纳税人均为一般纳税人，各环节不考虑其他进项税额：①甲公司由原材料加工成 A 产品，进项税额 80 万元，销项税额 100 万元；②乙公司购入 A 产品加工成 B 产品，销项税额 120 万元；③丙公司购入 B 产品加工成 C 产品，销项税额 140 万元；④丁公司购入 C 产品销售给最终消费者，销项税额 160 万元。在以上流转环节中，甲、乙、丙、丁共产生增值税税负 160－80＝80 万元。下面我们分析在不同环节免税对纳税人总体税负的影响：

（1）甲公司 A 产品享受免税，因销售免税产品进项税额不能抵扣，同时不能开具专用发票，因此甲公司增值税税负为 0，乙公司购入 A 产品加工成 B 产品销售产生的增值税税负为 120，甲、乙、丙、丁共产生增值税税负 160 万元（0＋120＋20＋20）；

（2）乙公司 B 产品享受免税，同理，甲、乙、丙、丁共产生增值税税负 180 万元（20＋0＋140＋20）；

（3）丙公司 C 产品享受免税，则甲、乙、丙、丁共产生增值税税负 200 万元（20＋20＋0＋160）；

（4）丁公司享受免税，则甲、乙、丙、丁共产生增值税税负 60 万元（20＋20＋20＋0）。

由以上分析可以发现，只有在产品最终进入消费领域从而退出市场流转时免税，纳税人的总体税负才会降低；如果对中间产品免税，则免征环节越往后，纳税人的总体税负越高，这是因为免税环节越往后，不能抵扣而转入产品成本的进项税额越大。下一环节纳税人，由于不能取得专用发票，必然加重了增值税税负。如果下一环节纳税人可以从其他渠道以合适的价格购入非免税产品，必然会选择不购入免税产品，从而势必影响享受免税待遇的纳税人产品销售，因此享受免税待遇的纳税人就有可能会提出放弃免税权的要求。

按照《关于增值税纳税人放弃免税权有关问题的通知》（财税［2007］127号）的规定，生产和销售免征增值税货物或劳务的纳税人要求放弃免税权，应当以书面形式提交放弃免税权声明，报主管税务机关备案。纳税人自提交备案资料的次月起，按照现行有关规定计算缴纳增值税。放弃免税权的纳税人符合一般纳税人认定条件尚未认定为增值税一般纳税人的，应当按现行规定认定为增值税一般纳税人，其销售的货物或劳务可开具增值税专用发票。纳税人一经放弃免税权，其生产销售的全部增值税应税货物或劳务均应按照适用税率征税，不得选择某一免税项目放弃免税权，也不得根据不同的销售对象选择部分货物或劳务放弃免税权。

【实例3-8】

某面粉加工企业，为增值税一般纳税人，主要产品为面粉和麸皮。麸皮为免税的饲料类产品。面粉销售收入（含税）1 500万元，麸皮销售收入为2 000万元，由于季节性收购，当期进项税额为1 000万元，且所有进项税额无法准确划分免税与应税项目。如果麸皮销售收入作免税处理的话，当期进项税额转出为1 000×2 000÷（2 000+1 500÷1.13）=601.06（万元），应纳税款为1 500÷1.13×0.13-（1 000-601.06）=-226.37（万元）（留抵）。而如果麸皮销售收入作应税处理的话，应纳税款为（1 500÷1.13+2 000）×0.13-1 000=-567.43（万元）（留抵）。两个方案相比，做应税处理避免了大量的进项税额转出，与免税销售相比，多了567.43-226.37=341.06（万元）可供后期抵扣的留抵税款。

3.2.8　一般纳税人与小规模纳税人之间业务往来方式的税务筹划

一般纳税人与小规模纳税人之间的业务往来受到增值税专用发票和税率差异的限制，但是在一定条件下可以通过业务往来方式的改变而避开限制。

1）一般纳税人委托小规模纳税人代购

代购货物行为，同时具备以下条件的，不缴纳增值税；不同时具备以下条件的，无论会计制度规定如何核算，均缴纳增值税。

（1）受托方不垫付资金；

（2）销货方将发票开具给委托方，并由受托方将该项发票转交给委托方；

（3）受托方按销售方实际收取的销售额和增值税额（如系代理进口货物则为海关代征的增值税额）与委托方结算货款，并另外收取手续费。

一般纳税人可以从在小规模纳税人那里直接采购转为委托小规模纳税人代购。

【实例3-9】①

某烟草站是专门从事批发、零售卷烟的小型商业企业，因其年应税销售额达不到80万元，而不能被认定为一般纳税人，其在当地销售卷烟的对象就只好瞄住部分个体户和周围一些零散消费者。烟草站附近的供销社，其营业窗口点多面广，除乡政府所在的集镇外，还延伸到了全乡所属的各个管理区和村组，拥有较为固定的消费者群体，其年卷烟销售额可达120万元左右。但是供销社却无法从烟草站那里采购，原因很简单，供销社是一般纳税人，烟草站是小规模纳税人。前者采购卷烟时必须索取到合格的增值税专用发票后，才能申报抵扣进项税额，并由此减少自己的应纳税额，以降低税负，增加盈利。后者虽有前者所需的卷烟出售，但不能出具

① 改写自《中国税务报》的《既激活业务又减轻税负变经销为代购》。

增值税专用发票，即使找到当地国税部门代开专用发票，也只是注明3%的进项税额，与17%相比还是使购货方少抵扣14%的进项税额。因此，供销社不得不到县里的烟草公司（一般纳税人）那里进货，采购运杂费用居高不下，供销社花了不小的代价。后来双方采取了一个税务筹划方案：

（1）烟草站与供销社之间签订一份代购货物协议书。协议书主要约定：供销社委托烟草站代购（烟草站的供货来源也是县烟草公司）某某品牌的卷烟多少箱，供销社应支付烟草站代购业务手续费多少元等。

（2）供销社按县烟草公司的供应价（含增值税）计算，将购货款预付给烟草站，使烟草站不垫付购货资金。

（3）县烟草公司凭烟草站与供销社之间签订的代购协议书，可将增值税专用发票开具给供销社。

（4）烟草站另开普通发票向供销社收取协定的代购手续费。

以上四点内容，须区分每一笔购销业务分别操作，不可搞多笔代购或汇总一月、一季或一年操作一次。变经销为代购行为之后，购销双方互惠互利，皆大欢喜。烟草站找到了一个大客户，赚了一笔可观的手续费收入，而且这笔手续费收入，按现行税收政策规定应免征增值税，只征营业税。供销社由远距离采购改为就近进货，显然是方便多了，虽然还要支付一定的代购手续费，但与原高额运杂费用相比，还是减少了不小的一笔费用支出，更重要的是能拿到增值税专用发票。

2）一般纳税人租赁场地给小规模纳税人

小规模纳税人销售给一般纳税人商品，一般纳税人再销售出去。对于一般纳税人来说，购入时无法抵扣，销售时却要按照13%或者17%的税率计算销项税额，税负较重，这也妨碍了一般纳税人向小规模纳税人采购。在某些情况下，特别是一般纳税人为商场等流通企业的时候，小规模纳税人可以向一般纳税人租赁场地，由一般纳税人负责经营销售。这样等同于小规模纳税人自己直接销售，一般纳税人就租金缴纳营业税。

【实例3-10】

某小规模纳税人制作贝雕工艺品。该工艺品是用海中的贝壳加以粘贴定型而成，是很受欢迎的旅游纪念品。该贝雕工艺厂欲向旅游纪念品商店（一般纳税人）供货时遇到了困难。因为贝雕工艺厂是小规模纳税人，不能提供增值税专用发票，而旅游纪念品商店为一般纳税人，觉得自己的税负过重。经过研究，双方决定采取以下方案：

（1）贝雕工艺品厂与旅游纪念品商店签订租赁合同，旅游纪念品商店将一个柜台租赁给贝雕工艺品厂，销售由旅游纪念品商店代管；

（2）若需开具发票，由贝雕工艺品厂提供普通发票；

（3）贝雕工艺品在旅游纪念品商店的进销差价作为租赁费支付给商店。

这样，旅游纪念品商店就租赁收入做“其他业务收入”处理，缴纳营业税；贝雕工艺品商店就销售收入按照3%缴纳增值税后，剔除支付给旅游纪念品商店的租金后的余额就是其收益。

3）一般纳税人委托小规模纳税人代加工农产品

增值税一般纳税人向农业生产者、小规模纳税人购买农产品，可以依 13% 的抵扣率抵扣进项税额，但是农产品必须是《农业产品征税范围注释》[①] 规定范围内的农产品。小规模纳税人从农业生产者那里购入农产品后进行加工，其加工后的产品有可能不再符合农产品的定义，如果一般纳税人购入，也无法抵扣进项税额。在这种情况下，一般纳税人可以采取直接从小规模纳税人那里购入农产品，委托小规模纳税人加工的方式。

【实例 3-11】

某人造板厂（一般纳税人）使用的原材料是从附近的木材加工点（小规模纳税人）那里采购的木片。木片是木材加工点采购原木后加工而成，不属于农产品范围。人造板厂由于无法抵扣进项税额，而税负过重，决定采取以下的方案：

人造板厂从林木场购入原木，再将采购的原木委托木材加工点加工成木片，人造板厂向木材加工点支付加工费。

人造板厂从林木场购入原木可以按 13% 的抵扣率抵扣进项税额，解决了税负过重的问题。需要注意的是，委托加工是委托方提供原料及主要材料，受托方按照委托方的要求制造货物并收取加工费的业务，因此人造板厂如果从木材加工点采购原木并委托其加工就不符合委托加工的条件。

3.2.9　选择特殊区域的税务筹划

为促进外向型的经济发展，中国建立了一些“境内关外”的特殊区域，包括保税区、保税物流园区（中心）、出口加工区等。出口企业可以充分利用这些特殊区域的特殊税收政策以及不同贸易方式的转换，达到降低出口的增值税成本的目的。

1）保税区

保税区是经国务院批准设立的、海关实施特殊监管的经济区域。海关对保税区实行封闭管理，境外货物进入保税区，实行保税管理，视同货物仍在境外；境内其他地区货物进入保税区，视同出境。

2）保税物流园区（中心）

保税物流园区（中心），一般是由地方政府负责组织筹建和申报，由海关总署验收和批准设立的海关监管区域。

保税物流园区（中心）在税收上的特点：

(1) 保税物流园区（中心）（以下简称“区”）外企业将货物销售给区内企业的，或区外企业将货物销售给境外企业后，境外企业将货物运入区内企业仓储的，区外企业凭出口发票、出口货物报关单（出口退税专用）、增值税专用发票、出口收汇核销单（出口退税专用）等凭证，按照现行有关规定申报办理退（免）税。

---

① 《关于印发〈农业产品征税范围注释〉的通知》（财税［1995］52 号）

（2）区外企业从区内运出货物，海关按照对进口货物的有关规定，办理报关进口手续，并对报关的货物按照现行进口货物的有关规定征收或免征进口环节的增值税、消费税。

（3）对区内企业在区内加工的货物，凡货物直接出口或销售给区内其他企业的，免征增值税、消费税。对区内企业出口的货物，不予办理退（免）税。

（4）对区内企业之间或保税物流园区（中心）与出口加工区、区港联动之间的货物交易、流转，免征流通环节的增值税、消费税。

3）出口加工区

出口加工区，是经国家批准设立，由海关监管的封闭区域。货物从境内区外进、出加工区视同进口和出口，海关按进出口货物进行监管。出口加工区的功能比较专一，主要是开展出口加工业务。

出口加工区在税收上的特点：

（1）对区内企业在区内加工、生产的货物，凡属于货物直接出口和销售给区内企业的，免征增值税、消费税，也不予退税。

（2）对出口加工区运往区外的货物，视同进口并征收增值税、消费税；对出口加工区外企业运入出口加工区的货物视同出口并申报办理退（免）税。

（3）出口加工区内生产企业生产出口货物耗用的水、电、气，准予退还所含的增值税。

【实例 3-12】

A 公司是中国境内的有出口经营权的生产企业，2013 年 12 月出口至 F 国 B 公司产品 G（退税率 13%）合计金额 100 万元（FOB 价），A 为生产这些产品而从国内 C 公司直接采购的原材料为 60 万元（假定不需要采购其他原材料）。

方案 1：A 公司的增值税成本

FOB 价×出口货物征税率和退税率之差＝100×（17%－13%）＝4（万元）

交易各方总的增值税成本也是 4 万元。

A 公司可以选择的方案 2 为：

（1）国内供应商 C 将原材料卖给境外购货方 B，通过物流园区内的第三方物流公司 D 运作，货物存放在物流园区；

（2）境外购货方 B 与国内生产商 A 签订来料加工协议，原材料由 B 提供；

（3）B 通过第三方物流公司将存放在物流园区内的原材料发给 A 加工后产品出口。

方案 2：交易各方的增值税税负

（1）C 将材料卖给 B，并且将产品存放于物流园符合出口退税条件，可以退税，其实际的增值税成本：

出口 FOB 价×出口货物征税率和退税率之差＝60×（17%－13%）＝2.4（万元）

（2）B 与 A 签订的是来料加工协议，免缴增值税；

（3）总的增值税成本就是 2.4 万元。

方案 1 与方案 2 相比：

节约的增值税成本 = 4 - 2.4 = 1.6（万元）

需要注意的是，在采纳方案 2 的时候，还要充分考虑原材料供应商和购货方的态度、国内原材料供应商负担的增值税成本的分摊以及新增的物流费用等商务成本。

3.2.10　出口加工贸易方式的税务筹划

出口加工贸易（简称“加工贸易”）包括：来料加工、进料加工及深加工结转等。加工企业可以充分利用这些贸易方式的特殊税务处理，达到降低出口的增值税成本的目的。

（1）来料加工，是指进口料件及设备由境外企业提供，境内经营企业按照要求进行加工或者装配，只收取加工费的经营活动。

来料加工的税务处理：

①加工企业进口料件和货物出口都免缴增值税、消费税；

②加工企业收取的加工费免缴增值税、消费税，但所耗用的进项税额不得抵扣，应计入成本。

（2）进料加工，是指进口料件由经营企业购买进口，制成品由经营企业外销出口的经营活动。

进料加工的税务处理：

①海关一般对进口材料保税；

②货物出口时加工企业按照“免、抵、退”税方法计算出口退税；

③由于大部分出口货物的退税率 13%（或更低）与征税率 17% 之间存在差异，需作进项税额转出处理，增加出口成本。其计算方式为出口离岸价与保税进口料件之差乘以征、退税率之差。

（3）深加工结转，是指加工贸易（进料加工、来料加工）企业将保税料件加工的产品结转至另一加工贸易企业深加工后再复运出口。

深加工结转的税务处理：

①对转出企业而言，深加工结转视同出口，应办理出口报关手续；

②对转入企业而言，深加工结转视同进口，应办理进口报关手续。

（4）加工贸易增值税税负的均衡点（如图 3-2 所示）。

进料加工和来料加工都存在一定的出口退税成本，由于进料加工和来料加工存在相互转换的可能性，所以通过寻找两种加工贸易方式的增值税税负的均衡点，可以帮助企业选择最佳的加工方式以降低企业的税收成本。

具体计算方法如下：

进料加工出口退税成本 = 来料加工出口退税成本

（FOB 出口销售额 - 保税进口料件）×（征税率 - 退税率）= 国内原材料和物耗采购 × 征税率

（加工增值 + 国内原材料和物耗采购）×（征税率 - 退税率）= 国内原材料和物耗采购 × 征税率

加工增值 = L × 国内原材料和物耗采购

因此，该均衡点出现在当加工增值等于国内原材料和物耗采购金额的 L 倍时。当某类产品的加工增值大于其 L 倍的国内原材料和物耗采购成本时，来料加工优于进料加工，反之亦然。

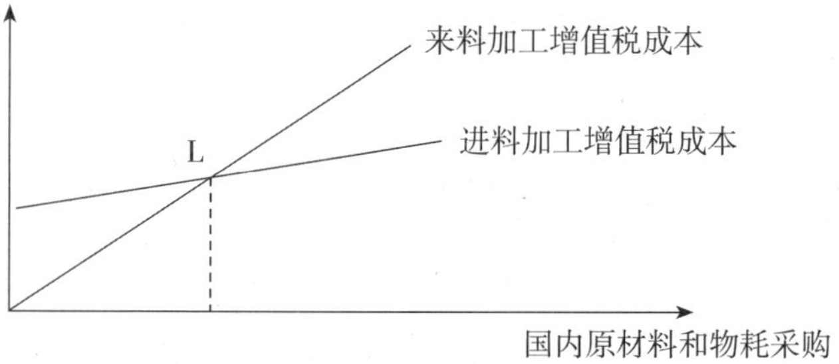

图 3-2　加工贸易增值税税负的均衡点

从事加工贸易的企业可以通过改变加工增值与国内原材料和物耗采购金额两方面的因素来进行税务筹划，从而实现加工贸易的出口成本最小化。

此外，在选择加工贸易方式时，还要考虑商业因素，如进口料件所有权的转移、营销市场、运营成本等。

3.3　消费税的税务筹划

3.3.1　合理选择纳税环节的税务筹划

消费税的纳税行为发生在生产领域而非流通领域或终极的消费环节，因而，关联企业中生产（委托加工、进口）应税消费品的企业，如果以较低的合理价格将应税消费品销售给其独立核算的销售部门，则可以降低销售额，从而减少应纳税销售额。独立核算的销售部门，由于处在销售环节上，只缴纳增值税，不缴纳消费税，因而，这样做可以使集团的整体消费税税负下降，但增值税税负不变。

【实例 3-13】

某汽车集团其下属的汽车制造公司所生产的汽车的出厂价为 150 000 元/辆，适用的消费税税率为 9%。向集团的汽车销售公司供货时价格定为 120 000 元/辆，当月制造小汽车 500 辆。

若由汽车制造公司直接对外销售，应缴纳消费税税额为：

150 000×500×9% =6 750 000（元）

若集团先销售给下属的汽车销售公司，再由汽车销售公司对外销售，应纳消费税税额为：

120 000×500×9% =5 400 000（元）

由此，集团少缴纳消费税税额为：

6 750 000-5 400 000=1 350 000（元）

需要指出的是，汽车制造公司向汽车销售公司出售应税消费品时，只能适度压低价格。由于独立核算的汽车制造公司与汽车销售公司之间存在关联关系，根据

《中华人民共和国企业所得税法》的规定："企业与其关联方之间的业务往来，不符合独立交易原则而减少企业或者其关联方应纳税收入或者所得额的，税务机关有权按照合理方法调整。"因此，汽车制造公司销售给汽车销售公司的汽车价格应当参照独立销售给其他商家的当期平均价格来合理确定。如果价格不合理，税务机关就可以行使对价格的调整权。

另外，成立销售公司还可以增加整个集团广告费用和业务宣传费的税前扣除限额，从而取得所得税利益（第 4 章专门分析）。

3.3.2　购进已税消费品的税务筹划

根据有关消费税法规，纳税人用外购已税烟丝等应税消费品连续生产应税消费品可以扣除已纳税款，如果企业购进的已税消费品开具的是普通发票，在换算为不含增值税的销售额时，应一律采取 3% 的征收率换算。具体计算公式为：

不含增值税的外购已税消费品的销售额 = 外购已税消费品的含税销售额 ÷（1+3%）

因此，当小规模纳税人向一般纳税人购进应税消费品时，应从对方取得普通发票，以获取更多的消费税抵扣。

【实例 3-14】

某小规模纳税人从某厂家购进某种应税消费品，支付价税合计 117 000 元，消费税税率 30%。若取得普通发票，允许抵扣的消费税为 34 077.67 元（117 000÷（1+3%）×30%）；若取得专用发票，允许抵扣的消费税为：30 000 元（117 000÷（1+17%）×30%）。取得普通发票比取得专用发票多抵扣消费税 4 077.67 元。该笔业务，对销售方来说，无论是开具何种发票，其应纳增值税和消费税是不变的。对购买方来说，由于小规模纳税人不享受增值税抵扣，并不会增加其增值税税负。

3.3.3　兼营不同税率的应税消费品的税务筹划

纳税人兼营多种不同税率的应税消费品，应当分别核算不同税率应税消费品的销售额、销售数量；未分别核算销售额、销售数量，或者将不同税率的应税消费品组成成套消费品销售的，应从高适用税率。

企业在会计核算过程中应该对不同税率消费品分别核算，以免蒙受不必要的损失。对于成套消费品可以采取"先销售后包装"的方式，在销售价格不变的情况下，还可以适度调低高税率的消费品的价格，调高低税率消费品的价格。

【实例 3-15】

某日用化妆品厂，将生产的化妆品、小工艺品等组成成套消费品销售。每套消费品由下列产品组成：化妆品包括一瓶香水（100 元）、一瓶指甲油（20 元）、一支口红（30 元）；化妆工具及小工艺品（10 元）、塑料包装盒（5 元）。上述价格均不含税，共销售 1 万套。化妆品的消费税税率为 30%。

方案 1：将产品包装后再销售给商家，厂家应缴纳的消费税税额为：

（100+20+30+10+5）×30%×10 000 = 49.5（万元）

方案 2：将产品先分别销售给商家，再由商家包装后对外销售，厂家应缴纳的消费税税额为：

（100+20+30）×30%×10 000=45（万元）

3.3.4　改变加工方式的税务筹划

应税消费品可以委托加工，也可以自行加工。委托加工的应税消费品收回后，又分为在本企业继续加工成另一种应税消费品和直接对外销售两种情况。

作为价内税的消费税，企业在计算应税所得时，消费税可以作为扣除项目。因此，消费税的多少，会进一步影响所得税，进而影响企业的税后利润和所有者权益；而作为价外税的增值税，则不会因增值税税负差异而造成企业税后利润差异。

以下分析比较企业采取三种不同加工方式的税前利润（指所得税，下同）：

（1）委托加工的应税消费品收回后，在本企业继续加工成另一种应税消费品销售。

委托方委托加工的原材料为 a，支付受托方加工费为 b，加工后的半成品 A 运回委托方后继续加工成产成品 B，继续加工的成本和分摊费用为 c，B 产成品全部售出，销售收入（不含增值税）为 y，假设半成品 A 的消费税税率为 t_1，产成品 B 的消费税税率为 t_2。

委托方向受托方支付加工费的同时，向受托方支付其代收代缴的消费税：

$$\text{消费税组成计税价格}=\frac{a+b}{1-t_1}$$

$$\text{应缴消费税}=\frac{a+b}{1-t_1}\cdot t_1$$

委托方销售产品后，应缴消费税：

$$y\cdot t_2-\frac{a+b}{1-t_1}\cdot t_1$$

甲公司的税后利润（指消费税，下同）为：

$$y-a-\left(b+\frac{a+b}{1-t_1}\cdot t_1\right)-c-\left(y\cdot t_2-\frac{a+b}{1-t_1}\cdot t_1\right)=y-a-b-c-y\cdot t_2$$

（2）委托加工的消费品收回后，委托方不再继续加工，而是直接对外销售。

委托方委托加工的原材料为 a，支付受托方加工费为 d，加工成产成品 B，运回委托方后全部售出，销售收入（不含增值税）为 y，产成品 B 的消费税税率为 t_2。

委托方向受托方支付加工费的同时，向受托方支付其代收代缴的消费税：

$$\text{消费税组成计税价格}=\frac{a+d}{1-t_2}$$

$$\text{应缴消费税}=\frac{a+d}{1-t_2}\cdot t_2$$

由于委托加工应税消费品直接对外销售，甲公司在销售时，不必再缴消费税。其税后利润计算如下：

$$y-a-\left(d+\frac{a+d}{1-t_2}\cdot t_2\right)=y-a-d-\frac{a+d}{1-t_2}\cdot t_2$$

（3）自行加工。

该公司将购入的价值 a 的原料自行加工成 B 产成品，加工成本、分摊费用共计

e，售价 y。产成品 B 的消费税税率为 t_2。

应缴消费税 $=y\cdot t_2$

其税后利润计算如下：

$y-a-e-y\cdot t_2$

以上是企业三种加工方式下的税前利润，先比较情况 1 和情况 2 下的税前利润：

情况 1，“委托加工的应税消费品收回后，在本企业继续加工成另一种应税消费品销售”情况下的税前利润为：

$y-a-b-c-y\cdot t_2$

情况 2，“委托加工的消费品收回后，委托方不再继续加工，而是直接对外销售”情况下的税前利润为：

$y-a-d-\frac{a+d}{1-t_2}\cdot t_2$

因为情况 1 和情况 2 都有税前利润，所以：

$y-a-b-c-y\cdot t_2>0$

$y-a-d-\frac{a+d}{1-t_2}\cdot t_2>0$

由情况 2 可以推得 $y>(a+d)\cdot\frac{1}{1-t_2}$。

在一般情况下，情况 2 支付的加工费要比情况 1 支付的加工费（向受托方支付的加工费加上自己发生的加工费之和）少。

所以：$b+c>d$

综合起来：

$y-a-b-c-y\cdot t_2<y-a-d-\frac{a+d}{1-t_2}\cdot t_2$

“委托加工的应税消费品收回后，在本企业继续加工成另一种应税消费品销售”情况下的利润要少于“委托加工的消费品收回后，委托方不再继续加工，而是直接对外销售”情况下的利润。

再比较情况 1 和情况 3 下的税前利润：

情况 1，“委托加工的应税消费品收回后，在本企业继续加工成另一种应税消费品销售”情况下的税前利润为：

$y-a-b-c-y\cdot t_2$

情况 3，“自行加工”情况下的税前利润为：

$y-a-e-y\cdot t_2$

在一般情况下，企业委托加工是因为考虑到受托方在生产技术等方面比自己更有优势，自己加工的费用会大于委托加工的费用。

所以：$b+c<e$

综合起来：

$y-a-b-c-y\cdot t_2>y-a-e-y\cdot t_2$

“自行加工”情况下的税前利润要少于“委托加工的应税消费品收回后，在本企业继续加工成另一种应税消费品销售”情况下的利润。

综上所述，在各相关因素相同的情况下，“委托加工的消费品收回后，委托方不再继续加工，而是直接对外销售”情况下的利润最高，“委托加工的应税消费品收回后，在本企业继续加工成另一种应税消费品销售”情况下的利润次之，“自行加工”情况下的利润最少。其原因在于委托加工的应税消费品与自行加工的应税消费品的税基不同。委托加工时，受托方（个体工商户除外）代收代缴税款，税基为组成计税价格或同类产品销售价格；自行加工时，计税的税基为产品销售价格。在通常情况下，委托方收回委托加工的应税消费品后，要以高于成本的价格售出，以求盈利。不论委托加工费大于还是小于自行加工成本，只要收回应税消费品的计税价格低于收回后的直接出售价格，委托加工应税消费品的税负就会低于自行加工的税负。对委托方来说，其产品对外售价高于收回委托加工应税消费品的计税价格部分，实际上并未纳税。

由于应税消费品加工方式不同而使纳税人税负不同，因此，纳税人进行消费税税务筹划时，可以利用关联方关系，压低委托加工成本，达到节税目的。即使不是关联方关系，纳税人也可以在估算委托加工成本上、下限的基础上，事先测算企业税负，确定委托加工费的上限，以使税负最低、利润最多。

【实例 3-16】

甲公司委托乙公司将一批价值 200 万元的原料加工成 A 半成品，协议规定加工费 150 万元；加工的 A 半成品运回甲公司后，继续加工成 B 产成品，加工成本、分摊费用共计 200 万元，该批产成品售价 1 500 万元。假设 A 半成品消费税税率为 30%，产成品消费税税率为 50%。

方案 1：甲公司向乙公司支付加工费的同时，向受托方支付其代收代缴的消费税

消费税组成计税价格 =（200+150）÷（1−30%）= 500（万元）

应缴消费税 = 500×30% = 150（万元）

甲公司销售产品后，应缴消费税：

1 500×50% − 150 = 600（万元）

甲公司的税后利润为（设所得税税率为 25%）：

（1 500−200−150−200−150−600）×（1−25%）= 150（万元）

方案 2：委托加工的消费品收回后，直接对外销售

如果委托加工收回的应税消费品运回后，委托方不再继续加工，而是直接对外销售。仍以上例，如果甲公司委托乙公司将原料加工成 B 产成品，原料成本不变，加工费用为 320 万元；加工完毕，运回甲公司后，甲公司对外售价仍为 1 500 万元。

甲公司向乙公司支付加工费的同时，向其支付代收代缴的消费税：

（200+320）÷（1−50%）×50% = 520（万元）

由于委托加工应税消费品直接对外销售，甲公司在销售时，不必再缴消费税。其税后利润计算如下：

（1 500－200－320－520）×（1－25%）=345（万元）

方案 3：自行加工

仍以上例，甲公司将购入的价值 200 万元的原料自行加工成 B 产成品，加工成本、分摊费用共计 450 万元，售价 1 500 万元。其计算如下：

应缴消费税=1 500×50%=750（万元）

税后利润=（1 500－200－450－750）×（1－25%）=100×75%=75（万元）

3.3.5　非货币性交易的税务筹划

税法规定，纳税人自产的应税消费品用于换取生产资料和消费资料，投资入股或抵偿债务等方面，应当将纳税人同类应税消费品的最高销售价格作为计税依据。在实际操作中，当纳税人用应税消费品换取货物或者投资入股时，一般是按照双方的协议价或评估价确定的，而协议价往往是市场的平均价。如果将同类应税消费品的最高销售价作为计税依据，显然会加重纳税人的负担。如果采取先销售后入股（换货、抵债）的方式，就可以达到减轻税负的目的。

【实例 3－17】

某小汽车生产企业，当月对外销售同型号的小汽车共有三种价格，以 20 万元的单价销售 150 辆，以 22 万元的单价销售 200 辆，以 24 万元的单价销售 50 辆。当月以 5 辆同型号的小汽车与一汽车配件企业换取其生产的汽车玻璃。双方按当月的加权平均销售价格确定小汽车的价格。该种小汽车的消费税税率为 9%。

按税法规定，应纳消费税为：240 000×5×9%=108 000（元）

纳税人经过筹划，将这 5 辆小汽车按照当月的加权平均价销售后，再购买原材料，则应纳消费税为：

（200 000×150+220 000×200+240 000×50）÷（150+200+50）×5×9%=96 750（元）

这样，企业可减轻税负 11 250 元。

3.3.6　适用差别税率的消费品定价的税务筹划

在应税消费品中，卷烟和啤酒的消费税税率依定价的不同而不同。卷烟每标准条（200 支）调拨价格在 70 元（含 70 元，不含增值税）以上的适用消费税税率为 56%，每标准条调拨价格在 70 元（不含增值税）以下的适用消费税税率为 36%。啤酒每吨出厂价格（含包装物及包装物押金）在 3 000 元（含 3 000 元，不含增值税）以上的，单位税额 250 元/吨；每吨出厂价格在 3 000 元（不含 3 000 元，不含增值税）以下的，单位税额 220 元/吨。

在价格临界点附近，税负会突然加重，比如卷烟单条调拨价在 70 元时税率发生变化，消费税税率由 36% 跃升到 56%。在考虑这些应税消费品的定价的时候，要注意定价高于临界点价格时，其现金流量的增长幅度要能抵销掉税负的增长。

由于新产品的生产成本是不变的，因此，无论如何定价，该产品的增值税进项税额不变。

如果临界点价格为 G，定价在之下适用的消费税税率为 t_1，定价在临界点之上适用的消费税税率 t_2。

因为生产成本、期间费用、增值税是不变的，适用两种税率对现金流量的影响就只有两个因素：消费税的增加和由此增加的城市维护建设税（以下简称“城建税”）及教育费附加[①]，因此可以把适用 t_1 税率的现金流量简化表示为 $G-G\times t_1-G\times t_1\times j$；适用 t_2 税率的现金流量简化表示为 $G-G\times t_2-G\times t_2\times j$。二者相差 $G(t_2-t_1)(1+j)$。

要抹掉这种差别，只有靠提高应税消费品的定价才能实现。假设提高 p 元才能实现现金流量持平。期间费用按销售收入的分配率为 v。销售收入增加 p 元时，相应税费增加如下：消费税增加 $p\times t_2$ 元；增值税增加 0.17p 元；城建税及教育费附加增加 $(p\times t_2+0.17p)\times j$ 元；期间费用增加 pv 元；现金流量增加 $p-pt_2-0.17p-(pt_2+0.17p)\times j-pv$ 元。

令 $G(t_2-t_1)(1+j)=p-pt_2-0.17p-(pt_2+0.17p)\times j-pv$

$$p=\frac{G(t_2-t_1)(1+j)}{1-(t_2+0.17)(1+j)-v}$$

当产品单条定价在 G～(G+p) 之间所获现金流量不如定价接近 (G+p) 所获现金流量。新产品开发的主要目的是为了获取更大的利润，如前所分析因税收政策变化的原因，某段价位售价高还不如售价低所获利润多，那么单从利润方面讲，该产品就应按低价定位。另外它还有以下的意义：出厂价定得低，有利于价格调控，商业批发价及零售价可以仍按较高价格，则让利于商业的价差大，这样工商双方都有利，还可为以后可能的消费税政策变化留下空间。价位定得低，如以后消费税政策发生变化，消费税税率变动的临界点降低，则仍然可能适用较低的税率。

【实例 3-18】

某卷烟厂生产一种新型号卷烟，考虑每标准条定价（不含税）在 50 元附近。期间费用按销售收入的分配率为 5%。城建税税率为 7%，教育费附加征收率为 1.5%。分析其定价策略。

将各项数据代入公式：

$$p=\frac{70\times(56\%-36\%)\times(1+8.5\%)}{1-(56\%+17\%)\times(1+8.5\%)-5\%}=96.17\text{（元）}$$

70+96.17=166.17（元）

定价应结合其他因素，考虑将每条定价（不含增值税）定于 70 元以下（不含 70 元）或者 166.17 元以上。

3.4 营业税的税务筹划

3.4.1 股权转让与资产转让转换的税务筹划

对于转让方而言，转让股权和转让资产的税务影响在流转税上有重大差异（见表 3-3）。合理地选择转让方式，可以降低转让的相关流转税税负。

---

① 教育费附加缴纳比率为 3%，但生产卷烟和烟叶的单位减半缴纳教育费附加。

表 3-3　　股权转让和资产转让的税负比较

转让方式 税负比较	股权转让		资产转让	
	转让方	受让方	转让方	受让方
所得税	转让收益	无	转让收益	无
增值税	无	无	存货等	无
营业税	无	无	房屋、建筑物、土地使用权、商标等	无
消费税	无	无	应税消费品	
土地增值税	无	无	房屋、建筑物、土地使用权	
印花税	产权转移书据	产权转移书据	购销合同等	购销合同等

以无形资产、不动产投资入股，与接受投资方利润分配，共同承担投资风险的行为，不缴纳营业税，而对该股权转让也不缴纳营业税。[①] 因此，在大额的无形资产或不动产交易时，可以考虑先将无形资产和不动产投资成立一个企业，然后再将该企业的股权转让给无形资产或不动产的购买方。

【相关链接 3-2】

增值税也有类似规定。纳税人在资产重组过程中，通过合并、分立、出售、置换等方式，将全部或者部分实物资产以及与其相关联的债权、负债和劳动力一并转让给其他单位和个人，不属于增值税的征税范围，其中涉及的货物转让，不征收增值税。

【实例 3-19】

某上市公司拟将其拥有的土地使用权作价 1 亿元转让给某房地产开发公司。

应缴纳的营业税 = 10 000×5% = 500（万元）

应缴纳的城建税和教育费附加 = 500×5% = 25（万元）

该上市公司可以用该土地使用权投资成立一个子公司，然后再将子公司的全部股权转让给房地产开发公司。上市公司通过将无形资产出售转为股权转让的税务筹划，就可以免缴营业税与城建税和教育费附加 525 万元。

同样的道理也可以用在合作建房的税务筹划中。所谓合作建房，就是指一方提供土地使用权，另一方提供资金，双方合作，建造房屋。根据《营业税问题解答（之一）的通知》（国税函发［1995］156 号）的规定，合作建房有两种方式：

第一种方式为“以物易物”，即双方以各自拥有的土地使用权和房屋所有权相互交换。土地使用权和房屋所有权相互交换，双方都取得了拥有部分房屋的所有

① 《财政部、国家税务总局关于股权转让有关营业税问题的通知》（财税［2002］191 号）。

权。在这一合作过程中，甲方以转让部分土地使用权为代价，换取部分房屋的所有权，发生了转让土地使用权的行为；乙方则以转让部分房屋的所有权为代价，换取部分土地的使用权，发生了销售不动产的行为。因而合作建房的双方都发生了营业税的应税行为。对甲方应按“转让无形资产”税目中的“转让土地使用权”子目征税；对乙方应按“销售不动产”税目征税。由于双方没有进行货币结算，因此应当按照税法的规定分别核定双方各自的营业额。

第二种方式为甲方以土地使用权、乙方以货币资金合股，成立合营企业，合作建房。房屋建成后如果双方采取风险共担、利润共享的分配方式，按照营业税“以无形资产投资入股，参与接受投资方的利润分配，共同承担投资风险的行为，不征营业税”的规定，将甲方向合营企业提供的土地使用权视为投资入股，不对其征营业税。

因此，合作建房应该采取第二种方式。当合营企业建完房后，将该合营企业清算，房屋作为清算所得分配给双方。需要注意的是：

（1）合营企业不可以直接将房屋分配。因为“如果房屋建成后双方按一定比例分配房屋，则此种经营行为也未构成营业税所称的以无形资产投资入股，共同承担风险的不征营业税的行为。因此，首先对甲方向合营企业转让的土地，按‘转让无形资产’征税，其营业额按《营业税实施细则》第15条的规定核定”。

（2）不采取利润分配的形式分配房屋。虽然规定“对双方分得的利润不征营业税”，但是该合营公司只有投入，没有销售并无利润，因为该公司是出于税务筹划的目的成立的，并无对外开展营业的行为，让其继续存在与发展以产生相当于房屋价值的利润有违初衷，也不现实。

3.4.2 商业企业进场费的税务筹划

《国家税务总局关于商业企业向货物供应方收取的部分费用征收流转税问题的通知》（国税发［2004］136号）规定：商业企业向供货方收取的与商品销售量、销售额无必然联系，且商业企业向供货方提供一定劳务的收入，例如进场费、广告促销费、上架费、展示费、管理费等，不属于平销返利，不冲减当期增值税进项税额，应按营业税的适用税目和税率征收营业税；对商业企业向供货方收取的与商品销售量、销售额挂钩（如以一定比例、金额、数量计算）的各种返还收入，均应按照平销返利行为的有关规定冲减当期增值税进项税额，不征收营业税。

因此，如果商业企业为生产厂家或供应商提供一些商场内的服务，应在收取销售方的返还资金的同时明确收取的理由或依据，这样就不必冲减进项税额。虽然要缴纳营业税，但5%的营业税税率要比17%的增值税税率低得多。

3.4.3 混合销售行为的税务筹划

一项销售行为如果既涉及增值税应税货物又涉及营业税劳务，就为混合销售行为。所谓营业税劳务是指属于应缴营业税的建筑业、金融保险业、文化体育业（不含广播影视服务和文化创意服务）、娱乐业、生活类服务业税目缴纳范围的劳务。需要解释的是，出现混合销售行为，涉及的货物和营业税劳务只是针对一项销售行为而言的。也就是说，营业税劳务是为了直接销售一批货物而提供的，二者之间是紧密相连的从属关系，它与一般既从事这个税的应税项目又从事另一个税的应税项目、二者之间没有直接从属关系的兼营行为是完全不同的。对实际经济活动中发生的混合销售行为与兼营行为，由于涉及不同的税务处理，因此，要严格区分，不能混淆。

税法规定，从事货物的生产、批发或零售的企业、企业性单位及个体经营者的混合销售行为，视为销售货物，应当缴纳增值税；其他单位和个人的混合销售行为，视为提供营业税劳务，缴纳营业税。

混合销售行为的税务筹划首先要看纳税人是增值税纳税人还是营业税纳税人，再通过混合销售税负平衡点增值率的计算，分析企业是缴纳增值税还是缴纳营业税合适，然后采取两种手段：

混合销售行为无论是否分开核算，都必须按照纳税人主营业务收入的适用税目纳税。如果纳税人分立成为两个独立核算的企业分别从事增值税应税货物和营业税应税劳务，则可以分别按照增值税和营业税缴纳税款。

纳税人年货物销售额与营业税劳务的合计数中，年货物销售额超过50%，营业税劳务营业额不到50%，则纳税人的混合销售行为缴纳增值税；纳税人年货物销售额与营业税劳务的合计数中，年营业税劳务营业额超过50%，货物销售额不到50%，则纳税人的混合销售行为缴纳营业税。因此，在合适的条件下，也可以适当调控货物销售额或营业税劳务在总销售额中的比重，将增值税纳税人与营业税纳税人的身份互相转化，从而使全部销售收入适用于更合适的税目和税率。

1）纳税人为一般纳税人

一般纳税人发生了混合销售行为，其中营业税项目耗费的购进材料不含税进价为 x，含税进价为 $x(1+t_1)$。提供营业税项目而收取的不含税价款为 y，含税价款为 $y(1+t_1)$。假设其进销货物适用的增值税税率均为 t_1。如果该营业税项目分立出去的话，则获得的收入不变，适用的营业税税率为 t_2。其计算公式为：

$$r=\frac{y-x}{x}$$

r 为增值率。

混合销售情况下，纳税人从营业税项目中可得到的现金流量为：

$$y(1+t_1)-x(1+t_1)-(y\cdot t_1-x\cdot t_1)$$

营业税项目分立出去的情况下，纳税人从营业税项目中可得到的现金流量为：

$$y(1+t_1)-x(1+t_1)-y(1+t_1)t_2$$

联立方程：

$$y(1+t_1)-x(1+t_1)-(y\cdot t_1-x\cdot t_1)=y(1+t_1)-x(1+t_1)-y(1+t_1)t_2$$

$$r=\frac{(1+t_1)t_2}{t_1-(1+t_1)t_2}$$

根据公式可以求得一般纳税人混合销售行为的税负均衡点增值率（见表3-4）。

表 3-4 一般纳税人混合销售行为的税负均衡点增值率

增值税税率	营业税税率	均衡点增值率
17%	3%	26.02%
17%	5%	52.47%
17%	20%	-365.63%
13%	3%	35.28%
13%	5%	76.87%
13%	20%	-235.42%
11%	3%	43.42%
11%	5%	101.83%
11%	20%	-198.21%
6%	3%	112.77%
6%	5%	757.14%
6%	20%	-139.47%

若 r 大于 0，当增值率大于 r 时，一般纳税人应该将营业税项目的业务分立出去；当增值率小于 r 时，一般纳税人不应将营业税项目的业务分立出去。若 r 小于 0，表明营业税税率大于增值税税率，一般纳税人不应将营业税项目的业务分立出去。

【实例 3-20】

某空调专营销售公司（商业一般纳税人），购进每台空调的平均单价为 3 000 元（不含税），平均售价为 3 050 元（不含税）。另外，每台空调向客户收取 234 元的安装、调试费，安装调试耗用的材料为 35.1 元。

安装调试是营业税项目，增值率 $=\frac{234-35.1}{35.1}\times100\%=567\%$。

正常情况下，销售并安装、调试一台空调应缴纳的增值税为：

3 050×17%+234÷（1+17%）×17%-3 000×17%-35.1÷（1+17%）×17%=37.4（元）

若成立一个独立核算的售后服务公司，由售后服务公司直接为客户安装、调试并收取安装、调试费，则销售一台空调应缴纳的增值税为：

3 050×17%-3 000×17%=8.5（元）

安装、调试一台空调应缴纳营业税=234×3%=7.02（元）

整个销售、安装并调试一台空调缴税合计（不包括城建税等）：

8.5+7.02=15.52（元）

节省税款合计=37.4-15.52=21.88（元）

2）纳税人为小规模纳税人

纳税人为小规模纳税人的时候发生混合销售行为，营业税项目部分耗用的物料的进项税额不能抵扣。混合销售情况下，营业税项目应缴纳的增值税为含税价款乘以$\frac{t_1}{1+t_1}$，对于小规模纳税人，t_1为3%，$\frac{t_1}{1+t_1}$为2.91%。营业税项目分立的情况下，营业税项目应缴纳的营业税为含税价款乘以t_2，t_2依营业税税目的不同可以取值3%、5%或者20%。适用3%税率的营业税税目为建筑业和文化体育业，适用5%税率的营业税税目为金融保险业、生活类服务业、转让无形资产、销售不动产，适用20%税率的营业税税目为娱乐业。从税务角度来看，适用5%和20%营业税税率的项目，不应分立出去；从商业角度来看，适用3%营业税税率的项目，考虑到3%与2.91%相差无几，分立的意义也不大。

3）纳税人为营业税纳税人

当纳税人为营业税纳税人时，对混合销售行为税务筹划的考虑与增值税纳税人的考虑正好相反。对于同一种混合销售行为，增值税纳税人认为应该将增值税货物销售与营业税劳务分立的，营业税纳税人则认为不该分立；增值税纳税人认为不该将增值税货物销售与营业税劳务分立的，营业税纳税人则认为应该分立。

【实例3-21】

某歌舞厅某月收取门票费20 000元，台位费40 000元，点歌费10 000元，烟酒饮料食品费80 000元。歌舞厅的营业税税率为20%。

该歌舞厅当月应纳的营业税=（20 000+40 000+10 000+80 000）×20%=30 000（元）

如果该歌舞厅内单独设立一出售烟酒饮料食品的小卖部，并单独办理营业执照，单独核算，则娱乐业的混合销售行为就转变为兼营行为，应分别计算纳税：

歌舞厅应纳营业税=（20 000+40 000+10 000）×20%=14 000（元）

小卖部应纳增值税=80 000÷（1+3%）×3%=2 330.1（元）

少缴纳税额=30 000-（14 000+2 330.10）=13 669.90（元）

3.4.4　房屋出租的税务筹划

房屋出租的时候，签订合同的内容不同，会有不同的纳税义务。

【实例3-22】

甲公司为增值税一般纳税人。2013年12月，甲公司将1 000平方米的办公楼出租给乙公司，负责供水、供电，每月供电8 000度，供水1 600吨，电的购进价为0.40元/度，水的购进价为1.25元/吨，均取得增值税专用发票。甲公司应如何进行税务筹划？

房屋出租属于营业税应税行为，同时又涉及水电等费用的处理问题，在合同的签署上可有如下两种方案：

方案1：双方签署了一个房屋租赁合同，租金为每月150元/平方米，含水电费。

该公司房屋租赁行为应缴纳的营业税为：

150×1 000×5%=7 500（元）（其他各税费忽略不计）

该公司提供给甲单位的水电费是用于非应税项目的购进货物，其进项税额不得从销项税额中抵扣。因此，对该企业产生的水电费进项税额应作相应的转出处理，即相当于负担了增值税：

$8\ 000 \times 0.40 \times 17\% + 1\ 600 \times 1.25 \times 13\% = 804$（元）

该企业最终应负担营业税和增值税合计：

$7\ 500 + 804 = 8\ 304$（元）

方案2：甲公司与乙公司分别签订转售水电合同、房屋租赁合同，分别核算水电费收入、房屋租金费收入，并分别作单独的账务处理。转售水电的价格参照同期市场上转售价格确定为：电每度0.60元，水每吨1.75元。房屋租赁价格折算为每月每平方米1 424元，当月取得租金收入142 400元、电费收入4 800元、水费收入2 800元。

该企业的房屋租赁与转售水电属相互独立且能分别准确核算的两项经营行为，应分别缴纳营业税：

$142\ 400 \times 5\% = 7\ 120$（元）

应纳增值税：

$(4\ 800 \times 17\% + 2\ 800 \times 13\%) - 804 = 376$（元）

该企业最终应负担的营业税和增值税合计：

$7\ 120 + 376 = 7\ 496$（元）

两种方案税负相差：

$8\ 304 - 7\ 496 = 808$（元）

从以上分析可以看出，两个方案差异在于对转售水电这一经营行为的处理方式不同。第一个方案，双方只签订一个房屋租赁合同，把销售水、电业务视同营业税的混合销售，一并计缴营业税，而相应的水电费进项税额又不得扣除；而第二个方案，双方分别签订房屋租赁合同、转售水电合同，并分别核算租赁收入、水电费收入，这样水电费收入就应缴纳增值税，进项税额可以抵扣，从而减轻了企业的税收负担，获得正当的税收利益。

3.4.5 兼营行为的税务筹划

纳税人兼有不同税目应税行为的，应当分别核算不同税目的营业额、转让额、销售额；未分别核算营业额的，从高适用税率。纳税人兼营免税、减税项目的，应当单独核算免税、减税项目的营业额；未单独核算营业额的，不得免税、减税。因此，纳税人应该分别核算不同税目的营业额，单独核算免税、减税项目的营业额。

【实例3-23】

某集团下属的一个酒店是集住宿、饮食、购物和娱乐为一体的服务企业，7月份发生以下业务：

（1）客房部取得客房收入80 000元；

（2）为某公司提供一间办公用房（每月作价6 000元），条件是该公司为酒店提供对等价值的灯具和内装饰画，合同期半年；

（3）集团公司召开会议，租用宾馆会议室、客房5天，租金作价10 000元，酒店将其冲减应上交集团公司的管理费；

(4) 餐饮部取得餐饮服务收入 60 000 元，其中单独附设的外卖点销售烟酒、饮料收入 20 000 元；

(5) 内部非独立核算的洗衣房与客房部内部结算洗床被款 10 000 元，此外对外提供洗衣服务收费 2 000 元；

(6) 二楼供外商合资企业经营游乐项目，合同规定客房按月固定收取收益 50 000元；

(7) 代客预订飞机票、火车票手续费收入 4 000 元；

(8) 收取桑拿浴门票收入 30 000 元；

(9) 收取舞场门票收入 20 000 元。

该酒店应如何进行核算？

(1) 如果按规定实行分别核算各项目，则：

第 (1) 项收入应按服务业——旅店业 5% 的税率计算营业税。

第 (2) 项收入应视同出租房屋，按服务业——租赁业 5% 的税率计算营业税。

第 (3) 项收入不能冲减管理费。其冲减的管理费应作为企业收入，按租赁业 5% 的税率计算营业税。

第 (4) 项餐饮收入 40 000 元，应按服务业——饮食业 5% 的税率计算营业税；外卖点销售的烟酒饮料收入 20 000 元属兼营行为，应缴纳增值税，不征营业税。

第 (5) 项收入中，内部非独立核算的洗衣房从酒店内部收取的洗床被款，不缴纳营业税，对外服务收取的洗衣费按服务业 5% 的税率计算营业税。

第 (6) 项收取的固定收益，实质上是房屋租赁费，应按服务业——租赁业 5% 的税率计算营业税。

第 (7) 项手续费收入应按服务业——代理业 5% 的税率计算营业税。

第 (8) 项桑拿浴门票收入，应按服务业 5% 的税率计算营业税。

第 (9) 项舞场门票收入，应按娱乐业 20% 的税率计算营业税。

该酒店本月应缴纳营业税为：

$$80\,000\times5\%+6\,000\times6\times5\%+10\,000\times5\%+(60\,000-20\,000)\times5\%+2\,000\times5\%+50\,000\times5\%+4\,000\times5\%+30\,000\times5\%+20\,000\times20\%=16\,600\text{（元）}$$

(2) 如果该企业不分别设账核算，按规定要从高适用税率计税，则应缴纳营业税为：

$$(80\,000+6\,000\times6+10\,000+60\,000+2\,000+50\,000+4\,000+30\,000+20\,000)\times20\%=58\,400\text{（元）}$$

可见，按照分别核算的方法处理，该企业可以少纳税 41 800 元。

[总结与结论]

利用税率差异和选择纳税环节，对流转税进行税务筹划，可以降低企业的流转税负担。税务筹划方案要以现金流分析为基础，并且符合双方交易原则。

[练习题库]

★案例分析题

案例 1

某生产企业为增值税一般纳税人，适用增值税税率为 17%，主要耗用甲材料加工产品，现有 A、B、C 三个企业提供甲材料，其中 A 为生产甲材料的一般纳税人，能够开具增值税专用发票，适用税率 17%；B 为生产甲材料的小规模纳税人，能够委托主管税务局代开增值税征收率为 3% 的专用发票；C 为个体工商户，只能开具普通发票，A、B、C 三个企业所提供的材料质量相同，但是含税价格却不同，分别为 133 元、103 元、101 元。

该企业应当与 A、B、C 三家企业中的哪一家签订购销合同？

案例 2

长江公司委托黄河公司将一批价值 160 万元的原料加工成甲半成品，加工费 120 万元。长江公司将甲半成品收回后继续加工成乙产成品，发生加工成本 152 万元。该批产品售价为 1 120 万元。甲半成品消费税税率为 30%，乙产成品消费税税率为 40%。如果长江公司将购入的原料自行加工成乙产成品，加工成本共计 280 万元。

该企业选择哪种加工方式更有利？

案例 3

A、B 双方拟合作建房，A 提供土地使用权，B 提供资金。预计房屋的价值共计 8 000 万元。若 A 分得房屋后，C 欲以 10 000 万元整体购买 A 的房屋。

A 应如何进行税务筹划？

★思考题

1. 找出本章中所有涉及关联交易的案例，分析其税收上的收益与风险。
2. 结合本章案例，思考现金流量分析在增值税税务筹划中的作用。
3. 在既涉及增值税又涉及营业税的税务筹划中，应该考虑哪些因素？
4. 对于【实例 3-7】，制药厂是否可以考虑放弃免税权？

[补充阅读材料]

材料 1：2013 年营改增试点运行情况

营改增从制度上解决了货物和服务税制不统一和重复征税问题，促进了社会化分工协作，激发了企业活力，提升了外贸出口竞争力，有利于优化产业结构、促进经济持续健康发展。随着营改增试点范围的不断扩大，改革红利进一步得以释放，主要表现在：

（一）减轻了重复征税问题。营改增使增值税的抵扣机制得以延伸，不仅服务业内部的抵扣链条被贯通，而且二三产业之间的链条也被打通，在一定程度上解决了重复征税问题，减轻了企业税负，优化了税制。更重要的是，企业经营决策可以少受重复征税的困扰，更多考虑市场需求，有利于市场发挥资源配置的决定性作用。营改增减轻了整个产业链的税负，2012、2013 两年共计 1 800 多亿元的减税，通过市场价格机制让生产、流通、服务等产业链中的各个环节分享改革红利。中小企业普遍减税，其中小规模纳税人税负下降幅度平均达 40%，有力支持了中小企业发展，鼓励了创业。

（二）促进了服务业加快发展。增值税抵扣机制促进了服务业优化经营模式、加强内部管理、加快设备更新、扩大业务需求、提升议价能力，大大增强了服务业的自我发展能力和市场竞争力，服务业企业户数、经济总量和出口规模都快速增长，新模式、新业态不断涌现，形成了良好的产业导向，吸引了更多的资源向服务业集聚，服务业占比进一步提升。此外，服务业是就业的最大容纳器，营改增在促进服务业特别是现代服务业发展的同时增加了就业，促进了民生改善。

（三）推动了制造业创新发展。营改增直接受益的虽然是服务业，但对制造业产生的“溢出效益”十分显著，推动了制造业的服务外包、主辅分离。不少企业主动将生产性服务业务外包，进一步优化企业组织架构，使企业从“橄榄型”转变为“哑铃型”，专注于提高主业核心竞争力。

（四）促进了企业转型升级。营改增增强了企业活力，企业转型升级的动力普遍增强。为更好地适应税制变化，企业更加注重与上下游企业分工协作，在经营模式、市场营销和生产组织方式等方面做出适应性转变，专业分工进一步细化，促进了企业管理升级。同时，企业主动从产业链构建、财务管理、合同管理、供应商选择等方面，完善企业治理机制，内部管理水平也明显提高。

（五）增强了出口竞争力。营改增对试点企业提供的国际运输服务、出口的研发和设计服务实行零税率，服务贸易出口纳入出口退税范围，2013 年试点企业因出口服务享受退税和免税超过 100 亿元，使我国服务贸易出口开始以不含税价格进入国际市场，实现了与国际税制的接轨，使国内服务业企业与国外同行处于更加平等的竞争地位，促进了服务贸易出口，增强了企业国际竞争能力。同时，营改增扩大了出口货物适用退税的进项税范围，出口退税力度加大，促进了货物的出口。

（选自财政部税政司网站，编者有删节）

材料 2：国外企业什么税需要筹划

在欧美国家，一提起税务筹划，主要是指对所得税的筹划。国外的税务筹划一般不涉及商品课税，除了增值税、消费税等商品课税的税款要加到消费者价格中去由消费者负担，因而筹划的必要性较小以外，商品课税的筹划空间不大也是一个重要原因。

国外实行增值税的国家一般对商品和劳务一律开征增值税，而且增值税的课征往往只对商品（人民生活必需品）通过零税率或低税率实行优惠，而不对特定的企业实行优惠。这样，企业从事同一种生产和经营活动所面临的增值税待遇是相同的。另外，有的国家（如美国）的商品课税实行在零售环节课征的销售税模式，生产和批发企业从事经营活动无须缴纳销售税，因而也谈不上税务筹划；零售企业从事经营一律要按本州统一的税率就其销售额纳税，所以基本上没有什么筹划的空间。我国的情况则与国外有很大差异。第一，增值税在我国是一个主要的税种，我国现行的增值税制度存在大量的企业优惠（对特定企业如福利企业实行增值税先征后退或即征即退办法），这样，生产或销售同一产品的企业相互之间增值税税负就可能不同，这种税收优惠制度必然会驱使税负重的企业进行增值税的纳税筹划，否则它们将无法与享受增值税优惠的企业进行公平竞争。第二，我国目前实行增值税与营业税并行的商品课税制度，因而存在混合销售和兼营的问题，加之增值税和营业税的税负不同，这样就给企业进行商品课税的筹划提供了空间。正是由于上述原因，我国企业也非常重视商品课税的筹划。

所得税需要纳税筹划主要是因为它不容易转嫁，纳税人一般要最终负担自己缴纳的税款。这样，所得税就成为企业从事经营活动的一种成本，企业缴纳的所得税越多，其税后实际收益就越少。如果企业能够进行所得税的税务筹划，则可以降低税收成本，提高投资的边际税后收益率。另外，由于所得税税款不能在税前扣除，所以企业进行所得税筹划减少的应纳税额不会相应增加其应税所得额。换句话说，所得税税务筹划带来的利益是免税的。当然，在国外，所得税的筹划较为普遍，不仅是因为它具有筹划的必要性，而且还在于所得税具有较大的筹划空间。这种筹划空间主要来源于各国税法中的税收漏洞以及林林总总的税收优惠措施。

（朱青．企业是如何进行税务筹划的［J］．涉外税务，2003（2））

材料3：国税总局出台农产品增值税新规　食用油企业避税途径被堵

日前有媒体报道，国家税务总局已经出台了《关于部分行业试行农产品增值税进项税额核定扣除管理办法的公告》（征求意见稿），其中规定农产品进项税额扣除率将与销项税率拉齐，即销项税率是17%，进项税额扣除率也是17%。

多家食用油企业负责人告诉记者，食用油加工企业进项税额扣除率与销项税率一直都是齐平的，而且销项税率也不是大家认为的17%，而是13%。此次国税总局新规不会增加也不会减少企业应缴的税金。

新规中有一条，改变当前农产品加工和流通企业凭农产品收购发票直接计算抵扣进项税额的做法，实行农产品进项税额核定扣除办法。具体的进项税额可由税务部门计算、核定。

进项税和销项税是针对增值税而言的两个项目。增值税一般纳税人在买进一项商品时需缴纳进项税，按照税率17%计算，购进100元原材料需缴纳的进项税为17元；该纳税人加工后将这批商品以120元的价格出售，需缴纳17%的销项税，即17.4元（（120÷1.17）×0.17）。由于可以用进项税抵扣，纳税人最后支付的增值税为0.4元（17.4−17）。一些不规范的企业为了避税，尽管只购进了100元的原材料，由于自己可以开发票，可以写成120元，这样，可以抵扣的进项税变为

20.4 元，而销项税仍然是 17.4 元，最后要缴纳的增值税为 0（17.4 - 20.4 = -3（元），不缴税）。

业内人士表示，国税总局新的规定将增加部分食用油企业的现金和存货压力。此前，可用来抵扣销项税的进项税额是根据企业自己开具的发票金额来确定的。按照新规，进项税抵扣额是由税务局统一匡算的。这意味着，企业要想获得与原来一样的免税额，必须投入“真金白银”买进原料农产品。弄虚作假的空间减小，企业的负担反而增加。

国税总局在征求意见稿中表示：“农产品进项税额核定扣除办法废除了农产品收购发票的抵扣功能，将农产品进项税额与现有抵扣凭证脱钩，一方面从源头上消除了纳税人虚开收购发票的动机，另一方面税务机关可以利用纳税人的销售收入以及成本、费用等财务数据之间的逻辑关系，强化对纳税人抵扣进项税额真实性的合理控制，有利于防范和及时发现偷骗税行为，保持增值税税制的平稳运行。”

（胡军华. 国税总局出台农产品增值税新规　食用油企业避税途径被堵 [J]. 第一财经日报, 2011-07-26. 编者有删节）

第 4 章

所得税的税务筹划

[学习目标]

学完本章后，应当掌握：

1. 所得税税务筹划的特点；
2. 纳税人身份的税务筹划；
3. 所得税收入的税务筹划；
4. 所得税税前扣除项目的税务筹划；
5. 所得税税率的税务筹划；
6. 所得税税额的税务筹划；
7. 转让定价的税务筹划。

4.1 所得税概述

所得税是以自然人或法人的法定所得为课税对象的税种的统称。当今世界上各国征收的所得税很多，名称各异，按照纳税人的属性不同，大致可以划分为个人所得税和公司所得税。本章所指的所得税是公司所得税。历史上，我国企业所得税分内资和外资两套不同税制。2007 年 3 月 16 日第十届全国人民代表大会第五次会议通过了《中华人民共和国企业所得税法》（以下简称《企业所得税法》），自 2008 年 1 月 1 日起施行。《企业所得税法》在纳税人、适用税率、税前扣除、优惠政策、征收管理等方面实现了统一，并且平衡了内、外资企业的所得税负担，完善了所得税扣除、优惠等政策，规范了所得税的征收管理。根据《企业所得税法》的授权，国务院发布了《中华人民共和国企业所得税法实施条例》（以下简称《企业所得税法实施条例》），并与《企业所得税法》同时于 2008 年 1 月 1 日起生效。

4.1.1 所得税的分类

按照税制结构分类，通常可将所得税划分为以下两种类型：

1）分类所得税

所谓分类所得税，就是把归属于同一纳税人的所得按来源不同划分为若干类别，对不同性质的所得规定不同的税率，分别计算、征收所得税。分类所得税是根据对不同性质的所得应区别对待的原则设计的。例如，对勤劳所得，应课以较轻的税，而对投资所得，因所付出的劳动量相对较少，应课以较重的税。实行分类所得税，不仅可以依据所得的性质征收不同的税，而且便于广泛采用源泉一次征收的方法。在这种税制下，税源容易得到控制，并减少了汇算清缴的麻烦。

2）综合所得税

所谓综合所得税，就是把归属于同一纳税人的各类所得，不管其所得来源如何，作为一个所得总体，综合计算、征收所得税。综合所得税的建立，是基于这样一种思想：既然所得税是一种对收入征收的税，那么其应纳税的所得就应该是综合反映纳税人的负担能力的各类所得的总额。综合所得税最能体现税收按能负担的原则。我国采取的是综合所得税。

4.1.2　所得税的特点

与其他税相比，所得税具有以下几个显著的特点：

1）所得税是直接税，其税负一般不能转嫁

所得税是对纳税人的净所得征收的一种税，其纳税人即负税人，一般不会发生转嫁税负和重复征税的问题，因而对市场的正常运行干扰较小。

2）所得税体现了按能负担的原则

所得税的课税对象是从纳税人的总收入中扣除了各项成本、费用开支之后的净所得额。由于净所得代表了纳税人的购买能力，因而对纳税人的净所得按累进税率征收的所得税能调节纳税人的收入水平，体现税收的公平原则，即所得多、负担能力大的，多纳税；所得少、负担能力小的，少纳税；无所得、没有负担能力的，不纳税。

3）所得税富有弹性

由于所得税的税基随着经济的增长和纳税人收入水平的提高而增加，随着经济的衰退和纳税人收入水平的下降而减少，因而具有较强的收入弹性。当经济高涨时，所得税税额会因税基的扩大，实际税率提高而自动地增加，从而有利于抑制因经济过热而带来的通货膨胀的影响。当经济衰退时，人均收入减少，所得税税额会因税基的缩小，实际税率的降低而自动地减少，从而有利于刺激经济的复苏。

4）计税依据为应纳税所得额

所得税的计税依据，是纳税人在每一纳税年度的收入总额，减除不征税收入、免税收入、各项扣除以及允许弥补的以前年度亏损后的余额，它既不等于企业实现的会计利润额，也不是销售额或营业额，因此，所得税是一种不同于商品劳务税的税种。

5）应纳税所得额的计算比较复杂

由于所得税是以应纳税所得额为税基，因而便成为计征所得税的关键。为了保证计算准确，必须按照税法规定核定所得，并确定扣除成本费用及减免税数额等。与其他种类税收相比，所得税的计征要繁杂得多。

6）实行按年计征、分期预缴的征收管理办法

通过利润所得来综合反映企业的经营业绩，通常是按年度计算衡量的。所以，企业所得税以全年的应纳税所得额作为计税依据，分月或分季预缴，年终汇算清缴，与会计年度及核算期限一致，有利于税收的征收管理和企业核算期限的一致性。

4.1.3 所得税的计税公式

所得税的一般计税公式为：

应纳税额=应纳税所得额×税率

应纳税所得额=企业每一纳税年度的收入总额-不征税收入-免税收入-各项扣除-允许弥补的以前年度亏损

4.1.4 所得税的税务筹划特点

（1）注意时间跨度与时间价值。所得税在季度终了后预缴，在年度终了后汇算清缴；而流转税一般是以一个月为纳税期限。同样数额的所得税如果可以推迟缴纳，会比同样数额的流转税推迟缴纳有更高的时间价值。资产在足够长的时期内都会转为费用，因此如果不考虑其他因素，在此期间内资产的处理方式不同，不会影响所得税税金的总额但会影响所得税数额在前后期的分布。由于所得税税金支出是一种强制性的现金支出，考虑到时间价值，我们应该选择使所得税税金支出现值最小的税务筹划方案。

（2）选择会计政策。会计政策是指企业在会计核算时所遵循的具体原则以及企业所采纳的具体会计处理方法。企业所得税的应税利润就是在会计利润的基础上，通过调整差异项目金额计算出来的；对税法没有明确规定的事项，都是按照财务会计处理结果计算应税所得。因此选择不同的会计政策，核算出来的结果会有不同，不同的结果会对纳税人的税负产生影响，甚至有较大的影响。主要的会计政策选择包括固定资产折旧方法等。

（3）利用税收优惠政策。所得税的税收优惠形式分为税基式、税率式、税额式三种。税基式优惠是对不同的征税对象减少计税的基数，如加速折旧。税率式优惠是对国家鼓励或者照顾的地区、行业或者规模的企业适用较低的税率，如对设在西部地区国家鼓励类产业的内资企业和外商投资企业，在2011年至2020年期间，减按15%的税率征收企业所得税。税额式优惠是对某些特殊行业或对象按规定先计算出税额后再返还或者减征一定的数额或者比例，如对企业购置并实际使用符合规定的环境保护、节能节水、安全生产等专用设备，该专用设备投资额的10%可以从企业当年的应纳税额中抵免。在税务筹划的时候，首先要根据企业的自身情况充分利用可以适用的税收优惠，其次要注意不同的税收优惠之间的合理搭配，如减免税期可能就不适合采取加速折旧。

（4）具有合理商业目的。《企业所得税法》规定，企业与其关联方之间的业务

往来，不符合独立交易原则，或者企业实施其他不具有合理商业目的的安排的，税务机关有权在该业务发生的纳税年度起10年内进行纳税调整。不具有合理商业目的，是指以减少、免除或者推迟缴纳税款为主要目的。因此，税务筹划必须包含在合理的商业活动之中，而不能仅出于税务动机而进行筹划。[①]

4.2 纳税人身份的税务筹划

《企业所得税法》规定，在中华人民共和国境内，企业和其他取得收入的组织（以下统称企业）为企业所得税的纳税人。《企业所得税法》第一次引入了居民纳税人的概念，将企业所得税的纳税人分为居民企业和非居民企业。

4.2.1 居民企业和非居民企业

居民企业，是指依法在中国境内成立，或者依照外国（地区）法律成立但实际管理机构在中国境内的企业。非居民企业，是指依照外国（地区）法律成立且实际管理机构不在中国境内，但在中国境内设立机构、场所的，或者在中国境内未设立机构、场所但有来源于中国境内所得的企业。

居民企业应当就其来源于中国境内、境外的所得缴纳企业所得税。

非居民企业在中国境内设立机构、场所的，应当就其所设机构、场所取得的来源于中国境内的所得，以及发生在中国境外但与其所设机构、场所有实际联系的所得，缴纳企业所得税。非居民企业在中国境内未设立机构、场所的，或者虽设立机构、场所但取得的所得与其所设机构、场所没有实际联系的，应当就其来源于中国境内的所得缴纳企业所得税。

居民企业与非居民企业的不同税收待遇的比较见表4-1。

表 4-1 居民企业与非居民企业的不同税收待遇的比较

居民身份与税收待遇		来源于中国境内的所得	来源于中国境外的所得	
			与中国境内设立的机构、场所实际联系	与中国境内设立的机构、场所没有实际联系
中国居民企业		√	√	√
非中国居民企业	在中国境内设立机构、场所	√	√	×
	在中国境内未设立机构、场所	√	×	×

4.2.2 外国企业避免成为“居民企业”纳税人的税务筹划

根据企业所得税法的规定，依照外国（地区）法律成立但实际管理机构在中国境内的企业，也有可能成为负担全面纳税义务的“居民企业”纳税人。实际管

① 本章中所举案例侧重说明税务筹划技术的运用，不另外说明商业目的。

理机构，是指对企业的生产经营、人员、账务、财产等实施实质性全面管理和控制的机构。根据“实际管理机构”的规定，即便是依照外国（地区）法律在境外成立的企业，如果实际管理机构在中国，也有可能成为负担全面中国所得税纳税义务的纳税人。

对于外国企业，特别是在国外交易所上市但实际在中国内地运营的“红筹股”企业，返程投资①的特殊目的公司以及直接受设立在中国的跨国公司地区总部管理的亚洲子公司而言，是否构成居民企业，会有重大的税务影响。

《关于境外注册中资控股企业依据实际管理机构标准认定为居民企业有关问题的通知》（国税发［2009］82号）（以下简称《通知》）对境外中资企业实际管理机构的判定标准、税务处理和申请程序等方面做出了较为具体的规定。境外中资企业是指由中国境内的企业或企业集团作为主要控股投资者，在境外依据外国（地区）法律注册成立的企业。

境外中资企业同时符合以下条件的，为实际管理机构在中国境内的居民企业：

（1）企业负责实施日常生产经营管理运作的高层管理人员及其高层管理部门履行职责的场所主要位于中国境内；

（2）企业的财务决策（如借款、放款、融资、财务风险管理等）和人事决策（如任命、解聘和薪酬等）由位于中国境内的机构或人员决定，或需要得到位于中国境内的机构或人员批准；

（3）企业的主要财产、会计账簿、公司印章、董事会和股东会议纪要档案等位于或存放于中国境内；

（4）企业1/2（含1/2）以上有投票权的董事或高层管理人员经常居住于中国境内。

企业首先需要判断其是否属于《通知》所规定的由中国境内企业或企业集团控股的、在境外成立的公司，从而判断该《通知》是否适用于本企业。构成中国居民企业并不一定会带来负面的税务效果。企业在采取任何应对措施之前，需要根据自身情况仔细评估各种可能的税务影响。

如果企业不希望成为中国的居民企业，应明确对决策、管理和运营模式等的有关内部控制，并确保其能得到实际履行，避免由于股东或其他相关人员的行为对企业的居民身份带来负面的影响。需要特别关注的是，判断企业的居民身份应遵循实质重于形式的原则。但在建立相关制度时，仍然需要注意《通知》所提及的身份认定的具体考量因素。

【实例4-1】

某企业由一个中国公司投资在英属维尔京群岛设立，该企业的预计贸易所得为1 000万元。根据英属维尔京群岛的规定，该企业在当地不需要缴纳所得税。但是

---

① “返程投资”，是指境内居民通过为了特殊目的而设立的公司对境内开展的直接投资活动，包括但不限于以下方式：购买或置换境内企业中方股权、在境内设立外商投资企业及通过该企业购买或协议控制境内资产、协议购买境内资产及以该项资产投资设立外商投资企业、向境内企业增资。

如果该企业被认定为实际管理机构在中国，就产生了中国的企业所得税纳税义务 250 万元（税率 25%）。

为了控制税务风险，该企业将决策、管理和运营的中心设在香港，且主要财产、会计账簿、公司印章、董事会和股东会议纪要档案也都在香港，避免成为中国税法中的居民纳税人，因此不会产生中国的企业所得税纳税义务。

需要注意的是，企业的实际管理机构如果设在中国之外的其他国家（地区），可能会构成当地的居民企业，需要缴纳当地的企业所得税，因此还要考虑和比较当地的企业所得税负担与中国的企业所得税负担。

● 4.3　收入的税务筹划

收入总额是企业以货币形式和非货币形式从各种来源取得的收入。包括纳税人来源于中国境内和境外的收入。

4.3.1　收入确认的基本规定

收入总额包括：

（1）销售货物收入，是指企业通过销售商品、产品、原材料、包装物、低值易耗品或其他存货取得的收入。

（2）提供劳务收入，是指企业从事建筑安装、修理修配、交通运输、仓储租赁、金融保险、邮电通信、咨询经纪、文化体育、科学研究、技术服务、教育培训、餐饮住宿、中介代理、卫生保健、社区服务、旅游、娱乐、加工以及其他劳务服务活动取得的收入。

（3）转让财产收入，是指企业转让固定资产、生物资产、无形资产、股权、债权等财产取得的收入。

（4）股息、红利等权益性投资收益，是指企业因权益性投资从被投资方取得的收入。

（5）利息收入，是指企业将资金提供他人使用但不构成权益性投资，或者因他人占用本企业资金取得的收入，包括存款利息、贷款利息、债券利息、欠款利息等。

（6）租金收入，是指企业提供固定资产、包装物或者其他有形资产的使用权取得的收入。

（7）特许权使用费收入，是指企业提供专利权、非专利技术、商标权、著作权以及其他特许权取得的收入。

（8）接受捐赠收入，是指企业接受的来自其他企业、组织或者个人无偿给予的货币性资产、非货币性资产。

（9）其他收入，是指企业取得的除《企业所得税法》第六条第（一）项至第（八）项规定的收入外的其他收入，包括企业资产溢余收入、逾期未退包装物押金收入、确实无法偿付的应付款项、已作坏账损失处理后又收回的应收款项、债务重组收入、补贴收入、违约金收入、汇兑收益等。

4.3.2 免税收入的税务筹划

企业的下列收入为免税收入：

(1) 国债利息收入，是指企业持有国务院财政部门发行的国债取得的利息收入。

(2) 符合条件的居民企业之间的股息、红利等权益性投资收益，是指居民企业直接投资于其他居民企业取得的投资收益，不包括连续持有居民企业公开发行并上市流通的股票不足12个月取得的投资收益。

(3) 在中国境内设立机构、场所的非居民企业从居民企业取得与该机构、场所有实际联系的股息、红利等权益性投资收益。

(4) 符合条件的非营利组织的收入。符合条件的非营利组织，是指同时符合下列条件的组织：

①依法履行非营利组织登记手续；

②从事公益性或者非营利性活动；

③取得的收入除用于与该组织有关的、合理的支出外，全部用于登记核定或者章程规定的公益性或者非营利性事业；

④财产及其孳息不用于分配；

⑤按照登记核定或者章程规定，该组织注销后的剩余财产用于公益性或者非营利性目的，或者由登记管理机关转赠给与该组织性质、宗旨相同的组织，并向社会公告；

⑥投入人对投入该组织的财产不保留或者享有任何财产权利；

⑦工作人员工资福利开支控制在规定的比例内，不变相分配该组织的财产。

【实例4-2】

某企业预计2015年应纳税所得额为1 000 000元，所得税税率为25%。

预计应纳所得税 = 1 000 000×25% = 250 000（元）

预计税后净利润 = 1 000 000-250 000 = 750 000（元）

该企业于年初从银行以年利率10%借入10 000 000元，用于购买年利率为8.5%的国债，其他预计的条件与实际发生的情况相符。则借款利息1 000 000元可以税前扣除，而企业取得的国债利息850 000元免税，即：

当年应纳税所得额 =（1 000 000-10 000 000×10%）= 0

税后净利润 = 850 000元

该企业通过该方案共获利1 100 000元（免税的国债所得850 000元加上所得税节税额250 000元），减去利息费用1 000 000元，多取得的税后净所得100 000元。

需要注意的是，这个案例是以企业有应纳税所得额为前提的，如果该企业没有应纳税所得额，利息扣除就不会减少应纳税所得额，实际意义就不大。而且这个方案的可行性还要取决于商业贷款利率与国债利率之间的差额。

这个案例中的行为被称为税收套利。套利通常是指利用汇率在空间或时间上的差异获取收益的行为，如利用两地不同汇率，在一地购入，同时又在另一地售出，从而获取无风险的收益。税收套利就是指利用税法中对不同的纳税人、不同类型的收益等所规定的不同的税收待遇，谋求税收利益的行为。

4.3.3　中间产品减计收入的税务筹划

企业以《资源综合利用企业所得税优惠目录》规定的资源作为主要原材料，生产国家非限制和禁止并符合国家和行业相关标准的产品取得的收入，减按 90% 计入收入总额。原材料占生产产品材料的比例不得低于《资源综合利用企业所得税优惠目录》规定的标准。

这些产品通常是中间产品，企业用这些中间产品连续生产企业的主要产品，通常并不对外销售，没有收入的实现，也就无法享受税收优惠政策。税务筹划的方案是先将该中间产品对外销售给关联方企业，然后自己再购进用于生产或者由关联方企业加工后出售，这样才可计算该中间产品的收入，从而可以享受减计收入的待遇。

比如某钢厂在生产过程中产生了大量转炉渣，对转炉渣进行回收利用，可以生产出铁，用于连续生产后的最终产品为各类钢坯、钢材。而铁没有实现收入，也就无法在所得税上减计收入。如果该厂将铁按市场合理的定价销售给另一企业，再由钢厂购回进行生产，则可解决此问题。

在进行税务筹划时，必须注意享受税收优惠获得的利益应大于为此付出的代价，付出的代价应该包括关联企业或伙伴企业的付出。

4.4　税前扣除项目的税务筹划（上）

税前扣除项目是指企业实际发生的与取得收入有关的、合理的支出，包括：

（1）成本，是指企业在生产经营活动中发生的销售成本、销货成本、业务支出以及其他耗费。

（2）费用，是指企业在生产经营活动中发生的销售费用、管理费用和财务费用。已经计入成本的有关费用除外。

（3）税金，是指企业发生的除企业所得税和允许抵扣的增值税以外的各项税金及其附加。

（4）损失，是指企业在生产经营活动中发生的固定资产和存货的盘亏、毁损、报废损失，转让财产损失、呆账损失、坏账损失、自然灾害等不可抗力因素造成的损失以及其他损失。

纳税人申报的扣除要真实、合法。真实是指能提供证明有关支出确属已经实际发生的适当凭据；合法是指符合国家税收规定，其他法规规定与税收法规规定不一致的，以税收法规规定为准。

除税收法规另有规定者外，税前扣除的确认一般应遵循以下原则：

（1）权责发生制原则：即纳税人应在费用发生时而不是实际支付时确认扣除。

（2）配比原则：即纳税人发生的费用应在费用应配比或应分配的当期申报扣除。纳税人某一纳税年度应申报的可扣除费用不得提前或滞后申报扣除。

（3）相关性原则：即纳税人可扣除的费用从性质和根源上必须与取得应税收入相关。

（4）确定性原则：即纳税人可扣除的费用不论何时支付，其金额必须是确定的。

（5）合理性原则：即纳税人可扣除费用的计算和分配方法应符合一般的经营常规和会计惯例。

4.4.1 固定资产加速折旧的税务筹划

1）会计与税法对固定资产折旧处理的异同

（1）计提基数

会计上规定，折旧是指在固定资产的使用寿命内，按照确定的方法对应计折旧额进行的系统分摊。其中，应计折旧额，指应当计提折旧的固定资产的原价扣除其预计净残值后的余额，如果已对固定资产计提减值准备，还应当扣除已计提的固定资产减值准备累计金额。税法不认可固定资产减值准备。例如，一项固定资产原价11万元，预计净残值1万元，使用寿命10年，第二年年底计提固定资产减值准备2万元，则第二年年底的固定资产账面余额为8万元，账面价值为6万元，第三年会计上计提的折旧为0.75万元（6÷8），税务处理上计提的折旧仍为1万元。

（2）计提范围

税务处理上房屋、建筑物以外未投入使用的固定资产和与经营活动无关的固定资产不得计提折旧，而会计上这些固定资产需要计提折旧。

（3）使用寿命（折旧年限）和预计净残值

会计上企业应当根据固定资产的性质和使用情况，合理确定固定资产的使用寿命和预计净残值。

税务上企业同样应当根据固定资产的性质和使用情况，合理确定固定资产的预计净残值，但税务上固定资产的预计净残值一经确定，不得变更。

税务上对固定资产的折旧年限有限制性规定。根据实施条例的规定，除国务院财政、税务主管部门另有规定外，固定资产计算折旧的最低年限如下：

①房屋、建筑物，为20年；

②飞机、火车、轮船、机器、机械和其他生产设备，为10年；

③与生产经营活动有关的器具、工具、家具等，为5年；

④飞机、火车、轮船以外的运输工具，为4年；

⑤电子设备，为3年。

2）税法对固定资产加速折旧的规定

实施条例规定，采取缩短折旧年限或者采取加速折旧的方法的固定资产，包括：

（1）由于技术进步，产品更新换代较快的固定资产；

（2）常年处于强震动、高腐蚀状态的固定资产。

采取缩短折旧年限方法的，最低折旧年限不得低于税法规定折旧年限的 60%；采取加速折旧方法的，可以采取双倍余额递减法或者年数总和法。

因此，如购置的固定资产符合税法规定的缩短折旧年限或者采取加速折旧方法的条件，企业可以合理进行比较筹划，从中选择一种有效的方法，以充分享受税收优惠政策。

3）折旧对所得税的影响

计提折旧会减少利润，从而使所得税减少。折旧的这种减少税负的作用称之为“折旧抵税”或“税收挡板”。

【实例 4-3】

假设有甲公司和乙公司，全年销货收入、付现费用均相同，所得税税率为 25%。两者的区别是甲公司有一项可计提折旧的资产，每年折旧额相同。两家公司的现金流量见表 4-2。

表 4-2　**折旧对所得税的影响**　单位：元

项　目	甲公司	乙公司
销售收入	1 000 000	1 000 000
费　用：		
付现营业费用	500 000	500 000
折旧	50 000	
合　计	550 000	
税前净利	450 000	500 000
所得税（25%）	112 500	125 000
税后净利	337 500	375 000
营业现金流量：		
净利	337 500	375 000
折旧	50 000	
合计	387 500	375 000
甲公司比乙公司多拥有的现金	12 500	

甲公司利润虽然比乙公司少 37 500 元，但现金净流量却多出 12 500 元，其原因在于有 50 000 元的折旧计入成本，使应纳税所得额减少 50 000 元，从而减少纳税 12 500 元（50 000×25%）。这笔现金保留在企业里不必缴出。从增量分析的观点来看，由于增加了一笔 50 000 元的折旧，企业获得 12 500 元的现金流入。

折旧对所得税影响的计算公式为：

折旧抵税金额＝折旧额×税率

折旧抵税金额的现值＝折旧额×税率×复利折现系数

固定资产折旧方法的选择应该考虑以下几个因素：

第一，时间价值。固定资产折旧计入生产成本的过程，就是随着固定资产价值的转移，以折旧的形式在产品销售收入中得到补偿，并转化为货币资金的过程。因此，无论固定资产折旧方法如何选择，（税率不变情况下）整个期间内的折旧抵税金额的总和是相同的，但是在期间内前后各段时间内的折旧抵税金额不一样，并由此影响到所得税应纳税额。我们在选择固定资产折旧方法的时候要以折旧抵税金额的现值作为评判标准，选择折旧抵税金额最大的固定资产折旧方法。

第二，折旧额。在税率不变的情况下，应当采用加速折旧方法。前期的折旧额越大，折旧抵税金额的现值也越大。

第三，税率变动。在预测未来适用税率上升的情况下，不应当采用加速折旧；在预测未来适用税率下降的情况下，应当采用加速折旧。这里所说的税率变动，既包括国家调整所得税税率，也包括企业适用的实际所得税税率的变化。如企业适用的所得税税率为25%，但是现在处于免税期间，则其适用的实际所得税税率为0，免税期后适用的实际所得税税率为25%，在免税期内选择折旧方法时要考虑到免税期过后所得税税率上升的因素。

第四，税法限制性规定。如前所述，折旧的会计与税务处理有不一致之处，在申报缴纳所得税的时候应该将会计上计提的折旧调整为税法上认可的折旧方式。

【实例4-4】

固定资产的原值1万元，预计净残值500元，会计和税法认可的使用年限都是5年。直线法、双倍余额递减法、年数总和法的折旧计算公式如下：

1. 直线法的折旧计算公式

$$年折旧率=\frac{1-预计净残值率}{预计使用年限}\times100\%$$

年折旧额=固定资产原值×年折旧率

2. 双倍余额递减法的折旧计算公式

$$年折旧率=\frac{2}{预计使用年限}\times100\%$$

年折旧额=固定资产账面净值×年折旧率

3. 年数总和法的折旧计算公式

$$年折旧率=\frac{尚可使用年限}{预计使用年限的年数总和}\times100\%$$

年折旧额=（固定资产原值-预计净残值）×年折旧率

（1）企业适用的所得税税率为25%，比较该企业分别采用直线法、双倍余额递减法、年数总和法下折旧对所得税的影响。比较结果见表4-3。

（2）企业适用的所得税税率为25%，但前两年免税，后三年减半征收。比较该企业分别采用直线法、双倍余额递减法、年数总和法下折旧对所得税的影响。比较结果见表4-4。

表 4-3　　税率不变条件下折旧抵税金额折现比较表　　单位：元

年限	计提折旧金额			税率	折旧抵税金额			复利折现系数	折旧抵税金额折现		
	直线法	双倍余额递减法	年数总和法		直线法	双倍余额递减法	年数总和法		直线法	双倍余额递减法	年数总和法
1	1 900.00	4 000.00	3 166.67	25%	475.00	1 000.00	791.67	0.9091	431.82	909.10	719.70
2	1 900.00	2 400.00	2 533.33	25%	475.00	600.00	633.33	0.8264	392.54	495.84	523.39
3	1 900.00	1 440.00	1 900.00	25%	475.00	360.00	475.00	0.7513	356.87	270.47	356.87
4	1 900.00	830.00	1 266.67	25%	475.00	207.50	316.67	0.6830	324.43	141.72	216.28
5	1 900.00	830.00	633.33	25%	475.00	207.50	158.33	0.6209	294.93	128.84	98.31
合计	9 500.00	9 500.00	9 500.00		2 375.00	2 375.00	2 375.00		1 800.58	1 945.97	1 914.55
残值	500.00	500.00	500.00								

表 4-4　　税率上升条件下折旧抵税金额折现比较表　　单位：元

年限	计提折旧金额			税率	折旧抵税金额			复利折现系数	折旧抵税金额折现		
	直线法	双倍余额递减法	年数总和法		直线法	双倍余额递减法	年数总和法		直线法	双倍余额递减法	年数总和法
1	1 900.00	4 000.00	3 166.67	0	0	0	0	0.9091	0	0	0
2	1 900.00	2 400.00	2 533.33	0	0	0	0	0.8264	0	0	0
3	1 900.00	1 440.00	1 900.00	12.5%	237.50	180.00	237.50	0.7513	178.43	135.23	178.43
4	1 900.00	830.00	1 266.67	12.5%	237.50	103.75	158.33	0.6830	162.21	70.86	108.14
5	1 900.00	830.00	633.33	12.5%	237.50	103.75	79.17	0.6209	147.46	64.42	49.15
合计	9 500.00	9 500.00	9 500.00		712.50	387.50	475.00		488.11	270.51	335.73
残值	500.00	500.00	500.00								

除了采取加速折旧方法，企业也可以考虑采取缩短折旧年限的方法。另外，企业可以根据固定资产的性质和使用情况，合理确定固定资产的预计净残值。预计净残值与年折旧成反比。合理地确定预计净残值，也可以达到折旧的税务筹划的效果。

4.4.2　固定资产大修理的税务筹划

纳税人的一般性固定资产修理支出可在发生当期直接扣除。但是，符合了税法规定条件的固定资产大修理支出，要作为长期待摊费用，按照固定资产尚可使用年限分期摊销。

固定资产的大修理支出，是指同时符合下列条件的支出：

（1）修理支出达到取得固定资产时的计税基础[①] 50%以上；

（2）修理后固定资产的使用年限延长2年以上。

可见，固定资产大修理支出和一般修理支出的税务处理是不同的。合理地安排固定资产的修理应当考虑以下因素：

（1）支出数额。固定资产的修理支出如果达到固定资产计税基础的50%以上，就不可以当期直接扣除而作为长期待摊费用。比如，固定资产原值400万元，尚可使用年限2年，维修费用220万元，维修后增加使用年限2年，就要作为长期待摊费用按照4年摊销；但是，如果按照资金状况安排两年的维修方案，每年发生维修支出110万元，就可以作为一般性修理支出在发生当期直接扣除。

（2）企业的盈亏情况。如果企业现在和预期的一段时间内亏损，企业应考虑将费用资本化，加大资产的账面价值，由于资产按使用年限提取折旧在税前扣除，使税前扣除金额向以后年度递延，也就相当于平衡了企业各年度可扣除的费用。如果企业当前是盈利状况，就应考虑将支出费用化，加大当期的税前扣除项目，提前扣除一些可扣除项目，以达到减少当期所得税的目的。

（3）生产经营的需要。固定资产修理的支出数额和时间安排必须以生产经营的需要为重，税务筹划的方案必须以不会给目前的生产经营带来严重负面影响为前提。

【实例4-5】

某企业2013年12月对一台生产设备进行大修理，当月完工。该设备的原值为600万元，发生修理费用320万元。修理前该固定资产还可以使用4年，维修后经济使用寿命延长了2年，仍用于原用途。当年实现其他税前会计利润240万元（不包括修理事项），无其他纳税调整事项。

2013年发生的固定资产修理支出达到固定资产原值50%以上，应视为固定资产大修理支出，不可以当期直接扣除。

2013年应纳税所得额为240万元。

2013年应纳所得税：240×25%＝60（万元）

如果按照合理的预算规划和进度安排，该设备的修理可以分为两期进行，第一期维修工程在2013年12月完工，维修费用240万元；第二期维修工程2014年6月份完工，维修费用80万元。其他条件不变。

2013年发生的固定资产修理支出可以当期直接扣除。

2013年应纳税所得额为0。

2013年应纳所得税为0。

4.4.3 开（筹）办费的税务筹划

新税法中开（筹）办费未明确列作长期待摊费用，企业可以在开始经营之日

---

① 企业的各项资产，包括固定资产、生物资产、无形资产、长期待摊费用、投资资产、存货等，以历史成本为计税基础。历史成本，是指企业取得该项资产时实际发生的支出。

的当年一次性扣除，也可以按照新税法有关长期待摊费用的处理规定处理（按照 3 年摊销），但一经选定，不得改变。

开（筹）办费的筹划需要考虑的因素与折旧方法需要考虑的因素类似；如果未来税率不变且企业各年的收益较均衡，则采用一次性扣除的方法对企业节税较有利；如果未来税率升高，则采用 3 年摊销的方法给企业带来的筹划收益额会更大。

4.5　税前扣除项目的税务筹划（下）

4.5.1　研究开发费加计扣除的税务筹划

企业为开发新技术、新产品、新工艺发生的研究开发费用，未形成无形资产计入当期损益的，在按照规定据实扣除的基础上，按照研究开发费用的 50% 加计扣除；形成无形资产的，按照无形资产成本的 150% 摊销。企业未设立专门的研发机构或企业研发机构同时承担生产经营任务的，应将研发费用和生产经营费用分开进行核算，准确、合理地计算各项研究开发费用支出；划分不清的，不得实行加计扣除优惠。企业必须对研究开发费用实行专账管理，同时必须按照规定，准确归集年度可加计扣除的各项研究开发费用实际发生金额，并于年度汇算清缴所得税申报时向主管税务机关报送相应资料。

【实例 4-6】

某企业未单独核算研究人员工资等研究开发费用，未能享受技术开发费的加计扣除优惠。今年该企业不仅单独设立了技术研发部门，而且单独核算研究开发费用，并向税务机关报送了相关资料。如果今年的技术开发费为 800 万元，则可以享受加计扣除，少缴纳所得税 100 万元（800×50%×25%）。

除了开发新技术、新产品、新工艺发生的研究开发费用外，安置残疾人员及国家鼓励安置的其他就业人员所支付的工资，也可以在计算应纳税所得额时加计扣除。

4.5.2　广告费和业务宣传费的税务筹划

企业发生的符合条件的广告费和业务宣传费支出，除国务院财政、税务主管部门另有规定外，不超过当年销售（营业）收入 15% 的部分，准予扣除；超过部分，准予在以后纳税年度结转扣除。如果企业由于在市场推广阶段，业务宣传费和广告费超过当年收入的 15%，但以后随着收入的增长，比例会逐渐降低，那么会计上的广告费和业务宣传费支出与税务上允许扣除的金额只是时间性差异。但对于保健品等行业，广告费和业务宣传费的支出可能会长期超过销售收入的 15% 比例以上，这就需要进行合理的税务安排。

广告费和业务宣传费是以销售（营业）收入为基数计算扣除限额的，如果纳税人将企业的销售部门设立成一个独立核算的销售公司，将企业产品销售给公司，再由公司对外销售，这样就多核算了一次营业收入，从集团整体来看也就扩大广告费和业务宣传费的计提基数。

【实例 4-7】

某公司 2013 年度实现产品销售收入 10 000 万元，“营业费用”中列支广告费和业务宣传费 2 500 万元，税前会计利润总额为 1 000 万元。按税法扣除比例，其广告费和业务宣传费超支额为 1 000 万元。该公司应纳税所得额总计为 2 000 万元，应纳所得税 500 万元，税后净利润 500 万元。

若该公司将自己的销售部门独立出去，成立一个销售公司，将产品以 8 000 万元的价格销售给销售公司，销售公司再以 10 000 万元的价格对外销售。母公司与销售公司发生的广告费和业务宣传费分别为 1 000 万元和 1 500 万元。母公司的税前利润为 800 万元，销售公司的税前利润为 200 万元，则两公司分别缴纳公司所得税，各项费用均不超过税法规定的标准，整个集团应纳所得税额为 250 万元，税后净利润为 750 万元。

如果该公司的产品是消费税的应税消费品，设立销售公司还可以取得节省消费税的好处，因为消费税的课税环节在产制环节而不是销售环节，如果该产品的消费税税率是 30%，那么可以节省消费税 600 万元（2 000×30%）。

企业实施不具有合理商业目的的安排而减少其应纳税收入或者所得额的，税务机关有权按照合理方法调整。因此，要在充分考虑商业目的的基础上，运用设立销售公司的税务筹划方案，并进一步在关联公司之间合理分摊广告费用。

设立销售公司除了可以节税外，对扩大产品销售市场、加强销售管理均具有重要意义，但也会因此增加一些管理成本。纳税人应根据企业规模的大小以及产品的具体特点，兼顾成本与效益原则，从长远利益考虑，决定是否设立分公司。

4.5.3 捐赠和资助的税务筹划

企业为了提高其产品在市场上的竞争力，树立良好的社会形象，往往会发生捐赠或者资助的行为。捐赠或者资助采取的方式不同，抵税的金额就会不同。企业通过公益性社会团体或者县级以上人民政府及其部门，用于公益事业的捐赠支出，在年度利润总额 12% 以内的部分，可以在计算应纳税所得额时扣除。年度利润总额，是指企业依照国家统一会计制度的规定计算的大于零的数额。国务院对特定事项的捐赠事宜也可能会出台政策予以规定，如对地震灾区的捐赠允许在所得税税前全额扣除。

【实例 4-8】

某企业预计 2013 年度利润总额为 200 万元，并且无其他调整项目。企业适用的企业所得税税率为 25%。为了优化企业形象、提高社会知名度，在预算中包括了在该年度向社会捐赠 30 万元。该企业有多种捐赠方案可以选择：

方案 1：不通过公益性社会团体或者县级以上人民政府及其部门进行公益性捐赠；

方案 2：通过公益性社会团体或者县级以上人民政府及其部门进行公益性捐赠；

方案 3：通过公益性社会团体或者县级以上人民政府及其部门，向国务院特批的项目捐赠。

比较结果如下：

方案 1：其捐赠支出不能在所得税税前扣除，故其应纳所得税税额为 57.5 万元（（200+30）×25%）；

方案 2：其捐赠支出在年度利润 12% 以内的部分可以扣除，故其应纳所得税税额为 51.5 万元（（200+（30-200×12%））×25%）；

方案 3：其捐赠支出可以全额在所得税税前扣除，故其应纳所得税税额为 50 万元。

4.6　所得税税率的税务筹划

所得税的税率是指对纳税人应纳税所得额征税的比例，即应纳税额与应纳税所得额的比率。国家对纳税人征税多少以及纳税人的税收负担水平，与税率的高低有直接关系。

4.6.1　税率的一般规定

按照《企业所得税法》的规定，企业所得税采用 25% 的比例税率。

4.6.2　小型微利企业的优惠税率

符合条件的小型微利企业，减按 20% 的税率征收企业所得税。符合条件的小型微利企业，是指从事国家非限制和禁止行业，并符合下列条件的企业：

（1）工业企业，年度应纳税所得额不超过 30 万元，从业人数不超过 100 人，资产总额不超过 3 000 万元；

（2）其他企业，年度应纳税所得额不超过 30 万元，从业人数不超过 80 人，资产总额不超过 1 000 万元。

《财政部、国家税务总局关于小型微利企业所得税优惠政策有关问题的通知》（财税〔2014〕34 号）规定，自 2014 年 1 月 1 日至 2016 年 12 月 31 日，对年应纳税所得额低于 10 万元（含 10 万元）的小型微利企业，其所得减按 50% 计入应纳税所得额，按 20% 的税率缴纳企业所得税。

在企业所属行业和从业人数、资产总额均符合规定条件的情况下，准确计算应纳税所得额就成为能否享受上述减税优惠的关键，特别是两个临界点（10 万元和 30 万元）决定着纳税人的税负高低。

年应纳税所得额不超过 10 万元的，将应纳税所得额的 50% 作为计税的基数，再按 20% 的优惠税率计算应缴的企业所得税。这也就意味着当应纳税所得额高于 10 万元时，其所得税税负将增加一倍以上。

例如：A 企业年应纳税所得额为 100 000 元，应缴纳企业所得税 10 000 元（100 000×50%×20%）；B 企业应纳税所得额为 100 001 元，应缴纳企业所得税 20 000.2元（100 001×20%），应纳税所得额增加 1 元，税额增加 10 000.2 元，增加比例高于 100% 以上。

年应纳税所得额不超过30万元的，可减按20%的优惠税率计税，但超过30万元时，则全额按25%的基本税率缴纳税款。这也就意味着当应纳税所得额超过30万元时，其所得税税负也将上升。

例如：C企业年应纳税所得额为300 000元，应缴纳企业所得税60 000元（300 000×20%）；D企业年应纳税所得额为300 001元，应缴纳企业所得税75 000.25元（300 001×25%）。应纳税所得额增加1元，税率从20%上升至25%，税额增加15 000.25元。

因此，应纳税所得额处于6万元（10万元）和30万元这两个临界点时，即使是极小的金额增加，也会引起企业所得税税负的较大变化。

4.6.3 高新技术企业的优惠税率

国家需要重点扶持的高新技术企业，减按15%的税率征收企业所得税。国家需要重点扶持的高新技术企业，是指拥有核心自主知识产权，并同时符合下列条件的企业：

（1）在中国境内（不含港、澳、台地区）注册的企业，近3年内通过自主研发、受让、受赠、并购等方式，或通过5年以上的独占许可方式，对其主要产品（服务）的核心技术拥有自主知识产权；

（2）产品（服务）属于《国家重点支持的高新技术领域》规定的范围；

（3）具有大学专科以上学历的科技人员占企业当年职工总数的30%以上，其中研发人员占企业当年职工总数的10%以上；

（4）企业为获得科学技术（不包括人文、社会科学）新知识，创造性运用科学技术新知识，或实质性改进技术、产品（服务）而持续进行了研究开发活动，且近3个会计年度的研究开发费总额占销售收入总额的比例符合规定的要求；

（5）高新技术产品（服务）收入占企业当年总收入的60%以上；

（6）企业研究开发组织管理水平、科技成果转化能力、自主知识产权数量、销售与总资产成长性等指标符合《高新技术企业认定管理工作指引》的要求。

可见，国家对高新技术企业的认定，制定了严格的要求，特别是高学历人员占职工总数的比例、研发费用占销售收入的比例、高新技术产品（服务）收入占企业当年总收入的比例等关键指标，很多大型企业很难达到认定标准，因此，在必要的时候，可以将大型企业的一部分核心产业、人员、技术和业务分离出来，单独成立具有法人资格的高新技术企业。分离出来的新企业应当确保相关指标达到规定的要求，同时在一段时间内，全力开发核心自主知识产权，为高新技术企业的认定创造条件。

4.6.4 西部大开发的优惠税率

自2011年1月1日至2020年12月31日，对设在西部地区的鼓励类产业企业减按15%的税率征收企业所得税。

上述鼓励类产业企业是指以《西部地区鼓励类产业目录》中规定的产业项目为主营业务，且其主营业务收入占企业收入总额70%以上的企业。

西部地区包括重庆市、四川省、贵州省、云南省、西藏自治区、陕西省、甘肃省、宁夏回族自治区、青海省、新疆维吾尔自治区、新疆生产建设兵团、内蒙古自治区和广西壮族自治区。湖南省湘西土家族苗族自治州、湖北省恩施土家族苗族自治州、吉林省延边朝鲜族自治州，可以比照西部地区的税收政策执行。

由于国家要求《西部地区鼓励类产业目录》中规定的主营业务的收入必须占企业收入总额70%以上，在必要的时候，要么将大型企业的符合目录的产业、人员、技术和业务分离出来，单独成立具有法人资格的企业，从而使得新企业可以享受西部大开发企业的优惠税率；要么将不符合目录的产业、人员、技术和业务分离出来，从而使得现有企业可以享受西部大开发企业的优惠税率。

4.6.5　税率选择的税务筹划

在计税依据既定的条件下，税额的大小和税率的高低呈正方向变化。通过税务筹划，使企业适用较低的所得税税率，可以降低企业的税负。

【实例 4-9】

某企业在 2014 年 12 月份预计本年度实现应纳税所得额 300 001 元，适用税率为 25%。根据现行规定和该企业在人数、资产、行业方面的条件，如果该企业的应纳税所得额不超过 30 万元，可适用 20% 的税率，即该企业应纳税所得额超过 1 元钱，多纳税 15 000. 25 元（300 001×25% −300 000×20%）。如果能解决这 1 元的所得额，可以节约 15 000. 25 元的税款。解决这一问题有多种方法，但有符合税法规定与不符合税法规定之分，如：

（1）多结转 1 元的产品销售成本；

（2）多计提 1 元的预提费用；

（3）多购买 1 元的办公用品；

（4）向公益事业捐赠一定数额的款项。

在以上方法中，（1）和（2）不符合税法规定，（3）和（4）符合税法规定。

这是一个假设性的案例，旨在说明降低应纳税所得额对超额累进所得税税率的影响和一些税务筹划技巧，在实务中要考虑到预测的准确性等因素。

在所得税税率的税务筹划中，应该注意符合经济合理原则。企业应该从正常的生产经营需要来决策，而不能将税收的因素置于企业整体利益之上。比如，在本地产销的企业没有必要为了适用 15% 的税率而一定要到西部去设厂；企业也没有必要为了适用小型微利企业的优惠税率而特意分立。

● 4.7　所得税税额的税务筹划

《企业所得税法》以产业性优惠为主，重点向高科技、环保等产业倾斜，设置了减免税等税收优惠政策。在纳税人通过合理的安排享受减免税的税收优惠，可以取得明显的税收收益。

4.7.1 农、林、牧、渔业项目的减免税税收优惠的运用

企业从事税法规定的农、林、牧、渔业项目的所得，可以免征、减征企业所得税，是指：

（1）企业从事下列项目的所得，免征企业所得税：

①蔬菜、谷物、薯类、油料、豆类、棉花、麻类、糖料、水果、坚果的种植；

②农作物新品种的选育；

③中药材的种植；

④林木的培育和种植；

⑤牲畜、家禽的饲养；

⑥林产品的采集；

⑦灌溉、农产品初加工、兽医、农技推广、农机作业和维修等农、林、牧、渔服务业项目；

⑧远洋捕捞。

（2）企业从事下列项目的所得，减半征收企业所得税：

①花卉、茶以及其他饮料作物和香料作物的种植；

②海水养殖、内陆养殖。

企业从事国家限制和禁止发展的项目，不得享受企业所得税优惠。

有些企业，既从事农业种植，又从事农产品加工。免税农产品通常是中间产品，企业用这些中间产品连续生产主要产品，通常并不对外销售，难以确定所得，影响了享受税收优惠政策。企业可以考虑同税务机关协商，以农产品的市场价格作为销售收入，以此在内部核算时计算农产品的种植所得。如果不被税务机关接受，可以考虑将种植业务或者加工业务单独设立一个企业。从事种植业务的企业将产品销售给加工企业，这样就可以计算农产品的种植所得，从而可以享受免税待遇。

比如，某橡胶种植和加工企业拥有自己的橡胶林，并将橡胶原浆加工成成品胶。虽然橡胶种植属于免缴企业所得税的项目，但是作为生产成品胶的原材料没有实现收入，无法计算所得，也就无法享受免税优惠政策。如果该企业投资成立一家加工厂作为本企业的子公司，加工厂独立核算。橡胶种植企业将原浆按照正常价格出售给加工厂，就可以享受免税优惠政策。

在进行税务筹划的时候，必须注意享受税收优惠获得的利益应大于为此付出的代价，付出的代价应该包括关联企业的付出。

4.7.2 国家重点扶持的公共基础设施项目的减免税税收优惠的运用

国家重点扶持的公共基础设施项目，是指《公共基础设施项目企业所得税优惠目录》规定的港口码头、机场、铁路、公路、城市公共交通、电力、水利等项目。

企业从事税法规定的国家重点扶持的公共基础设施项目的投资经营的所得，自项目取得第一笔生产经营收入所属纳税年度起，第一年至第三年免征企业所得税，第四年至第六年减半征收企业所得税。

企业承包经营、承包建设和内部自建自用本条规定的项目，不能享受企业所得税优惠。

4.7.3　环境保护、节能节水项目的减免税税收优惠的运用

符合条件的环境保护、节能节水项目，包括公共污水处理、公共垃圾处理、沼气综合开发利用、节能减排技术改造、海水淡化等。

企业从事符合条件的环境保护、节能节水项目的所得，自项目取得第一笔生产经营收入所属纳税年度起，第一年至第三年免征企业所得税，第四年至第六年减半征收企业所得税。

依照实施条例规定享受减免税优惠的项目，在减免税期限内转让的，受让方自受让之日起，可以在剩余期限内享受规定的减免税优惠；减免税期限届满后转让的，受让方不得就该项目重复享受减免税优惠。

如果这些环境保护、节能节水项目是企业生产经营中的一个环节，难以确定所得，会影响享受税收优惠政策。企业可以考虑同税务机关协商，以同类项目提供的服务或者产品的市场价格作为销售收入，以此在内部核算时计算所得。如果不被税务机关接受，可以考虑将环境保护、节能节水项目单独设立一个企业，从事环境保护、节能节水项目的企业将产品或服务提供给本企业，这样就计算环境保护、节能节水项目的收益，从而可以享受免税待遇。

在进行税务筹划的时候，必须注意享受税收优惠获得的利益应大于为此付出的代价，付出的代价应该包括关联企业的付出。另外，企业享受“三免三减半”税收优惠的起始年度为“取得第一笔生产经营收入所属纳税年度”，因此，企业应当事前做好筹划工作，在不影响效益的前提下尽可能推迟减免税起始年度，从而获得更多的利益。

4.7.4　地区的减免税税收优惠政策的运用

投资于减免税的地区可以减征或免征企业所得税。

1）民族自治地方的减免税政策

民族自治地方的自治机关对本民族自治地方的企业应缴纳的企业所得税中属于地方分享的部分，可以决定减征或者免征。自治州、自治县决定减征或者免征的，须报省、自治区、直辖市人民政府批准。对民族自治地方内国家限制和禁止行业的企业，不得减征或者免征企业所得税。

因此，投资者在考虑投资时可以考虑选择民族自治地区，利用地方的优惠政策。

2）经济特区和上海浦东新区高新技术企业的减免税政策

对深圳、珠海、汕头、厦门、海南经济特区和上海浦东新区内，在 2008 年 1 月 1 日（含）之后完成登记注册的国家需要重点扶持的高新技术企业，在经济特区和上海浦东新区内取得的所得，自取得第一笔生产经营收入所属纳税年度起，第一年至第二年免征企业所得税，第三年至第五年按照 25% 的法定税率减半征收企业所得税。

【实例 4-10】

某投资者2014年年初欲在上海投资设立一个高新技术企业，预计每年税前利润为2 000万元。

如果投资在浦东新区，第一年和第二年的应纳所得税税额为0，第三年至第五年的应纳所得税税额为750万元（2 000×25%×50%×3）。

如果投资在其他地区，第一年至第五年的应纳所得税税额为1 500万元（2 000×15%×5）。

比较两种方案，前者比后者节税750万元。

投资者在考虑投资地点时可以考虑经济特区和上海浦东新区高新技术企业的优惠政策。

4.7.5 技术转让所得的减免税税收优惠政策的运用

符合条件的技术转让所得可以免征、减征企业所得税，是指一个纳税年度内，企业技术转让所得不超过500万元的部分，免征企业所得税；超过500万元的部分，减半征收企业所得税。

企业在设计技术转让方案时需要准确把握转让年度和转让金额。

4.7.6 软件企业和集成电路企业的减免税税收优惠的运用

我国境内新办软件生产企业经认定后，自获利年度起，第一年和第二年免征企业所得税，第三年至第五年减半征收企业所得税。

投资额超过80亿元人民币或集成电路线宽小于0.25微米的集成电路生产企业，可以减按15%的税率缴纳企业所得税。其中，经营期在15年以上的，从开始获利的年度起，第一年至第五年免征企业所得税，第六年至第十年减半征收企业所得税。

对生产线宽小于0.8微米（含）集成电路产品的生产企业，经认定后，自获利年度起，第一年和第二年免征企业所得税，第三年至第五年减半征收企业所得税。

投资者在考虑投资软件企业和集成电路企业时可以考虑以上优惠政策对投资回报率的影响。

4.7.7 境外所得已纳税额抵免的税务筹划

居民企业来源于中国境外的应税所得已在境外缴纳的所得税税额，可以从其当期应纳税额中抵免，抵免限额为该项所得依照本法规定计算的应纳税额；超过抵免限额的部分，可以在以后5个年度内，用每年度抵免限额抵免当年应抵税额后的余额进行抵补。

居民企业从其直接或者间接控制的外国企业分得的来源于中国境外的股息、红利等权益性投资收益，外国企业在境外实际缴纳的所得税税额中属于该项所得负担的部分，可以作为该居民企业的可抵免境外所得税税额，在税法规定的抵免限额内抵免。

已在境外缴纳的所得税税额，是指企业来源于中国境外的所得依照中国境外税收法律以及相关规定应当缴纳并已经实际缴纳的企业所得税性质的税款。

抵免限额是指企业来源于中国境外的所得，依照企业所得税法和实施条例的规定计算的应纳税额。除国务院财政、税务主管部门另有规定外，该抵免限额应当分国（地区）不分项计算，计算公式如下：

$$\text{抵免限额}=\frac{\text{中国境内、境外所得依照企业所得税法和实施条例的规定计算的应纳税总额}}{}\times\frac{\text{来源于某国（地区）的应纳税所得额}}{\text{中国境内、境外应纳税所得总额}}$$

纳税人应提供所在国（地区）税务机关核发的纳税凭证或纳税证明以及减免税有关证明，如实申报在境外缴纳的所得税税款。为便于计算和简化征管，经企业申请，税务机关批准，企业也可以不区分免税或非免税项目，统一按境外应纳税所得额 12.5% 的比率抵扣。

各国的企业所得税税率存在差异，因此纳税人可以根据被投资国的所得税税率的高低，来选择采用哪一种方法进行抵扣。在对境外投资之前，应当事先了解被投资国家或地区的所得税税率以及有关所得税税前扣除的项目、范围及标准，初步预测国外投资的所得税税负。

在只投资于一个国家或地区的情况下，如果被投资方的所得税税率高于 12.5%，则采取限额抵扣法；如果被投资方的所得税税率低于 12.5%，则采取定率抵扣法。在投资于两个以上的国家或地区的情况下，需根据盈利情况进行测算，以决定抵扣方法。

假设某企业 A 的境内应纳税所得额为 a，所得税税率为 25%；其在 B、C 两国设有分公司，B 国分公司按我国税法计算的应纳税所得额为 b，C 国分公司按我国税法计算的应纳税所得额为 c。B 国所得税税率为 t_b，t_b 小于 25%；C 国所得税税率为 t_c，t_c 大于 25%。假定 A 企业、B 国分公司、C 国分公司三个企业均无纳税调整事项。

限额扣除法：

因为 t_b 小于 25%，所以来自于 B 国的所得可以扣除的税额为 bt_b；因为 t_c 大于 25%，来自于 B 国的所得可以扣除的税额为 c×25%。

$$\text{该企业应缴纳的所得税}=(a+b+c)\times 25\%-bt_b-c\times 25\%$$

定率扣除法：

$$\text{该企业应缴纳的所得税}=(a+b+c)\times 25\%-(b+c)\times 12.5\%$$

联立方程：

$$bt_b+c\times 25\%=(b+c)\times 12.5\%$$

$$c\times 12.5\%=b\times(12.5\%-t_b)$$

如果低税国的所得税税率在 12.5% ~25% 之间，则应该选择限额扣除法；如果低税国的所得税税率小于 12.5%，来自于高税国的所得与来自于低税国的所得的比例大于$\frac{12.5\%-\text{低税国税率}}{12.5\%}$，则应该选择限额扣除法，来自于高税国的所得与来自于低税国的所得的比例小于$\frac{12.5\%-\text{低税国税率}}{12.5\%}$，则应该选择定率扣除法。

【实例4-11】

某企业在A国设立了一个分公司，A国的所得税税率为10%。预计该企业境内的应纳税所得额为100万元，没有纳税调整事项。A国分公司的税前利润为40万元，按照我国税法计算的应纳税所得额为50万元，A国分公司在A国缴纳所得税4万元。

限额抵扣法：

境内、境外所得按我国税法计算的应纳税额＝（100+50）×25%＝37.5（万元）

$$\text{抵扣限额}=\frac{\text{境内、境外所得按税法计算的应纳税总额}}{}\times\frac{\text{来源于A国的所得}}{\text{境内、境外所得总额}}$$

＝（100+50）×25%×［40÷（100+40）］＝10.71（万元）

在A国缴纳所得税4万元，低于抵扣限额10.71万元，可全额抵扣。

该企业当年境内、境外所得应缴所得税额＝37.5-4＝33.5（万元）

定率抵扣法：

抵扣额＝50×12.5%＝6.25（万元）

应纳所得税＝37.5-12.5 ＝31.25（万元）

4.7.8　专用设备投资抵免企业所得税的税务筹划

企业购置并实际使用《环境保护专用设备企业所得税优惠目录》、《节能节水专用设备企业所得税优惠目录》和《安全生产专用设备企业所得税优惠目录》规定的环境保护、节能节水、安全生产等专用设备的，该专用设备的投资额的10%可以从企业当年的应纳税额中抵免；当年不足抵免的，可以在以后5个纳税年度结转抵免。

享受该优惠的企业，应当实际购置并自身实际投入使用专用设备。企业购置上述专用设备在5年内转让、出租的，应当停止享受企业所得税优惠，并补缴已经抵免的企业所得税税款。

投资企业应该在设计投资方案时充分利用这项抵免政策。部分大型企业已经具备了自制环境保护、节能节水、安全生产等专用设备的能力，而自制设备不能享受《企业所得税法实施条例》规定的设备投资抵免政策。企业可将内部设备自治机构分离出来，成立具有法人资格的设备制造企业，然后由企业向设备制造企业购买相关设备，这样企业就能够享受设备投资抵免的税收优惠。

4.7.9　创业投资企业股权投资额抵免企业所得税的税务筹划

创业投资企业采取股权投资方式投资于未上市的中小高新技术企业2年以上的，可以按照其投资额的70%在股权持有满2年的当年抵扣该创业投资企业的应纳税所得额；当年不足抵扣的，可以在以后纳税年度结转抵扣。

投资企业应该在实施投资计划时准确把握投资的时期以有效利用这项抵免政策。

4.7.10　预缴税款的税务筹划

《中华人民共和国企业所得税法》第五十四条规定：企业所得税分月或者分季预缴。《中华人民共和国企业所得税法实施条例》（以下简称《企业所得税法实施条例》）第一百二十八条第一款规定：企业所得税分月或者分季预缴纳，由税务机关具体核定。第一百二十八条第二款规定：企业分月或者分季预缴企业所得税时，应当按照月度或者季度的实际利润额预缴；按照月度或者季度的实际利润额预缴有困难的，可以按照上一纳税年度应纳税所得额的月度或者季度平均额预缴，或者按照经税务机关认可的其他方法预缴。预缴方法一经确定，该纳税年度内不得随意变更。

如果预计申报年度企业的利润将大幅增长，企业应争取税务机关按照上一纳税年度应纳税所得额的月度或者季度平均额预缴企业所得税；反之，企业应争取按照实际利润额申报预缴企业所得税。

如果按照实际利润额申报预缴企业所得税，按照《中华人民共和国企业所得税月（季）度预缴纳税申报表》：

$$\text{实际利润额} = \text{（会计）利润总额} + \text{特定业务计算的应纳税所得额} - \text{免税收入} - \text{不征税收入} - \text{以前年度亏损}$$

因此，预缴时，（会计）利润总额的确定非常重要，也存在一定的筹划空间。企业可以考虑：①计提相关资产减值，全面计量企业各项资产的减值情况并予以正确的反映；②比较各种结算方式，可能的话对合同条款进行有针对性的修订，推迟收入的确认；③坚持权责发生制原则，计提相关产品销售所附带的质量保证费用、维修费等；④提前实施有关产品推广促销等活动。

4.8　转让定价的税务筹划

转让定价是一种企业行为，指关联企业之间进行商品、资金、劳务和无形资产交易的一种定价行为。OECD 的转让定价准则认为："转让定价对纳税人和税务部门均具有重要意义，因为它们在很大程度上决定了在不同税制国家中各关联企业的收入、支出以及应纳税利润。"其实转让定价问题并非只在跨国公司才存在，国内的关联企业同样存在。

4.8.1　关联企业

关联企业是转让定价制度中的一个重要概念。如果税务管理机关对两个企业之间交易的定价不予认可，欲采用其他定价方法另行予以调整，那么其必须首先证明或确定这两个企业是关联企业。

《企业所得税法实施条例》第一百零九条及《企业征管法实施细则》第五十一条所称关联关系，主要是指企业与其他企业、组织或个人具有下列之一关系：

（1）一方直接或间接持有另一方的股份总和达到 25% 以上，或者双方直接或间接同为第三方所持有的股份达到 25% 以上。若一方通过中间方对另一方间接持有股份，只要一方对中间方持股比例达到 25% 以上，则一方对另一方的持股比例按照中间方对另一方的持股比例计算。

（2）一方与另一方（独立金融机构除外）之间借贷资金占一方实收资本50%以上，或者一方借贷资金总额的10%以上是由另一方（独立金融机构除外）担保。

（3）一方半数以上的高级管理人员（包括董事会成员和经理）或至少一名可以控制董事会的董事会高级成员是由另一方委派，或者双方半数以上的高级管理人员（包括董事会成员和经理）或至少一名可以控制董事会的董事会高级成员同为第三方委派。

（4）一方半数以上的高级管理人员（包括董事会成员和经理）同时担任另一方的高级管理人员（包括董事会成员和经理），或者一方至少一名可以控制董事会的董事会高级成员同时担任另一方的董事会高级成员。

（5）一方的生产经营活动必须由另一方提供的工业产权、专有技术等特许权才能正常进行。

（6）一方的购买或销售活动主要由另一方控制。

（7）一方接受或提供劳务主要由另一方控制。

（8）一方对另一方的生产经营、交易具有实质控制，或者双方在利益上具有相关联的其他关系，包括虽未达到第（1）项持股比例，但一方与另一方的主要持股方享受基本相同的经济利益，以及家族、亲属关系等。

4.8.2 关联企业间交易的类型

关联企业间交易主要包括以下类型：

（1）有形资产的购销、转让和使用，包括房屋建筑物、交通工具、机器设备、工具、商品、产品等有形资产的购销、转让和租赁业务；

（2）无形资产的转让和使用，包括土地使用权、版权（著作权）、专利、商标、客户名单、营销渠道、牌号、商业秘密和专有技术等特许权，以及工业品外观设计或实用新型等工业产权的所有权转让和使用权的提供业务；

（3）融通资金，包括各类长短期资金拆借和担保以及各类计息预付款和延期付款等业务；

（4）提供劳务，包括市场调查、行销、管理、行政事务、技术服务、维修、设计、咨询、代理、科研、法律、会计事务等服务的提供。

4.8.3 转让定价的所得税利益

税收法规对不同地区、不同行业的企业往往规定了不同的企业所得税税率与应纳税所得额的确定方法，造成企业适用的实际所得税税率存在差异。关联企业可以根据税收上的这种差异，利用转让定价来减少集团整体的所得税纳税总额。例如，在向所得税税率高的地区的关联企业提供产品或劳务时，抬高转让价格，增加关联企业公司的进货成本，减少关联企业的税前利润。反之，在向所得税税率低的地区的关联企业提供产品或劳务时，则降低转让价格，降低进货成本，增加关联企业的税前利润。但是，这些安排也要考虑到流转税的影响和税务机关的监管。

我们以一个无竞争性外部市场条件下的关联企业销售的微观经济学模型来简略分析转让定价在税收上的影响。

假设 A、B 两个企业为某集团内的关联企业，它们的所得税实际税率分别为 t_1、t_2，它们之间的关联交易需要缴纳税率为 β 的流转税。A 企业生产中间产品 Q_1，以转让价格 P_1 全部销售给 B 企业，B 企业对中间产品进行加工后再以 P_2 的价格出售给外部市场且 $P_2=P(Q_2)$；另外，假定投入 1 单位中间产品能够得到 1 单位最终产品，企业没有库存；两个企业的边际成本都呈单向递增。那么，A 企业的利润（π_1）函数为：

$$\pi_1=(1-t_1)(P_1Q_1-C_1)$$

B 企业的利润（π_2）函数为：

$$\pi_2=(1-t_2)[P_2Q_2-(1+\beta)P_1Q_1-C_2]$$

企业集团总利润（π）函数为：

$$\pi=\pi_1+\pi_2=(1-t_1)(P_1Q_1-C_1)+(1-t_2)[P_2Q_2-(1+\beta)P_1Q_1-C_2]$$

其中，$C_1=C(Q_1)$　　$C_2=C(Q_2)$

分别对上述三个利润函数求利润最大化的一阶导数，得：

$$\frac{d\pi_1}{dQ_1}=P_1-MC_1=0$$

$$\frac{d\pi_2}{dQ_2}=P'_2Q_2+P_2-(1+\beta)P_1-MC_2=MR_2-(1+\beta)P_1-MC_2=0$$

$$\frac{d\pi}{dQ_2}=MR_2-\frac{1-t_1}{1-t_2}MC_1-MC_2+\left(\frac{t_2-t_1}{1-t_2}-\beta\right)p_1=0$$

这里，$MR_2=P'_2Q_2+P_2$

根据一阶导数，得：

$$P_1=MC_1$$

$$MR_2=(1+\beta)P_1+MC_2$$

$$MR_2=\frac{1-t_1}{1-t_2}MC_1+MC_2-\left(\frac{t_2-t_1}{1-t_2}-\beta\right)p_1$$

从企业利润最大化的一阶条件可以看出，企业所得税并不影响 A 企业和 B 企业各自的最优产量决定条件；但是，流转税增加了 B 企业的生产成本，从而降低了 B 企业的产量。集团整体的利润最大化条件则同时受到两个企业所得税和流转税的影响。

下面我们分几种情况进行分析：

第一，若 $t_1=t_2$，可以得到：

$$MR_2=MC_1+MC_2+\beta P_1$$

这时，企业所得税不影响集团利润最大化条件，而流转税会增加整个集团的生产成本，企业会选择最小的转让价格以回避流转税成本。当 $P_1=0$ 时，流转税的影响被完全抵消，此时的集团利润最大化的一阶条件与无税条件下的一阶条件同为 $MR_2=MC_1+MC_2$。

第二，若$\frac{t_2-t_1}{1-t_2}>\beta$，这意味着 B 企业所得税税率要高于 A 企业所得税税率，而且两企业所得税税率的相对差异$\frac{t_2-t_1}{1-t_2}$超过了流转税 β。所以，企业集团会尽可能提高转让价格，将利润尽可能多地分配给 A 企业。尽管这样做会增加流转税成本，但是企业集团整体所得税税负下降所带来的收益要大于流转税方面的损失，在这种情况下，提高转让价格对于企业集团整体而言还是有利可图的。

第三，若$\frac{t_2-t_1}{1-t_2}<\beta$，则与$\frac{t_2-t_1}{1-t_2}>\beta$时的情况正好相反，企业集团会采取低转让价格政策。出现$\frac{t_2-t_1}{1-t_2}<\beta$无非有两种原因：一是 B 企业所得税税率 t_2 小于 A 企业所得税税率 t_1；二是尽管 $t_2>t_1$，但两者的相对差异小于流转税 β。在第一种情况下，很容易理解企业为何采取低转让价格政策。低转让价格同时减少了流转税成本和企业集团整体所得税税负。在第二种情况下，低转让价格带来的流转税节约收益要大于集团整体所得税税率较高所造成的损失。

【实例 4-12】

某集团的两个关联企业分别位于高税率地区和低税率地区。高税率地区的企业所得税税率为 30%，低税率地区的企业所得税税率为 15%。假定关联交易之间无须缴纳流转税。

转让定价安排前后集团的实际税负的变化见表 4-5。

表 4-5 **转让定价的税收利益** 单位：元

项　目	转让定价安排之前			转让定价安排之后		
	高税地企业	低税地企业	合计	高税地企业	低税地企业	合计
收入	100	50	150	80	70	150
成本和费用	60	30	90	60	30	90
税前利润	40	20	60	20	40	60
税率（%）	30	15		30	15	
所得税	12	3	15	6	6	12
净利润	28	17	45	14	34	48
实际税负率（%）			33. 3			25

4. 8. 4 转让定价方法

经合组织《转让定价指南》确立了公平交易原则，并认为在转让定价问题中最重要和关键的是确定关联企业间的商业或财务关系是否符合公平交易原则。《企业所得税法》规定，企业与其关联方之间的业务往来，不符合独立交易原则而减少企业或者其关联方应纳税收入或者所得额的，税务机关有权按照合理方法调整。独立交易原则与公平交易原则只是称谓上的不同，实施上是一致的。公平交易原则在实践中运用的关键所在就是确定可比性。运用公平交易原则时，需要将关联企业间的交易条件与独立企业间的交易条件进行比较。在分析研究转让定价问题时，必须对可能影响公平交易原则的交易或企业的特性进行分析、比较，以确定实际的可比性程度和所需进行的适当调整。经合组织认为影响可比性的因素主要包括所转让的财产和劳务的特征、各当事人履行的职能（还应考虑其使用的财产和所承担的风险）、合同条款、当事人的经济状况及当事人实施的经营战略等。

经合组织《转让定价指南》第二、三章对符合公平交易原则的交易（定价）方法做出了详细的规定。这些交易（定价）方法都是以可比性作为核心，但它们考察可比性的侧重点和程度略有不同。经合组织将这些交易（定价）方法分为两类，见表4-6。

表 4-6　**转让定价方法**

分类	具体方法	《实施条例》中的定义
传统交易（定价）方法	可比非受控价格法	按照没有关联关系的交易各方进行相同或者类似业务往来的价格进行定价的方法
	再销售价格法	按照从关联方购进商品再销售给没有关联关系的交易方的价格，减除相同或者类似业务的销售毛利进行定价的方法
	成本加成法	按照成本加合理的费用和利润进行定价的方法
交易利润法（其他方法）	利润分割法	将企业与其关联方的合并利润或者亏损在各方之间采用合理标准进行分配的方法
	交易净利润法	按照没有关联关系的交易各方进行相同或者类似业务往来取得的净利润水平确定利润的方法

经合组织《转让定价指南》认为，传统交易法是确定关联企业间的商业或财务关系是否正常的最直接的方法。因此，传统交易法优先于其他方法。然而，经营现实的复杂性使传统交易法的适用存在实践上的困难。在企业和税务管理机关无法获得相关数据，或者它们所获得的数据不充分，以至于无法适用传统交易方法时，就有必要提出是否适用，或在何种情况下适用其他方法的问题。经合组织《转让定价指南》建议企业和税务管理机关根据具体的情况，从上述转让定价方法中选择最符合个案要求的适当的方法，因为无论适用传统交易（定价）方法还是适用其他方法，它们的目的都是为了使关联企业间的交易定价能够在最大限度内符合公平交易原则。

《特别纳税调整实施办法（试行）》规定，企业发生关联交易以及税务机关审核、评估关联交易均应遵循独立交易原则，选用合理的转让定价方法。根据《企业所得税法实施条例》第一百一十一条的规定，转让定价方法包括可比非受控价格法、再销售价格法、成本加成法、交易净利润法、利润分割法和其他符合独立交易原则的方法。

1）可比非受控价格法的适用

可比非受控价格法以非关联方之间进行的与关联交易相同或类似业务活动所收

取的价格作为关联交易的公平成交价格。若两种价格有所差别，就说明关联企业之间的商业或财务关系不同于独立企业之间的关系，需要用非关联交易中的价格来代替关联交易中的价格。

可比非受控价格法要求非关联交易与关联交易在所有对价格有影响的要素上应具有高度的可比性。所谓“具有高度可比性”是指：用来作比较的非关联交易与关联交易之间的差异（如果有的话）不从实质上影响公开市场上的价格；或者可进行相对精确的调整，从而避免或消除这些差异所产生的实质影响。可比非受控价格法的相对可靠性受调整精确度的影响，所以在适用此方法时，应对非关联交易与关联交易之间任何影响价格的实质性差异做出调整以使它们尽可能地类似。如果不能做出合理适当的调整，那么非关联交易与关联交易之间就不能被看做具有可比性。采用这一方法时，必须考虑选用的非关联交易与关联交易之间在购销过程、购销环节、购销货物、购销环境等方面的可比性，按照不同交易类型具体包括如下内容：

有形资产的购销或转让：①购销或转让过程，包括交易的时间与地点、交货条件、交货手续、支付条件、交易数量、售后服务的时间和地点等；②购销或转让环节，包括出厂环节、批发环节、零售环节、出口环节等；③购销或转让货物，包括品名、品牌、规格、型号、性能、结构、外形、包装等；④购销或转让环境，包括民族风俗、消费者偏好、政局稳定程度以及财政、税收、外汇政策等。

有形资产的使用：①资产的性能、规格、型号、结构、类型、折旧方法；②提供使用权的时间、期限、地点；③资产所有者对资产的投资支出、维修费用等。

无形资产的转让和使用：①无形资产类别、用途、适用行业、预期收益；②无形资产的开发投资、转让条件、独占程度、受有关国家法律保护的程度及期限、受让成本和费用、功能风险情况、可替代性等。

融通资金：融资的金额、币种、期限、担保、融资人的资信、还款方式、计息方法等。

提供劳务：业务性质、技术要求、专业水准、承担责任、付款条件和方式、直接和间接成本等。

关联交易与非关联交易之间在以上方面存在重大差异的，应就该差异对价格的影响进行合理调整。无法合理调整的，应选择其他合理的转让定价方法。可比非受控价格法可以适用于所有类型的关联交易。

2）再销售价格法的适用

再销售价格法以关联方购进商品再销售给非关联方的价格减去可比非关联交易毛利后的金额作为关联方购进商品的公平成交价格。再销售价格法通常适用于再销售者未对商品进行改变外形、性能、结构或更换商标等实质性增值加工的简单加工或单纯购销业务。运用再销售价格法确定关联交易中的正常交易价格时，通常需要从关联买方的再销售价格中扣除适当的毛利润（“再销售利润”）。再销售价格法的实质就是考察关联企业间交易的毛利润水平与非关联企业间交易的毛利润水平之间是否具有可比性。可比性分析应特别考察关联交易与非关联交易在功能风险及合同条款上的差异以及影响毛利率的其他因素，具体包括销售、广告及服务功能，存货风险，机器、设备的价值及使用年限，无形资产的使用及价值，批发或零售环节，商业经验，会计处理及管理效率等。

再销售价格法在实际运用中有两种情况：

（1）关联交易中的卖方是营销企业。卖方转卖的商品来源于非关联企业。在转卖中，既卖给关联企业，也卖给非关联企业。如果卖给关联企业的毛利润率低于卖给非关联企业的毛利润率，就应按卖给非关联企业的毛利润率水平进行调整。

（2）关联交易中的买方是营销企业。买方转卖的商品，既有来源于关联方的商品，也有来源于非关联方的商品。假如买方转卖关联方商品的毛利润率低于转卖非关联方商品的毛利润率，应按转卖非关联方商品的毛利润率调整关联交易中买方的采购价格。

3）成本加成法的适用

经合组织《转让定价指南》认为，成本加成法通常适用于有形资产的购销、转让和使用，劳务提供或资金融通的关联交易。成本加成法以关联交易发生的合理成本加上可比非关联交易毛利作为关联交易的公平成交价格。其计算公式如下：

公平成交价格＝关联交易的合理成本×（1+可比非关联交易成本加成率）

可比非关联交易成本加成率＝可比非关联交易毛利÷可比非关联交易成本×100%

可比性分析应特别考察关联交易与非关联交易在功能风险及合同条款上的差异以及影响成本加成率的其他因素，具体包括制造、加工、安装及测试功能，市场及汇兑风险，机器、设备的价值及使用年限，无形资产的使用及价值，商业经验，会计处理及管理效率等。

4）交易净利润法的适用

交易净利润法以可比非关联交易的利润率指标确定关联交易的净利润。利润率指标包括资产收益率、销售利润率、完全成本加成率、贝里比率等。交易净利润法通常适用于有形资产的购销、转让和使用，无形资产的转让和使用以及劳务提供等关联交易。

可比性分析应特别考察关联交易与非关联交易之间在功能风险及经济环境上的差异以及影响营业利润的其他因素，具体包括执行功能、承担风险和使用资产，行业和市场情况，经营规模，经济周期和产品生命周期，成本、费用、所得和资产在各交易间的分摊，会计处理及经营管理效率等。

5）利润分割法的适用

利润分割法根据企业与其关联方对关联交易合并利润的贡献计算各自应该分配的利润额。利润分割法通常适用于各参与方关联交易高度整合且难以单独评估各方交易结果的情况。利润分割法分为一般利润分割法和剩余利润分割法。

一般利润分割法根据关联交易各参与方所执行的功能、承担的风险以及使用的资产，确定各自应取得的利润。

剩余利润分割法将关联交易各参与方的合并利润减去分配给各方的常规利润的

余额作为剩余利润，再根据各方对剩余利润的贡献程度进行分配。

可比性分析应特别考察交易各方执行的功能、承担的风险和使用的资产，成本、费用、所得和资产在各交易方之间的分摊，会计处理，确定交易各方对剩余利润贡献所使用信息和假设条件的可靠性等。

4.8.5 转让定价架构

企业在关联交易中所获取的利润水平应当与其所承担的职能和面临的风险相一致。企业集团的成员企业按其所承担的职能和风险的不同，一般可以分为上层企业和下层企业两类。所谓“下层企业”是指企业集团中那些职能相对单一，仅承担有限风险的成员企业。根据经合组织《转让定价指南》的原则，一般情况下，下层企业应获得与其所承担的职能和风险相一致的稳定利润。“上层企业”是指那些职能相对复杂，风险相对较大，承担作为经营者的职能和风险的集团成员企业。这些企业可能还拥有知识产权等无形资产。根据经合组织《转让定价指南》的原则，一般情况下，它们所获得的应该是集团总体利润扣除下层企业分享的利润后的剩余利润或亏损。换言之，如果集团总体利润较大，上层企业的利润则较大；反之，上层企业则将面临亏损。一般情况下，下层企业的利润波动相对较小。

【实例 4-13】

A、B 公司同为某大型食品集团的下属子公司。A 公司兼有市场、销售、生产等业务，B 公司主要从事生产业务。A 公司盈利人民币 1 000 万元，所得税税率 25%，应缴所得税为人民币 250 万元；B 公司亏损人民币 400 万元，应缴所得税为 0。该集团合计所得税税负为 250 万元，实际税收负担率高于 25%。

经过复核研究，集团决定将 A 公司的生产业务转入 B 公司；B 公司为 A 公司进行委托加工服务。B 公司根据公平交易原则，采取成本加成法按合理成本加成率向 A 公司收取加工费。

该集团合计缴纳所得税为人民币 150 万元，税收负担率为 25%（见表 4-7）。

表 4-7 职能、风险转移与转让定价

项目	职能与风险转移之前			职能与风险转移之后		
	A 公司	B 公司	合计	A 公司	B 公司	合计
职能	市场、销售、生产	生产		市场、销售	生产	
风险	产品与市场风险、存货风险、制造成本风险	制造成本风险		产品与市场风险、存货风险	制造成本风险	
税前利润	1 000	-400	600	500	100	600
税率	25%	25%		25%	25%	
所得税	250	0	0	125	25	150
整体税负			41.67%			25%

4.8.6　转让定价的税务风险防范

企业与其关联方之间的业务往来，不符合独立交易原则而减少企业或者其关联方应纳税收入或者所得额的，税务机关有权按照合理方法调整。转让定价调查重点选择以下企业：

（1）关联交易数额较大或类型较多的企业；

（2）长期亏损、微利或跳跃性盈利的企业；

（3）低于同行业利润水平的企业；

（4）利润水平与其所承担的功能风险明显不相匹配的企业；

（5）与避税港关联方发生业务往来的企业；

（6）未按规定进行关联申报或准备同期资料的企业；

（7）其他明显违背独立交易原则的企业。

关联企业在面对转让定价税务审计时，可能由于自身或外在的原因面临各种税务风险，特别是审计后被调整应纳税所得额的风险。为了降低转让定价的税务风险，关联企业应该按纳税年度准备、保存，并按税务机关要求提供其关联交易的同期资料。

同期资料主要包括以下内容：

1）组织结构

（1）企业所属的企业集团相关组织结构及股权结构；

（2）企业关联关系的年度变化情况；

（3）与企业发生交易的关联方信息，包括关联企业的名称、法定代表人、董事和经理等高级管理人员的构成情况、注册地址及实际经营地址，以及关联个人的名称、国籍、居住地、家庭成员构成等情况，并注明对企业关联交易定价具有直接影响的关联方；

（4）各关联方适用的具有所得税性质的税种、税率及相应可享受的税收优惠。

2）生产经营情况

（1）企业的业务概况，包括企业发展变化概况、所处的行业及发展概况、经营策略、产业政策、行业限制等影响企业和行业的主要经济和法律问题，集团产业链以及企业所处地位；

（2）企业的主营业务构成，主营业务收入及其占收入总额的比重，主营业务利润及其占利润总额的比重；

（3）企业所处的行业地位及相关市场竞争环境的分析；

（4）企业内部组织结构，企业及其关联方在关联交易中执行的功能、承担的风险以及使用的资产等相关信息，并参照填写《企业功能风险分析表》；

（5）企业集团合并财务报表，可视企业集团会计年度情况延期准备，但最迟不得超过关联交易发生年度的次年 12 月 31 日。

3）关联交易情况

（1）关联交易类型、参与方、时间、金额、结算货币、交易条件等；

（2）关联交易所采用的贸易方式、年度变化情况及其理由；

（3）关联交易的业务流程，包括各个环节的信息流、物流和资金流，与非关联交易业务流程的异同；

（4）关联交易所涉及的无形资产及其对定价的影响；

（5）与关联交易相关的合同或协议副本及其履行情况的说明；

（6）对影响关联交易定价的主要经济和法律因素的分析；

（7）关联交易和非关联交易的收入、成本、费用和利润的划分情况，不能直接划分的，按照合理比例划分，说明确定该划分比例的理由。

4）可比性分析

（1）可比性分析所考虑的因素，包括交易资产或劳务特性、交易各方功能和风险、合同条款、经济环境、经营策略等。

（2）可比企业执行的功能、承担的风险以及使用的资产等相关信息。

（3）可比交易的说明，如有形资产的物理特性、质量及其效用；融资业务的正常利率水平、金额、币种、期限、担保、融资人的资信、还款方式、计息方法等；劳务的性质与程度；无形资产的类型及交易形式，通过交易获得的使用无形资产的权利，使用无形资产获得的收益。

（4）可比信息来源、选择条件及理由。

（5）可比数据的差异调整及理由。

5）转让定价方法的选择和使用

（1）转让定价方法的选用及理由，企业选择利润法时，须说明对企业集团整体利润或剩余利润水平所做的贡献；

（2）可比信息如何支持所选用的转让定价方法；

（3）确定可比非关联交易价格或利润的过程中所做的假设和判断；

（4）运用合理的转让定价方法和可比性分析结果，确定可比非关联交易价格或利润，以及遵循独立交易原则的说明；

（5）其他支持所选用转让定价方法的资料。

预约定价安排也是企业控制转让定价税务审计风险的重要手段。纳税人可以向主管税务机关提出与其关联企业之间业务往来的定价原则和计算方法，主管税务机关审核、批准后，与纳税人预先约定有关定价事项，监督纳税人执行。这种与税务管理机关就转让定价问题进行事先谈判的方式，可以让企业充分有效地管理和控制相关风险。但是，企业在向税务管理机关提出预约定价安排要求之前，应结合企业的实际情况，充分考虑相应的成本和风险。

[总结与结论]

结合会计政策和税收优惠政策的运用，对所得税的应税收入、税前扣除项目、税率、税额进行税务筹划，可以降低企业的所得税负担。

[练习题库]

★ 案例分析题

案例 1

某生产企业在设备购置前一年累计亏损 3 000 万元，主要原因是企业生产设备落后，产品技术含量低，产品销售不出去。为改善企业状况，该企业自筹资金 2 000万元，经过周密的市场调查和测算，制订出两套方案。

方案 1：自筹资金 2 000 万元用于研究开发新技术、新产品、新工艺，提高产品技术含量，计划当年改造，当年投产，当年见效。投产后前三年实现税前利润 3 000万元，第四年新增税前利润 800 万元，第五年新增税前利润 700 万元。（假设累计亏损均在可以弥补的期限内，且该企业未成为国家需要重点扶持的高新技术企业）

方案 2：企业自筹资金 2 000 万元用于在上海浦东新区内投资新办企业，该企业被认定为国家需要重点扶持的高新技术企业。该项目第一年即获利，前两年利润总额为 1 750 万元，第三年实现税前利润 1 250 万元，第四年实现税前利润 800 万元，第五年实现税前利润 700 万元。（假设累计亏损均在可以弥补的期限内，且研究开发费用没有加计扣除）

假设两个方案五年内销售收入、应缴流转税及附加税、各项费用、税前利润基本一致。

企业应该采取哪一种投资方案？

案例 2

2013 年年初，某创业投资企业 A 投资 1 000 万元在深圳成立了企业 B。企业 B 既属于未上市的中小高新技术企业，又属于国家重点扶持的高新技术企业，预计每年可实现税前利润 100 万元（假设不存在纳税调整事项）。2015 年企业 A 预计的税前利润 800 万元（假设不存在纳税调整事项）。分析 2015 年企业 A 和企业 B 预计可以享受的税收优惠。

案例 3

某企业的固定资产原值 312.5 万元，预计残值率 4%，会计与税法上的使用年限均为 5 年。投资报酬率为 10%，1 ~ 5 年的复利现值系数分别为 0.9091、0.8264、0.7513、0.683、0.6209。

（1）如果该企业 5 年的所得税税率均为 25%，计算使用平均年限法时，该企业 5 年的折旧抵税金额的现值；

（2）如果该企业 5 年的所得税税率均为 25%，计算使用年数总和法时，该企业 5 年的折旧抵税金额的现值；

（3）假如该企业前两年的所得税税率为 15%，后三年的所得税税率为 25%，计算使用平均年限法时，该企业 5 年的折旧抵税金额的现值；

（4）假如该企业前两年的所得税税率为15%，后三年的所得税税率为25%，计算使用年数总和法时，该企业5年的折旧抵税金额的现值。

★ 思考题

1. 如果一个香港上市公司的架构为：大股东为中国企业，中国企业控股香港公司，香港公司为上市主体，香港公司控股BVI公司，BVI公司控制大陆的业务运营企业。BVI公司作为中国居民企业或非居民企业，对于考虑到香港公司层次的整体税负有什么影响？对于考虑到大股东层次的整体税负有什么影响？

2. 总结一下本章中涉及的税收优惠有哪些？

3. 哪些情况下，所得税税收优惠会制约彼此的效果？

4. 本章中哪些税务筹划案例涉及转让定价？

[补充阅读材料]

材料1：中国铸就反避税法律利剑

2009年1月8日，经过近一年的征求意见，国家税务总局《特别纳税调整实施办法（试行）》（以下简称《办法》）正式出台。《办法》包括13章，共118条，是对《企业所得税法》及其实施条例中“特别纳税调整”条款的解释和细化。不过，在业内人士看来，《办法》的发布和实施，其深远的意义更在于它标志着经过数十年努力，我国终于构建起较为完备的反避税法律法规体系，反避税管理工作步入科学规范、全面提升质量的新阶段。同时，它明确地表达了中国税务当局维护国家税收权益和强化国际税源管理的决心和信心。

据商务部公布的数据，从1979年到2008年年底，历年注册成立的外商投资企业累计达66万户左右，累计实际使用外资金额约为8 800亿美元；自1992年起，我国已连续16年成为世界上吸收外资最多的发展中国家。然而，在这些令人欣喜的数字后面，却也存在着这样一个事实：总数达66万多家的外企中，有相当一部分长期处于亏损状态，但这些企业却长亏不倒，反而越做越大。

2004年，被媒体广为报道的“国税总局掀起反避税风暴”引起了国人的关注。“反避税”行动，从低调处理日渐大张旗鼓。2005年3月，国家税务总局建立全国反避税案件监控管理系统，在立案、结案两个环节对各地案件进行监控管理，通过监控管理及时发现并解决调查中存在的问题，不仅实现了全国案件调查的规范统一，加大了反避税案件的调整补税力度，也促进了各省市税务局之间、国地税各局之间的协调配合，形成了良好的监督制约机制，各地反避税工作的质量和效率明显提高。据国家税务总局国际税务司有关负责人介绍，2008年全国转让定价调查立案174户，结案152户，弥补亏损7.5亿元，调增应纳税所得额155.5亿元，补税入库12.4亿元。2008年全国调整补税超过千万元的案件有23件。深圳市地税局对某企业补税达4.23亿元，是我国迄今为止个案补税金额最大的反避税案件。

“反避税工作的实质是国际税源的争夺。”国家税务总局国际税务司有关负责人告诉记者。目前，跨国公司控制着全球1/3的产值，50%以上的国际贸易、90%以上的海外直接投资。在这些交易中，有一半属于集团内部的关联交易。相应地，长期存在的避税地、类型复杂的金融衍生工具、发达完善的税收筹划服务、滞后于经济发展的税收政策、各国税收征管的不严密，以及国际税收合作有效性的缺乏，从不同方面为跨国公司提供了很大的避税空间，避税行为不断增多，避税方式日趋复杂、隐蔽。该负责人告诉记者，避税现象在我国经历了一个从无到有、从少到多、不断发展和变化的过程。避税形式不断呈现出新特点：从最初的“高进低出”方式转移利润，转变为通过支付劳务费和特许权使用费方式转移利润；从一般的减少征税客体（应纳税所得额）方式避税，转变为纳税主体利用税收优惠政策避税；以及利用国际避税地、滥用税收协定、实施资本弱化等新方式避税。

经济全球化进程的加快以及跨国公司的发展，使税源国际化的趋势日益显现。在这一趋势下，各国都高度关注跨国公司避税问题，反避税已成为各国税收征管的重要内容，更是各国税务管理部门维护国家税收主权和利益的主要手段。如何从完善立法和加强管理两方面采取措施，防止本国税收转移国外，维护本国税收权益，已成为各国税务当局面临的主要难题之一。在这样的大背景下，《办法》应运而生。

（邹国金，张剀．中国铸就反避税法律利剑［J］．中国税务报，2009-02-09. 编者有删节）

材料 2：深化改革与清理规范税收优惠政策

这次深化改革在清理规范税收优惠政策方面有些什么考虑？

答：我国现行税收优惠政策尤其是区域优惠政策过多，已出台实施的区域税收优惠政策约50项，几乎囊括了全国所有省（区、市）。还有一些地方政府和财税部门执法不严或者出台“土政策”，通过税收返还等方式变相减免税收，侵蚀税基、转移利润，制造税收“洼地”，不利于实现结构优化和社会公平，影响了公平竞争和统一市场环境建设，不符合建立现代财政制度的要求。

今后，除专门的税收法律、法规外，起草其他法律、法规、发展规划和区域政策都不得突破国家统一财税制度、规定税收优惠政策；未经国务院批准，不能对企业规定财政优惠政策。清理规范各类税收优惠政策，违反法律法规的一律停止执行；没有法律法规障碍且具有推广价值的，尽快在全国范围内实施；有明确时限的到期停止执行，未明确时限的设定政策终结时间点。建立税收优惠政策备案审查、定期评估和退出机制，加强考核问责，严惩违法违规行为。

（韩洁，高立，何雨欣．一场关系国家治理现代化的深刻变革——财政部部长楼继伟详解深化财税体制改革总体方案［EB/OL］．（2014-07-03）．http：//www. mof. gov. cn/zhengwuxinxi/caizhengxinwen/201407/t20140704_ 1108534. html.）

材料 3：预约定价安排——企业规避风险的最佳方式

预约定价安排是一种比较有效的国际反避税措施。传统的转让定价调查是一种事后调查制度。从实践来看，这个制度给纳税人和税务机关都带来了沉重的负担及纳税结果的不确定性。为了避免事后调整的一些问题，新企业所得税法引入了预约定价安排。有关专家表示，这将是征纳双方共赢的一项制度安排，也是企业规避特别纳税调整风险的最佳方式。

据介绍，预约定价安排是转让定价税制的发展和延伸。转让定价税收管理的基本原则是关联企业之间的业务往来必须按照独立企业之间的业务往来收取或支付价款、费用。不按照独立交易原则而减少纳税义务的，税务机关有权进行合理调整。在预约定价产生之前，转让定价税收管理主要采用事后调查的模式。这种模式带来的最大难题是税务机关的调查成本和纳税人的遵从成本较高。

为了弥补转让定价税制的不足，新企业所得税法引入了预约定价安排的规定：企业可以向税务机关提出与其关联方之间业务往来的定价原则和计算方法，税务机关与企业协商、确认后，达成预约定价安排。新企业所得税法实施条例进一步明确，预约定价安排是指企业就其未来年度关联交易的定价方法和计算标准，向税务机关提出申请，与税务机关按照独立交易原则协商、确认后达成的协议。

据悉，作为降低转让定价风险的策略，目前预约定价安排已被越来越多的跨国公司采用。澳大利亚、加拿大、日本、英国和美国等一些国家在预约定价协议项目上都比较积极。我国的税收征管法以及2004 年国家税务总局出台的第 118 号文件对预约定价安排也有过规定，新企业所得税法在对上述政策进行概括和完善的基础上重新提出这一概念，标志着我国税收立法更加符合国际惯例。

“预约定价安排的显著特点之一就是能避免国际重复征税”，国家税务总局国际税务管理司有关人士说。这一点与企业积极申请预约定价安排有直接的关系。这位人士举例说，比如一个在华日资跨国企业将一件产品以 50 元的价格销售给日本的关联企业，然后日本企业以 100 元的价格销售，企业有 50 元的利润需在日本缴纳所得税。如果两年后，中国税务局对在华日资企业进行转让定价调查，并认定原 50 元的销售价格应为 80 元，中国税务局将对调增的 30 元补征所得税，那么这 30 元的利润就重复缴了两次税。如果进行了预约定价安排，那么企业只需将经过双方税务当局确认的利润分别纳税即可，不需要再重复纳税。

国家税务总局国际税务管理司有关人士向记者强调，预约定价安排并不是由几个人简单敲定的，而是一个很复杂的系统工作，是建立在科学测算和计算基础上，通过科学、严谨的经济分析确定的关于企业未来年度经济发展的一个结果，做起来非常复杂，不是想做多少就能做多少，因此这项工作只能逐步推进。

有关专家认为，作为一种双赢的选择，预约定价安排已经在我国展示了良好的前景。随着我们反避税工作的积极推进，将有更多的企业，与税收管理方平等地坐在一起，“预约”自己满意而稳定的未来。

（节选自张京民、张剀、黄连星、陈大元、徐云翔、陈俊峰等作者 2008 年 3 月 10 日发表于《中国税务报》的文章）

第5章

其他税种的税务筹划

[学习目标]

学完本章后，应当掌握：

1. 我国现行财产税、资源占用税和特别行为税等税系中各主要税种税务筹划的制度背景；

2. 这些税种税务筹划的基本途径和具体方法。

5.1 财产税的税务筹划

财产税是对纳税人所拥有或支配的财产课征的一类税收。与流转税和所得税等税种相比，财产税是一种比较古老的税收形式。从理论上推断，财产私有制度的确立和国家的产生使对财产课税具备了可能性。事实上，它也的确有着悠久的历史。史料表明，对土地等财产的课税曾是许多国家早期税收的重要组成部分。在整个奴隶制社会和封建社会初期，财产税和“人头税”等古老直接税曾经是许多国家税收制度体系中的主体税种。后来，由于商品经济的发展，对商品和所得课税相继兴起，财产税在税制体系中的主体地位先后被流转税和所得税所替代。尽管目前财产税在各国的税制体系中均居于辅助税种的地位，但是，无论从筹集财政资金还是从政府运用税收经济杠杆调节社会经济生活的角度来看，财产税都发挥着重要作用。特别是在调节社会成员的收入分配、促进社会财富分配公平、诱导经济资源合理配置等方面，财产税更是具有其他税种难以替代的作用。

在计划经济时期，由于生产资料所有制度和传统财产税理论的限制，我国的财产税制度长期得不到发展，未能形成完备的体系。改革开放后，随着社会经济形势的变化，我国的财产税得到重视与发展，逐步形成了由房产税、城市房地产税、车船税、契税和土地增值税等税种构成的财产税制度体系。财产税的筹划自然也成为我国税务筹划的有机组成部分。

5.1.1 房产税的税务筹划

房产税是以坐落在特定地域范围内的房屋为课征对象，按房屋的计税余值或租金收入计算征收的一种财产税。

房产税税务筹划的基本途径有以下几个方面：

1）选择企业设立地点进行税务筹划

我国现行税法规定，房产税的征收范围仅限于城市、县城、建制镇和工矿区，而对坐落于此区域之外的房屋不征收房产税。因此，税务筹划主体如果在投资、设立环节从节税角度考虑，可将生产、经营地选择在城市、县城、建制镇和工矿区等房产税课征范围之外的地域。这样不仅可以避免缴纳房产税和城镇土地使用税，而且有地价低廉之利。某些制造业、仓储业、物流企业以及运输企业尤其适于采用此种税务筹划方法。

【相关链接5-1】

“城市”是指经国务院批准设立的市。“县城”是指县人民政府所在地。“建制镇”是指经省级人民政府批准设立的建制镇。“工矿区”是指工商业比较发达、人口比较集中，符合国务院规定的建制镇标准，但尚未设立建制镇的大中型工矿企业所在地。工矿区须经省级人民政府批准。

2）选择不动产的类型进行税务筹划

我国的房产税，不同于国外的不动产税，其征税对象仅限于不动产中的一个特定的类别——房屋，而对除房屋之外的其他各类不动产不征收房产税。房屋是指有屋面和围护结构（有围墙或两边有柱），能够遮风避雨，可供人们在其中生产、工作、学习、娱乐、居住或储藏物资的场所。这一规定为税务筹划提供了有利条件。例如，税务筹划主体在建造仓库、停车场等设施时，如果建成室内仓库和停车场，因其符合税法中“房屋”的定义，无疑须依法缴纳房产税；但在不影响使用效果的前提下，如果采用露天仓库和露天停车场形式，则可避免缴纳房产税。

3）选择经营方式进行税务筹划

我国的房产税对不同用途的应税房屋采用不同的计税依据和适用税率。对自用的应税房屋，以其原值减除10%～30%折旧后的余值为计税依据，按年计征，适用税率为1.2%；对出租的房屋以收取的租金收入为计税依据，适用12%的税率。由于应税房屋的计税余值是以房屋的历史成本——原值为基础计算的，而租金收入则是按现实交易价格计算的，二者的计算口径不同，加之适用税率不同，往往会出现同一房屋按不同方法计征房产税，而导致税负高低相差悬殊的现象。由于通货膨胀等因素的影响，一些房龄较长的旧房屋可能出现按余值计征房产税税负较低而按租金收入计征房产税税负较高的情况，而一些新房屋的情况则可能与之相反。这就为税务筹划主体通过合理选择经营方式进行房产税税务筹划提供了空间。

【实例5-1】

某企业有房龄40年的旧礼堂一座，账面原值为10万元，已闲置不用。当地税务主管部门规定企业自用房产按原值减除30%折旧后的余值计税。该礼堂每年应缴纳的房产税税额为：

100 000×（1-30%）×1.2%＝840（元）

为提高经济效益，企业拟将该礼堂出租给 A 公司做仓库使用，双方初步商定每年的租金为 24 000 元。由于改变了礼堂的用途，该礼堂应纳房产税计征方法会随之改变。其每年应缴纳的房产税税额将变为：

24 000×12%＝2 880（元）

应纳房产税额比原先增加 2 040 元。

经筹划，决定调整经营方案，将原拟订的出租礼堂改为利用该礼堂经营仓储业务。按照仓储业经营要求对礼堂进行改造，抽调两名管理人员并招回本企业的数名下岗职工从事仓储管理，利用该礼堂向包括 A 公司在内的客户提供仓储服务。该企业仍按原方法缴纳房产税，这样就避免了因改变房屋用途而加重企业的房产税负担。此外，由于房屋租赁业务属于营业税"服务业"税目，适用 5% 税率，税基为含税营业额，仓储业"营改增"后适用 6% 的税率，按不含税营业额计算销项增值税额并可扣减进项增值税额，因而，将出租礼堂改为利用该礼堂经营仓储业务也不会增加企业的流转税负担。

4）合理确定税基进行税务筹划

在适用税率既定的前提下，税基是影响房产税应纳税额计算的最为重要的因素。依据税法规定合理确定税基也是进行房产税税务筹划的重要途径。其基本方法：一是在固定资产购置环节，准确划分房屋与其他固定资产的购置成本，合理地计量房屋的原值；二是在房屋的租赁经营环节，合理地界定、核算租金收入与其他相关费用，避免因对税基确认、计量不合理而增加房产税负担。

【实例 5-2】

某企业新建成办公楼一幢，并配有楼前广场和音乐喷泉，总造价为 1 000 万元，当地主管税务机关规定用于计征房产税的房屋折旧率为 30%。如果企业将办公楼、广场和喷泉合并确认为一项固定资产，就应一并计算缴纳房产税，应纳房产税税额为：

10 000 000×（1-30%）×1.2%＝84 000（元）

如果将广场和喷泉单独确认为一项固定资产，其造价为 100 万元，因该项固定资产不属于房产税的征收范围，所以，房产税的税基减少了 100 万元，应纳税额也相应改变为：

（10 000 000-1 000 000）×（1-30%）×1.2%＝75 600（元）

可比采用第一套方案少缴纳房产税 8 400 元。

【实例 5-3】

某大学拟将一层楼房出租给 B 公司，双方原商定的年租金为 65 000 元，其中包括水电费 12 000 元。按照此方案，该大学出租楼房应缴纳的房产税税额为：

65 000×12%＝7 800（元）

经筹划认为，如果把承租方应负担的水电费并入房租收取，将会加大房产税的税基，且在对承租方水电消耗缺乏有效制约手段的情况下，按固定数额收取水电费的做法也欠妥当。于是决定，将房屋租金标准确定为每年53 000元，承租方应承担的水电费按其所耗水电的实际数量和规定的价格标准结算。按照这一方案，此项业务的房产税税基减少12 000元，应纳的房产税税额为：

53 000×12%＝6 360（元）

比采用原方案少缴纳房产税1 440元。

5）利用税收优惠规定进行税务筹划

《中华人民共和国房产税暂行条例》规定的税收优惠政策包括：

（1）对下列房产免税：

①国家机关、人民团体、军队自用的房产。

②由国家财政部门拨付事业经费的单位自用的房产。

③寺庙、公园、名胜古迹自用的房产。

上述免税单位出租的房产以及非本身业务用的生产、经营业务用房产不属于免税范围，应缴纳房产税。

④个人所有的非营业用房（不包括出租的房产）。

⑤经财政部批准免税的其他房产。

（2）除上述免税房产之外，纳税人纳税确有困难的，可由省、自治区、直辖市人民政府确定，定期减征或免征房产税。

【相关链接5-2】

上文中所指的“经财政部批准免税的其他房产”主要包括：

①为鼓励利用地下人防设施，对作为营业用的地下人防设施暂不征收房产税。

②对企业开办的各类学院、医院、托儿所、幼儿园自用的房产，免征房产税。

③对经有关部门鉴定，毁损不堪居住的房屋和危险房屋，在停止使用后，可免征房产税。

④为照顾企业的实际负担能力，对微利企业和亏损企业的房产，可由地方根据实际情况在一定期限内暂免征收房产税。

⑤为照顾关、停企业的实际困难，在企业停产、撤销后，对其闲置不用的原有房产，经省级主管税务机关批准，可暂免征收房产税。但是，如果这些房产转给其他纳税单位使用或企业恢复生产时，应按规定征收房产税。

⑥凡在基建工地为基建工程服务的各种工棚、材料棚、休息棚和办公室、食堂、茶炉房、汽车房等临时性的房屋，不论是施工单位自行建造，还是由基建单位出资建造交施工单位使用的，在施工期间，一律免征房产税。但是，如果在基建工程结束后，施工企业将此类临时性房屋交还或估价转让给基建单位，应从基建单位接收的次月起，按规定征收房产税。

⑦房屋大修停工在半年以上的，经纳税人申请，主管税务机关审核，在大修理期间可免征房产税。

⑧为了促进集贸市场的发展，省级人民政府可根据具体情况，对工商行政管理

部门建造的集贸市场用房给予暂时的减税或免税照顾。

房产税的税收优惠政策内容繁多，不再一一列出，上述规定也并非都可以被作为税务筹划的条件所利用。税务筹划主体应从自身的实际情况出发，尽可能地创造条件，力争运用房产税的相关优惠政策，实现节税目标。

【实例 5-4】

某大学拟将一栋学生宿舍楼改作招待所客房。该宿舍楼的原值为 300 万元，当地主管税务机关规定的房屋折旧率为 30%。改变用途后，该房产将成为应税房产。应纳税额为：

3 000 000×（1-30%）×1.2% =25 200（元）

经筹划，决定将该大学校园内的一处人防设施改作招待所客房，学生宿舍保持原用途不变，因为根据财政部的有关规定，该人防设施可享受免征房产税的税收优惠。

5.1.2　契税的税务筹划

契税是对在我国境内转移土地、房屋权属时对其承受人课征的一种动态财产税。由于该税种在签订土地、房屋权属转移契约时征收，因此称为契税。

契税税务筹划的基本途径主要包括：

1）选择土地、房屋权属交换方式进行税务筹划

现行《中华人民共和国契税暂行条例》规定，应缴纳契税的转移土地、房屋权属的行为包括：国有土地使用权出让、土地使用权转让（包括出售、赠与和交换）、房屋买卖、房屋赠与和房屋交换。

其计税依据分别为：国有土地使用权出让、土地使用权出售、房屋买卖，以成交价格为计税依据；土地使用权赠与、房屋赠与，其计税依据由契税征收机关参照土地使用权出售、房屋买卖的市场价格核定；土地使用权交换、房屋交换，计税依据分别为所交换的土地使用权及房屋价格的差额。

根据上述规定，在特定条件下，土地、房屋权属所有人可通过合理选择权属置换方式达到完全规避或节省契税的目的。

【实例 5-5】

居民张某为 A 公司职员，拥有一套价值 230 000 元的公寓房，因其坐落地点距公司较远，上下班深感不便，计划卖掉该公寓房，以变价款在其公司附近重新购买一套类似规格标准的住房。当地政府规定的契税税率为 3%。按此计划，如果新购买与原住房等值的房屋，张某应当按照房屋价款计算缴纳契税，应纳税额为：

230 000×3% =6 900（元）

经筹划，张某改变了计划，经过某房地产中介机构介绍，与居住在 A 公司附近的居民王某所拥有的一套公寓进行等价交换。因为此项房产交换不存在价格差额，交易双方都无须缴纳契税。

【实例 5-6】

居民李某原拥有旧公寓房一套，价值 150 000 元。为改善居住条件，李某欲卖

掉旧房，购买一套价值 260 000 元的新公寓房。当地政府规定的契税税率 3%。李某如果购买这套新房，应当按照房屋的成交价格计算缴纳契税，应纳税额为：

260 000×3% =7 800（元）

经筹划，李某与房地产开发公司商定双方进行房产置换，李某向该房地产开发公司支付房屋差价款 110 000 元。由于对房屋交换行为以差价额为计税依据，则应纳契税税额变为：

110 000×3% =3 300（元）

比卖掉旧房再购买新房的原方案少缴纳契税 4 500 元。

2）合理安排房屋权属转移方式进行税务筹划

契税并没有涵盖所有土地、房屋权属转移行为，对于土地使用权和房屋所有权的继承行为均未列入契税的课征范围，这无疑为契税税务筹划提供了运作空间。

如果土地使用权或房屋所有权的拥有人决定将土地、房屋权属无偿转让给与其本人存在法定继承关系的人，其转让方式有两种选择：一种方式是在其在世时实施土地、房屋权属无偿转让；另一种方式是在其在世时先立下遗嘱，待其去世之后再实施土地、房屋权属无偿转让。第一种转让方式属于土地、房屋权属赠与行为，应缴纳契税；第二种转让方式则属于继承行为，不包括在契税的课征范围之内。

为了推动企业制度改革的深化，财政部和国家税务总局还就企业制度改革中有关转制重组的契税征免界限做出如下规定：

①在公司改造过程中，对不改变投资主体和出资比例改建成的公司制企业承受原企业土地、房屋权属的，不征契税；对独家发起、募集设立的股份有限公司承受发起人土地、房屋权属的，免征契税；对国有、集体企业经批准改建成全体职工持股的有限责任公司或股份有限公司承受原企业土地、房屋权属的，免征契税；其余涉及土地、房屋权属转移的，照样征收契税。

②企业合并中，新设方或者存续方承受被解散方土地、房屋权属，如合并前各方为相同投资主体的，则不征契税，其余照样征收契税。

③企业分立中，对派生方、新设方承受原企业土地、房屋权属的，不征契税。

④在股权转让中，单位、个人承受企业股权，企业的土地、房产权属不发生转移，不征契税；在增资控股中，以土地、房屋权属作价入股或作为出资投入企业的，征收契税。

⑤企业破产清算期间，对债权人（包括破产企业职工）承受破产企业土地、房屋权属以抵偿债务的，免征契税；对非债权人承受破产企业土地、房屋权属的征收契税。

转制重组企业应针对上述规定，结合自身的实际情况，采用最优的运作方式，使转制重组业务税收负担最小化。

3）通过不动产权属"隐性转移"方式进行税务筹划

契税作为一种动态财产税，是在因发生土地、房屋权属转移而订立契约时，对权属承受人课征的。如果土地、房屋权属未发生转移，则不征收契税。据此规定，如果不动产权属的转让与受让双方不办理正式产权转移手续，而私下达成“君子协定”，形成不动产权属隐性转移，可避免缴纳契税。但应指出，我国政府征收契税的目的之一，在于确认产权转移的合法性，避免产权纠纷，保护纳税人的合法权益。从这一意义上讲，采用隐性转移不动产权属方式避免缴纳契税属于“逆法性”避税行为，且存在发生产权纠纷等潜在风险。

4）利用税收优惠政策进行税务筹划

现行《中华人民共和国契税暂行条例》及相关法规中的税收优惠政策主要包括：

（1）对国家机关、事业单位、社会团体、军事单位承受土地、房屋直接用于办公、教学、医疗、科研和军用设施的，免征契税。

（2）为推动城市住房政策改革，鼓励居民购买公有住房，凡城镇职工按规定第一次购买公有住房，且不超过国家规定标准面积部分，免缴契税。但对超过国家规定标准面积部分，仍应按规定缴纳契税。

（3）对因不可抗力灭失住房者，为照顾其困难，可酌情减免契税。

（4）财政部规定的其他减免税项目。这主要包括：

①土地、房屋被县以上人民政府征用后重新承受土地、房屋权属的，是否减免契税，由省级人民政府决定。

②为鼓励发展农业，对承受荒山、荒沟、荒滩土地使用权，用于农、林、牧、渔业生产的，免征契税。

③按照国际惯例，对依照我国有关法律规定以及我国缔结或参加的双边和多边条约或协定的规定，应当予以免税的外国驻华使馆、领事馆、联合国驻华机构及其外交代表、领事官员和其他外交人员承受土地、房屋权属的，经外交部确认，可以免征契税。

经批准享受契税减、免的纳税人，如果改变土地、房屋的用途，不再属于上述减免契税范围的，应当补缴已经减征、免征的税款。

税务筹划主体应充分利用上述优惠政策进行税务筹划，以达到节税目的。

【实例 5-7】

某戏剧研究所系全民所有制事业单位，原计划购买隔壁一栋两层居民住宅楼作为道具厂生产经营用房。买卖双方商定的价款为 100 万元，契税税率为 3%，应纳契税税额为：

$100\times3\%=3$（万元）

经筹划，决定将拟购买的楼房作为行政处室办公用房，而将该单位原有的一排作为办公用房的平房改作道具厂生产经营用房。由于购入楼房的用途为事业单位办公用房，可享受免缴契税的优惠，而改变用途的平房属于其原有房产，不需补纳契税。

5.1.3　土地增值税的税务筹划

土地增值税是以转让国有土地使用权、地上建筑物及其附着物（简称转让房地产）所实现的增值额（简称土地增值额）为课征对象，采用超率累进税率征收的一种税。土地增值额指纳税人转让房地产取得的收入减除税法规定的扣除项目后的余额。由于土地增值税在房地产产权转移环节课征，因而它属于动态财产税。土地增值税税务筹划的基本方法是：

1）利用征收地域的“空白点”进行税务筹划

土地增值税本来是一个在全国普遍征收的税种，但由于特殊的政策原因，在深圳、厦门两个经济特区至今未开征土地增值税。这就使土地增值税的实际征收地域存在着“空白点”，从而为税务筹划提供了有利的空间。税务筹划主体如果在这些未开征土地增值税的地区进行房地产开发投资，则在转让房地产时无须缴纳土地增值税，从而可以彻底地规避土地增值税负担。

2）利用征、免税规定进行税务筹划

土地增值税的征收范围是转让国有土地使用权、地上建筑物及其附着物并取得收入的行为，即以出售或者其他方式有偿转让房地产的行为，不包括以继承、赠与方式无偿转让房地产的行为。其中，以赠与方式无偿转让房地产的行为特指以下两种情况：一是房产所有人、土地使用权所有人将房屋产权、土地使用权赠与直系亲属或承担直接赡养义务人的；二是房产所有人、土地使用权所有人通过中国境内非营利的社会团体、国家机关将房屋产权、土地使用权赠与教育、民政和其他社会福利、公益事业的。

此外，税法还就有关房地产的某些经济事项的土地增值税征免界限做出了具体规定，其主要内容有：

①对于以房地产进行投资联营的，如果投资、联营的一方以房地产作价入股投资或作为联营条件，将房地产转让到所投资、联营的企业中，暂免缴纳土地增值税。其所投资、联营企业将上述房地产再转让的，应缴纳土地增值税。

②对于一方出土地，另一方出资金，双方合作建房，建成后按比例分房自用的，暂免征收土地增值税；如果建成房屋后转让的，应缴纳土地增值税。

③在企业兼并活动中，对被兼并企业将房地产转让到兼并企业的，暂免缴纳土地增值税。

④对于个人之间互换自有居住用房地产的，经当地税务机关核实，可以免缴土地增值税。

税务筹划主体可以根据自己的实际情况，针对上述规定，进行税务筹划，以规避土地增值税负担。

【实例 5-8】

某房地产开发公司建成一栋楼房，拟将一、二层销售给某商贸公司作为商场营业用房。双方初步商定的交易价格为 1 800 万元，按税法规定计算的扣除项目金额为 1 300 万元。

土地增值额为：

1 800-1 300 =500（万元）

土地增值率为：

500÷1 300×100% =38.5%

适用税率为 30%。应纳土地增值税额为：

500×30% =150（万元）

经过税务筹划，房地产开发公司决定改变经营方案，并与商贸公司重新商定：房地产开发公司按照原定的价格 1 800 万元作价，以该楼房第一、二层投资入股，与商贸公司组建联营商场。这样，该楼房第一、二层的产权虽然转让到联营商场的名下，但却无须缴纳土地增值税。

【相关链接 5-3】

中国境内非营利的社会团体是指中国少年发展基金会、希望工程基金会、宋庆龄基金会、减灾委员会、中国红十字会、中国残疾人联合会、全国老年基金会、老区促进会以及经民政部门批准成立的其他非营利的公益性组织。

【相关链接 5-4】

土地增值税采用超率累进税率，按土地增值额超过扣除项目金额的不同比率（土地增值率）分别设置了四级税率，使纳税人适用的税率随着土地增值率的提高而相应提高，从而能够有效地调节国有土地转让收益。

3）利用“起征点”优惠规定进行税务筹划

为有利于改善人民群众的住房条件，《中华人民共和国土地增值税暂行条例》规定，纳税人建造普通标准住宅出售，增值额未超过扣除项目金额 20% 的，免征土地增值税。这一规定实质上是为土地增值税设置了一个特殊的起征点，从而为税务筹划提供了有利条件。

税务筹划主体利用这一税收优惠规定进行税务筹划，关键在于把握好三个要点：一是其所建造的房屋必须是符合当地普通住宅标准的居住用的住宅。如果所建造的房屋是写字楼等商业用房而不属于住宅，或者是高级公寓、别墅、度假村等房屋而不属于普通住宅，就不能享受免税优惠。普通住宅与其他住宅的具体划分标准由各省、自治区、直辖市人民政府规定。二是其出售房屋实现的增值率不得超过 20%。对增值率超过 20% 的房屋，要就其全部增值额按规定计税。关于控制增值率的方法，将在本节的下一个问题中加以介绍。三是纳税人既建普通住宅又搞其他房地产开发的，必须分别核算不同类型房地产的增值额。如果不能分别核算增值额或者不能准确划分增值额的，其建造的普通住宅也不能享受免税优惠。

4）利用超率累进税率规定，通过合理控制增值率进行税务筹划

前已述及，土地增值税采用超率累进税率。纳税人的税收负担水平取决于其转让房地产所实现的增值率的高低。增值率是一个与企业经济效益呈正相关的财务指标。一般情况下，企业不应当以降低增值率为代价换取节省土地增值税费用支出的效果。但是，由于土地增值税的超率累进税率是在增值率提高到一定的程度而“爬升”的。比如，增值额未超过扣除项目金额 50% 的，适用税率为 30%；当增值额超过扣除项目金额 50%，而未超过 100% 的，适用税率为 40%。这样，增值

率50%就成为税率“爬升”的临界点。当增值率到达临界点时，它的一个微小的（哪怕是十分微小的）增量变动都会使纳税人适用的边际税率提高10个百分点。在此特殊情况下，从税务筹划的角度讲，合理控制增值率就显得非常重要，也非常有效。

企业对增值率的控制，通常通过两条途径实现：一是合理确定房地产的价位。当企业测算出其经营房地产的增值率将要超过累进临界点，而又缺乏进一步攀升的空间时，可采取诸如对批量购房者给予价格优惠以及开展打折促销等手段调整、控制价格。此举不仅可以控制增值幅度，而且能够起到促进资金回笼、加速资金周转的作用。二是选择适当的成本、费用计算和扣除方法。在销售收入既定的条件下，增值率的高低取决于扣除项目金额的大小。在计税过程中，扣除项目金额的计算和减除须在财务会计核算的基础上依照税法的规定进行。例如，房地产开发费用是指与房地产开发项目有关的销售费用、管理费用和财务费用。《中华人民共和国土地增值税暂行条例实施细则》规定，财务费用中的利息支出，凡能够按转让房地产项目计算分摊并提供金融机构证明的，允许据实扣除，但最高不能超过按商业银行同类同期贷款利率计算的金额。其他房地产开发费用，按取得土地使用权所支付的金额与房地产开发成本之和的5%以内计算扣除。凡不能按转让房地产项目计算分摊利息支出或不能提供金融机构证明的，房地产开发费用按取得土地使用权所支付的金额与房地产开发成本之和的10%以内计算扣除。上述两项具体扣除比例由各省、自治区、直辖市人民政府规定。这实际上是在对房地产开发费用的计算扣除方面赋予了企业一定的“自由裁量权”，从而为企业采用合理、有利的方法计算扣除房地产开发费用、进行土地增值税税务筹划创造了条件。

5.1.4 车船税的税务筹划

车船税是以车辆和船舶为征税对象的一种财产税。车船税税务筹划的主要途径是：

1）合理选择车船的规格进行税务筹划

车船税实行从量定额课征制，对不同类别的应税车辆和船舶分别采用不同计税标准，按规定的单位税额（定额税率）计算应纳税额。其中，对乘用车、商用车中的客车（含电车）、摩托车是以“辆”为计税标准；对商用车中的货车（含半挂牵引车、挂车、三轮汽车、低速载货汽车）、其他车辆（指专用作业车和轮式专用机械车）均以整备质量为计税标准；机动船是以净吨位为计税标准；对游艇是以艇身长度为计税标准。车船税单位税额的确定，体现了“量能负担”、“公平税负”的税收原则。对同一类应税车船，依据其运载客、货的能力以及由此而决定的获利能力，并结合我国节能减排的发展理念，分别规定高低不等的差别税额。以船舶为例，税法规定的计税标准和单位税额为：对机动船舶，按净吨位大小划分为4个税级，净吨位越大的船舶适用的单位税额越高。其应纳税额的计算公式为：

应纳车船税税额=应税车辆或船舶的计税单位×计税数量×单位税额

对拖船、非机动驳船，按船舶税额的50%计算。

这种课征制度的征收效果实际上等同于全额累进税制。船舶计税吨位如果超过两个相邻税级的临界点，税收负担提升幅度大大超过税基的增加幅度。鉴于此，纳税人在进行应税车辆和船舶购置决策时，应虑及税收负担因素，就车船运载能力、价格和预期税收负担等进行综合筹划，合理确定拟购车船的规格，力求在满足运力要求的前提下，尽量节省税收开支，提高经济效益。

【实例 5-9】

某内河航运公司计划购置一艘轮船，有 2 000 吨和 2 008 吨两种规格的轮船可供选择，二者的性能价格比基本相同。经测算，发现两艘船的车船税负担相差悬殊。2 000 吨的机动船适用的单位税额为每吨 4 元，每年应纳车船税税额为：

$2\ 000\times4=8\ 000$（元）

2 008 吨的机动船适用的单位税额为每吨 5 元，每年应纳车船税税额为：

$2\ 008\times5=10\ 040$（元）

二者的车船税负担每年度相差 2 040 元。考虑到车船税属于定期、连续缴纳的税种，从长远计议，该公司决定购买 2 000 吨的轮船。

2）选择车船税的纳税地点进行税务筹划

车船税属于地方税。首先，该税种的立法比较充分地体现了“因地制宜”的政策原则，赋予了地方政府较多的税收管理权限。这一特点首先体现在地方政府在一定限度内享有税率确定权。税法规定，船舶适用的税率，统一按照《中华人民共和国车船税暂行条例》所附的“车船税税目税额表”计算；车辆适用的税率，由省、自治区、直辖市人民政府在该条例所附的“车船税税目税额表”规定的幅度内确定。其次，地方政府享有一定的税收减免权和征收范围调整权。税法规定，省、自治区、直辖市人民政府，可根据当地的实际情况，对城市、农村公共交通车船给予定期减税或免税，同时，上述规定使地方政府对车船税的管理拥有较多的自主权。由于经济发展水平、纳税人的税负承受能力、政府财政状况及政策目标选择等方面的差异，各地区政府所确定的车船税的负担水平必然存在差距。纳税人可利用车船税的这一特点开展税务筹划。

不同的纳税人具有不同的税负结构，车船税对不同行业纳税人总体税负的影响程度是不同的。对从事水、陆交通运输行业的企业而言，由于船舶和车辆是其主要固定资产，车船税在其税负结构中占有比其他行业更高的比重，因此，从事水、陆交通运输的企业在投资、设立环节应将车船税负担作为进行投资决策的重要影响因素。通过收集、分析不同地区车船税政策、法规信息，测算预期税负水平，筛选出其中的低税负区域，作为备选投资地区。在此基础上，权衡综合投资环境，确定企业机构所在地和经营地。现有企业亦可采取在低税负地区设立分支机构的方法进行车船税税务筹划。

【相关链接 5-5】

《中华人民共和国车船税法》第七条规定：“车船税的纳税地点为车船的登记地或者车船税扣缴义务人所在地。依法不需要办理登记的车船，车船税的纳税地点为车船的所有人或者管理人所在地。”

3）利用税收优惠规定进行税务筹划

车船税的税收优惠政策主要包括：

（1）《中华人民共和国车船税法》规定了如下法定减免项目：

①下列车船免征车船税：

a. 捕捞、养殖渔船；

b. 军队、武装警察部队专用的车船；

c. 警用车船；

d. 依照法律规定应当予以免税的外国驻华使领馆、国际组织驻华代表机构及其有关人员的车船。

②节约能源、使用新能源的车船可以减征或者免征车船税；对受严重自然灾害影响纳税困难以及有其他特殊原因确需减税、免税的，可以减征或者免征车船税。

③省、自治区、直辖市人民政府根据当地实际情况，可以对公共交通车船，农村居民拥有并主要在农村地区使用的摩托车、三轮汽车和低速载货汽车定期减征或者免征车船税。

（2）《中华人民共和国车船税实施条例》规定了部分特定免税项目：

①临时入境的外国车船和香港特别行政区、澳门特别行政区、台湾地区的车船，不征收车船税。

②按照规定缴纳船舶吨税的机动船舶，自车船税法实施之日起 5 年内免征车船税。

③依法不需要在车船登记管理部门登记的机场、港口、铁路站场内部行驶或者作业的车船，自车船税法实施之日起 5 年内免征车船税。

企业应针对上述税收政策开展税务筹划，力争享受税收优惠待遇，降低车船税负担。

● 5.2 资源占用税的税务筹划

资源占用税是对开发利用国有自然资源的单位和个人课征的一类税收，也简称为“资源税”。资源占用税不仅为目前许多国家广泛采用，而且也具有十分悠久的历史。我国对资源占用课税的历史可追溯到周代，当时的“山泽之赋”就是对伐木、采矿、狩猎、捕鱼、煮盐等开发利用自然资源的生产活动课征的赋税。此后，从秦、汉到明、清，乃至民国时期，历代中国政府均对矿藏和盐业资源的开发利用行为课税，并一直延续至今。自然资源是社会财富的重要组成部分，也是人类开展生产活动的重要物质基础。在我国，对资源占用课税不仅具有重要的财政意义，而且具有重要的社会经济意义。通过课征资源税不但可以体现国有资源有偿占用原则，有利于政府加强对自然资源的保护和管理，促进资源的有效开发和合理利用，而且能够调节资源“级差收入”，为企业之间公平竞争创造条件。我国现行税制中的资源占用税体系主要由资源税、城镇土地使用税和耕地占用税等税种构成。

5.2.1 资源税的税务筹划

资源税是对在我国境内从事应税矿产品开采和生产盐的单位和个人课征的一种税，是我国资源占用税体系的主干税种。自 1984 年开征以来，资源税的课征制度屡经调整。2011 年 10 月，国务院常务会议做出决定，再次对《中华人民共和国资源税暂行条例》进行修订，对原油、天然气等税目采用“从价定率计税方法”，并对部分税目、税率进行了调整。在新的制度框架下，资源税税务筹划的基本方法是：

1）利用资源税课征范围的有限性进行税务筹划

从理论上讲，为了充分发挥资源税的作用并实现公平税负，资源税的课征范围应当包括一切被开发和利用的国有自然资源。我国的资源税目前还不是一个成熟的税种，虽然自 1984 年开征以来，其课征范围在不断扩大，但由于各种条件所限，其课征范围到目前为止还仅限于矿产品和盐两类自然资源的开采和生产，而诸如森林资源、水资源等其他自然资源的开发利用尚未被列入课征范围。

资源税课征范围的有限性，为税务筹划提供了空间。在税务筹划主体确定以自然资源采掘业为投资方向的前提下，如果选择那些未征收资源税的资源作为开发利用对象，就可以避免成为资源税的纳税人。不过，税务筹划主体在运用这一方法进行税务筹划时，须注意以下两个问题：一是不能“就税论税”。目前，我国政府的筹资行为尚不规范，经济主体除依法纳税之外，往往还有许多“费”的负担。对采掘业也存在着不同名目的政府收费，其中，对那些尚未征收资源税的资源尤甚。根据这一实际情况，企业在投资决策环节的资源税筹划必须做到“税费统筹”，二者之间取其轻。二是要有一定的前瞻性。由于我国目前正在推行“税费改革”，资源税的课征范围也将逐渐扩大，在此情况下，资源税的税务筹划不能仅仅着眼于现行税制，还应当充分考虑、分析税收与政府收费制度改革的趋势，使决策具有一定的前瞻性。

2）采取适当的计税依据确定方法进行税务筹划

现行资源税对不同税目分别采用“从量计征”和“从价计征”的计税方法。纳税人应根据税制规定，通过合理确定、核算计税依据来降低自身的税收负担。

采用“从量计征”方法的税目，以应税产品的销售数量为计税依据，依照单位税额计算征收。其应纳税额的基本计算公式为：

应纳税额 = 销售数量×单位税额

公式中所称“销售数量”包括纳税人开采或者生产应税产品的实际销售数量和视同销售的自用数量。纳税人不能准确提供应税产品销售数量的，以应税产品的产量或者主管税务机关确定的折算比换算成的数量为计征资源税的销售数量。

上述规定中，有些可作为税务筹划的条件加以利用。比如，当企业面临产品销售不畅，产销率低于100%，甚至产品库存积压情况严重时，如果因会计核算水平低下，不能准确提供应税产品销售数量而须以产量为计税依据，则由于产大于销，必然加重自身的税收负担；与之相反，当企业产品畅销，产销率高于100%时，如果能够争取以产量为计税，则不失为一种节税手段。

再如，依照上述规定，纳税人开采或生产应税产品自用而又无法准确提供移送使用数量的，应以主管税务机关确定的折算比例换算的数量为计税依据。此项规定中所说的折算比例，通常是由主管税务机关根据当地同类企业的平均投入产出率测算确定的，并非按个别纳税人的实际情况分别测算得出的"每户一率"。针对这一情况，纳税人可以测算出本企业原料与成品的投入产出率，并与当地主管税务机关确定的折算比例及采用两种不同标准计算出的移送使用数量进行比较，确定对自己有利的计税依据计算方法。如果按税务机关规定的折算比例计算的移送使用数量大于按本企业实际投入产出率计算的移送使用数量，企业应加强会计核算，力求达到税务机关对企业的核算要求，以便能够按照应税产品的实际移送使用数量为课税数量，计算缴纳资源税；反之，就应当力争以税务机关确定的折算比例计算的应税产品移送使用数量为资源税计税依据。

【实例 5-10】

我国北方某盐厂生产的海盐适用的单位税额为每吨 25 元。该厂以自产的原盐连续加工生产加碘精盐，实际投入产出率为 1∶0.95。当地主管税务机关确定的精盐与原盐的折算比例为 1∶1.03，该盐厂预计纳税年度全年精盐的销售量为 50 万吨。如果按本厂实际投入产出率计算，原盐的移送使用量应为：

500 000÷0.95＝526 315.78（吨）

如果按主管税务机关确定的折算率计算，原盐的移送使用量则应为：

500 000×1.03＝515 000.00（吨）

用两种不同方法计算出的应税产品移送使用量的差额为：

526 315.78－515 000.00＝11 315.78（吨）

据此计算得出的应纳资源税差额为：

11 315.78×25 ＝282 894.50（元）

测算结果表明：该盐厂如果选择按税务机关确定的折算率计算原盐移送使用量，将会比按实际移送使用量计税少缴纳资源税 282 894.50 元。

3）利用税收优惠规定进行税务筹划

现行资源税的税收优惠规定主要有以下三个方面：

（1）根据原油生产特点，对在开采原油过程中用于加热、修井的原油免税。

（2）针对资源开采业受自然因素影响较大，尤其是矿山企业容易发生意外事故的特点，对纳税人在开采或生产应税产品过程中因自然灾害或意外事故等原因遭受重大损失的，由省级人民政府酌情决定减税或免税。

（3）由国务院规定的其他减税或免税项目。

纳税人应充分利用上述税收优惠政策，为实现企业自身利益最大化服务。

4）通过准确、合理地计量、记录不同应税产品的销售额或销售数量进行税务筹划

《中华人民共和国资源税法》规定，纳税人开采或者生产不同税目应税产品

的，应当分别核算不同税目应税产品的销售额或者销售数量；未分别核算或者不能准确提供不同税目应税产品的销售额或者销售数量的，从高适用税率。纳税人的减税、免税项目，应当单独核算销售额或者销售数量；未单独核算或者不能准确提供销售额或者销售数量的，不予减税或者免税。

针对上述规定，纳税人为实现自身税收负担最小化，必须准确、合理地计量、记录不同产品的销售额或销售数量；否则，可能会招致不应有的税收负担，损失应得的合法经济权益。

5.2.2　城镇土地使用税的税务筹划

城镇土地使用税是对在城市、县城、建制镇和工矿区范围内使用土地的单位和个人征收的一种税，属于对土地资源课税。城镇土地使用税税务筹划的基本方法是：

1）利用城镇土地使用税征收范围规定进行税务筹划

我国开征城镇土地使用税，除出于为地方政府筹集资金的财政目的外，主要是为了促使纳税人提高土地利用效率，并通过调节土地资源级差收入，为企业之间开展公平竞争创造条件。因此，这一税种选择在企业分布比较密集的城镇地区课征，包括城市、县城、建制镇和工矿区。具体地讲，城镇土地使用税在城市的征税范围为市区和郊区，在县城的征税范围为县人民政府所在地，在建制镇的征税范围为镇人民政府所在地。城市、县城、建制镇、工矿区的具体征税范围由省级人民政府划定。在上述法定征收范围之外的区域，不征收城镇土地使用税。

城镇土地使用税征收范围的有限性，意味着税务筹划主体可以通过选择投资地点进行该税种的税务筹划。就一般而言，税务筹划主体如果将生产经营场所设立在城镇土地使用税的课征范围之外，就可以彻底地规避城镇土地使用税负担。具体地讲，一些对城镇依赖性较强的企业（如一般制造业、仓储业、物流业企业等）可选择设立在位于城镇之外，但又与之相毗邻的地区；至于那些对城镇依赖性较弱的企业，则具有更为广泛的选择余地。例如，以农产品为原料的加工企业，就可以原料产地为依托，设立在农村地区。由于我国的城镇土地使用税与房产税的课征区域范围一致，而且在这两个税种课征范围之外的地区又恰好属于城市维护建设税的低税负区域（适用税率为1%），因此，采用上述方法进行税务筹划能够收到“一举多得”的效果。

2）利用城镇土地使用税的地区差别税额规定进行税务筹划

由于不同规模的城市之间，以及城市与县城、建制镇和工矿区之间经济发展水平不同，各地区纳税人的收益水平及其负税能力就有差别。即使是在同一城市，由于不同区位的市政建设状况、交通运输条件及商业繁华程度等方面的差异，各区位之间也存在着土地级差收益。为了适应不同地区纳税人的税收负担水平，并合理地调节土地级差收益，城镇土地使用税以纳税人实际占用的土地面积为计税依据，以每平方米土地为计税单位，采用地区差别税额。现行《中华人民共和国城镇土地使用税暂行条例》规定的每平方米土地每年应纳税额为：大城市1.5元~30元；

中等城市 1.2 元~24 元；小城市 0.9 元~18 元；县城、建制镇、工矿区 0.6 元~12 元。各省、自治区、直辖市人民政府，应当在税法规定的税额幅度内，根据当地的实际情况确定所辖地区适用的税额幅度。市、县人民政府则应当在此基础上根据本地的实际情况，将所辖区域的土地划分为若干等级，在省级人民政府确定的税额幅度内，制定相应的适用税额标准，报省级人民政府批准后执行。考虑到不同地区之间经济发展水平及纳税人负担能力的差别，税法规定，经省级人民政府批准，经济落后地区城镇土地使用税的适用税额标准可以适当降低，但降低幅度不能超过《中华人民共和国城镇土地使用税暂行条例》规定最低税额的 30%。经财政部批准，经济发达地区的适用税额标准可以适当提高。

上述规定表明，在课征城镇土地使用税的区域内，不同地区之间的税收负担水平存在着较大的差异。企业应根据自身的特点，在能够满足其对生产经营环境的要求，在不降低总体经济效益的前提下，尽可能地将生产经营地选择设立于城镇土地使用税负担水平较低的地区。

【相关链接 5-6】

《中华人民共和国城镇土地使用税暂行条例》对不同规模的城市确定了不同的税额标准，城市规模就成为影响城镇土地使用税负担的主要因素，而城市规模是以公安部门登记在册的非农业正式户口人数为依据，按照国务院颁布的《城市规划条例》中规定的标准划分的。现行标准为：市区和郊区非农业人口总计在 50 万人以上的，为大城市；市区和郊区非农业人口总计在 20 万人以上、50 万人以下的，为中等城市；市区和郊区非农业人口总计在 20 万人以下的，为小城市。

3）利用税收优惠规定进行税务筹划

城镇土地使用税的税收优惠政策主要有：

（1）《中华人民共和国城镇土地使用税暂行条例》规定，对下列土地实行免税：①国家机关、人民团体、军队自用的土地；②由国家财政部门拨付事业经费的单位自用的土地；③宗教寺庙、公园、名胜古迹自用的土地；④市政街道、广场、绿化地带等公共用地；⑤直接用于农、林、牧、渔业的生产用地（不包括农副产品加工场地和生活、办公用地）；⑥经批准开山填海整治的土地和改造的废弃土地，从使用月份起免缴土地使用税 5 年至 10 年；⑦由财政部另行规定免税的能源、交通、水利设施用地和其他用地。

（2）国家税务总局规定：个人所有的居住房屋及院落用地、房管部门在房租调整改革前经租的居民住房用地、免税单位职工家属的宿舍用地、民政部门举办的安置残疾人占一定比例的福利工厂用地，以及集体和个人办的各类学校、医院、托儿所、幼儿园用地的征、免税，由省级税务机关确定。

（3）除上述规定者外，纳税人缴纳土地使用税确有困难，需要定期减免税予以照顾的，需由省级税务机关审核后，报国家税务总局批准。

企业应认真研究、充分利用上述税收优惠政策，规避城镇土地使用税负担。符合上述第（1）、（2）、（3）条规定的单位，应注意合理使用本单位的土地，尽量缩减经营用地，充分利用免税单位自用土地享有的优惠政策，实现税收负担最小化。

5.2.3　耕地占用税的税务筹划

耕地占用税是对占用耕地建房或从事其他非农业建设的单位和个人就其实际占用耕地的面积征收的一种税。耕地占用税税务筹划的主要方法是：

1）利用不同地区之间的差别税负政策进行税务筹划

耕地占用税是政府为保护耕地资源而开征的一种特定土地资源税。我国人口众多，耕地资源相对匮乏，要用占世界总量 7% 的耕地养活占世界总数 22% 的人口，就全国而言，人多地少的矛盾十分突出。因此，必须加强对耕地资源的保护。开征耕地占用税就是政府运用税收经济杠杆保护耕地资源的一项举措。但就国内的不同地区而言，由于我国地域辽阔，人口和耕地资源在各地之间分布极不均衡，各地之间不仅人均占有耕地面积相差悬殊，而且耕地的质量也有很大差别。因此，耕地占用税对不同地区的调节力度应有区别。基于这一情况，并虑及不同地区之间经济发展水平和纳税人负担能力方面的差别，耕地占用税实行从量定额课征制，在税率设计上，根据不同地区的实际情况，采用地区差别税额。具体规定以县级行政区域为单位，单位税额为：

①人均耕地不超过 1 亩的地区，每平方米为 10 元 ~ 50 元；

②人均耕地超过 1 亩但不超过 2 亩的地区，每平方米为 8 元 ~ 40 元；

③人均耕地超过 2 亩但不超过 3 亩的地区，每平方米为 6 元 ~ 30 元；

④人均耕地超过 3 亩的地区，每平方米为 5 元 ~ 25 元。

国务院财政、税务主管部门根据人均耕地面积和经济发展情况确定各省、自治区、直辖市的平均税额。各省、自治区、直辖市可以根据本地的具体情况有差别地对所属县（市）和郊区规定适用税额，但全省、自治区、直辖市平均水平不得低于规定的平均税额。

经济特区、经济技术开发区和经济发达且人均耕地特别少的地区，适用税额可以适当提高，但是提高的部分最高不得超过当地适用税额的 50%。占用基本农田的，适用税额应当在当地适用税额的基础上提高 50%。

上述规定表明，耕地占用税的负担水平在不同地区之间是有明显差别的。税务筹划主体可以根据自身的条件，利用耕地占用税的这一特点开展税务筹划。其基本方法是选择以耕地占用税低税负区域为设立地点。在全国范围内，由于不同省份之间的税收负担差距最大可相差 2 ~ 3 倍，一个企业如果设立于低税负区域就会获得显著的税收环境优势。此外，只要对耕地占用税税负在不同地区间的分布状况稍加分析就可以发现，我国实施“西部大开发战略”划定的西部地区，基本上都包含在耕地占用税的低税负区域之间。这意味着税务筹划主体如果投资设立于这些地区，除降低耕地占用税负担之外，还能够享受到政府为促进西部大开发战略实施而制定的其他税收优惠政策。在一个县、市范围内，耕地占用税的税负水平在不同种类的耕地之间也有高低之分，通常是城市用地高于非城市用地，经济收益较高的菜地高于一般农业用地，城市近郊的耕地高于远郊的耕地。税务筹划主体应根据自身特点及其对投资环境的要求尽量选择占用税负水平较低的耕地。

【相关链接 5-7】

耕地占用税的征收范围，包括纳税人为建房或从事其他非农业建设而占用的国家所有和集体所有的耕地。所谓“耕地”是指种植农业作物的土地，包括菜地、园地。园地包括花圃、苗圃、茶园、果园、桑园和其他种植经济林木的土地。按照2008年1月1日开始实行的《中华人民共和国耕地占用税暂行条例》的规定，占用林地、牧草地、农田水利用地、养殖水面以及渔业水域滩涂等其他农用地建房或者从事非农业建设的，均应征收耕地占用税。建设直接为农业生产服务的生产设施占用上述农用地的，不征收耕地占用税。

2）利用税收优惠政策进行税务筹划

（1）免税规定

根据《中华人民共和国耕地占用税暂行条例》的规定，经批准征用或占用的下列耕地，免征耕地占用税：

①军事设施占用耕地；

②学校、幼儿园、养老院、医院占用耕地。

（2）减税规定

①铁路线路、公路线路、飞机场跑道、停机坪、港口、航道占用耕地，减按每平方米2元的税额征收耕地占用税。

②农村居民占用耕地新建住宅，按照当地适用税额减半征收耕地占用税。农村烈士家属、残疾军人、鳏寡孤独以及革命老根据地、少数民族聚居区和边远贫困山区生活困难的农村居民，在规定用地标准以内新建住宅缴纳耕地占用税确有困难的，经所在地乡（填）人民政府审核，报经县级人民政府批准后，可以免征或者减征耕地占用税。

2008年1月1日开始实行的《中华人民共和国耕地占用税暂行条例》留下的税务筹划空间相对较小，但对学校、幼儿园、养老院、医院等非营利组织，以及对直接为农业生产服务的生产设施占用农用地等行为，并未列入耕地占用税的征税范围，税务筹划主体应当充分利用上述税收优惠政策，达到节税的目的。

● 5.3 行为税的税务筹划

行为税也称为特定行为课税，是以税法规定的某种特定经济行为为课征对象的一类税收。在复合税制情况下，行为税的课征对象实际上是税法规定的除商品流转、劳务提供、收益获得、资源占用开发、财产占有及转移等经济行为之外的各种应税行为。在按照课税对象的性质对税收进行分类时，凡不能归入流转税、收益税、资源占用税和财产税类的税种，通常都视为行为税类。综观国内外税收发展的历史及现状，行为税名目繁多，广有征收。我国税收制度中的印花税、城市维护建设税、固定资产投资方向调节税、筵席税、屠宰税等税种均属于行为税。行为税作为我国税制体系中的辅助税，与流转税、所得税等主体税相配合，在完善税制结构、优化税制功能、实施宏观经济调控以及筹集财政资金等方面发挥着不可或缺的作用。但是，我国的行为税在税种的设置方面往往具有较强的政策目的性，其中相当一部分税种是在特定的社会经济背景下为贯彻政府的某项方针、政策，限制或调节某种特定的经济行为而开征的，因而具有"因时制宜"的特点。在税权的划分方面，行为税多属于地方税，地方政府不仅享有大多数行为税的收入支配权，而且拥有较多的税收管理权，因此，行为税又具有"因地制宜"的特点。行为税的这些特点，决定了它与其他各类税收相比具有存续的不稳定性和征收、管理方面的诸多地方特色。这无疑为企业进行税务筹划提供了更多的有利条件。

鉴于我国行为税体系中的固定资产投资方向调节税已于2000 年 1 月 1 日起停止征收，筵席税和屠宰税的开征、停征权于 1994 年税制改革时下放给省级人民政府后，各个省、自治区和直辖市已经先后停止征收筵席税，在农村"税费改革"过程中，屠宰税也已经取消，因而，本节只介绍印花税和城市维护建设税的税务筹划。

5.3.1　印花税的税务筹划

印花税是对在经济活动中书立、领受应税凭证的单位和个人征收的一种税。由于该税种采取由纳税人依照税法规定自行购买并粘贴印花税票的方式履行纳税手续，因而称为印花税。印花税税务筹划的基本方法是：

1）划清征、免税业务界限

印花税是一种特定行为税，其课征对象是书立、领受应税凭证的行为。我国现行印花税以下列凭证为应税凭证：

（1）各类经济合同及具有合同性质的凭证。其中，经济合同指根据我国有关合同的法律、法规订立的合同，包括购销合同、加工承揽合同、建设工程承包合同、财产租赁合同、货物运输合同、仓储保管合同、借款合同、财产保险合同、技术合同等。

（2）产权转移书据。产权转移书据指单位和个人产权的买卖、继承、赠予、交换、分割等所立的书据。

（3）营业账簿。营业账簿指单位或个人记载生产经营活动情况的财务会计核算账簿。

（4）权利、许可证照。权利、许可证照指政府部门颁发的房屋产权证、工商营业执照、商标注册证、专利证、土地使用证等。

（5）财政部确定征税的其他凭证。

对在我国境内书立、领受上述凭证的行为应依法征收印花税；上述范围之外的凭证为非应税凭证，不属于印花税的课征范围。

根据税法规定，税务筹划主体在经济活动中应注意划分应税凭证与非应税凭证的界限，将两类不同的凭证分开书立或记载，避免由于混淆应税与非应税业务而承受不必要的税收负担。在此基础上，还应通过合理计算、确定两类不同经济事项的金额，进一步减少应纳税额。

【实例 5-11】

某航空公司承接某电影摄制组的人员与服装、道具、摄影器材等货物的包机运输业务，双方商定的运费金额为 36 万元，并起草了运输合同。由于该合同对客、货运输费用金额未分别记载，按照税法规定，应就运费总金额依照 5‰的税率计算缴纳印花税。应纳税额为：

360 000×5‰＝180（元）

经双方研究决定，对合同草案进行修订，在运费总金额不变的情况下，将货运费用按照最低价格标准确定为 6 万元，其余 30 万元确定为客运费用，并正式签订了合同。这样，应纳印花税税额变为：

60 000×5‰＝30（元）

双方各比按原定方案签订合同少缴纳印花税 150 元。

【相关链接 5-8】

税法规定，既有货物运输又有客运的包机运输合同，分别记载金额的，只对货物运输部分征收印花税。如果客、货运输不能分开计算，应按全额计算缴纳印花税。

2）合理划分适用不同税率的经济事项金额，实现税务筹划

《中华人民共和国印花税暂行条例实施细则》规定，同一应税凭证，因记载有两个或者两个以上经济事项而适用不同税目税率，如果分别记载金额的，应分别计算应纳税额，相加后按合计税额纳税；如果未分别记载金额的，应就全部金额，按高税率计算纳税。根据这一规定，税务筹划主体在书立此种应税凭证时，应当分别记载适用不同税目、税率的经济事项的金额，并在总金额既定的前提下，在合理的限度内尽量从低计算适用高税率经济事项的金额 ，以降低税收负担。

【实例 5-12】

某物流公司与某食品公司商定，长期为其提供仓储、运输服务，并按年度签订合同。2014 年度拟订的合同总金额为 60 万元。税法规定，仓储保管合同适用的印花税税率为 1‰；货物运输合同适用的印花税税率为 5‰。如果该合同不分别记载两类不同业务的金额，应就合同总金额，全部按照仓储保管合同适用税率计算缴纳印花税，应纳税额为：

600 000×1‰＝600（元）

而如果在合同中分别记载两类业务的金额，则按其各自适用的税率计算缴纳印花税，肯定会降低税收负担。经筹划，决定对仓储保管费用按最优惠价格标准计算，金额为 25 万元；运输费用金额为 35 万元。应纳印花税税额变为：

250 000×1‰+350 000×0. 5‰＝250+175＝425（元）

此项业务通过压低仓储保管费金额不仅能够使物流公司和食品公司双方各少纳印花税 175 元，而且可以降低物流公司的营业税负担。因为仓储业使用的营业税税

率为 5%，而交通运输业适用的营业税税率仅为 3%。

【实例 5-13】

某石油专用管材制造公司受托为某油田加工定制一批石油套管。双方商定，合同总金额为 280 万元。其中，由受托方提供部分原材料，价值 235 万元；加工费为 45 万元。税法规定，由受托方提供原材料的加工、定作合同，凡在合同中分别记载加工费金额与原材料金额的，应分别按"加工承揽合同"、"购销合同"计税，两项税额相加，即为应纳印花税税额；如果合同中不划分加工费与原材料金额，应就全部金额，按"加工承揽合同"计税。购销合同适用的印花税税率为 3‰；加工承揽合同适用的印花税税率为 5‰。由于加工承揽合同的税收负担高于购销合同，因而，双方在订立合同时不仅应分别记载两类不同经济业务的金额，而且应当在合同总金额不变的情况下，尽可能压低加工费金额。

3）签订"无金额合同"进行税务筹划

税法规定，有些合同在签订时无法确定计税金额的，可在签订时先按照定额税率缴纳 5 元印花税，待以后结算时，再按实际金额和适用税目、税率计税，并补贴印花税票。由于按照税法的一般规定，合同是应当在签订时贴花纳税的，因此，某些合同如果采取此种方式签订，就可以收到推迟纳税时间的效果。

【实例 5-14】

某公司将一间 5 000 平方米的厂房出租给某商场作仓库。双方议定的租金标准为每平方米 0.5 元/天，租期为 1 年，每月 10 日前缴清当月租金。如果租赁合同中载明租期，全年应纳印花税税额为：

$5\,000 \times 0.5 \times 365 \times 1‰ = 912.5$（元）

公司应在签订合同时一次缴足税款。

如果在合同中只规定每平方米厂房的日租金标准，不载明租期，则可以在签订合同时先按定额税率粘贴 5 元的印花税票，待以后每月结算租金时，再按实际结算金额计算补缴印花税。

4）合理压缩合同记载金额进行税务筹划

税法规定，纳税人应在签订合同时按合同所记载的金额计算缴纳印花税。对于已经履行并缴纳印花税的合同，实际结算金额与合同所载金额不一致的，如果因实际结算金额小于合同所载金额而多缴纳了印花税，纳税人不得申请退税或抵税；如果因实际结算金额大于合同所载金额而少缴纳了印花税，一般也不再补缴。税务筹划主体可利用这一规定，在签订某些合同时，在合理的限度内，尽可能地压低合同记载金额，以达到节税的目的。

【实例 5-15】

某石油专用管材制造公司与某油田达成协议，销售给油田 10 000 吨石油套管。当时制造石油套管所用钢材的价格正呈上涨趋势，由于该合同涉及产品批量较大，生产周期较长，生产成本会因受钢材价格影响而相应上升。双方在签订购销合同时，面临两种选择：一种方案是在签订合同时考虑原材料价格变动因素，适当提高产品价格；另一种方案是在签订合同时先依据当时的成本水平确定产品价格，待履行合同、分批交货进行结算时，再按各批次产品所用原材料的价格变动情况调整产品价格。购销双方如果选择第二种方案，合同所载金额显然会小于第一种方案。印花税负担自然也会相应降低。

5）合理选择借款方式进行税务筹划

一些税务筹划主体由于生产经营活动的季节性特点，在一年当中的各个不同时期对流动资金的需求量不尽相同。它们在生产经营的旺季需要向金融机构大量借款，而在淡季时由于资金占用量下降会归还大部分甚至全部贷款，当生产经营旺季再度到来时还要重新举债。如果每次借款时借贷双方都重新签订合同，应分别就每件合同所记载的借款金额计算缴纳印花税。而按照税法规定，对此类流动资金周转性借款，如果按年（期）签订借款合同，规定借款最高限额，在签订借款合同时，应按合同规定的最高借款限额计算缴纳印花税。在合同期内，贷款可随借随还，再借款时只要不超过合同规定的最高限额，不签订新合同，就不需另缴印花税。因此，企业如果能够选择这种“定期、限额”借款方式，肯定比采用一般短期借款方式少缴印花税。

6）利用税收优惠规定进行税务筹划

《中华人民共和国印花税暂行条例》规定，下列凭证免缴印花税：

（1）缴纳印花税的凭证的副本或者抄本，因其对外不发生法律效力，仅备存查之用，免缴印花税；但若是以副本或者抄本视同正式文本使用的，应照章纳税。

（2）财产所有人将财产赠给政府、社会福利单位或学校，属于财产所有人对社会做出的无偿捐赠。为对这种行为进行鼓励，对其所立的书据，免纳印花税。

（3）经财政部批准免税的其他凭证，免缴印花税。具体内容主要包括：①国家指定的收购部门与村民委员会、农民个人书立的农副产品收购合同；②无息、贴息贷款合同；③外国政府或者国际金融组织向我国政府及国家金融机构提供优惠贷款所书立的合同；④房地产管理部门与个人签订的用于生活居住的房屋租赁合同；⑤军事物资、抢险救灾物资和铁路临管线运输新建铁路所需物资的运输凭证；⑥铁路、公路、航运、水路承运快件行李、包裹开具的托运单据，以及货物运输的定额运费报销凭证等。

就一般税种而言，利用税收优惠政策是税务筹划的一种重要方法。但从上述规定不难看出，印花税的优惠政策对纳税人身份和经济事项内容的限定条件都非常严格，其中大多数条件对一般税务筹划主体来说是可遇而不可求的。加之印花税税负低微，虑及税务筹划的成本因素，使得利用税收优惠规定进行该税种税务筹划的运作空间十分有限。当然这并不意味着税务筹划主体对此完全无能为力。例如，国家金融机构在境外融资时积极寻求外国政府和国际金融组织的优惠贷款；企、事业单位和个人利用某些财政、金融优惠政策举借无息、贴息贷款等经营策略，都能够取得节省印花税的效果。

5.3.2　城市维护建设税的税务筹划

城市维护建设税是政府为了筹集城市和乡镇维护建设资金而对缴纳消费税、增值税和营业税的纳税人，以其实际缴纳的消费税、增值税、营业税税额为计税依据课征的一种税。

城市维护建设税的税务筹划主要取决于企业在投资、经营环节对投资方式、经营业务内容、经营地点和经营形式的选择。其税务筹划的基本途径有：

1）合理选择生产经营内容进行税务筹划

城市维护建设税是由税收附加演化而来的，其本身没有独立的征税对象，而以纳税人缴纳的消费税、增值税、营业税税额为计税依据，并分别与这三种流转税同时缴纳。单位和个人是否须缴纳城市维护建设税，以及税基大小、税负水平高低，主要取决于其生产经营内容及由此而决定的上述三种流转税的纳税义务状况。一个企业如果从事消费税、增值税、营业税免税业务的生产、经营，就不存在城市维护建设税的计税依据，因而能够享受免征城市维护建设税的待遇；如果从事享受减征这三种流转税的业务，同时也会按照相同的比例享受减征城市维护建设税的税收优惠待遇。因此，企业在投资决策环节，可以通过合理选择生产经营内容来实现城市维护建设税的税务筹划，即凡是能够用以减轻和规避消费税、增值税、营业税税收负担的方法，同时也都是城市维护建设税的税务筹划手段。

2）合理选择经营地点进行税务筹划

城市维护建设税采用地区差别比例税率。它根据不同地区纳税人受益于城市公用设施的不同程度，本着“多受益者多负担，少受益者少负担”的原则，分别对城市、县城和乡镇以及其他地区的纳税人规定了高低不等的三档比例税率。

依据这一规定，在不影响其总体经济效益的前提下，可考虑采取将企业设立在低税率区域的办法实现城市维护建设税的税务筹划。鉴于房产税和城镇土地使用税征收范围在地域上的局限性，以及城镇土地使用税的税收负担在不同地区间分布的差异性，纳税人可将城市维护建设税与房产税和城镇土地使用税的税务筹划统筹加以考虑。

3）合理选择经营方式进行税务筹划

城市维护建设税作为一种地方税，在其征收管理方面地方政府有一定的“自由裁量权”。《中华人民共和国城市维护建设税暂行条例》规定，个体商贩及个人在集市上出售商品，对其征收临时经营的增值税是否同时按其实缴税额征收城市维护建设税，由各省、自治区、直辖市人民政府根据实际情况确定。针对此项规定，在那些规定对在集市上出售商品的个体商贩和个人不征收城市维护建设税的地区，某些个体商贩和个人有可能通过选择经营方式和经营场所实现城市维护建设税的税务筹划。

【实例 5-16】

某省政府规定对个体商贩和个人在集市上销售商品免征城市维护建设税。该省的某个体商贩原在城市里租赁门店从事服装、鞋帽销售业务，由于房租费等经营费用开支较大，且须就应纳增值税额按7%的税率缴纳城市维护建设税，经营比较困难。后经进行筹划，决定退掉租赁的门店房，采取流动经营方式，在集市上销售商品。这样，不仅降低了费用开支，而且免除了城市维护建设税负担。

[总结与结论]

财产税、资源占用税和行为税是我国现行税制不可或缺的组成部分，也是影响各类经济主体税收负担的不可忽视的因素。作为国家税制体系中的辅助税和地方税，与流转税、所得税等主体税相比，财产税、资源占用税和行为税制度具有更多的灵活性和地方性差异，其税收优惠政策内容也比较丰富。这些特征无疑为税务筹划提供了空间。税务筹划主体应从自身实际情况出发，认真研究、分析税法规定，依照税务筹划的基本原则，采取适当的技术方法，开展财产税、资源占用税和行为税各税种的税务筹划。在这三类税收的筹划活动中，应注意对不同税种的筹划加以统筹考虑，特别是应与流转税、所得税等各主体税种的筹划统筹兼顾，切不可顾此失彼。此外，由于这些税种的税收负担相对低微，还应对其税务筹划的收益与成本进行比较、权衡，做出合理的选择。

[练习题库]

★ 案例分析题

案例1

某食品公司计划投资建立一个蔬菜加工厂，该厂主要以省城为产品销售地，以毗邻省城的某县农村为原料基地，其厂址无论选在省城还是选在农村，对生产与销售均无明显不同影响。如果从房产税、城镇土地使用税和城市维护建设税税务筹划综合考虑，食品公司应如何为该蔬菜加工厂选址？理由何在？

案例2

张某现有一套住宅，欲转让给女儿，但又想规避契税。你认为有哪些方法可帮助其实现自己的愿望？

★ 思考题

1. 试述财产税的税务筹划特点。
2. 试述资源占用税的税务筹划特点。
3. 试述行为税的税务筹划特点。

第6章

企业投资的税务筹划

[学习目标]

学完本章后，应当掌握：

1. 企业组织形式的税务筹划；
2. 企业投资结构的税务筹划；
3. 企业投资规模的税务筹划；
4. 企业投资决策的税务筹划。

投资是指投资主体以获得未来预期收益为目的，而将货币资金、物资、土地、劳力、技术及其他生产要素投入社会再生产过程，进而形成资产，以生产、经营各种盈利性和非盈利性事业的经济活动或交易行为。企业投资的目的主要是为了维持企业的生存和发展，以提升企业的资产价值，增强企业的综合实力。企业投资的范围很广，种类很多，可以从不同角度进行分类。按投资的方式划分，企业投资可分为直接投资和间接投资两类，如图6-1所示。

- 企业投资
  - 直接投资
    - 对内投资
      - 长期投资
        - 固定资产投资
        - 无形资产投资
      - 短期投资
        - 存货投资
        - 应收账款投资
    - 对外投资
      - 创建新企业
      - 购并投资
        - 联营投资
        - 兼并其他企业
        - 收购其他企业
      - 企业分立
  - 间接投资
    - 股票投资
    - 债券投资
    - 其他间接投资

图6-1　企业投资的分类

直接投资中的短期投资在第7章中讨论，购并投资和企业分立在第8章讨论。本章主要探讨直接投资中长期投资和创建新企业的税务筹划，并简单介绍间接投资的税务筹划。

● 6.1 企业组织形式的税务筹划

6.1.1 企业设立时组织形式的筹划

1）个人独资企业、合伙企业与公司企业的选择

个人独资企业特指依照法律在我国境内设立的，由一个自然人投资，财产为投资人所有，投资人以其个人财产对企业债务承担无限责任的经营实体。按照这一限定，我国的个人独资企业包括自然人独资的私营企业和个体工商户中部分一人投资、有固定经营场所且常年经营的个体经营单位。对于个人独资企业，各国的税收政策有所不同。有些国家对个人独资企业征收个人所得税，有些国家对个人独资企业征收公司（企业）所得税，有些国家允许个人独资企业在一定情况下在公司（企业）所得税或个人所得税中进行选择。我国对个人独资企业从2000年1月1日起，比照个体工商户的生产、经营所得，只征收个人所得税，适用五级超额累进税率。

国际上一般将合伙企业划分为普通合伙企业、有限责任合伙企业和股份有限责任合伙企业三种。《中华人民共和国合伙企业法》规定的合伙企业分为普通合伙企业、有限合伙企业，在其名称中不得使用“有限”或“有限责任”的字样。对于普通合伙企业，各国的税收政策是不一样的。有些国家对合伙企业征收企业所得税，同时对企业合伙人视同公司股东征收个人所得税，但大部分国家对合伙企业一般不征收企业所得税，而是分别对各合伙人从合伙企业分得的利润征收个人所得税，我国也是如此。对合伙企业的各合伙人课征个人所得税时，同个人独资企业一样，比照个体工商户生产、经营所得进行。在计征应纳个人所得税时，允许比照企业所得税应纳税所得额计算方法，扣除与其经营所得有关的成本、费用以及损失等，计算其应纳税所得额。

公司有无限责任公司、两合公司、有限责任两合公司、股份两合公司、股份有限两合公司、有限责任公司、股份有限责任公司等几种具体的组织形式。《中华人民共和国公司法》规定在我国境内设立的公司为有限责任公司和股份有限公司。有限责任公司，其股东以其出资额为限对公司承担责任，公司以其全部资产对公司的债务承担责任，一般由50个以下的股东共同出资设立。另外，国家授权的机构或国家授权的部门可以单独投资设立国有独资的有限责任公司，即国有独资公司。股份有限公司，其全部资本分为等额股份，股东以其所持股份为限对公司承担责任，公司以其全部资产对公司的债务承担责任。无论是股份有限公司，还是有限责任公司或国有独资公司，作为企业法人，我国税法都做了统一的规定。企业要在做了相应的扣除和调整后的应纳税所得额的基础上计算、缴纳企

业所得税。同时，对于有限责任公司和股份有限公司，如果向自然人投资者分配股利或红利，还要代扣这些投资人的个人所得税（投资个人分回的股利、红利，税法规定适用 20% 的比例税率）。也就是说，公司企业要分别负担企业所得税和投资个人的个人所得税。

由于我国税法规定对于个人独资企业和合伙企业征收个人所得税，不征收企业所得税，而对于公司企业，既要征收企业所得税又要征收个人所得税，因此，企业设立时组织形式的税务筹划与选择，实际上是在公司企业与合伙企业（或个人独资企业）之间进行选择和筹划。

Scholes 构建了一个模型比较合伙企业或独资企业与公司的税后收益。①

该模型假定：

（1）公司的税前收益率为 R_c，合伙企业的税前收益率为 R_p。由于存在非税因素，合伙企业较公司的成本更高。在缴纳公司所得税之后、股东个人所得税之前，公司的收益率为 r_c，且 $r_c = R_c(1-t_c)$。合伙企业缴纳个人所得税之前的收益率为 r_p，且 $r_p = R_p(1-t_p)$。假定 R_c 和 R_p 在不同时期均保持不变。

（2）该项目持续经营 n 年，n 年后组织清算，中间产生的税后收益均不分配，均以其税前年收益率再投资于经营活动。

如果项目是在合伙企业中实施，当取得收入的时候，合伙人以 t_p 的年边际税率支付税收。合伙人 1 元的原始投资的税后累计收入为：

$$[1+R_p(1-t_p)]^n$$

如果项目是在公司实施，当公司清算或当股东出售股票的时候，股东的资本利得税率为 t_{cg}。除股东层次税收外，公司每年按 t_c 的税率就其税前收益 R 课税。考虑公司层次及股东层次的年度税收，投入到公司的 1 美元的税后累计收入为：

$$[1+R_c(1-t_c)]^n - t_{cg}\{[1+R_c(1-t_c)]^n - 1\}$$

前半部分表示公司清算（或股份出售）的收入，后半部分表示股东层次上对公司清算（或售出时）应予以支付的税款。经整理后为：

$$[1+R_c(1-t_c)]^n(1-t_{cg})+t_{cg}$$

假定公司层次的税后收益率为 r_c^* 时，公司与合伙企业形式的税务筹划没有差异，也就是此时投资公司的股票的税后收益率等于以合伙企业形式实施同等投资的税后收益率。

则：

$$[1+R_c(1-t_c)]^n(1-t_{cg})+t_{cg} = [1+R_p(1-t_p)]^n$$

得出：

$$r_c^* = \left[\frac{(1+r_p)^n - t_{cg}}{1-t_{cg}}\right]^{1/n} - 1$$

r_c^* 受以下四个因素的影响：普通税率、公司税率、股东层次的税收支付、投

---

① 斯科尔斯，等. 税收与企业战略：筹划方法［M］. 张雁翎，主译. 北京：中国财政经济出版社，2004.

资年限长度。但从税收角度来看，如果公司层次的税后收益率大于 r_c，则投资者选择公司形式更合适；如果公司层次的税后收益率小于 r_c，则投资者选择个人独资或合伙形式更合适。

一般来说，企业设立在公司与合伙（或独资）等不同组织形式之间进行筹划和选择时，还应考虑以下问题：

（1）在比较不同企业组织形式的税负大小时，不能仅看名义上的差别，更重要的是看实际上的差别。要比较合伙制和公司制的税基、税率结构，以及企业盈利水平、股利分配政策、合伙人数多少、税收征管方式和税收优惠待遇等多种因素，因为综合税负是多种因素起作用的结果，不能只考虑一种因素，以偏概全。例如，公司制企业在某些地区或行业会享有个人独资企业及合伙企业所不能享有的税收优惠政策。在进行具体税务筹划操作时，必须把这些因素考虑进去，然后从总额上考察实际税收负担的大小。

（2）在合伙企业构成中如果既有本国居民，也有外国居民，则出现合伙制跨国现象。在这种情况下，合伙人由于居民身份国别的不同，税负将出现差异。

【实例 6-1】

某企业预计每年可获盈利 500 000 元，企业在设立时有两个方案可供选择。

方案 1：有 4 个合伙人，每人出资 400 000 元，订立合伙协议，设立合伙企业。

方案 2：设立有限责任公司，注册资本 1 600 000 元。

以上两个方案的纳税情况分析如下：

如果采用方案 1，4 个合伙人每人需缴纳个人所得税 29 000 元（500 000÷4×35%－14 750），4 个合伙人合计纳税 116 000 元（29 000×4）。

如果采用方案 2，假设公司税后利润全部作为股利平均分配给 4 个投资者，则公司需缴纳企业所得税 125 000 元（500 000×25%），4 个股东每人还需缴纳个人所得税 18 750 元，共计 75 000 元。两税合计共需缴纳 200 000 元。

与方案 2 相比，方案 1 少负担所得税 84 000 元。因此，若只考虑税负因素，投资者应选择合伙企业组织形式。当然，在进行税务筹划时，不应抛开企业的经营风险、经营规模、管理模式及筹资金额等因素单纯地讨论税收负担的大小，而应综合各方面的因素，加以权衡，进而决定所投资的企业的组织形式。例如，公司制企业虽然是双重纳税，但其投资者承担有限责任。在法律环境方面，公司制企业有完善的法律体系做保证。与合伙企业相比，投资者能更为有效地控制公司的运转，参与公司决策。另外，公司制企业还具有融资优势。完善的资本市场使其资本具有流动性，高要求的市场准入机制对投资者来说也是一个有力的保障。

2）一般纳税人与小规模纳税人的选择

增值税法规对一般纳税人和小规模纳税人的划分采取了经营规模大小的标准及会计核算健全与否的标准，还允许一般纳税人对某些特定货物和应税服务既可以按照一般纳税人的规定计算缴纳增值税，也可以采取简易纳税方法，按照不含税销售额乘以 3% 的征收率计算缴纳增值税，实质上身份等同于小规模纳税人，但要求所选择的计算缴纳增值税的办法至少 36 个月内不得变更。如果市场供不应求，供应有充分弹性而需求没有弹性，纳税人可以通过将应纳的增值税加到销售价格中，将增值税完全转嫁出去，这样企业就无须进行一般纳税人和小规模纳税人的筹划选择。这种绝对的情况通常是不存在的。因为受到市场条件的限制，提高价格很可能会使企业在市场竞争中处于不利地位，所以增值税客观上存在着一部分不可转嫁的税负，要由纳税人自己承担。由于两类纳税人的适用税率和征税方法不同，两类纳税人承担的税负也不同，企业便可以合理选择纳税人身份，减轻企业的税负。

由于小规模纳税人不能抵扣进项税额，其进项税额只能计入成本，因此，一般认为小规模纳税人的税负重于一般纳税人，但实际并非如此。企业可以通过增值率法、抵扣率法或成本利润率法等方法，事先从不同角度计算两类纳税人的税负平衡点，合理选择纳税人身份，进行税务筹划。当纳税人增值率小于税负平衡点的增值率、抵扣率大于税负平衡点的抵扣率、成本利润率小于税负平衡点的成本利润率时，小规模纳税人的税负重于一般纳税人；反之则一般纳税人的税负重于小规模纳税人。

【实例 6-2】

某音像产品制作公司某年 7 月 1 日设立，7—12 月份的经营情况预测如下：

7、8 月份，应纳增值税销售额均为 18 万元，可抵扣进项税额均为 0.3 万元；

9、10 月份，应纳增值税销售额均为 21 万元，可抵扣进项税额均为 0.5 万元；

11、12 月份，应纳增值税销售额均为 23 万元，可抵扣进项税额均为 0.65 万元。

若公司按一般纳税人身份纳税，则 7—12 月份应纳增值税额计算如下：

$(18\times2+21\times2+23\times2)\times17\%-(0.3\times2+0.5\times2+0.65\times2)=18.18$（万元）

若公司按小规模纳税人身份纳税，则 7—12 月份应纳增值税额计算如下：

$(18\times2+21\times2+23\times2)\times3\%=3.72$（万元）

由于公司产品所需原材料较少，公司增值率和成本利润率较高，抵扣率较低，按小规模纳税人身份纳税比按一般纳税人身份纳税可节约税款 14.46 万元。

企业在选择纳税人身份时应当注意：企业产品的性质和客户的要求决定着增值税专用发票的使用，客户从一般纳税人购货或接受应税劳务和应税服务，可以取得税率为 17%、13%、11% 或 6% 的增值税专用发票，从小规模纳税人购货可以取得由税务局按 3% 的征收率代开的专用发票，这样就使小规模纳税人的销售受到影响。从企业未来发展的角度，必须扩大生产经营规模，才能在市场竞争中取得优势。根据税法规定，对符合一般纳税人条件，但不申请办理一般纳税人认定手续的纳税人，应按照销售额依照增值税税率计算应纳税额，不得抵扣进项税额，也不得使用增值税专用发票。所以，纳税人只要具备了一般纳税人条件就必须办理一般纳税人资格认定，否则就不能按小规模纳税人征收率计算税款，而必须按照 17%、13%、11% 或 6% 的税率直接计算应纳增值税额。

6.1.2 企业扩张时组织形式的筹划——子公司与分公司的选择

企业为了扩大生产规模，或开拓销售市场，或稳定供货渠道等原因，往往需要增设分支机构。这时应对分支机构的形式做出选择：设分公司还是子公司？

当一个公司拥有另一个公司一定比例以上的股份，并足以控制另一个公司时，该公司即为母公司，受控制的公司即为子公司。就法律地位而言，子公司与母公司均为各自独立的法人，各自以其名义独立对外进行经营活动。在财产责任上，母公司与子公司各自以其独立的财产承担责任，互不连带。母公司在控股权基础上对子公司行使权利，享有对子公司重大事务的决定权，实际上控制子公司的经营。一般而言，作为独立法人的子公司，在税务筹划中有如下优点：

（1）子公司可享有东道国给其居民公司同等的优惠待遇，单独享受税收的减免、退税等权利。

（2）东道国适用税率低于居住国时，子公司的累积利润可得到递延纳税的好处。

（3）许多国家允许在境内的企业集团内部公司之间的盈亏互抵，子公司可以加入某一集团，以实现整体利益上的税务筹划。

（4）子公司向母公司支付的诸如特许权使用费、利息、其他间接费等，要比分公司向总公司支付更容易得到税务当局的认可。

（5）子公司利润汇回母公司要比分公司汇回总公司灵活得多，母公司的投资所得、资本利得可以保留在子公司，或者可以选择税负较轻的时候汇回，得到额外的税收利益。

（6）母公司转售境外子公司的股票利得通常可享有免税照顾，而出售分公司资产取得的资本利得要被征税。

（7）许多国家对子公司向母公司支付的股息，规定减征或免征预提税。

（8）某些国家子公司适用的所得税税率比分公司低。

由于母、子公司分别是两个资产相互独立的法人，一般情况下各项税收的计算、缴纳，子公司均独立于母公司，这样，子公司的亏损是不能冲抵母公司利润的。在进行税务筹划时，这一点是设立子公司的不利之处。

按照公司分支机构的设置和管辖关系，可将公司分为总公司和分公司。总公司是指依法首先设立的管辖全部组织的总机构，分公司则是指受总公司管辖的分支机构。分公司可以有自己的名称，但没有法人资格，没有独立的财产，其经营活动所有后果由总公司承担。设立分公司，在税务筹划中有如下优点：

（1）设立子公司要按照国家法律办理很多手续，并且需要具备一定的条件，在公司成立时需要缴纳一笔注册登记资金或印花税，开业以后还要接受当地政府管理部门的监督；设立分公司的手续相对比较简单，许多国家一般不要求分公司在从事业务活动前缴纳注册登记资金，总公司拥有分公司的资本，在东道国通常也不必缴纳资本税或印花税。

（2）分公司交付给总公司的利润通常不必缴纳预提税。

（3）在经营初期，企业往往出现亏损，分公司的亏损可以冲抵总公司的利润，减轻税收负担。

（4）分公司与总公司之间的资本转移，因不涉及所有权变动，不必缴纳税款。

综上所述，子公司和分公司各有利弊，不可一概而论。企业在选择分支机构的形式时，需要综合考虑分支机构的经营情况以及总机构与分支机构所享受的税收优惠的差异等各项因素。

1）总机构与分支机构不存在税收优惠时

【实例 6-3】

甲公司经营情况良好，准备扩大规模，增设一分支机构乙公司。甲公司和乙公司均适用 25% 的所得税税率。假设分支机构设立后 5 年内经营情况预测如下：

（1）甲公司 5 年内每年均盈利，每年应纳税所得额为 200 万元。乙公司经营初期亏损，5 年内的应纳税所得额分别为：−50 万元、−15 万元、10 万元、30 万元、80 万元。经营情况表见表 6-1。

表 6-1　**经营情况表（一）**　单位：万元

年份		第一年	第二年	第三年	第四年	第五年	合计
甲公司应纳税所得额		200	200	200	200	200	1 000
乙公司应纳税所得额		−50	−15	10	30	80	55
乙公司为分公司	企业集团应纳税所得额	150	185	210	230	280	1 055
	企业集团应纳税额	37.5	46.25	52.5	57.5	70	263.75
乙公司为子公司	乙公司应纳税额	0	0	0	0	13.75	13.75
	企业集团应纳税额	50	50	50	50	63.75	263.75

（2）甲公司 5 年内每年均盈利，每年应纳税所得额为 200 万元。乙公司 5 年内也都是盈利，应纳税所得额分别为：15 万元、20 万元、40 万元、60 万元、80 万元。经营情况表见表 6-2。

（3）甲公司在分支机构设立后前两年亏损，5 年内的应纳税所得额分别为：−50万元、−30 万元、100 万元、150 万元、200 万元。乙公司 5 年内都是盈利，应纳税所得额分别为：15 万元、20 万元、40 万元、60 万元、80 万元。经营情况表见表 6-3。

（4）甲公司在分支机构设立后前两年亏损，5 年内的应纳税所得额分别为：−50万元、−30 万元、100 万元、150 万元、200 万元。乙公司经营初期亏损，5 年内的应纳税所得额分别为：−50 万元、−15 万元、10 万元、30 万元、80 万元。经营情况表见表 6-4。

表 6-2 经营情况表（二） 单位：万元

年份		第一年	第二年	第三年	第四年	第五年	合计
甲公司应纳税所得额		200	200	200	200	200	1 000
乙公司应纳税所得额		15	20	40	60	80	215
乙公司为分公司	企业集团应纳税所得额	215	220	240	260	280	1 215
	企业集团应纳税额	53.75	55	60	65	70	303.75
乙公司为子公司	乙公司应纳税额	3.75	5	10	15	20	53.75
	企业集团应纳税额	53.75	55	60	65	70	303.75

表 6-3 经营情况表（三） 单位：万元

年份		第一年	第二年	第三年	第四年	第五年	合计
甲公司应纳税所得额		-50	-30	100	150	200	370
乙公司应纳税所得额		15	20	40	60	80	215
乙公司为分公司	企业集团应纳税所得额	-35	-10	95	210	280	585
	企业集团应纳税额	0	0	23.75	52.5	70	146.25
乙公司为子公司	乙公司应纳税额	3.75	5	10	15	20	53.75
	企业集团应纳税额	3.75	5	15	52.5	70	146.25

第（1）种情况下，当总机构盈利，而分支机构开办初期有亏损时，从表 6-1 可以看出，虽然两种方式下企业集团应纳税额在 5 年内均为 263.75 万元，但采用分公司形式在第一年、第二年纳税较少，可以推迟纳税，缓解企业资金紧张。在这种情况下，宜采用分公司形式。

第（2）种情况下，当总机构和分支机构均有盈利时，从表 6-2 可以看出，采用分公司形式或子公司形式对企业集团应纳所得税没有影响。这时企业可以考虑其他因素，如分支机构是否便于管理、客户对分支机构的信赖程度等情况，以决定分支机构形式。

表 6-4　**经营情况表（四）**　单位：万元

<table>
<tr><th colspan="2">年份</th><th>第一年</th><th>第二年</th><th>第三年</th><th>第四年</th><th>第五年</th><th>合计</th></tr>
<tr><td colspan="2">甲公司应纳税所得额</td><td>-50</td><td>-30</td><td>100</td><td>150</td><td>200</td><td>370</td></tr>
<tr><td colspan="2">乙公司应纳税所得额</td><td>-50</td><td>-15</td><td>10</td><td>30</td><td>80</td><td>55</td></tr>
<tr><td rowspan="2">乙公司为分公司</td><td>企业集团应纳税所得额</td><td>-100</td><td>-45</td><td>0</td><td>145</td><td>280</td><td>425</td></tr>
<tr><td>企业集团应纳税额</td><td>0</td><td>0</td><td>0</td><td>36.25</td><td>70</td><td>106.25</td></tr>
<tr><td rowspan="2">乙公司为子公司</td><td>乙公司应纳税额</td><td>0</td><td>0</td><td>0</td><td>0</td><td>13.75</td><td>13.75</td></tr>
<tr><td>企业集团应纳税额</td><td>0</td><td>0</td><td>5</td><td>37.5</td><td>63.75</td><td>106.25</td></tr>
</table>

第（3）种情况下，当在分支机构设立初期总机构亏损，而分支机构盈利时，从表 6-3 可以看出，采用分公司形式和子公司形式虽然在 5 年内应纳税总额相等，但采用分公司形式可以使总机构在初期的亏损与分公司之间的盈利相互冲抵，使企业集团在第一年、第二年的应纳税额为 0，起到了推迟纳税的作用。

第（4）种情况下，当总机构和分支机构在分支机构设立初期均为亏损时，从表 6-4 可以看出，采用分公司形式同样能起到推迟纳税的作用。

以上分析表明，当总机构和分支机构不享受税收优惠时，无论总机构和分支机构是盈利还是亏损，企业集团采用分公司形式或子公司形式的应纳税总额都是相同的。但在某些情况下，采用分公司形式可以充分利用亏损结转优惠政策，使企业集团推迟纳税，从资金的时间价值角度考虑，应采用分公司形式。

2）总机构与分支机构存在税收优惠时

当总机构与分支机构存在税收优惠时，由于子公司具有单独享受税收优惠的权利，企业在设立分支机构时，应将母公司享受的税收优惠与子公司享受的税收优惠进行比较，如果子公司能享受的税收优惠政策优于母公司，企业的分支机构应设立为子公司；反之，则设立为分公司。

【实例 6-4】

甲公司由于经营情况良好，准备扩大生产规模，增设一分支机构乙公司。有关情况预测如下（假设子公司不进行利润分配）：

（1）甲公司是国家需要重点扶持的高新技术企业，按 15% 的税率缴纳企业所得税，在增设分支机构后 5 年内均盈利，每年应纳税所得额为 200 万元。增设的分支机构乙公司在开办初期 5 年内的应纳税所得额分别为：-50 万元、-15 万元、10 万元、30 万元、80 万元。经营情况预测表见表 6-5。

表 6-5　　**经营情况预测表（一）**　　单位：万元

年份		第一年	第二年	第三年	第四年	第五年	合计
甲公司应纳税所得额		200	200	200	200	200	1 000
乙公司应纳税所得额		-50	-15	10	30	80	55
乙公司为分公司（税率15%）	企业集团应纳税所得额	150	185	210	230	280	1 055
	企业集团应纳税额	22.5	27.75	31.5	34.5	42	158.25
乙公司为子公司（税率25%）	乙公司应纳税额	0	0	0	0	13.75	13.75
	企业集团应纳税额	30	30	30	30	43.75	163.75
乙公司为子公司（税率15%）	乙公司应纳税额	0	0	0	0	8.25	8.25
	企业集团应纳税额	30	30	30	30	38.25	158.25

（2）甲公司不属于国家需要重点扶持的高新技术企业，按25%的税率缴纳企业所得税，在增设分支机构后5年内均盈利，每年应纳税所得额为200万元。增设的分支机构乙公司属于国家需要重点扶持的高新技术企业，适用15%的所得税税率，在开办初期5年内的应纳税所得额分别为：15万元、20万元、40万元、60万元、80万元。经营情况预测表见表6-6。

表 6-6　　**经营情况预测表（二）**　　单位：万元

年份		第一年	第二年	第三年	第四年	第五年	合计
甲公司应纳税所得额		200	200	200	200	200	1 000
乙公司应纳税所得额		15	20	40	60	80	215
乙公司为分公司	企业集团应纳税所得额	215	220	240	260	280	1 215
	企业集团应纳税额	53.75	55	60	65	70	303.75
乙公司为子公司	乙公司应纳税额	2.25	3	6	9	12	32.25
	企业集团应纳税额	52.25	53	56	59	62	282.25

第（1）种情况下，无论乙公司是否被认定为国家需要重点扶持的高新技术企

业，无论适用 25%的所得税税率还是适用 15%的所得税税率，乙公司享受的税收优惠政策同甲公司相同，或少于甲公司。在这种情况下，从表 6-5 可以看出，当乙公司适用 25%的所得税税率时，采用子公司形式使企业集团应纳税总额比采用分公司形式多 5.5 万元（163.75-158.25），因此应采用分公司形式；当乙公司适用 15%的所得税税率时，采用子公司形式和采用分公司形式的应纳税总额相等，均为 158.25 万元，但采用分公司形式在第一年和第二年可以少纳税款，起到了推迟纳税的作用，因此也应采用分公司形式。

第（2）种情况下，增设的分支机构乙公司属于国家需要重点扶持的高新技术企业，适用 15%的所得税税率，享受的税收优惠政策优于甲公司，从表 6-6 可以看出，采用子公司形式可以使企业集团少纳税款 21.5 万元（303.75-282.25），因此应采用子公司形式。

总体来说，设立子公司与设立分公司的节税利益孰高孰低并不是绝对的，它受国家税制、纳税人经营状况及企业内部利润分配政策等多重因素影响。一般来说，当分支机构的营业活动处于初始阶段时，发生亏损的可能性比较大，应在外地设立一个分公司，使分支机构的开业亏损能在汇总纳税时减轻总公司的税收负担。此后，当生产步入正轨、产品打开销路、营业活动开始盈利时，可以考虑组建子公司，以享受子公司在其他税收规定上享有的优惠。当然，在实际税务筹划过程中，往往需要综合分析、比较各方面因素后，才能对设立分支机构的组织形式做出适当的选择。

● 6.2　企业投资结构的税务筹划

投资结构是指一定时期内投资总体中各要素之间的相互联系及其数量比例关系。投资结构有量的规定性和质的规定性，并且是量与质的统一。从质的规定性来讲，它是投资结构各要素之间经济属性、技术属性上的内在联系；从量的规定性来讲，它是投资结构各要素之间的数量比例关系。投资结构是一个多层次的体系，可以有不同的类型，如投资地区结构、投资产业结构、投资方式结构、投资时间结构、投资来源结构、投资项目结构等。为配合国家经济政策的贯彻实施，促进国民经济健康、有序发展，国家对不同地区、行业、方式、性质的投资项目给予了不同的税收待遇。这就要求企业在进行投资决策时，必须充分考虑投资结构对投资效益的影响，充分了解各类地区、行业，以及不同方式、不同性质项目的各种税收优惠政策，尽可能选择具有优惠待遇的地区、行业、项目进行投资，以实现最大限度的投资收益。

6.2.1　投资地区结构的税务筹划

投资地区结构，是指投资在不同地理空间的数量比例关系。从一国范围来讲，企业可以选择到相对低税率的地区进行投资。对于一些国家支持发展的地区，政府当局往往制定一些比较优惠的税收政策以扶持原有的企业，吸引新企业的投资，发展当地经济。企业要充分利用这些税收优惠政策，在其他条件相同的情况下，尽可能地在这些地区投资，实现减轻企业税负的筹划目的。

进行投资地区结构税务筹划，首先必须对国家各种区域性税收优惠政策有充分的了解和认识。但是，国家有关区域性优惠政策所产生的影响，并非仅限于那些位于这一区域内的纳税人。从下例中，我们可以看到投资地区选择的重要意义。

【实例6-5】

甲公司生产的产品有两道工序，第一道工序完成后单位生产成本为500元，第二道工序完成后，完工产品的单位生产成本为600元。该产品平均销售单价为1 000元，某年预计该产品可销售100万件。甲公司适用的企业所得税税率为25%。其他有关数据预测如下：管理费用、销售费用、财务费用合计为10 300万元，营业税金及附加为1 000万元，假设无纳税调整事项。

甲公司该年度应纳所得税额计算如下：

主营业务收入=1 000×100=100 000（万元）

主营业务成本=600×100=60 000（万元）

应纳税所得额=100 000-60 000-10 300-1 000=28 700（万元）

应纳所得税额=28 700×25%=7 175（万元）

如果甲公司该年在西部地区有一全资子公司——乙公司，且乙公司被认定为国家鼓励类产业企业。按照税法规定，对设在西部地区国家鼓励类产业企业，在2011年1月1日至2020年12月31日期间，减按15%的税率征收企业所得税。甲公司可将上述产品在第一道工序完成后的半成品按成本500元加价20%后，以600元的售价销售给乙公司，由乙公司完成第二道工序。假设甲公司将期间费用和营业税金及附加的12%转移给乙公司，另外，乙公司由于是新建公司，需增加管理成本800万元。

由甲、乙公司组成的企业集团年度应纳所得税额计算如下：

甲公司主营业务收入=600×100=60 000（万元）

甲公司主营业务成本=500×100=50 000（万元）

甲公司应纳税所得额=60 000-50 000-10 300×88%-1 000×88%=56（万元）

甲公司应纳所得税额=56×25%=14（万元）

乙公司主营业务收入=1 000×100=100 000（万元）

乙公司主营业务成本=700×100=70 000（万元）

乙公司应纳税所得额=100 000-70 000-10 300×12%-1 000×12%-800=27 844（万元）

乙公司应纳所得税=27 844×15%=4 176.6（万元）

企业集团该年度应纳所得税=14+4 176.6=4 190.6（万元）

采用这一方案，可节税2 984.4万元（7 175-4 190.6）。

上述案例充分利用地区优惠政策进行筹划，通过组织形式的改变，高成本费用由母公司负担，使母公司应纳税所得额减少，进而应纳所得税额减少。通过转移定价，利润在低税率的子公司实现，从而成功地进行了税务筹划。

企业在进行投资地区结构筹划时，需要采取适当的方法，对投资地区诸因素的综合作用和效果进行评价，才能做出正确的决策，比如这些地区的硬件环境、软件环境及需求状况，以免为了节税影响企业盈利，得不偿失。企业应该在投资前，在充分考虑了基础设施、金融环境等外部因素后，选择整体税收负担相对较轻的地点进行投资，以获取最大的节税利益。

6.2.2　投资产业结构的税务筹划

投资产业结构，指投资在不同部门、行业之间的数量比例关系。国家根据不同时期的社会发展规划及产业导向，对不同产业制定了差别税收政策，实现对整个国家或地区的产业布局调整，达到对经济运行宏观调控的目的。对于国家支持的行业、商品类别等，在制定税收政策时，往往能够给予比较优惠的税收政策，投资者根据国家产业政策和税收优惠差别规定，通过对投资产业的选择，既可达到减轻税负的目的，同时又体现了政府产业政策导向。

一般来说，一个企业法人在到工商行政管理机关进行注册登记的时候，就已经确定了自己的投资方向。投资方向一旦确定，在以后的经营过程中是很难改变的，所以，企业在设立时就应充分利用好现有的税收优惠政策，精心地进行投资产业结构的税务筹划和测算，使企业在当前及一段时期内的整体税负水平达到最低。企业投资产业结构税务筹划的基本思路为：

（1）依据所设立企业的具体情况，结合国家对不同产业的税收倾斜政策，选择并确定要投资的产业；

（2）在某一产业内部，利用税收优惠政策，选择不同的行业、商品类别等，使企业的经营尽可能地避开一些税种的征税范围；

（3）在某些税种的征税范围之内，选择部分税种有优惠政策的税目作为企业的投资方向，并对各种所涉及的税种实际税负情况进行测算，使企业的实际整体税负达到最低；

（4）在企业主要的投资方向确定以后，依据税法对兼营、混业经营和混合销售的规定，在经营范围之内，确定合理的兼营、混业经营项目和混合销售行为，避免额外的税收负担。

6.2.3　投资方式结构的税务筹划

投资方式结构，指投资在不同方式之间的数量比例关系。按照投资者对被投资企业的生产经营控制和管理的方式不同，投资可以分为直接投资和间接投资。直接投资，是指投资主体将货币资金、物资、土地、劳力、技术及其他生产要素直接投入投资项目，直接进行或参与投资的经营管理，并形成实物资产的经济活动的投资，如建立分公司或子公司。间接投资，是指投资主体不直接开厂设店进行生产建设经营，而是为了取得预期收益，用其货币资金购买债券和股票等有价证券，以期从持有和转让中获取投资收益和转让增值的投资行为，如股票投资、债券投资和基金投资等。

1）直接投资和间接投资的选择

直接投资考虑的税收因素比较多，涉及公司企业所面临的各种流转税、所得税、财产税和行为税等。直接投资形成各种形式的企业，而企业的生产经营成果要征收流转税（如增值税），其纯收益还要征收企业所得税。直接投资更重要的是要考虑企业所得税的税收优惠待遇。我国企业所得税制度规定了很多税收优惠待遇，包括税率优惠和税额扣除等方面的优惠。投资者应该在综合考虑目标投资项目的各种税收优惠待遇的基础上，进行项目评估和选择，以期获得最大的投资税后收益。间接投资考虑的税收因素较少，一般只涉及股息或利息的所得税和进行证券交易征收的印花税。

不同投资方式的税收因素不同，投资收益、投资风险、投资的变现能力等各种因素也不同。有些投资方式尽管可以少纳税，但投资收益非常差，或者投资风险非常大，投资的变现能力非常弱，也是不可取的。因此，在进行税务筹划时，必须全面考虑投资收益、投资风险和投资的变现能力。

【实例 6-6】

甲企业适用 25% 的所得税税率，现有闲置资金 1 000 万元，有两个投资方案可供选择：

方案 1：同其他企业联营，创建一个新企业乙公司，甲公司拥有 20% 的股权。假设乙公司也适用 25% 的所得税税率。乙公司的资本收益率为 25%，税后利润的 50% 用于分配股利。

方案 2：甲公司用 1 000 万元购买国库券，年利率为 7%，每年可获利 70 万元。

如果甲公司采用方案 1，则：

乙公司税后利润 = 1 000÷20% ×25% ×（1-25%）= 937.5（万元）

甲公司投资收益 = 937.5×50% ×20% = 93.75（万元）

如果采用方案 2，根据税法规定，企业投资国库券获得的利息免征企业所得税，企业获得的实际投资收益即为 70 万元，比方案 1 少 23.75 万元。

因此，如果从税负角度考虑，甲公司应选择方案 1。当然，公司在选择投资方式时，应综合考虑各种因素，选择税负最低、收益最高的方案，以实现企业投资收益最大化的目标。

2）货币资金投资、有形资产投资和无形资产投资的选择

直接投资按照投资物的性质不同可分为货币资金投资、有形资产投资和无形资产投资。投资方式不同，涉及的税收因素就不同，享受的实际税收待遇也不同。一般而言，从被投资企业的角度考虑，选择有形资产投资和无形资产投资要优于选择货币资金投资。原因如下：

（1）有形资产中的设备投资，其折旧费可以在税前扣除，缩小所得税税基；无形资产的摊销费也可以作为管理费用在税前扣除，缩小所得税税基。

（2）实物资产和无形资产在产权变动时，必须进行资产评估。如果通过资产评估，能够高估设备和无形资产的价值，则对投资企业而言可以节省投资成本，对被投资企业而言则可以通过多列折旧费用和摊销费用，缩小所得税税基，达到减轻

税负的目的。

但从投资企业的角度考虑，选择有形资产投资和无形资产投资方式要承担更多的税收负担。具体可能包括：

（1）企业所得税。企业应在投资交易发生时，将该项交易分解为按公允价值销售有形资产或无形资产和投资两项业务进行所得税处理，并按规定计算确认资产转让所得或损失。

（2）增值税。如果企业以存货等属于增值税应税范围的有形资产对外投资，根据增值税的有关规定，企业应按视同销售货物行为相应缴纳增值税。

（3）营业税。如果企业以土地使用权等无形资产或者不动产投资入股，参与接受投资方的利润分配、共同承担投资风险的，不缴纳营业税。如果企业以不动产或土地使用权等无形资产投资入股，与投资方不共同承担风险，而是收取固定利润的，属于将场地、房屋等转让他人使用的业务，应按“服务业”税目中“租赁业”项目缴纳营业税。

投资企业应综合考虑投资双方的税收负担情况，选择适当的投资方式。即使同样是有形资产投资，企业也可以通过对投资方式的选择，达到最大限度地减轻企业税负的目的。

【实例 6-7】

深圳市某内资企业准备与某外国企业联合投资设立中外合资企业，投资总额为 8 000 万元，注册资本为 4 000 万元。其中，中方出资 1 600 万元，占 40%；外方出资 2 400 万元，占 60%。中方准备用自己生产的机器设备 1 600 万元和房屋、建筑物 1 600 万元投入。投入方式有两种：

方案 1：以机器设备作价 1 600 万元作为注册资本投入，房屋、建筑物作价 1 600万元作为其他投入。

方案 2：以房屋、建筑物作价 1 600 万元作为注册资本投入，机器设备作价 1 600万元作为其他投入。

以上两种投资方式的纳税情况分析如下（土地增值税、房产税、印花税略）：

方案 1 中，机器设备作为注册资本投入。根据税法规定，应视同销售商品缴纳增值税。将房屋、建筑物直接作价给另一企业，不共享利润，共担风险，应视同房产转让，需要缴纳营业税、城建税、教育费附加及契税。应缴税金为：

应缴增值税（销项税额）= 1 600×17% = 272（万元）

应缴营业税 = 1 600×5% = 80（万元）

应缴城建税、教育费附加 =（272+80）×（7% +3%）= 35. 2（万元）

应缴契税 = 1 600×3% = 48（万元）（由受让方缴纳）

方案 2 中，房屋、建筑物作为注册资本投入。根据税法规定，房屋、建筑物作为注册资本投资入股，参与利润分配，承担投资风险，不缴纳营业税、城建税及教育费附加，但需要缴纳契税（由受让方缴纳）。企业出售机器设备，应缴纳增值税。企业应缴税金为：

应缴契税 = 1 600×3% = 48（万元）（由受让方缴纳）

应缴增值税（销项税额）= 1 600×17% = 272（万元）

通过上述两个方案的比较可以看出，中方企业在投资过程中，由于恰当地改变了投资方式，可以节约税款 115.2 万元（80+35.2+48+272-48-272）。

6.2.4 投资时间结构的税务筹划

投资时间结构，是指投资在不同时间的数量比例关系。投资时间结构可以分为投资要素的时间结构、投资阶段的时间结构和投资项目的时间结构。投资各要素有的形成时间长，有的形成时间短，但是各投资要素必须在同一时间进行结合才能形成生产能力，这就在客观上形成了投资要素的时间结构。投资阶段是投资过程的各个阶段，包括投资项目确定、投资项目实施、资金流入。投资的各个阶段有各自形成的过程，也有各自的形成时间，这就是投资阶段的时间结构。而投资项目的时间结构是指各投资项目之间是相互影响、互为条件的。企业只有合理安排各项目的投资时间，才能充分利用资金，实现最佳投资收益。在此，主要讨论一下固定资产技术改造时间的不同对企业利润的影响。

机器设备的磨损一般分为三个阶段：第一阶段为初期磨损阶段，在这一阶段，零件表面粗糙不平部分，迅速磨去，机器设备还没进入最佳运行状态；之后，迅速进入第二阶段，称为正常磨损阶段，这时设备的磨损速度趋于缓慢，曲线呈平稳状态，这是设备运行的最佳状态，这时，设备给企业带来的利润最大，但所带来的利润却是逐年递减的；第三阶段称为急剧磨损阶段，磨损速度急剧增加，曲线呈上升状态，设备给企业带来的利润迅速减少。基于固定资产的运行规律，企业的利润也是逐年递减的。为了改善固定资产的工作性能，使企业的收益维持在一个较高的水平上，企业应选择一定的时机对固定资产进行技术改造。从理论上说，技术改造的时间可以选在固定资产使用一段时间后的任一时间。但实际上，技术改造一方面会改善固定资产的工作性能，提高固定资产的工作效率，从而为企业带来更多的利润；另一方面，进行技术改造也会增加企业的成本，包括技术改造本身支出和随后若干年的折旧费用，以及因利润增加带来的所得税费用。若将技术改造的时间选择在不同的年限，那么，从那一年起到折旧年限结束为止的时间内的每年折旧、销售收入、利润、税金都会有明显的变化。因此，技术改造时间选择得是否恰当，会对企业的税收负担产生不同的影响。

【实例 6-8】

甲企业拥有机器设备 1 台，原值 400 万元，预计使用年限 8 年，采用直线法计提折旧（不考虑净残值）。甲企业所得税税率 25%。在该机器设备正常使用的情况下，甲企业 8 年内的利润、折旧、应纳所得税额见表 6-7。

如果甲企业在第五年用已提的折旧 200 万元进行技术改造，那么甲企业在 8 年内的利润、折旧、应纳所得税额见表 6-8。

如果甲企业在第六年用已提的折旧 250 万元进行技术改造，那么甲企业在 8 年内的利润、折旧、应纳所得税额见表 6-9。

表6-7　　纳税情况表（一）　　单位：万元

年份	第一年	第二年	第三年	第四年	第五年	第六年	第七年	第八年	合计
折旧前利润	90	100	100	100	85	85	80	70	710
折旧	50	50	50	50	50	50	50	50	400
应纳税所得额	40	50	50	50	35	35	30	20	310
应纳所得税额	10	12.5	12.5	12.5	8.75	8.75	7.5	5	77.5
税后利润	30	37.5	37.5	37.5	26.25	26.25	22.5	15	232.5

表6-8　　纳税情况表（二）　　单位：万元

年份	第一年	第二年	第三年	第四年	第五年	第六年	第七年	第八年	合计
折旧前利润	90	100	100	100	150	150	140	125	955
折旧	50	50	50	50	100	100	100	100	600
应纳税所得额	40	50	50	50	50	50	40	25	355
应纳所得税额	10	12.5	12.5	12.5	12.5	12.5	10	6.25	88.75
税后利润	30	37.5	37.5	37.5	37.5	37.5	30	18.75	266.25

表6-9　　纳税情况表（三）　　单位：万元

年份	第一年	第二年	第三年	第四年	第五年	第六年	第七年	第八年	合计
折旧前利润	90	100	100	100	80	175	175	160	985
折旧	50	50	50	50	50	133.33	133.33	133.34	650
应纳税所得额	40	50	50	50	35	41.67	41.67	26.66	335
应纳所得税额	10	12.5	12.5	12.5	8.75	10.42	10.42	6.66	83.75
税后利润	30	37.5	37.5	37.5	26.25	31.25	31.25	20	251.25

从上面的计算中可以看出，甲企业在第五年进行技术改造比在第六年进行改造可以多获得税后利润15万元（266.25-251.25）。如果考虑货币时间价值，把两种技术改造方案的税后利润换算成现值，可以得出相同的结论。假设折现率为10%。

第五年进行技术改造方案的税后利润现值 $=30\times(1+10\%)^{-1}+37.5\times(1+10\%)^{-2}+37.5\times(1+10\%)^{-3}+37.5\times(1+10\%)^{-4}+37.5\times(1+10\%)^{-5}+37.5\times(1+10\%)^{-6}+30\times(1+10\%)^{-7}+18.75\times(1+10\%)^{-8}$

$=180.64$（万元）

第六年进行技术改造方案的税后利润现值 $=30\times(1+10\%)^{-1}+37.5\times(1+10\%)^{-2}+37.5\times(1+10\%)^{-3}+37.5\times(1+10\%)^{-4}+26.25\times(1+10\%)^{-5}+31.25\times(1+10\%)^{-6}+31.25\times(1+10\%)^{-7}+20\times(1+10\%)^{-8}$

$=171.36$（万元）

第五年进行技术改造获得的税后利润现值比第六年进行技术改造获得的税后利润现值多9.28万元（180.64−171.36），因此，甲企业应选择在第五年进行技术改造。如果考虑技术改造对企业现金流量的影响，仍然可以得出相同的结论。

第五年进行技术改造方案的净现值 $=180.64+50\times\frac{1-(1+10\%)^{-4}}{10\%}+100\times\frac{1-(1+10\%)^{-4}}{10\%}\times(1+10\%)^{-4}-200\times(1+10\%)^{-4}$

$=419.05$（万元）

第六年进行技术改造方案的净现值 $=171.36+50\times\frac{1-(1+10\%)^{-5}}{10\%}+133.33\times(1+10\%)^{-6}+133.33\times(1+10\%)^{-7}+133.34\times(1+10\%)^{-8}-250\times(1+10\%)^{-5}$

$=411.55$（万元）

由于第五年进行技术改造方案的净现值大于第六年进行技术改造方案的净现值，因此，甲企业应选择在第五年进行技术改造。

6.2.5 投资来源结构的税务筹划

投资来源结构，是指不同的资金来源在投资总额中所占的比重。企业用于投资的资金，可能是自有资金，也可能是借入资金，不同的资金来源会对企业的税负产生不同的影响。这个问题详见第7章。

6.2.6 投资项目结构的税务筹划

投资项目结构，是指投资在不同项目之间的数量比例关系。在一定时期内，企业用于投资的资源是有限的。要使一定时期内的有限资源得到合理、有效的使用，充分利用国家提供的各种税收优惠政策，实现投资收益的最大化，企业必须将投资的资源进行合理配置，在不同的投资项目之间进行选择性分配，对不同的投资项目能够给企业带来的净收益的增加额进行仔细的测算，使企业有限的资源能够发挥最大效益。

【实例6-9】

甲企业是一老企业，上一年亏损1 200万元，经调查发现，企业亏损是由于设备老化导致产品质量下降，在市场上卖不出去，而且产品达不到经济产量使单位生产成本偏高造成的。对此，企业提出了三个解决方案，三个方案所需投资均为500万元。

方案1：购买新设备，对现有设备进行技术改造，提高产品产量和质量，降低单位生产成本。假设该设备投资额的10%按税法规定可以从企业当年应纳税额中抵免。

方案2：创办新产业，从事符合税法规定的环境保护项目。

方案3：更换新设备，设备的各项性能指标与原设备相同，但在会计处理时，将设备分拆为备件，这样可一次性将费用计入成本。

假设方案1、2、3在未来5年内各项收入、费用基本一致，经营情况见表6-10。

表6-10 **经营情况表** 单位：万元

年份	第一年	第二年	第三年	第四年	第五年
主营业务收入	1 100	1 900	2 200	2 600	2 500
不含折旧的主营业务成本	600	1 000	1 200	1 500	1 400
营业税金及附加	80	100	110	150	130
期间费用	180	220	260	300	250

假设设备折旧年限为5年，若投资设立新企业，每年新增加期间费用100万元。甲企业适用25%的所得税税率。

甲企业采用不同方案，投资不同项目对企业净利润的影响分析见表6-11、表6-12、表6-13。

表6-11 **方案1** 单位：万元

年份	第一年	第二年	第三年	第四年	第五年	合计
税前利润	140	480	530	550	620	2 320
设备投资抵免所得税	0	0	0	50	0	50
应交所得税额	0	0	0	75	155	230
净利润	0	0	0	425	465	890

表6-12 **方案2** 单位：万元

年份	第一年	第二年	第三年	第四年	第五年	合计
税前利润	140	480	530	550	620	2 320
应交所得税额	0	0	0	62.5	77.5	140
弥补亏损	140	480	530	50	0	1 200
净利润	0	0	0	437.5	542.5	980

表6-13 **方案3** 单位：万元

年份	第一年	第二年	第三年	第四年	第五年	合计
税前利润	-260	580	630	650	720	2 320
弥补亏损	0	580	630	250	0	1 460
应交所得税额	0	0	0	100	180	280
净利润	0	0	0	300	540	840

方案1属于购进专用设备投资抵免项目，根据税法规定，企业购置并实际使用

环境保护、节能节水、安全生产等专用设备的，该专用设备的投资额的10%可以从企业当年的应纳税额中抵免；当年不足抵免的，可以在以后5个纳税年度结转抵免。因此，投资该项目可获得50万元（500×10%）的税收抵免。从表6-11可以看出，投产后前三年所获利润1 150万元（140+480+530）以及第四年所获利润550万元中的50万元，全部用于弥补以前年度亏损。第四年弥补亏损后应交企业所得税125万元((550-50)×25%)，抵免设备投资款50万元后实际应缴企业所得税75万元，企业实际净利润为425万元。第五年实现利润620万元，应交企业所得税155万元（620×25%），企业缴纳企业所得税后净利润为465万元（620-155）。五年中投资该项目累计实现税前利润2 320万元，其中1 200万元用于弥补亏损，实际缴纳企业所得税230万元，企业净利润累计增加890万元。

方案2属于符合税法规定的环境保护项目，按照税法规定，自项目取得第一笔生产经营收入所属纳税年度起，第一年至第三年免征企业所得税，第四年至第六年减半征收企业所得税。从表6-12可以看出，该项目前三年所获的利润1 150万元（140+480+530）因为免交所得税分回后可全部用于弥补亏损。第四年获得利润550万元，弥补亏损50万元后缴纳企业所得税62.5万元（500×12.5%）。第五年获得利润620万元，缴纳企业所得税77.5万元（620×12.5%）。五年中投资该项目累计实现利润2 320万元，除1 200万元用于弥补亏损外，缴纳企业所得税后，甲企业净利润累计增加980万元。

方案3既不属于购进专用设备投资抵免项目，也不属于符合条件的环境保护项目。从表6-13可以看出，企业在第一年一次性将费用计入成本，使第一年亏损260万元，企业在随后三年内实现的利润1 860万元（580+630+650）中的1 460万元全部用于弥补以前年度亏损，其余400万元（650-250）和第五年实现的税前利润720万元，按25%的税率缴纳企业所得税。由于适用的所得税税率高于方案2，又不能享受购进专用设备投资抵免的优惠政策，因此该方案缴纳的企业所得税额最多（为280万元）。投资该项目五年中累计实现利润也是2 320万元，但甲企业累计净利润增加额仅为840万元。

通过上述方案的比较可以看出，投资不同的项目可以享受不同的税收优惠政策。三个投资项目在五年中均可实现税前利润2 320万元，但增加的税后净利润却相差很多，其中方案2可获得最多的税后净利润。因此，企业应充分利用国家的税收优惠政策，选择好投资项目，以实现最大的投资收益。

6.2.7　投资结构的综合税务筹划

以上对不同类型投资结构的税务筹划进行了讨论。从分散风险的角度出发，企业不可能，也不应该把资金全部投资于某个地区、某个行业、某个项目，或全部用于某种投资方式，这就涉及投资结构的优化组合问题。不同的投资结构影响企业应税收益的构成，从而最终影响企业的纳税负担。企业投资时，必须对现有投资结构精心筹划，选择能使企业投资收益最大的投资结构。

投资结构对企业纳税负担的影响主要体现在三个方面：税基宽窄、税率轻重和纳税成本的高低。为配合国家经济政策的贯彻实施，促进国民经济健康、有序发展，国家对不同地区、行业、方式、性质的投资项目给予不同的税收待遇，造成某一课税对象的法定税基和实际税基不相等、法定税率和实际税率不相等，而且一般都是后者小于前者。这就在客观上为企业进行税务筹划创造了条件。在税前利润增加或不变的前提下，企业应通过比较不同纳税对象实际税基比例的大小，或者在实际税基比例相等的情况下比较实际税率的大小，合理安排投资结构，将资金投入较为有利的纳税项目，以谋求最大的节税效应。

【实例 6-10】

企业等量投资额下的两个方案的应收收益结构及税率结构见表 6-14。

表 6-14　**方案 1、2 比较表**　单位：万元

应税收益来源结构		方案 1				方案 2			
		应税收益额	适用税率（%）	应纳税额	税后利润	应税收益额	适用税率（%）	应纳税额	税后利润
营业利润	对西部地区投资	1 000	15	150	850	600	15	90	510
	对国家重点扶持的公共基础设施项目投资	1 200	12.5	150	1 050	800	12.5	100	700
	其他	1 000	25	250	750	2 000	25	500	1 500
投资收益	公司债券利息收入	200	25	50	150	100	25	25	75
	联营企业分回红利（持有股票时间超过 12 个月）	300	0	0	300	200	0	0	200
应税收益合计		3 700		600	3 100	3 700		715	2 985

从表 6-14 可以看出，尽管两个方案的应税收益相同，均为 3 700 万元，但由于两个方案的实际税基和实际税率的构成不同，方案 1 的综合税负水平低于方案 2，所以方案 1 的投资组合优于方案 2 的投资组合。

企业在选择投资结构时，不能只考虑税基的宽窄、税率的高低，还应考虑纳税成本的大小。纳税成本是指企业在办理涉税事宜过程中发生的各项成本费用支出，以及纳税风险带来的潜在的机会成本。特别是纳税风险带来的机会成本，容易被企业忽略，企业在进行税务筹划时应加以考虑，把税务筹划与企业的财务决策结合

起来。

6.3　企业投资规模的税务筹划

投资规模是指投资主体在一定时期内投入的资源总量。在投资资源、投资目标既定的条件下，企业可以通过对投资规模的控制和投资结构的调整，预定最佳投资规模，并通过各种努力，实现投资规模的最优化。对于企业的生产经营而言，投资规模过大或过小都不利于企业的发展。投资规模扩大，是企业发展壮大的标志，往往可以带来规模效益，但若不顾具体情况而过度膨胀，也往往会导致资源的浪费。投资规模小，一般可以使企业具有灵活运行的优点，但如果企业的投资规模太小，往往不具备规模效益和雄厚的经济实力，在残酷的市场竞争中容易被淘汰。因此，确定企业投资的合理水平是企业投资决策的重要内容。

6.3.1　企业投资规模的确定

企业投资规模的确定步骤如下：

（1）对企业自身运营能力进行分析，即通过对存量投资重组、潜能开发及增量投资优化组合的分析，确定投资的既有能力、潜在能力和追增能力。

（2）把握企业经营外部环境变动情况。市场经济环境变化多端，必须利用预测手段来把握经济环境发展态势，决定投资规模的大小。如果预测产品在市场上供不应求，且供需缺口大，则投资项目建成投产后生产出来的产品在市场上能够及时销售出去，形成相应的效益，因此项目规模可以大一些。反之，如果预测产品供过于求，或虽然供不应求，但供需缺口很小，则不宜上项目或只能上小规模的项目。

（3）对税前收益最大化的投资规模进行实证分析。税前收益最大化投资规模也叫经济规模，其确定方法很多，常用的有最小费用法、方案比较法和规模效益曲线法。最小费用法根据制约项目规模的全部费用来确定项目的经济规模。它是将不同规模下发生的各项费用分别汇总比较，选择单位产品费用最低的规模作为项目经济规模。方案比较法是指在分析比较影响项目规模各方面因素后，拟出多个可能实施的方案规模：首先确定项目规模的选择范围，也就是界定最小项目规模（项目保本规模或称起始规模）和最大项目规模（市场对产品的供需缺口量），剔除小于保本规模和大于产品市场供需缺口量的规模方案；在此基础上，综合考虑原材料供应、资金筹措情况和其他生产条件等的保证程度，再剔除规模方案中不能保证以上条件的方案，保留几个可能实施的方案；最后，通过分析比较几个可能实施的方案，通过对各方案的成本费用和经济效益进行分析和计算并进行比较后，选择成本费用最低、经济效益最好的方案作为入选方案，该方案的规模即为项目的经济规模。规模效益曲线法，也称盈利区间法，即通过作图在最高、最低两个盈亏平衡点之间找出一个使项目获得最大效益规模的方法。投资规模应该趋近于企业运营负荷能力的极限，即投资的追加边际成本等于其边际收益，此时，投资规模是适宜而且有效的。需要注意的是，投资规模的确定依据的是企业的运营能力和外部经济环境，因而必须注意到其动态演进的变化特征。

6.3.2 企业投资规模确定中的税务筹划

影响企业投资规模的因素很多，在市场经济条件下，有产品的市场需求情况、行业的技术特点、原材料和燃料及动力的保证程度、专业化分工水平、可筹集到的资金数量和外部协作配套条件等，其中，税收也是影响项目规模的重要因素之一。从企业投资理论的发展可以看出，企业投资规模不仅会受到资金使用者成本和企业投资机会的影响，企业自身的财务状况（例如资本结构、内部现金流量和流动性等）也会对企业投资规模产生显著影响，而税收则会对企业内部的现金流量产生重大影响。在项目投资过程中，会涉及许多税收问题。项目建成投产后，企业要缴纳增值税、营业税、资源税、城市维护建设税和企业所得税等诸多税种。项目规模的大小将直接影响企业将来的生产经营规模及生产经营过程中的纳税水平。反过来，企业的税负水平也制约着投资规模的确定。

首先，投资规模的大小决定纳税人纳税身份的界定。我们知道，增值税是我国的主体税种，具有普遍征收的特点，适用于生产、批发、零售和进出口商品，以及加工、修理修配劳务和应税服务等领域的各个环节。因此，大部分企业都会遇到缴纳增值税的问题。我国现行的增值税对一般纳税人和小规模纳税人实行差别税率。如果投资者在投资决策中确定的投资规模使项目建成投产后企业适合小规模纳税人标准，则企业按小规模纳税人身份纳税，否则以一般纳税人身份纳税。因此，投资者便可以在分析、比较小规模纳税人和一般纳税人的税负水平后，对拟定的投资规模进行调整，使其适用低税负纳税人身份。

其次，投资规模影响企业纳税的绝对水平。一般情况下，规模大，企业的获利能力大，纳税的绝对额也大；规模小，企业的获利能力小，纳税的绝对额也小。根据税法规定，企业应纳税额的计算依据法定税率和企业账面记录的应税收益额，并不考虑这种账面意义的收益所实际取得的现金流入状况。但税法的要求是，只要体现出账面或会计观念下的应税收益，企业就必须依法及时足额地动用现实的现金予以解缴，否则会受到税法的制裁，使企业利益遭受损害。在课税条件下，由于按会计收益计算的应交税额与按现实现金支付计算的应交税款刚性约束矛盾的客观存在，使企业规模在纳税目标的约束下，并非是最优的。因此，投资者在确定投资规模时，必须充分考虑纳税现金支付的刚性约束，即合理确定纳税目标约束下的投资规模，避免因规模过大导致税前账面收益过大，由此发生的纳税现金需求超过企业现金供给，给企业带来不利影响。

企业在进行投资规模的税务筹划时，还应充分利用税法中规定的税收优惠政策。

《中华人民共和国企业所得税法》规定，从事国家非限制和禁止行业并符合下列条件的小型微利企业，减按20%的税率征收企业所得税：①工业企业，年度应纳税所得额不超过 30 万元，从业人数不超过 100 人，资产总额不超过 3 000 万元；②其他企业，年度应纳税所得额不超过 30 万元，从业人数不超过 80 人，资产总额不超过1 000万元。企业在投资时，应根据实际情况掌握好投资规模。如果企业的年度应纳税所得额、从业人数或资产总额刚刚超过上述标准，企业可通过采取适当收缩战略，以享受税法规定的优惠政策，从而大大减轻税负。

【实例6-11】

甲公司是一家小型商贸企业，销售市场稳定，经营情况良好，年应纳税所得额为30万元，员工人数为75人，资产总额为800万元。在新的一年里，企业有两种经营方案可供选择：

方案1：在上一年度的基础上继续扩大经营规模，招聘新的员工，向银行申请借款增加新的营销部门。由于市场已接近饱和，企业的营业收入会由于上述措施而有所增加，但幅度不会太大，预计企业会增加年度应纳税所得额1.5万元。

方案2：企业维持原有的经营规模不变。

方案1：

甲公司的应纳所得税=（30+1.5）×25%=7.875（万元）

甲公司的税后净利润=30+1.5-7.875=23.625（万元）

方案2：

甲公司的应纳所得税=30×20%=6（万元）

甲公司所得税后净利润=30-6=24（万元）

比较两个方案的税后净利润可以看出，方案2可以使甲公司获得更多的净利润。

● 6.4 企业投资决策的税务筹划

投资决策是指对一个投资项目的各种方案的投资支出和投资后的收入进行对比分析，以选择投资效果最佳的方案。

6.4.1 投资决策的现金流量构成

在投资决策中，按投资过程中现金流量发生的时间来看，现金流量由以下三部分构成，如图6-2所示。

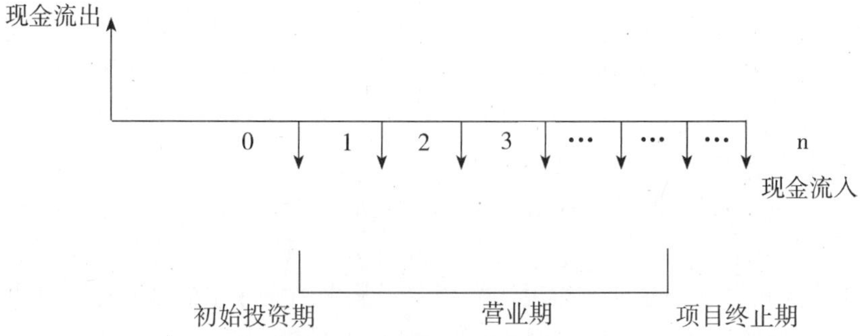

图6-2 现金流量构成图

（1）初始现金流量。初始现金流量是指开始投资时（建设期）发生的现金流量，一般是现金流出量，包括：①固定资产上的投资，包含固定资产的购入或建造成本、运输成本和安装成本等。②流动资产上的投资，包含对材料、在产品、产成品和现金等流动资产上的投资。③投资的机会成本。它是指某些原有固定资产（包括土地）用于该项投资而不能出售所丧失的潜在收益。投资决策中应将其视同现金流出。④其他投资费用。它是指与投资有关的筹建小组费用、职工培训费用、谈判费用、注册费用等。⑤原有固定资产的变价收入。它主要指固定资产更新时原有固定资产变卖所得的现金收入及由此而可能将支付或减少的所得税。

$$\text{现金流量}=\text{投资在固定资产上的资金}-\left(\text{固定资产的变现价值}-\text{原固定资产的折余价值}\right)\times\text{所得税税率}+\text{投资在流动资产上的资金}+\text{机会成本}$$

（2）营业现金流量。营业现金流量是指项目投入使用后，在其寿命周期内由生产经营所带来的现金流入和现金流出的数量，一般按年计算。这里，现金流入一般指营业现金收入，现金流出指营业现金支出（包括产品制造成本、销售费用、以现金支付的部分管理费用和财务费用以及销售税金）和缴纳的所得税税金。为了简化问题，假定一般投资项目的年销售收入等于营业现金收入，付现成本（不包括折旧）等于营业现金支出，那么年营业净现金流量（NCF）可用下列公式计算：

$$\begin{aligned}\text{NCF}&=\text{营业收入}-\text{付现成本}-\text{所得税}\\&=\text{税后利润}+\text{折旧}\\&=\text{收入}\times(1-\text{所得税税率})-\text{付现成本}\times(1-\text{所得税税率})+\text{折旧}\times\text{所得税税率}\end{aligned}$$

（3）项目终止现金流量。这部分现金流量是指投资项目寿命完结时发生的现金流量，一般表现为现金流入，主要包括：①固定资产的残值收入或变价收入。②原垫支在流动资产上的资金的收回，一般认为该资金能全部收回。③原估计机会成本的收回。

$$\text{项目终止现金流量}=\text{固定资产的实际残值收入}+\left(\text{固定资产的实际残值收入}-\text{预定残值}\right)\times\text{所得税税率}+\text{原投资在流动资产上的资金}+\text{原估计的机会成本}$$

综上所述，在不考虑货币时间价值的情况下，一个投资项目全过程的净现金流量可用下式表示：

$$\begin{aligned}\text{净现金流量}&=\text{现金流入量}-\text{现金流出量}\\&=\text{营业净现金流量}+\text{项目终止现金流入量}-\text{初始投资现金流出量}\\&=\sum\left(\text{税后利润}+\text{折旧}\right)+\text{固定资产的实际残值收入}+\left(\text{固定资产的实际残值收入}-\text{预定残值}\right)\times\text{所得税税率}-\\&\quad\text{投资在固定资产上的资金}+\left(\text{固定资产的变现价值}-\text{原固定资产的折余价值}\right)\times\text{所得税税率}\end{aligned}$$

6.4.2　税收对投资决策现金流量的影响

首先，税收对投资决策现金流量的影响表现在税收直接构成了投资的现金流量。税收是企业的一种现金流出，具有强制性和无偿性。从投资交易的全过程来看，对投资行为一般应在三个环节课税：

（1）对投资交易行为进行课税，是指只要发生投资交易行为，就要对交易中的交易额征税。这是一种商品课税，各国做法不一，有征增值税的，有征营业税的。两者的区别在于税基是交易的增值额还是全额。一般来说，征营业税容易导致重复征收，因此，大多数国家采用征收增值税形式，少数国家（如美国）虽然没有征收增值税，但对零售环节征收销售税，避免了重复征税的弊病。

（2）对投资交易的利得进行课税，是指对投资交易实现的利得征税。这是一种所得课税，从各国的实践来说，这种课税大致有三种形式：第一种是将资本利得作为普通所得的一部分，将其与实物商品经营利润合二为一，统一征收企业所得税。第二种也是将资本利得作为普通所得的一部分，但对其有所优惠，即征收企业所得税。第三种是征收独立的资本利得税。

（3）对投资交易的资本收益进行课税，即对投资收益如股息、债券利息等征税，这也是一种所得税。一般来说，债券利息作为普通所得的一部分，与营业利润一道征收企业所得税。

其次，税收对投资决策现金流量的影响表现在税收政策会影响固定资产成本、折旧等的确认，从而影响投资现金流量。如前面所提及的投资抵免政策会直接使固定资产少缴所得税，减少投资的现金流出量。税务折旧政策中选择不同的折旧方法也可以改变投资的现金流出量。企业所得税中的损失结转方法会影响企业实际应纳所得税税额，从而影响投资的现金流量。

最后，税收对投资决策现金流量的影响还表现在税收影响投资的现金流量所发生的时间不同，整个投资项目收益的净现值不同，从而影响投资决策的正确性。

6.4.3 投资决策的税务筹划分析方法

1）静态分析方法

静态分析方法，也叫简单分析方法，即不考虑资金的时间价值，利用项目正常生产年份的财务数据对项目的投资效益进行分析。其优点是计算简便、指标直观、容易理解，但结论不够准确、全面。运用静态分析法计算的主要指标有投资利润率、资本金利润率、投资回收期和综合税负水平等。

（1）投资利润率。投资利润率指项目达到生产能力后的一个正常生产年份的年利润总额与项目总投资的比率。对生产期内各年的利润总额变化幅度较大的项目，应计算生产期年平均利润总额与总投资的比率。其计算公式为：

$$\text{投资利润率}=\frac{\text{年利润总额或年平均利润总额}}{\text{总投资}}\times 100\%$$

式中：

$$\text{年利润总额}=\text{营业利润}\pm\text{营业外收支净额}$$

$$\text{总投资}=\begin{matrix}\text{固定资产}\\\text{投资}\end{matrix}+\begin{matrix}\text{无形资产}\\\text{投资}\end{matrix}+\begin{matrix}\text{其他长期}\\\text{资产投资}\end{matrix}+\begin{matrix}\text{建设期}\\\text{利息}\end{matrix}+\begin{matrix}\text{投资在流动}\\\text{资产上的资金}\end{matrix}$$

其中：

$$\begin{matrix}\text{营业}\\\text{利润}\end{matrix}=\begin{matrix}\text{营业}\\\text{收入}\end{matrix}+\begin{matrix}\text{手续费及}\\\text{佣金收入}\end{matrix}+\begin{matrix}\text{利息}\\\text{净收入}\end{matrix}+\begin{matrix}\text{投资}\\\text{收益}\end{matrix}+\begin{matrix}\text{公允价值}\\\text{变动收益}\end{matrix}+\begin{matrix}\text{汇兑}\\\text{收益}\end{matrix}+\begin{matrix}\text{其他业务}\\\text{收入}\end{matrix}-\begin{matrix}\text{营业}\\\text{支出}\end{matrix}-\begin{matrix}\text{营业税金}\\\text{及附加}\end{matrix}-\begin{matrix}\text{业务及}\\\text{管理费}\end{matrix}-\begin{matrix}\text{资产减值}\\\text{损失}\end{matrix}-\begin{matrix}\text{其他业务}\\\text{成本}\end{matrix}$$

投资利润率指标反映项目效益与代价的比例关系。一般来说，项目的投资利润率越高，效益越好；反之越差。如果公式中的分子使用税后净利润，也可计算投资净利润率。在市场经济条件下，计算投资净利润率对企业更具有现实意义，这是因为税收也是企业的一种支出。

（2）资本金利润率。资本金利润率是指项目达到设计生产能力后的一个正常生产年份的年利润总额或项目生产经营期内的年平均利润总额与资本金的比率，它反映拟建项目的资本金盈利能力。其计算公式为：

$$资本金利润率=\frac{年利润总额或年平均利润总额}{资本金}\times100\%$$

资本金利润率越高，项目的效益越好。同样，若把该式的分子改为税后净利润，也可计算出资本金净利润率。

（3）投资回收期。投资回收期是指项目净现金流量抵偿全部投资所需要的时间。其表达式为：

$$\sum_{t=1}^{P_t} CI_t = CO$$

式中：

P_t 为投资回收期，以年表示；

CI_t 为第 t 年项目净现金流量；

CO 为项目总投资。

投资回收期的计算可采用公式法或列表法。当拟建项目投产后各年的盈利水平相差不大，即各年的收益增减变动不大时，可取其平均收益额进行估算。其公式为：

$$P_t=\frac{CO}{R+D}$$

式中：

R 为正常年份利润总额或年平均利润总额；

D 为年新增折旧额和摊销费；

CO 为项目总投资。

当拟建项目的盈利水平相差较大时，可采用列表法计算投资回收期。采用列表法计算投资回收期时，可利用现金流量表累计净现金流量计算求得。其计算公式为：

$$P_t=（累计净现金流量开始出现正值年份-1）+\frac{上年累计净现金流量绝对值}{当年净现金流量}$$

计算求出的投资回收期 P_t 与部门或行业的基准投资回收期 P_c 比较，当 $P_t \leqslant P_c$ 时，应认为项目具有较强的投资回收能力。投资回收期越短，项目的效益越好。投资回收期的计算起点，可以从项目开始建设年份算起，也可以从项目投产时算起，分析比较应注意口径的一致。

（4）综合税负水平。综合税负水平指项目正常生产年份应税总额或年平均应税总额与年应税收益总额或年平均应税收益总额的比率关系。其计算公式为：

$$综合税负水平=\frac{年应税总额或年平均应税总额}{年应税收益总额或年平均应税收益总额}\times 100\%$$

该指标反映项目获得的收益在企业与国家之间的分配比例关系，综合税负水平越高，企业的税后收益额越小；反之，综合税负水平越低，企业的税后收益额越大。

2）动态分析方法

动态分析方法又称现值法，它考虑资金时间价值和利息因素的影响，计算整个项目寿命期的财务数据，分析项目寿命期内各年的投资效益，并对各年的财务数据进行贴现，计算比较复杂，也比较精确。运用动态分析方法计算的主要指标有净现值、现值指数、内部收益率和动态投资回收期等。

（1）净现值（NPV）。净现值是反映项目在计算期内获利能力的动态指标。它是指按预期报酬率将项目计算期内各年净现金流量折现到建设期初的现值之和，用公式可表示为：

$$NPV = \sum_{t=1}^{n} \frac{CI_t}{(1+k)^t} - CO_P$$

式中：

CI_t 为第 t 年的净现金流量；

k 为预期报酬率；

CO_P 为初始现金流出量现值。

如果预期报酬率是投资者预期在某投资项目中能赚取的收益率，那么要是公司投资一个净现值大于 0 的项目，公司股票的市场价格就会上升。如果公司投资一个净现值等于 0 的项目，公司股票的市场价格将保持不变。因此，如果某投资项目的净现值为 0 或比 0 大，则该项目是可以接受的；如果净现值比 0 小，则应放弃。

（2）现值指数（NPV_r）。现值指数是项目未来净现金流量的现值与初始现金流出量现值之比，即单位投资现值的净现金流量。它是反映项目单位投资效益的评价指标。其计算公式为：

$$NPV_r = \frac{\sum_{t=1}^{n} \frac{CI_t}{(1+k)^t}}{CO_P}$$

式中：

CI_t 为第 t 年的净现金流量；

k 为预期报酬率；

CO_P 为初始现金流出量现值。

用现值指数衡量项目的优劣，应选择现值指数大于或等于 1 的项目。现值指数越大，单位投资创造的效益越大，项目效益越好。

（3）内部收益率（IRR）。内部收益率是项目计算期内各年净现金流量现值累计等于初始现金流出量现值时的折现率。内部收益率不受外生变量的影响，不是可任意选择的一个利率，而是决定于项目本身的经济活动，即项目本身的现金流出与流入的对比关系，完全根据项目自身的参数，试图在项目之内找到一个事先并不知道的利率，用这个利率去贴现未来的净现金流量，恰好使现金流出现值和流入现值相等。其表达式为：

$$\sum_{t=1}^{n} \frac{CI_t}{(1+IRR)^t} = CO_P$$

式中：

CI_t 为第 t 年的净现金流量；

IRR 为内部收益率；

CO_P 为初始现金流出量现值。

实际运用时，内部收益率可根据财务现金流量表中净现金流量现值用插值法计算求得。

内部收益率与预期报酬率比较，当内部收益率大于或等于预期报酬率时，应认为项目的投资效益较好，可以接受；如果内部收益率没有超过预期报酬率，则投资项目不能接受。内部收益率越高，项目的效益越好。

以上三个指标各有优缺点，应结合应用，互相补充，综合考虑项目的投资效益。下面列表介绍三个指标的运用，见表 6–15。

表 6–15　**动态分析指标运用表**

指标	净现值（NPV）	内部收益率（IRR）	现值指数（NPV_r）
项目决策	NPV≥0 可行	IRR≥k 可行	NPV_r≥1 可行
互斥方案选择	投资额相同时，选择 NPV 较大者；投资额不同时，结合 NPV_r 一起考虑	不能直接用，可计算差额投资内部收益率 ΔIRR，当 ΔIRR≥k 时，投资额大的方案较好	有资金限制时，NPV_r 大者为优
项目排队（独立方案按优劣排序的最优组合）	不能直接用	不能直接用	按 NPV_r，结合 NPV 大小排序

（4）动态投资回收期（P_t'）。动态投资回收期是项目计算期内各年净现金流量现值抵偿初始现金流出量现值所经历的时间。其表达式为：

$$\sum_{t=1}^{P_t'} \frac{CI_t}{(1+k)^t} = CO_P$$

式中：

P_t' 为投资回收期，以年表示；

CI_t 为第 t 年的净现金流量；

k 为预期报酬率；

CO_P 为初始现金流出量现值。

6.4.4 投资决策中税务筹划案例

【实例 6-12】

某自行车配件厂在市场调查的基础上，准备对生产车间进行扩建，以提高生产能力。市场调查发现，该厂生产的自行车配件在今后 10 年中需求量很大，每年销售 20 万件的概率是 60%，每年销售 8 万件的概率是 40%。企业也可与某些自行车制造厂签订固定供应合同，每年供应 10 万件，只是价格比市场价格低 5%。企业现有生产用固定资产 500 万元，每年生产能力为 5 万件。企业有两个投资方案可供选择。

方案 1：用自有资金 200 万元对车间进行扩建，使生产能力达到每年生产 10 万件，每年分摊管理费用大约 15 万元。

方案 2：用自有资金 200 万元，并从银行借款 300 万元对车间进行扩建，使生产能力达到每年生产 20 万件，每年分摊管理费用大约 20 万元，借款年利率为 8%。

根据市场调查的资料，该种自行车配件的市场平均价格为 50 元/件，负担的流转税大约为售价的 3%。目前企业自行车配件的单位变动成本为 30 元/件，如果每年的生产能力达到 10 万件，则单位变动成本可下降到 25 元/件；如果每年的生产能力达到 20 万件，则单位变动成本可下降到 22 元/件。企业固定资产按直线法在 10 年内计提折旧，适用 25% 的所得税税率。假设无纳税调整项目。

如果企业采用方案 1，即用自有资金 200 万元投资扩建生产车间，每年生产 10 万件产品，按低于市场价格 5% 的价格销售给签订固定供应合同的公司，则每年的利润实现情况计算如下：

主营业务收入 = 50×（1−5%）×10 = 475（万元）

主营业务成本及税金 = 25×10+（500+200）÷10+475×3% = 334.25（万元）

期间费用 = 15 万元

税前利润 = 475−334.25−15 = 125.75（万元）

税后利润 = 125.75×（1−25%）= 94.3125（万元）

$$投资净利润率 = \frac{94.3125}{200} \times 100\% = 47.15625\%$$

$$投资回收期 = \frac{200}{94.3125+20} = 1.75\ （年）$$

如果企业采用方案 2，即用 500 万元（自有资金 200 万元，借入资金 300 万元）投资扩建生产车间，每年生产 20 万件产品，则每年的利润实现情况计算如下：

主营业务收入 = 50×（20×60%+8×40%）= 760（万元）

主营业务成本及税金 = 22×（20×60%+8×40%）+（500+500）÷10+760×3%
= 457.2（万元）

期间费用 = 20+300×8% = 44（万元）

税前利润 = 760−457.2−44 = 258.8（万元）

税后利润 = 258.8×（1−25%）= 194.1（万元）

$$投资净利润率=\frac{194.1}{500}\times100\%=38.82\%$$

$$投资回收期=\frac{500}{194.1+50}=2.05\ （年）$$

通过计算不同方案的静态指标投资净利润率和投资回收期可以看出，方案 1 的投资净利润率（47.15625%）大于方案 2（38.82%），投资回收期（1.75 年）短于方案 2（2.05 年），所以应选择方案 1。

【实例 6-13】

某煤炭公司正在考虑更换 2 台已经使用 3 年的旧机器，这 2 台机器的原始成本为 30 万元，预计使用年限为 10 年，无残值，能够在当前的二手市场上出售并可总共获得 10 万元。但如果保持它们到使用期末，将没有任何最终残值。如果公司购买新机器，新机器的购买和安装需要资金 50 万元，有 7 年的使用期，期末预期残值 1 万元。公司使用旧机器每年不含折旧费用的成本费用为 25 万元，新机器由于提高效率，预期每年能为公司节约 10 万元的成本费用。公司每年的收入大约保持在 50 万元，企业所得税税率为 25%，并假设该项目在任何年份发生的损失都能抵免公司的其他应税收入。预期报酬率为 10%。请为企业做出投资决策，并说明理由。

该投资项目的增量现金流入量计算见表 6-16。

表 6-16　**项目投资增量现金流入量计算表**　单位：万元

年份	1	2	3	4	5	6	7
节约成本费用	10	10	10	10	10	10	10
新机器折旧费用	7	7	7	7	7	7	7
旧机器折旧费用	3	3	3	3	3	3	3
增量折旧费用	4	4	4	4	4	4	4
税前利润变化	6	6	6	6	6	6	6
应交所得税变化	1.5	1.5	1.5	1.5	1.5	1.5	1.5
税后利润变化	4.5	4.5	4.5	4.5	4.5	4.5	4.5
营业现金流量变化	8.5	8.5	8.5	8.5	8.5	8.5	8.5
终止现金流量	0	0	0	0	0	0	1
净现金流量	8.5	8.5	8.5	8.5	8.5	8.5	9.5

该项目的初始现金流出量=50−10−（30−30÷10×3−10）×25%=37.25（万元）

该项目的净现值、现值指数和内部收益率计算如下：

净现值=8.5×4.355+9.5×0.513−37.25=4.641（万元）

$$现值指数=\frac{8.5\times4.355+9.5\times0.513}{37.25}=1.1246$$

内部收益率通过插值法计算，为 12.58%。

该投资项目的净现值大于0，现值指数大于1，内部收益率大于预期报酬率，所以该投资项目可以接受。

【实例6-14】

某公司为增强市场竞争力，准备投资5 000万元扩大生产规模，现有两个投资项目可供选择。经过调查了解，两个投资项目的投资时间安排和收益情况（已扣除折旧额）见表6-17。

表6-17 投资时间安排和收益情况表 单位：万元

时间	项目1	项目2
第一年初	投资5 000	投资3 000
第一年末	投资收益500	投资2 000
第二年末	投资收益1 000	投资收益3 000
第三年末	投资收益2 500	投资收益2 500
第四年末	投资收益3 000	投资收益1 000
第五年末		投资收益500

两个项目的年折旧额均为500万元；项目1适用的所得税税率为15%，项目2适用的所得税税率为25%；预期报酬率为10%。要求对1、2两个投资项目的投资效益进行比较，并做出投资决策。

静态指标计算与分析：

（1）投资利润率

项目1：

投资总额=5 000万元

年平均利润=（500+1 000+2 500+3 000）÷4=1 750（万元）

投资利润率=1 750÷5 000×100%=35%

项目2：

投资总额=3 000+2 000=5 000（万元）

年平均利润=（3 000+2 500+1 000+500）÷4=1 750（万元）

投资利润率=1 750÷5 000×100%=35%

（2）投资回收期

项目1：

投资回收期=3+（5 000-4 000）÷3 000=3.33（年）

项目2：

投资回收期=1+（5 000-3 000）÷2 500=1.8（年）

（3）投资净利润率

项目1：

应纳企业所得税=（500+1 000+2 500+3 000）×15%=1 050（万元）

税后净利润=7 000-1 050=5 950（万元）

年平均税后净利润=5 950÷4=1 487.5（万元）

投资净利润率 = 1 487.5÷5 000×100% = 29.75%

项目 2：

应纳企业所得税 = （3 000+2 500+1 000+500）×25% = 1 750（万元）

税后净利润 = 7 000−1 750 = 5 250（万元）

年平均税后净利润 = 5 250÷4 = 1 312.5（万元）

投资净利润率 = 1 312.5÷5 000×100% = 26.25%

从以上静态指标的计算中可以看出，项目 1 和项目 2 的投资利润率相同，均为 35%，考虑税收因素的影响后，项目 1 的投资净利润率（29.75%）大于项目 2 的投资净利润率（26.25%），应选择项目 1；但如果从投资回收期的长短看，项目 2 的投资回收期（1.8 年）短于项目 1 的投资回收期（3.33 年），则应选择项目 2。所以要进一步计算两个项目的动态指标。动态指标的计算与分析可通过编制现金流量表进行，见表 6-18、表 6-19。

表 6-18　**项目 1 现金流量表**　单位：万元

年份	第一年初	第一年末	第二年末	第三年末	第四年末
税前利润		500	1 000	2 500	3 000
折旧额		500	500	500	500
税前现金流量	−5 000	1 000	1 500	3 000	3 500
税前现金流量现值	−5 000	909	1 239	2 253	2 390.5
所得税		75	150	375	450
税后利润		425	850	2 125	2 550
税后现金流量	−5 000	925	1 350	2 625	3 050
税后现金流量现值	−5 000	841	1 116	1 972	2 083

表 6-19　**项目 2 现金流量表**　单位：万元

年份	第一年初	第一年末	第二年末	第三年末	第四年末	第五年末
税前利润			3 000	2 500	1 000	500
折旧额			500	500	500	500
税前现金流量	−3 000	−2 000	3 500	3 000	1 500	1 000
税前现金流量现值	−3 000	−1 818	2 891	2 253	1 024.5	621
所得税			750	625	250	125
税后利润			2 250	1 875	750	375
税后现金流量	−3 000	−2 000	2 750	2 375	1 250	875
税后现金流量现值	−3 000	−1 818	2 273	1 784	854	543

根据表 6-18，计算项目 1 的动态指标如下：

税前净现值 = 1 791.5 万元　　税后净现值 = 1 012 万元

税前现值指数=1.3583　　税后现值指数=1.2024

税前内部收益率=21.72%　　税后内部收益率=14.13%

税前投资回收期=3.25 年　　税后投资回收期=3.41 年

根据表 6-19，计算项目 2 的动态指标如下：

税前净现值=1 971.5 万元　　税后净现值=636 万元

税前现值指数=1.4092　　税后现值指数=1.132

税前内部收益率=28.6%　　税后内部收益率=12.7%

税前投资回收期=2.3 年　　税后投资回收期=3.24 年

从以上动态指标的计算中可以看出，在未考虑税收影响之前，项目 2 的净现值、现值指数和内部收益率均大于项目 1，投资回收期也短于项目 1，应选择项目 2。但在考虑项目的税收负担后，由于项目 1 适用的所得税税率较低，项目 1 的净现值、现值指数和内部收益率均高于项目 2，投资回收期也与项目 2 相差不多，所以应优先选择项目 1 进行投资。

[总结与结论]

为促进我国的产业结构、技术结构以及企业组织结构的优化与调整，近几年来，国家越来越多地利用税收杠杆对企业经营行为发挥导向作用。由此可见，税务问题与企业经营行为具有密切的关系。在企业不断运转的过程中，投资和再投资是企业生产和扩大再生产所必须经历的阶段。不进行适当的投资活动，企业就无法取得预期的经济效益。不同的企业组织形式、不同的投资规模，有不同的税收待遇；不同的投资方式和不同的投资地区、投资产业等形成不同的投资结构，也会带来不同的税前和税后收益，对于企业的税收负担有着较大的影响。所以，企业必须进行投资的税务筹划，以实现税后收益最大化。企业投资决策的一个重要方面就是从税务角度评价其可行性。另一方面，税务筹划虽然可以从一个产品、一个税种或一项政策的运用等具体细节入手，但在本质上它是综合性的。这是因为，税收成本只是企业经营成本的一部分，而企业追求的是整体经济效益。因此，企业在进行税务筹划的实际操作过程中，除了要考虑利用税法规定中的低税点争取税收优惠或利用财务安排实现递延纳税以降低税收成本外，同时还要兼顾考虑筹划方案可能受其他相关法规的制约，以及税收成本下降了却可能导致企业经营成本上升的可能性等问题。

[练习题库]

★案例分析题

案例 1

某食品公司计划扩大业务规模，生产精美糖果或糕点，有甲、乙两个项目可选，据调查测算，甲、乙项目的投资和税前利润（未扣除折旧额）情况见表 6-20。

表 6-20　　**甲、乙项目的投资和税前利润情况表**　　单位：万元

时间	项目甲	项目乙
第一年初	投资 2 000	投资 1 600
第二年初	投资 2 000	投资 1 200
第三年初	投资收益 2 800	投资 1 200
第四年初	投资收益 2 400	投资收益 1 200
第五年初	投资收益 2 000	投资收益 1 600
第六年初	投资收益 1 200	投资收益 2 000
第七年初		投资收益 2 400
第八年初		投资收益 2 800

项目甲年折旧额 1 000 万元，项目乙年折旧额 800 万元；项目甲适用 15% 的所得税税率，项目乙适用 25% 的所得税税率；预期报酬率为 10%。要求对甲、乙两个投资项目的投资效益进行比较，并做出投资决策。

案例 2

某生产企业在设备购置前一年累计亏损 2 000 万元，主要原因是企业生产设备落后，产品技术含量低，产品销售不出去。为改变这种状况，企业经理层进行长时间的讨论研究，决定对企业进行投资，预计投资额为 2 000 万元，全部款项通过银行贷款筹集。经过市场调查和测算，提出两个方案：一个是利用这笔资金购买专用设备以获得税收抵免；二是投资新办环境保护项目。企业适用 25% 的所得税税率。

假定两个方案在 5 年内销售收入、应缴各项税金（所得税除外）、税前利润等各项数额基本一致。两方案的税前利润见表 6-21。

表 6-21　　**两方案的税前利润表**　　单位：万元

年份	第一年	第二年	第三年	第四年	第五年
税前利润	400	800	800	1 000	1 200

你认为企业应选择哪个方案？请说明理由。

★思考题

1. 企业设立时应如何进行组织形式的筹划？
2. 设立子公司与设立分公司应从哪些方面进行筹划？
3. 企业投资结构的税务筹划包括哪些方面？应注意什么问题？
4. 税收对投资决策现金流量的影响表现在哪些方面？

★讨论题

1. 你认为在投资的税务筹划中，固定资产投资的税务筹划重要吗？应该包括

哪些内容？

2. 投资规模如果影响企业的税收负担，你认为应该怎样进行投资规模的税务筹划？

3. 投资决策的税务筹划分析方法有哪些？你认为它和投资决策方法有本质区别吗？

第 7 章

企业筹资与经营的税务筹划

[学习目标]

学完本章后，应当掌握：

1. 不同筹资方式下的税务筹划；

2. 不同资本结构理论对资本结构与税务筹划问题的解释，资本结构的税务筹划；

3. 租赁和产销决策的税务筹划；

4. 企业财务成果的税务筹划。

7.1 企业筹资方式的税务筹划

筹资，亦称资金筹措或融资，是企业根据生产经营、对内外投资和调整资本结构的需要，通过各种渠道和方式经济有效地筹措资金的行为。这是企业资金运动的起点，也是决定企业资金规模和生产经营规模的基本因素。任何一个企业开展生产经营活动，都必须具备一定数量的资金，用于购置原材料、支付各种费用、扩大经营规模、开发新产品、提高技术水平等。能否及时、足额、经济地筹集到所需资金，直接关系到企业的发展计划能否真正实现。企业为筹集到其所需的资金，可以采用多种筹资方式。一般而言，筹资的基本方式包括：银行贷款、向非金融机构或企业借款、企业内部集资、企业自我积累、发行股票或债券等。从纳税角度来看，不同的筹资方式所产生的税负不尽相同，取得的税后收益也有差别，这便为企业在筹资决策中运用税务筹划提供了可能。

7.1.1 银行借款的税务筹划

借款筹资方式主要是指向金融机构（银行）进行融资，其成本主要是利息。

向银行的借款利息一般可以在税前列支，从而减少企业的应税所得额。同时，向金融机构贷款，这种筹资方式只涉及企业与银行两个主体。如果企业与银行有一定的关联关系，就可以通过利润的平均分摊，减轻税收负担。当然，大多数企业与银行之间是没有关联关系的，因此，这种筹资方式在税负的沟通上要比企业自筹方式差，但总要好于企业自我积累这种筹资方式，因为企业仍可以利用在业务联系过程中与金融机构逐渐建立起来的特殊业务联系，实现一定程度的减轻税负的目的。

【实例 7-1】

M 公司计划用历年积累的留存收益 3 000 万元兴建一座冷库进行出租，预计每年的租金收入为 500 万元，预计该冷库的使用寿命为 20 年，企业所得税税率为 25%，则该冷库建成后每年获得的租金应纳所得税额为：

500×25% = 125（万元）

20 年应纳税总额为：

125×20 = 2 500（万元）

若该厂不是利用自我积累资金兴建该冷库，而是改从银行贷款 3 000 万元兴建冷库出租，假定租金不变，仍为每年 500 万元，银行贷款利率为 10%，扣除银行贷款利息，企业每年收益为：

500-3 000×10% = 200（万元）

企业每年应纳税额为：

200×25% = 50（万元）

20 年应纳税总额为：

50×20 = 1 000（万元）

现将银行的税负负担考虑在内进行比较。若银行的综合税率为 15%，则银行的年应纳税额为：

300×15% = 45（万元）

20 年应纳税总额为：

45×20 = 900（万元）

企业与银行的总税负为：

1 000+900 = 1 900（万元）

显而易见，若企业采用向银行贷款的方式筹措资金兴建该冷库，即使将企业与银行的税额相加，也要比企业利用自我积累资金兴建冷库所负担的税负低。当然，企业在这一过程中也享受到了其他利益。如该企业不仅享受到了税收上的好处，还可以提前利用其租金收益进行其他项目的投资；再如，由于企业是从银行贷款取得资金，其自身所承担的资金风险明显下降。即使企业仅考虑税负这一因素，也可以利用与金融机构的特殊业务联系，提升其税负负担的灵活性，如若企业能够与银行达成某种协议，由银行提高利率，使企业计入成本的利息费用提高，则还可以降低企业的税负，从而使企业的税负负担具有一定的灵活性；银行也可以某种形式将获得的高额利息返还给企业或以更便利的形式为企业提供贷款，也可以达到节税的目的。即使在同一借款方式下，也会因为还本付息方式的不同造成企业的税负负担的差异。

【实例 7-2】

通达公司现有一个投资项目需投资 1 000 万元，该项目寿命期为 5 年，预期第 1 年可获取息税前利润 180 万元，以后每年增加 60 万元。该投资项目所需的 1 000 万元资金公司拟从银行借款取得，银行借款利率为 10%。通达公司的财务主管王杰正在考虑与银行签订借款合同，但因为还本付息方式的选择而犹豫不决。王杰面临的还本付息的方式有以下四种：

A 方案：复利计息，到期一次还本付息。

B 方案：复利年金法，即每年等额偿还本金和利息，金额为 263.8 万元（1 000÷3.791）。

C 方案：每年等额还本，即每年还本 200 万元，并在每年支付剩余借款的利息。

D 方案：每年付息，到期还本。

王杰对企业在这四种方案下税后利润的现值进行了计算，计算结果见表 7-1。

表 7-1　**不同方案偿还本息情况对比表**　单位：万元

方案	年数	年初所欠金额	当年利息额	当年所还金额	当年所欠金额	当年投资收益	当年税前利润	当年应纳所得税额	当年税后利润	当年税后利润现值
A	1	1 000	100	0	1 100	180	80	20	60	54.55
	2	1 100	110	0	1 210	240	130	32.5	97.5	80.58
	3	1 210	121	0	1 331	300	179	44.75	134.25	100.86
	4	1 331	133.10	0	1 464.1	360	226.9	56.725	170.175	116.23
	5	1 464.1	146.41	1 610.51	0	420	273.59	68.3975	205.1925	127.41
	小计		610.51				889.49	222.3725	667.1175	479.63
B	1	1 000	100	263.8	836.2	180	80	20	60	54.55
	2	836.20	83.62	263.8	656.02	240	156.38	39.095	117.285	96.93
	3	656.02	65.6	263.8	457.82	300	234.4	58.6	175.8	132.08
	4	457.82	45.78	263.8	239.8	360	314.22	78.555	235.665	160.96
	5	239.8	23.98	263.78	0	420	396.02	99.005	297.015	184.42
	小计		318.98				1 181.02	295.255	885.765	628.94
C	1	1 000	100	300	800	180	80	20	60	54.55
	2	800	80	280	600	240	160	40	120	99.17
	3	600	60	260	400	300	240	60	180	135.24
	4	400	40	240	200	360	320	80	240	163.92
	5	200	20	220	0	420	400	100	300	186.28
	小计		300				1 200	300	900	639.16
D	1	1 000	100	100	1 000	180	80	20	60	54.55
	2	1 000	100	100	1 000	240	140	35	105	86.78
	3	1 000	100	100	1 000	300	200	50	150	112.70
	4	1 000	100	100	1 000	360	260	65	195	133.19
	5	1 000	100	1 100	0	420	320	80	240	149.02
	小计		500				1 000	250	750	536.23

注：通达公司所得税税率为 25%，以上未考虑其他税费因素。

当年利息额=年初所欠金额×10%

年末所欠金额=年初所欠金额+当年利息额-当年所还金额

当年税前利润=当年投资收益-当年利息额

当年应交所得税额=当年税前利润×25%（假设无纳税调整事项）

当年税后利润=税前利润-应交所得税额

当年税后利润现值=当年税后利润×现值系数

由以上计算可以看出，A方案税后利润的折现值为479.63万元，B方案税后利润的折现值为628.94万元，C方案税后利润的折现值为639.16万元，D方案税后利润的折现值为536.23万元。显而易见，尽管采用C方案下的还本付息方式应缴纳的所得税额比较多，但其税后利润的折现值是最大的，故从财务管理的角度看，作为财务主管的王杰可以将C方案作为最优方案与银行签订借款合同。

7.1.2 企业间资金拆借的税务筹划

按照中国现行法规规定，企业之间不允许相互拆借资金，但实际情况是关联企业之间的资金往来和拆借现象比比皆是，两者之间也难以严格区分，虽属违规拆借但也法不责众。企业间的资金拆借可以为企业税务筹划提供便利的条件，主要表现在：其一，资金拆借的双方一般是关联企业，而关联双方是有“血缘关系”的，存在密切的供产销、资产重组、融资往来以及担保、租赁等事项。关联双方通过明确供产销关系，可以优化资本结构和内部资源配置，提高资产盈利能力，保证生产经营的正常进行和快速发展。其二，通过相互拆借资金、相互担保，及时筹措资金，可以有效地把握投资机会，降低机会成本，提高资金运营效率。其三，通过充分利用集团内部的生产资源，可以降低交易成本，提高上市公司的运营效率，有利于实现集团公司的资本运营目标。由此可见，正是这种“亲缘”关系的存在，为企业在税务筹划方面提供了可操作的空间。

【实例7-3】

A企业与B企业以相互融资的形式提供投资资金。A企业为B企业提供150万元的资金，B企业为A企业提供100万元的资金。为计算简便，假设A、B两企业的投资收益率都是100%，相互提供资金的利率都是20%，两企业适用的所得税税率为40%，利息收入适用的所得税税率为20%，则A、B两企业的税收负担变化分析如下：

A企业：

在未付息前的应纳税额为：

100×40%=40（万元）

在支付利息后的应纳税额为：

（100-20）×40%=32（万元）

减少的应纳税额为：

40-32=8（万元）

从B企业获得的利息收入的应纳税额为：

150×20%×20%=6（万元）

则纳税总额为：

32+6=38（万元）

在付息、收息后的利润收入为：

100-20+30=110（万元）

因此，综合税负的税率为：

38÷110×100%=34.5%

B 企业：

在未付息前的应纳税额为：

150×40%=60（万元）

在支付利息后的应纳税额为：

（150-30）×40%=48（万元）

减少的纳税额为：

60-48=12（万元）

从 A 企业获得的利息收入的应纳税额为：

100×20%×20%=4（万元）

则纳税总额为：

48+4=52（万元）

在付息、收息后的利润收入为：

150-30+20=140（万元）

因此，综合税负的税率为：

52÷140×100%=37.1%

通过以上计算可以看出，相对于全部投资都由自己筹集，A、B 两企业的税收负担降低了许多。企业间相互拆借资金的效果明显好于完全靠自己筹资进行投资，也比向银行贷款的效果要好。它不仅使企业的税后利润的相对额增加，也使企业税后利润的绝对额增加；它不仅使企业缴纳的税额、税负的相对值减少，也使缴纳的税额、税负的绝对值减少。

当然，两个企业相互提供资金时，要符合税法关于关联企业利息费用扣除的有关规定，企业从关联方接受的债权性投资与权益性投资的比例不要超过规定标准。企业所得税法规定，企业如果能够证明相关交易活动符合独立交易原则，或者该企业的实际税负不高于境内关联方，其实际支付给境内关联方的利息支出，不超过规定标准的部分，在计算应纳税所得额时准予扣除。企业从其关联方接受的债权性投资与权益性投资的比例超过规定标准而发生的利息支出，不得在计算应纳税所得额时扣除。企业接受关联方债权性投资与其权益性投资比例的规定标准为：金融企业为5∶1，其他企业为2∶1。企业同时从事金融业务和非金融业务的，其实际支付给关联方的利息支出，应按照合理方法分开计算；没有按照合理方法分开计算的，一律按其他企业的比例计算准予税前扣除的利息支出。

【实例 7-4】

A 公司（母公司）和 B 公司（全资子公司）是关联公司，非金融企业。B 公司拟于1月1日向甲公司借款1 000万元，双方协议规定，借款期限一年，年利率10%，B公司于12月31日到期时一次性还本付息1 100万元。B公司实收资本总额为350万元。已知同期同类银行贷款利率为8%，金融保险业营业税税率为5%，城市维护建设税税率为7%，教育费附加征收率为3%。

B公司当年通过“财务费用”账户列支A公司利息100万元，允许税前扣除的利息为56万元（350×2×8%），调增应纳税所得额44万元（100-56）。假设B公司当年利润总额为200万元，所得税税率为25%，不考虑其他纳税调整因素，B公司当年应纳企业所得税额为61万元((200+44)×25%)。

上述业务的结果是，B公司支付利息100万元，A公司得到利息100万元。由于是内部交易，对A、B公司整个利益集团来说，既无收益又无损失。但是，因为A、B公司均是独立的企业所得税纳税人，税法对关联企业利息费用的限制使B公司额外支付了11万元（44×25%）的税款，而A企业收取的100万元利息还须按照“金融保险业”税目缴纳5%的营业税和相应的城市维护建设税以及教育费附加，合计金额5.5万元（100×5%×（1+7%+3%））。

整个集团企业合计多纳税费15.125万元（5.5×（1-25%）+11）。

企业可以采取如下三种税务筹划方式：

方案1：将A公司借款1 000万元给B公司，改成A公司向B公司增加投资1 000万元。这样，B公司就无须向A公司支付利息。如果符合企业所得税法中股息红利等权益性投资收益免税的条件，A公司从B公司分回的股息无须纳税。如果不符合免税条件，B公司可以保留盈余不分配，这样A公司也无须纳税。

方案2：如果A、B公司存在购销关系，B公司生产的产品作为A公司的原材料，那么，当B公司需要借款时，A公司可以支付预付账款1 000万元给B公司，让B公司获得一笔“无息”贷款，从而排除了关联企业借款利息扣除的限制。

方案3：如果A公司生产的产品作为B公司的原材料，那么，A公司可以采取赊销方式销售产品，将B公司需要支付的应付账款由A公司作为“应收账款”挂账。这样，B公司同样可以获得一笔“无息”贷款。

方案2和方案3属于商业信用筹资。这是因为，关联企业双方按正常售价销售产品，对“应收账款”或“预付账款”是否加收利息可以由企业双方自愿确定，税法对此并无特别规定。由于B公司是A公司的全资子公司，A公司对应收账款或预付账款不收利息，对于投资者来说，并无任何损失。

如果B公司是A公司的非全资子公司，其情况又会怎样呢？A公司为了考虑其自身的利益，会适当提高售价，实际上就是把应当由B公司负担的利息转移到原材料成本中。应当指出，如果关联方企业之间不按独立企业间业务往来收取或支付价款、费用，而减少应税收入或应纳税所得额，税务机关有权进行合理调整。因此，企业在采用方案2和方案3进行筹划时应当谨慎行事。

【相关链接7-1】

企业集团或集团内的核心企业（以下简称“企业集团”）委托企业集团所属财

务公司代理统借统还贷款业务，从财务公司取得的用于归还金融机构的利息不征收营业税；财务公司承担此项统借统还委托贷款业务，从贷款企业收取贷款利息不代扣代缴营业税。企业集团委托企业集团所属财务公司代理统借统还业务，是指企业集团从金融机构取得统借统还贷款后，由集团所属财务公司与企业集团或集团内下属企业签订统借统还贷款合同并分拨借款，按支付给金融机构的借款利率向企业集团或集团内下属企业收取用于归还金融机构借款的利息，再转付企业集团，由企业集团统一归还金融机构的业务。

7.1.3 发行债券的税务筹划

债务资金筹集的另一种重要方式是发行企业债券。债券是发行者为筹集资金，向债权人发行的，在约定时间支付一定比例的利息，并在到期时偿还本金的一种有价证券。发行债券筹资和长期借款筹资都是企业长期负债的主要形式，都要按期还本付息，但两者在一些方面却有很大区别。长期借款不存在溢折价的问题，但长期债券却存在发行价格不等同于债券面值的情况，即平价、溢价和折价。平价是指以债券的面值为发行价格；溢价是指以高于面值的价格为发行价格；折价是指以低于面值的价格为发行价格。债券发行价格的形成受诸多因素的影响，其中主要是票面利率与市场利率的一致程度。债券的面值、票面利率、到期日在债券发行前即已参照市场利率和发行公司的具体情况确定下来，并载明于债券之上。但在发行债券时已确定的票面利率不一定与当时的市场利率一致。为了协调债券购销双方在债券利息上的利益，就要调整发行价格，即：当票面利率高于市场利率时，以溢价发行债券，其售价高于面值的溢价额实际上就是购买者把将来多收的利息先行退还给发行公司；当票面利率低于市场利率时，以折价发行债券，其面值高于售价的折价额实际上就是发行公司给予债券购买者的额外利息；当票面利率与市场利率一致时，则以平价发行债券，因此，溢价和折价的摊销要贯穿于债券发行的全过程，其关系见表7-2。由于在计算应纳税所得额时，利息费用作为扣除项目，因而，利息费用的多少将直接影响纳税人应纳税额的多少。溢折价摊销的方法有两种：直线法和实际利率法。在这两种方法下计算出的各期摊销额是不同的，从而企业各期的利息费用也不相同。若将时间价值的因素考虑在内的话，企业债券的溢折价摊销额会对企业的应纳税额产生影响。

表 7-2 **债券利息费用与溢折价的关系表**

债券平价发行	全部利息费用=所付的现金利息
债券折价发行	全部利息费用=所付的现金利息+折价
债券溢价发行	全部利息费用=所付的现金利息-溢价

1）债券折价发行

如前所述，企业债券在发行时若市场利率高于票面利率，则企业债券折价发行。

【实例 7-5】

A 公司于 1 月 1 日发行面值 200 000 元的债券，票面利率为 9%，期限为 4 年。每年应付的现金利息为 200 000×9% = 18 000（元），该债券的发行价格为 193 528 元，折价额为 6 472 元。

（1）直线法

直线法是指每期的摊销额都相等的摊销方法。上述 A 公司若每半年付息一次，那么折价将被分 8 次摊销，而且每次摊销额都是 809 元（6 472÷8），这样每半年的利息费用则是 9 809 元（9 000+809）。随着债券折价的逐期摊销，企业债券折价账户上的余额将逐渐趋于零，而应付公司债券的账面价值则逐渐等于面值。具体计算见表 7-3。

表 7-3 **债券折价摊销直线法计算表** 单位：元

期次	支付现金利息	折价摊销	利息费用	企业债券账面价值
	①=面值×4.5%	②	③=①+②	④=前期④+②
发行月				193 528
1	9 000	809	9 809	194 337
2	9 000	809	9 809	195 146
3	9 000	809	9 809	195 955
4	9 000	809	9 809	196 764
5	9 000	809	9 809	197 573
6	9 000	809	9 809	198 382
7	9 000	809	9 809	199 191
8	9 000	809	9 809	200 000
合计	72 000	6 472	78 472	—

（2）实际利率法

尽管直线摊销被广泛地运用，而且十分简便，但因每期摊销的债券折价相同，形成了实际利率降低的情况，因而不太合理。为了解决这个问题，在实际中还使用一种实际利率法。这种方法是根据企业债券发行时的市场利率来计算每期利息费用的金额，从而使债券折价摊销费用保持一致的利率。现按实际利率法摊销企业债券的折价。仍以上题为例，若债券发行时的市场利率为 10%，则具体计算见表 7-4。

表 7-4　　债券折价摊销实际利率法计算表　　单位：元

期次	利息费用	支付现金利息	折价摊销	债券折价余额	企业债券账面价值
	①=⑤×5%	②=面值×4.5%	③=①-②	④=前期④-③	⑤=面值-④
发行月				6 472	193 528
1	9 676	9 000	676	5 796	194 206
2	9 710	9 000	710	5 086	194 914
3	9 746	9 000	746	4 340	195 660
4	9 783	9 000	783	3 557	196 443
5	9 822	9 000	822	2 735	197 265
6	9 863	9 000	863	1 872	198 128
7	9 906	9 000	906	966	199 034
8	9 966	9 000	966	0	200 000
合计	78 472	72 000	6 472	—	—

2）债券溢价发行

如前所述，如果市场利率低于票面利率，企业债券溢价发行。

【实例 7-6】

A 公司于 1 月 1 日发行面值 200 000 元的债券，票面利率为 9%，期限为 4 年。该债券的发行价格为 206 736 元，溢价额为 6 736 元。

（1）直线法

现假设 A 公司每半年付息一次，那么溢价将分为 8 次摊销，而且每次摊销额都是 842 元（6 736÷8），这样每年的利息费用则是 8 158 元（9 000-842）。随着债券溢价的逐期摊销，企业债券溢价账户上的余额将逐渐趋于零，而应付公司债券的账面价值则逐渐等于面值。具体计算见表 7-5。

表 7-5　　债券溢价摊销直线法计算表　　单位：元

期次	支付现金利息	溢价摊销	利息费用	企业债券账面价值
	①=面值×4.5%	②	③=①-②	④=前期④-②
发行月				206 736
1	9 000	842	8 158	205 894
2	9 000	842	8 158	205 052
3	9 000	842	8 158	204 210
4	9 000	842	8 158	203 368
5	9 000	842	8 158	202 526
6	9 000	842	8 158	201 684
7	9 000	842	8 158	200 842
8	9 000	842	8 158	200 000
合计	72 000	6 736	65 264	—

(2) 实际利率法

按照实际利率法摊销企业债券溢价，是用递减的债券账面价值乘以固定的利率，这样实际利息费用将逐期减少，而用固定利息费用减实际利息费用得出的溢价摊销额则逐期递增，并且递增的比例又是相同的。企业债券的账面价值最终将递减到面值，即到期应偿还的价值。现按实际利率法摊销企业债券的溢价。仍以上题为例，若债券发行时的市场利率为 8%，则具体计算见表 7-6。

表 7-6　**债券溢价摊销实际利率法计算表**　单位：元

期次	利息费用	支付现金利息	溢价摊销	债券折价余额	企业债券账面价值
	①=⑤×4%	②=面值×4.5%	③=②-①	④=前期④-③	⑤=面值+④
发行月				6 736	206 736
1	8 269	9 000	731	6 005	206 005
2	8 240	9 000	760	5 245	205 245
3	8 210	9 000	790	4 455	204 455
4	8 178	9 000	822	3 633	203 633
5	8 145	9 000	855	2 778	202 778
6	8 111	9 000	889	1 889	201 889
7	8 075	9 000	925	964	200 964
8	8 036	9 000	964	0	200 000
合计	65 264	72 000	6 736	—	—

债券不管是折价发行还是溢价发行，在摊销时都使用直线法和实际利率法。两种方法的区别在于：直线法每期的摊销额都是相等的，实际利率法每期的摊销率是相等的。直线法的摊销额没有考虑到债券每期的账面价值变化这个因素，而实际利率法摊销额随着债券账面价值的变化而变化。当债券以折价发行时，随着到期值的增加，摊销额也增加；当债券以溢价发行时，随着到期值的减少，摊销额也减少。因此，在实际利率法下的每期利息费用不同于直线法。若债券折价发行，前几年的利息费用要小于直线法的利息费用，从而公司前期缴纳的税款较多，后期缴纳的税款较少；若债券溢价发行，前几年的利息费用要大于直线法的利息费用，从而公司前期缴纳的税款较少，后期缴纳的税款较多。但在不同的摊销方法下，利息费用的总额也是相同的，应纳税总额也相同。因而，若将时间价值因素考虑在内的话，则理性的企业理财者应选择实际利率法作为折价摊销的方法，而选择直线法作为溢价摊销的方法。

【相关链接 7-2】

《中华人民共和国公司法》规定：股份有限公司、国有独资公司和两个以上的国有企业或者其他两个以上的国有投资主体投资设立的有限责任公司，为筹集生产经营资金，可以发行公司债券。发行公司债券，必须符合下列条件：①股份有限公司的净资产额不低于人民币 3 000 万元，有限责任公司的净资产额不低于人民币 6 000万元；②累计债券总额不超过公司净资产额的 40%；③最近 3 年平均可分配利润足以支付公司债券1年的利息；④筹集的资金投向符合国家产业政策；⑤债券的利率不得超过国务院限定的利率水平；⑥国务院规定的其他条件。发行公司债券筹集的资金，必须用于审批机关批准的用途，不得用于弥补亏损和非生产性支出。

7.1.4 权益筹资的税务筹划

任何一个以营利为目的的企业，在其初创阶段，必须以权益资本的形式从企业发起人以及一些原始投资者那里获得其所需的原始资本。这一部分权益资本，通常构成一个新企业的原始资金来源，而且是该公司后来吸引其他投资或各种类型借款的基础和保证。因此，权益资本是企业经营的主要资本来源。在股份有限公司中，权益资金筹资方式主要有发行普通股股票和留存收益两种。

向社会发行股票同发行债券一样，属于直接筹资，可以避开支付给券商的手续费、中介费等。但如前所述，借款利息和债券利息是在税前发生的，可以作为财务费用在税前冲抵利润，从而减少应纳税所得额，降低税负。而对于筹资公司来讲，普通股股利从税后利润中支付，不像债务资金利息那样作为费用从税前支付，因而不具有抵税作用。这相对增加了税收负担。所以一般情况下，企业以发行普通股股票的方式筹资所承受的税负要重于债务资金筹资方式的税负。

留存收益是由企业税后利润所形成的。公司以税后利润支付股东的股利后，余下的税后利润可供公司支配使用。留存收益已经成为公司日益重视的筹资方式。公司可以通过少发现金股利或发放股票股利甚至不发放股利保留更多的税后利润，以满足公司的资金需要，促进公司发展。如果公司能够将留存收益投资于报酬率更高的项目，这将会给公司的股东带来更多的好处。同时，由于通过外部筹资，其筹资费用通常很高，而留存收益不必动用现金支付筹资费用，因此，留存收益筹资对公司来说是非常有益的，也是公司非常愿意使用的。但从税务筹划的角度看，留存收益这一筹资方式存在双重征税的问题。因为自我积累方式资金的占有和使用融为一体，税收难以分割或抵消，因而难以进行纳税筹划。此外，从税负和经营的效益的关系来看，自我积累资金要经过很长一段时间才能完成，而且企业投入生产和经营活动之后，产生的全部税负由企业自负。这种筹资方式虽然对企业有诸多的益处，但税负却是最重的。

通过以上的分析可知，一般情况下，企业以自我积累方式筹资所承受的税收负担要重于向金融机构贷款所承受的税收负担，贷款融资所承受的税收负担要重于企业间拆借所承受的税收负担。这是因为，其对资金的实际拥有或对资金风险负责的程度是不同的，因此，其承担的税负也就相应地随之变化。从纳税筹划角度看，企业间互相拆借资金方式的效果最好，金融机构贷款次之，留存收益效果最差。这是因为，通过企业的内部融资和企业之间拆借资金，这两种融资行为涉及的人员和机构较多，容易寻求降低融资成本、提高投资规模效益的途径。金融机构贷款次之，但企业仍可利用与金融机构特殊的业务联系实现一定规模的减轻税负的目标。采用自我积累方式，由于资金的占有和使用融为一体，税收难以分割或抵消，因而难以进行纳税筹划。

7.2 企业资本结构的税务筹划

企业筹资决策的核心问题是最优资本结构的确定。所谓资本结构是指企业长期资金的构成，即企业的长期负债和所有者权益（普通股、优先股和留存收益）的构成。因而，资本结构问题从本质上讲就是企业债务资金的比重问题，即资本结构的合理性其实也就是负债比率的合理性。企业资本结构的合理与否，不仅制约着企业风险、成本的大小，而且在相当大的程度上影响着企业的税收负担以及企业权益资本收益实现的水平。

7.2.1 资本结构理论的解释——历史的眼光

1）传统资本结构理论的解释

传统资本结构理论是以1952年美国财务学家大卫·杜兰特提出的资本结构理论为代表的。他把当时对资本结构的见解划分为三种：净收入理论、净经营收入理论和传统理论。

净收入理论假定投资者以固定的收益率计量公司的净收益，并且公司能以固定利率取得所需的全部负债。在这一假定的前提下，债务利息和权益资本成本均不受财务杠杆的影响，无论负债程度多高，企业的债务资本成本和权益资本成本都不会发生变化。因此，只要债务资本成本低于权益资本成本，同时利率固定，那么当公司负债越来越多时，公司的加权平均资本成本率就会下降，企业的利息额也会越来越多，企业所获得的税收利益也越来越多，最终导致企业价值越来越大。

净经营收入理论认为，不论财务杠杆如何变化，企业加权平均资本成本都是固定的，因而企业的总价值也是固定不变的。这是因为，企业利用财务杠杆时，即使债务成本本身不变，但由于加大了权益的风险，也会使权益成本上升，于是加权平均资本成本不会因为负债比率的提高而降低，而是维持不变。因此，资本结构与企业价值无关。

传统理论是介于净收入理论和净经营收入理论两个极端之间的一种折中理论。它认为，适度的负债经营并不会明显地增加企业负债和权益资本的风险，所以，企业权益资本收益率和负债利率在一定范围内是相对稳定的，但当企业负债超过一定比例时，企业的负债和权益资本的成本就会上升，使加权平均资本成本率呈倒“U”形状。在这个过程中，企业的价值开始上升，然后保持在这一点上，继而将随着负债比例的增加而下降。

2）现代资本结构理论的解释

现代资本结构理论形成于20世纪50年代，跨越到70年代后期。它以莫迪格利安尼和米勒定理（MM理论）为中心，以后沿着两个主要分支发展：一个是探讨税收差异对资本结构的影响，称为“税差学派”；另一个是研究破产成本与资本结构的关系，之后再派生到财务困境成本里去，形成所谓“破产成本主义”和“财务困境主义”。后来，这两大学派归入权衡理论。到了20世纪70年代后期，现代资本结构理论逐渐被新资本结构理论所替代。新资本结构理论以信息不对称为中心，大量引入经济学各方面的最新分析方法，从新的学术视野来分析和解释资本结构问题，提出了不少标新立异的观点。新资本结构理论主要包括四大主流学派——代理成本说、信号模型、财务契约论和新优序融资理论。显而易见的是，新资本结构理论的观点与本书所探讨的税务筹划问题没有直接联系，因而，本书将注意力放在现代资本结构理论的解释上。

（1）MM 理论的解释

MM 理论实际上是一系列命题的通称。除了莫迪格利安尼和米勒在 1958 年 6 月《美国经济评论》第 48 卷《资本成本、企业理财和投资理论》一文中提出的最为著名的定理Ⅰ、定理Ⅱ和定理Ⅲ外，还包括 1961 年 10 月他们在《商业学刊》第 34 卷发表的另一篇经典文章《股利政策、增长和股票估价》中所提出的一项推论和 1963 年 6 月在《美国经济评论》第 53 卷所作的《企业所得税和资本成本：一项修正》的修正结论，以及 1966 年 6 月在《美国经济评论》第 53 卷刊出的《电力公用事业行业资本成本的某些估计》一文中的实证结果。整个 MM 理论主要包括无公司税模型和公司税模型两部分。

①无公司税模型。无公司税模型即莫迪格利安尼和米勒提出的定理Ⅰ、定理Ⅱ和定理Ⅲ。它们分别为：

定理Ⅰ：“任何企业的市场价值与其资本结构无关，而是取决于按照与其风险程度相适应的预期收益率进行资本化的预期收益水平。”

定理Ⅱ：“股票每股预期收益率应等于与处于同一风险程度的纯粹权益流量相适应的资本化率，再加上与其财务风险相联系的溢价。其中财务风险是以负债权益比率与纯粹权益流量资本化率和利率之间差价的乘积来衡量。”

定理Ⅲ：“任何情况下，企业投资决策的选择点只能是纯粹权益流量资本化率，它完全不受用于为投资提供融资的证券类型的影响。”

定理Ⅰ说明，只要 EBIT 相等，那么处于同一风险等级里的企业，无论是负债经营的企业还是无负债经营（全为股本经营）的企业它们的价值相等，$V_L = V_U$。企业的加权平均资本成本与资本结构毫不相关。定理Ⅱ说明，负债企业的股本成本与同一风险等级中无负债企业的股本成本之间有一差额，这一差额即为负债企业所要承担的风险，即所谓风险补偿。举债增加将导致资本成本增加，而且损益相等。定理Ⅱ是对定理Ⅰ的解释。定理Ⅲ说明，内含报酬率大于综合资本成本及预期收益率是进行投资决策的基本前提。对于股份有限公司来讲，实施内含报酬率超过综合资本成本的项目可以提高公司的股票价格。

②公司税模型。引入公司税后，资本结构对企业市场价值的影响也称为修正的 MM 理论，或 MM 公司税模型。修正的 MM 理论的要点是，由于负债会因利息具有抵税作用，从而使企业价值随着负债融资程度的提高而增加，因此，企业负债率越高越好。MM 公司税模型同样包括三个命题：

命题一：无负债企业的价值等于企业税后利润除以企业权益资本成本率，而负债企业的价值则等于同类风险的无负债企业的价值加上负债节税利益。负债节税利益等于公司所得税税率乘以负债总额。引入公司所得税后，负债企业的价值会超过无负债企业的价值。负债越多，这个差异越大，因此，当负债比例最后趋近100%时，企业价值最大。

$V_U=EBIT(1-t)/K_{SU}$

$V_L=V_U+T\cdot D$

命题二：负债企业的权益资本成本率 K_{SL} 等于相同风险等级的无负债企业的权益资本成本率 K_{SU} 加上风险报酬。风险报酬则取决于公司的资本结构和所得税税率。即：

$K_{SL}=K_{SU}+(K_{SU}-K_d)(1-t)(D/S)$

式中：

K_d 为负债的利率；

D 为企业负债总额；

S 为普通股市场价值。

由于（1-t）总是小于1，所以在考虑公司所得税后，尽管权益资本成本率还会随着负债程度的提高而上升，但公司赋税使股本成本上升的幅度低于无税时上升的幅度。因此，负债增加提高了企业价值。

命题三：$IRR\geqslant K_{SU}[1-T(D/V)]$。

这里，$K_{SU}[1-T(D/V)]$ 一项为新投资的临界率，只有那些收益率等于或大于这个临界率的项目才是可接受的。

综上所述，修正的MM理论认为，一公司可经由杠杆的不断增加而持续不断地降低其资本成本。杠杆程度越高，公司的价值就越高。为追求最佳的资本结构，公司应设法使用最大限度的杠杆。在一个有所得税存在的制度中，MM理论的含义是：资本结构几乎可以完全由负债构成。在这里，MM理论舍弃了如下重要因素，即财务杠杆——财务风险——资本成本三者之间的密切相关性。米勒教授显然也意识到了以上结论的谬误之处，因此沿着以上研究的轨迹进一步发展和完善了MM资本结构理论，即关于资本结构的米勒模型。

③米勒模型。1976年，米勒教授在美国金融学会上所做的报告中，将个人所得税因素又加进了MM理论中，建立了一个包括公司所得税和个人所得税在内的模型，从而提出了米勒模型（Miller Model）。该模型认为，修正的MM理论高估了公司负债的好处。实际上，个人所得税在某种程度上抵销了公司利息支付减税的利益。其结论为：如果普通股收益的个人所得税少于债券收益的个人所得税，则在其他条件相同的情况下，债券的税前收益必须要大到足以补偿普通股收益的个人所得税和债券收益的个人所得税之间的差额，否则，没有人愿意持有债券。同理，对于一个负债融资的企业来说，虽然企业可以通过利息支付减少企业所得税，但因为利息是支付给债券持有者个人的，他们必须支付与普通股收益不同的个人所得税。因此，一个层面上税收减免正好被另一个层面上税收增加的劣处所抵消。这样，米勒

又得出与 MM 理论相一致的结论。

米勒模型为：

$$V_L = V_U + \left[1 - \frac{(1-T_C)(1-T_S)}{1-T_d}\right] \cdot D$$

式中：

T_C 为公司所得税税率；

T_S 为股票所得（股利+资本收益）税税率；

T_d 为对债券征收的个人所得税税率；

D 为负债总额。

米勒模型可做如下说明：

第一，括号中 $\left[1 - \frac{(1-T_C)(1-T_S)}{1-T_d}\right]$ 乘以 D 为负债收益，取代了 $V_L = V_U + T \cdot D$。

第二，若忽略所有的税率，$T_C = T_S = T_d = 0$，则 $V_L = V_U$，与 MM 理论的最初模型相同。

第三，若忽略个人所得税税率，$T_S = T_d = 0$，括号中为 $[1-(1-T_C)] = T_C$，则 $V_L = V_U + T \cdot D$。这是 MM 理论公司税模型的表达式。

第四，如果个人股票和债券收益的个人所得税税率相等，$T_S = T_d$，括号中也为 T_C，则它们对负债企业的市场价值的影响相互抵销。

第五，若 $(1-T_C)(1-T_S) = 1-T_d$，括号中也为 0，使用负债杠杆的价值为 0。这说明企业负债的节税利益恰好被股本个人所得税所抵销，不论企业是使用债务融资还是权益融资，都无法获得税收上的好处，在这种情况下，资本结构对企业价值或资本成本无影响。这又回到了 MM 理论的无税模型。

【相关链接 7-3】

在 1985 年诺贝尔经济学奖颁给莫迪格利安尼时，瑞典皇家科学院本策尔教授在致辞中说："仅在莫迪格利安尼和米勒提出他们的定理之后，在这个领域才开始出现比较严谨的理论成果。莫迪格利安尼和米勒把财务政策放在金融市场均衡理论中考虑，为在此领域中继续进行的研究工作提供了一般性的指南。"

（2）权衡理论的解释

权衡理论是 20 世纪 70 年代中期形成的。其主要观点是，企业最优资本结构就是在负债的税收利益与破产成本现值之间进行权衡。早期的权衡理论完全建立在纯粹的税收利益和破产成本相互权衡的基础上，后期的权衡理论将负债的成本从破产成本进一步扩展到代理成本、财务困境成本和非负债税收利益损失等方面，同时，又把税收利益从原来单纯讨论的负债税收利益引申到非负债税收利益（指会计制度上的折旧和投资减免等税收方面的抵税利益）方面，实际上扩大了成本和收益所包含的内容，把企业的最优资本结构看成是在税收利益与各类和负债相关的成本之间的权衡。

权衡理论的思想表述得最清楚的是在罗比切克和梅耶斯 1966 年所写的《最优

资本结构理论问题》一文中。文中指出："因为税收原因，利息可以在企业收益中扣减，所以财务杠杆有助于给现有投资者增加企业的价值。另一方面，如果破产和（或）重组是有可能和有成本的，带给现有投资者的企业价值会变少……所以，我们预计在没有负债或负债较少时，企业市场价值与企业财务杠杆呈一种递增函数关系，但一旦财务杠杆持续扩展下去，企业价值最终要减少……债务结构的最优水平就处在同财务杠杆边际递增相关的税收利益现值和同财务杠杆不利的边际成本现值相等之点上。"

【相关链接 7-4】

针对当时流行的破产成本理论，米勒（1977）撰文予以驳斥。他认为，破产成本确实存在，但相对于债务融资的税收利益则不成比例地缩小，就好比"拿兔子与马做比较"。

7.2.2 负债规模的税务筹划

根据以上各种资本结构理论的解释，可以发现，负债融资的财务杠杆效应主要体现在节税及提高权益资本收益率（包括税前和税后）等方面。其中节税功能反映为负债利息计入财务费用抵减应税所得额，从而相对减少应纳税额。在息税前收益（支付利息和所得税前的收益）不低于负债成本总额的前提下，负债比率越高，额度越大，其节税效果就越显著。当然，负债最重要的杠杆作用在于提高权益资本的收益水平及普通股的每股盈余（税后）方面。

【实例 7-7】

A、B、C 为三家经营业务相同的公司，投资报酬率为 10%，但资本结构存在差异。A 公司在其资本结构中没有负债，B 公司在其资本结构中有 50 万元的负债，C 公司在资本结构中有 100 万元的负债。其他资料见表 7-7。

表 7-7 **资本结构资料信息表**

项目	A	B	C
投资额	200 万元	200 万元	200 万元
股本	200 万元	150 万元	100 万元
股数（面值 100 元）	2 万股	1.5 万股	1 万股
负债（8%）	0	50 万元	100 万元
EBIT	20 万元	20 万元	20 万元
利息	0	4 万元	8 万元
EBT	20 万元	16 万元	12 万元
T（25%）	5 万元	4 万元	3 万元
EAT	15 万元	12 万元	9 万元
EPS	7.5 元	8 元	9 元
权益资本收益率	7.5%	8%	9%
DFL	1.0	1.25	1.67

由表 7-7 的计算可以看出，由于 B 公司和 C 公司利用了负债融资，财务杠杆系数高于未使用负债的 A 公司。在其财务杠杆作用下，B 公司和 C 公司的权益资本收益率和每股收益水平均高于未使用负债融资的 A 公司，充分体现了负债的财务杠杆效应。因而，本例得出的第一个结论是：在投资规模相同、投资报酬率高于利率的情况下，负债的比率越高，权益资本的利润率越高，EPS 越高，但同时企业的财务风险也越大。

仍沿用上述的例子，若 A、B、C 三公司的投资报酬率为 20%，则具体计算见表 7-8。

表 7-8　　**资本结构资料信息表**

项目	A	B	C
EBIT	40 万元	40 万元	40 万元
利息	0	4 万元	8 万元
EBT	40 万元	36 万元	32 万元
T（25%）	10 万元	9 万元	8 万元
EAT	30 万元	27 万元	24 万元
EPS	15 元	18 元	24 元
权益资本利润率	15%	18%	24%
DFL	1.0	1.11	1.25

从表 7-8 计算可以看出，若企业的投资报酬率提高，则利用了负债融资的 B 公司和 C 公司，在其财务杠杆作用下，权益资本利润率和每股收益水平相对于未使用负债融资的 A 公司提高幅度要大得多，即增长了财务杠杆系数。因此，本例得出的第二个结论是：在同一资本结构下，若投资报酬率高于利息率，每股收益将根据息税前利润的增长率按照财务杠杆系数的倍率增长。

企业负债规模是否适度，并非单纯地反映为是否有利于企业实施最大限度的节税。因为包括节税在内的财务行为，其最终目标只有一个：实现权益资本利润率和每股收益的提高。因而，企业利用负债融资进行税务筹划，其有效的行为必须是在提高权益资本利润率和每股收益的基础上，合理把握负债的规模，在相对意义上实现节税的效果。

7.2.3　筹资税务筹划的一些特殊问题

1）资本化利息

按现行会计准则规定，企业为购置、建造需要经过相当长时间的购建或者生产活动才能达到预定可使用或者可销售状态的固定资产、投资性房地产和存货等资产发生借款的，在有关资产购置、建造期间发生的合理的借款费用，应当作为资本性支出计入有关资产的成本。企业在生产经营活动中发生的合理的、不需要资本化的借款费用计入财务费用。众所周知，财务费用可以直接冲抵当期损益，而固定资产、无形资产价值则须分期摊销，逐步冲减当期损益，因此，为了实现税务筹划目标，企业应尽可能加大筹资利息支出计入财务费用的份额，缩短筹建期和资产的购建周期。

2）利息费用扣除的特殊规定

我国税法规定：纳税人在生产、经营期间，向金融机构借款的利息支出，按照实际发生数扣除；向非金融机构借款的利息支出，包括纳税人之间相互拆借的利息支出，不高于金融机构同类、同期贷款利率计算的数额以内的部分准予在税前扣除，超出的部分不得扣除。所称金融机构，是指各类银行、保险公司以及经中国人民银行批准从事金融业务的非银行金融机构。

企业从其关联方接受的债权性投资与权益性投资的比例超过规定标准而发生的利息支出，不得在计算应纳税所得额时扣除。

● 7.3 企业租赁的税务筹划

租赁是资产所有者（出租人）以收取租金为目的将资产出让给承租人，承租人按合约使用资产，并向出租人定期支付租金的一种财务经济活动。租赁属于一种特殊的筹资方式。与其他筹资方式相比，租赁方式的筹资特点在于融资和融物为一体，因而，在市场经济中的运用日益广泛。企业通过租赁，可以迅速获得所需的资产，保存企业的举债能力，避免因长期拥有机器设备而承担资金占用和风险，更重要的是，租入的资产支付的租金可按规定在所得税前扣除，若是融资租赁的话，租入的固定资产可以计提折旧，而折旧可以计入成本费用，从而可以进一步减少纳税基数。因此，租赁过程中的纳税筹划，对于减轻企业税负具有重要意义。

7.3.1 企业集团内部租赁的税务筹划

当出租人与承租人同属一个企业集团时，租赁可使其直接、公开地将资产从一个企业转给另一个企业，从而达到转移收入和利润、减轻税负的目的。这种税务筹划方法一般要求企业集团内不同企业之间适用的企业所得税率存在差异。例如，企业所得税率采用累进税率的形式。如果是比例税率，则要求集团内某一企业适用优惠税率政策。

【实例 7-8】

某集团中的企业甲将其盈利高的 A 生产车间的产权租给企业乙，全部资产核定价值为 1 000 万元，每年生产产品获利 200 万元，年租金 150 万元。出租前企业甲的年利润为 700 万元，企业乙的年利润为 100 万元。甲、乙适用企业所得税税率见表 7-9（不考虑其他相关税费）。

（1）甲企业未出租时应纳税款：

$(700-500)\times75\%+(500-200)\times50\%+(200-50)\times35\%+50\times20\%=362.5$（万元）

乙企业未付租金时应纳税款：

$(100-50)\times35\%+50\times20\%=27.5$（万元）

表 7-9　　适用税率

利润收入（万元）	税率
50 以下	20%
50～200	35%
200～500	50%
500～800	75%
800 以上	85%

甲乙合计应纳税款：

362.5+27.5=390（万元）

（2）甲企业出租后利润额：

700-200+150=650（万元）

甲企业出租后应纳税款：

（650-500）×75%+（500-200）×50%+（200-50）×35%+50×20%=325（万元）

乙企业支付租金后的利润额：

100+200-150=150（万元）

乙企业支付租金后应纳税款：

（150-50）×35%+50×20%=45（万元）

甲乙合计应纳税款：

325+45=370（万元）

租赁后企业集团少纳税额：

390-370=20（万元）

可见，当出租人和承租人属于同一利益集团时，租赁可以使他们之间直接、公开地将资产从一个企业转给另一个企业。同一利益集团中的企业甲出于税收目的，将盈利高的生产项目连同设备一道以租赁的形式转租给企业乙，在符合税法规定的前提下，收取较低的租金，最终可使该利益集团税负降低，租赁产生的避税效应十分明显。

7.3.2　非企业集团内部租赁的税务筹划

租赁产生的节税效应，并非只能在同一利益集团内部实现，即使在专门租赁公司提供租赁设备的情况下，承租方和出租方也可获得减轻税负的好处。

如果企业进行技术改造，需要购进价值昂贵的进口机器设备。当企业自有资金无力支付这笔款项时，只有靠向外部筹资来解决。同时，企业若不符合发行股票和债券的条件，只能在银行贷款和融资租赁两种方式中选择一种。那么，企业选择哪种方式既能筹到资金又能在税收上获得利益呢？这个问题是许多企业在进行技术改造筹资时经常碰到的问题。现代企业在激烈的市场竞争中，只有通过科技进步和技术创新不断地增强自身的竞争能力，才能立于不败之地，而进行技术改造是最有效的手段之一。企业在进行技术改造时，仅靠自有资金积累是不够的，在大多数情况下需要向外部筹资，而向银行贷款和进行租赁是最常见的方式。租赁又分为经营租赁和融资租赁两种形式。企业获得生产经营设备的方式不同，其在税务处理上也是有差异的。用银行贷款购买设备，支付的贷款利息可以在税前扣除，企业对设备计提的折旧又可以抵税。关于租赁费的扣除问题，《中华人民共和国企业所得税暂行条例实施细则》第17条做了如下规定："纳税人根据生产、经营需要租入固定资产所支付租金的扣除，分别按下列规定处理：①以经营租赁方式租入的固定资产而发生的租赁费，可以据实扣除。②融资租赁发生的租赁费不得直接扣除。承租方支付的手续费以及安装使用后支付的利息等可在支付时直接扣除。"企业应对这几种获得设备的方式所要承担的税负进行比较，在考虑时间价值的基础上，选择对企业最有利的方式。

【实例7-9】

ABC公司今年欲进口某设备，价值1 200万元。根据企业的资金需求分析，企业只有在3年以后才有能力支付该设备款项。该企业所适用的所得税税率为25%，行业平均报酬率为10%。企业可选择的方案有2个：

方案1：从银行贷款购入该设备。银行3年期贷款的年利率为8%。

方案2：融资租赁租入该设备。租赁公司3年期的内含报酬率为10%。

设备购入后可立即投入使用。该设备投入使用后每年可产生税前利润600万元（未扣除该设备的折旧及借款利息），该设备的正常折旧年限为10年。

试对设备是通过银行贷款还是进行融资租赁，进行决策分析。为便于分析，测算时不考虑设备价款外的其他费用及预计残值等，并假定银行贷款利息、企业所得税和租赁款均于每年年末支付。

在对方案1和方案2的选择过程中，需综合分析考虑该设备所产生的现金流量净额，然后再确定方案的优劣。在影响该设备的现金流量因素中，支付的银行贷款利息、企业所得税和租赁款均会产生现金流出，利润为现金流入，而折旧作为非付现的费用，不会对现金流量产生影响。

方案1：

前3年每年年末计提贷款利息，按复利计算，第一年年末为96万元（1 200×8%），第二年为103.68万元（1 296×8%），第三年为111.9744万元（（1 200+96+103.68）×8%）。银行利息每年年末支付，贷款本金于第三年年末支付。

10年中每年计提折旧120万元，每年缴纳的企业所得税为：（利润-利息-折旧）×25%。

从现金流量角度分析，10年中除第三年要支付本金外，其他各年产生的现金流量净额的现值为：（利润-利息-所得税）×该年的现值系数。

贷款方案的现金流量现值的计算见表7-10。

方案2：

因租赁公司3年期的内含报酬率为10%，可计算每年等额支付的租赁款为1 200÷2.4869=482.5284（万元）（（P/A，10%，3）=2.4869）。

表 7-10　　**贷款方案的现金流量现值计算表**　　单位：万元

年份	现金流入 ①	利息 ②	折旧 ③	本金 ④	所得税 ⑤=（①-②-③）×25%	现金净流量 ⑥=①-②-④-⑤	现值指数	现金净流量现值
第一年	600	96	120		96	408	0.926	377.808
第二年	600	103.68	120		94.08	402.24	0.857	344.71968
第三年	600	111.9744	120	1 200	92.0064	-803.9808	0.794	-638.3607552
第四年	600		120		120	480	0.735	352.8
第五年	600		120		120	480	0.681	326.88
第六年	600		120		120	480	0.630	302.4
第七年	600		120		120	480	0.583	279.84
第八年	600		120		120	480	0.540	259.2
第九年	600		120		120	480	0.500	240
第十年	600		120		120	480	0.463	222.24
合计	6 000	311.6544	1 200	1 200	1 122.0864	3 366.2592		2 067.526925

根据《关于促进企业技术进步有关财务税收问题的通知》（财工字［1996］41号）规定，企业技术改造采取融资租赁方式租入的机器设备，折旧年限可按租赁年限和国家规定的折旧年限孰短的原则确定，但折旧年限最短不低于3年。因而，本公司按税法规定折旧可采取3年计提，则每年计提的折旧额为400万元。每年缴纳的企业所得税为：（（利润-折旧）×25%）万元，每年的现金流量净额的现值为：（利润-租金-所得税）×该年的现值系数。

租赁方案的现金流量现值的计算见表7-11。

表 7-11　　**租赁方案的现金流量现值计算表**　　单位：万元

年份	现金流入 ①	租金 ②	折旧 ③	所得税 ④=（①-③）×25%	现金净流量 ⑤=①-②-④	现值系数	现金净流量现值
第一年	600	482.5284	400	50	67.4716	0.926	62.4787016
第二年	600	482.5284	400	50	67.4716	0.857	57.8231612
第三年	600	482.5284	400	50	67.4716	0.794	53.5724504
第四年	600			150	450	0.735	330.75
第五年	600			150	450	0.681	306.45
第六年	600			150	450	0.630	283.5
第七年	600			150	450	0.583	262.35
第八年	600			150	450	0.540	243
第九年	600			150	450	0.500	225
第十年	600			150	450	0.463	208.35
合计	6 000	1 447.5852	1 200	1 200	3 352.4148		2 033.274313

通过上面对两种方式的比较可知，融资租赁方式比银行贷款方式现金流量净额的现值少34.252612万元（2 067.526925-2 033.274313）。故企业采取银行贷款方式为佳。

根据以上实例分析，可以进一步归纳如下：对企业进行技术改造拟选用的机器设备，在考虑究竟选择银行贷款还是融资租赁方式时，可利用时间价值的计算原理，对该项设备所产生的现金流量净额的现值进行比较。在比较时可以假设利润为0，并可运用年金现值计算，分析则要简便些。当租赁方式现金流量净额现值（累计）大于银行贷款方式时，对企业来讲，选择融资租赁方式为好，反之，则选择银行贷款方式为好。该原理同样适用于其他筹资方式的分析与比较。

【相关链接7-5】

在经营租赁方式下，承租人对租入资产不需要作为本公司的资产入账，不需要计提折旧，只需按期支付租金。按照企业所得税法的规定，承租人支付的租金一般应在租赁期限内均衡地计入费用，冲减企业的利润，减少应纳税所得额。出租人仍然保留出租资产的账面价值，并承担出租资产的折旧及其他费用，其享有的权利为按期取得租金收益。出租人收取的租金应当在租赁期内的各个期间按直线法确认为损益，缴纳企业所得税。如果租赁资产是有形动产，出租人收取的租金还要缴纳增值税。如果租赁资产是其他资产，出租人收取的租金还要缴纳营业税。

在融资租赁方式下，租入资产由承租人计提折旧并在税前扣除，承租人支付的租金不得直接扣除，承租方支付的手续费以及安装交付使用后支付的利息等可在支付时直接扣除。承租人支付的租金包含本金和利息两部分。利息部分应按照实际利率法逐期确认为当期融资费用，并在税前扣除。出租人不再计提租赁资产的折旧。出租人收到的租金中的利息收入部分按照实际利率法分摊，逐步计入当期实现的收入。按照增值税法的规定，经中国人民银行、商务部、银监会批准从事融资租赁业务的试点纳税人提供有形动产融资租赁服务，以取得的全部价款和价外费用（包括残值）扣除由出租方承担的有形动产的贷款利息（包括外汇借款和人民币借款利息）、关税、进口环节消费税、安装费、保险费的余额为销售额，计算缴纳增值税。在2015年12月31日前，对其增值税实际税负超过3%的部分实行增值税即征即退政策。按照营业税法规定，经营融资租赁业务的单位所从事的其他资产的融资租赁业务，无论租赁资产的所有权是否转让给承租方，均征收营业税，不征收增值税。

除企业所得税、增值税、营业税以外，租赁业务涉及的税种还有城市维护建设税、教育费附加、印花税等。

融资性售后回租业务是融资租赁业务的一种类型，是指承租方以融资为目的将资产出售给经批准从事融资租赁业务的企业后，又将该项资产从该融资租赁企业租回的行为。增值税法规定，经中国人民银行、银监会或者商务部批准从事融资租赁业务的试点纳税人，提供有形动产融资性售后回租服务，以收取的全部价款和价外费用，扣除向承租方收取的有形动产价款本金，以及对外支付的借款利息（包括外汇借款和人民币借款利息)、发行债券利息后的余额为销售额。根据企业所得税法的规定，融资性售后回租业务中，承租人出售资产的行为不确认为销售收入，对融资性租赁的资产，仍将承租人出售前原账面价值作为计税基础计提折旧。租赁期间，承租人支付的属于融资利息的部分，作为企业财务费用在税前扣除。

7.4　企业产销决策的税务筹划

7.4.1　企业生产经营过程的税务筹划

利润是反映企业一定时期经营成果的重要指标，也是计算所得税的主要依据。由于利润大小与企业所选用的处理经营业务的会计方法密切相关，而会计准则往往给企业提供了选择方法的机会，这便为企业进行税务筹划提供了可能。即使会计准则规定得相当明确，企业也可通过对生产经营活动的调控，实现一定程度的利润控制并进而影响所得税的实际负担。

在会计政策选择上，企业进行税务筹划的领域是比较宽广的。企业可以通过存货计价方法的选择、固定资产折旧方法的选择、税前利润的调控以及关联交易方式等进行税务筹划。

存货计价方法有多种，如先进先出法、加权平均法等。不同的存货计价方法会得出不同的应纳税额，从而使企业承受不同的税收负担。一般来说，当物价逐渐下降时采用先进先出法计算的成本较高，应纳所得税相应较少；当物价持续上涨时，采用加权平均法可相对减轻企业的所得税负担。

固定资产最常用的折旧方法有直线法、工时法、产量法和加速折旧法。税法赋予企业固定资产折旧方法和折旧年限的选择权。税法规定，固定资产按照直线法计提折旧，同时规定了固定资产的最低折旧年限。由于技术进步、产品更新换代较快的固定资产以及常年处于强震动、高腐蚀状态的固定资产可以采取缩短折旧年限或者采取加速折旧的方法。采取缩短折旧年限方法的，最低折旧年限不得低于规定折旧年限的60%；采取加速折旧方法的，可以采取双倍余额递减法或者年数总和法。出于获得财务利益的考虑，企业应视具体情况选择不同的折旧方法加以筹划：①在比例税率下，如果各年的所得税税率不变或有下降趋势，以采用加速折旧法为优。这是因为这种方法使企业前期的成本费用增加，从而把前期利润推至后期，无疑延缓了纳税时间。②同样在比例税率下，各年的所得税税率呈上升趋势时，以直线法为优。这是因为加速折旧法延缓了纳税的利益与税率高低成正比，在未来所得税税率越来越高时，以后纳税年度的税负增加往往大于延缓纳税的利益，使得直线法比加速折旧法更为有利。③在超额累进税率下，直线法优于加速折旧法。这是因为，直线法计算的年折旧费大致相等，在其他条件大致相同的情况下，计算出的年利润比较均衡，从而避免了因为利润波动过大而适用了较高的税率，多缴纳税款。另外，通过固定资产折旧进行税务筹划亦可以通过折旧年限的确定来进行。客观地讲，折旧年限取决于固定资产的使用年限。由于使用年限本身就是一个预计的经验值，使得折旧年限包含了很多人为成分，为税务筹划提供了可能。缩短折旧年限有利于加速成本收回，可以使后期成本费用前移，从而使前期会计利润发生后移。在税率稳定的情况下，所得税递延缴纳相当于从国家取得了一笔无息贷款。

企业也可以通过对生产经营活动的调控进行税务筹划，降低税收负担。例如，企业可以对税前利润进行调控。如果企业想少计当期利润以减轻当期所得税负担，则往往可以进行以下调控：将本可在本期实现的收入推迟至下期实现，将本可在下期发生的费用提前至本期发生；提前增加固定资产，从而提高折旧费用；加快坏账损失的处理及固定资产清理的速度；以租赁形式代替固定资产的采购等。当然，采用这些手段的前提是不违反会计准则、制度的规定。再如，企业可以利用关联交易对税前利润进行调控。就关联交易本身而言，其存在的目的本该是降低交易成本，运用内部的行政力量来确保关联双方合同的有效执行，从而提高企业的经济效益，但是，由于关联交易是在关联方之间进行的交易，这就使得关联交易不可能采取正常情况下的正常交易价格，而是以最低的市场价格成交。这样，关联交易在发挥其应有作用的同时，还为企业税务筹划提供了可能。

7.4.2 企业销售的税务筹划

在企业的销售活动中，企业进行税务筹划的空间依然广阔。企业可以通过销售方式的选择、销售地点的选择以及销售收入确认时间的选择等进行税务筹划，从而降低税收负担。

企业在通过销售方式的选择进行税务筹划过程中，可通过对不同销售方式的比较加以选择。随着市场经济的发展，企业的销售方式也是花样翻新，除了普通的销售形式外，还有折扣销售、销售折让、以旧换新以及还本销售等方式。在产品销售过程中，企业对销售方式有自主选择权，这就为利用不同的销售方式进行税务筹划提供了可能。不同的销售方式往往适用于不同的税收政策，也就存在税收待遇差别的问题，这就为利用销售方式进行税务筹划提供了机会。例如，我国增值税有关法规对折扣销售有明确的定义和特殊的税收处理。如果销售额和折扣额在同一张发票上分别注明的，可按折扣后的余额作为销售额计算增值税；如果将折扣额另开发票，则无论其在会计上如何处理，均不得从销售额中扣减折扣。现金折扣是发生在销售货物之后的，其本身不属于销售行为，而是一种融资性质的理财费用，因此，现金折扣不得从销售额中扣除，企业应按照全部销售额计算缴纳增值税。销售折让则可以从货物或应税劳务的销售额中扣除，以其余额计算应纳税额。还本销售方式在本质上是筹集资金，因此，应以全额作为其计税金额。

企业还可以通过销售收入的实现时间进行税务筹划，将销售方式的税务筹划和销售收入实现时间的税务筹划相互结合。如果企业销售方式的划分以结算方式为标准，则销售方式决定了产品销售收入实现的时间，而产品销售收入确认时间上的差异造成了企业纳税业务发生时间上的差异，从而为企业利用时间上的差异进行税务筹划创造了条件。

企业在销售过程中利用其他渠道进行的税务筹划的具体分析和案例介绍可参见

各具体税种的筹划。

7.5　企业财务成果的税务筹划

企业的财务成果是企业在一定时期内全部经营活动所取得的利润或发生的亏损。财务成果分配亦即利润分配，是指将企业在一定时期内实现的利润总额按照有关法规的规定进行合理的分配。企业实现利润在进行相应调整后，应依法缴纳所得税。调整主要是指所得税税前弥补亏损和投资收益中已纳税的项目或按规定只需补缴所得税的项目。财务成果分配不仅关系到企业能否长期稳定地发展，关系到投资者的权益能否得到保障，还会对企业和投资者的税负产生直接的影响。

7.5.1　亏损弥补的税务筹划

1）税前利润弥补亏损的税务筹划

按现行《中华人民共和国企业所得税法》的规定，纳税人发生年度亏损的，可以在以后 5 年内逐年延续弥补。纳税人当年实现利润，可以先弥补不超过法定弥补期的以前年度亏损，按弥补亏损后的利润（为应纳税所得额）乘以适用的税率，计算年度应缴所得税额。企业在进行税前利润弥补亏损的税务筹划时，在条件允许的情况下，可以提前确认收入或延迟确认费用，例如将列入当期费用的项目予以资本化或将某些可控费用（如广告费、展销费等）延后支付。因为这时产生的利润如果属于前一年，可以弥补以前年度的亏损，这样企业就可以达到不纳税或少纳税的目的。

纳税人弥补法定弥补期以前年度亏损的利润来源有纳税人纳税经营所得、免税经营所得等。在这些弥补亏损的所得之间进行合理筹划，可以减少纳税当年及以后年度的所得税税负。按税法规定，纳税人年度既有应税项目所得又有免税项目所得的，弥补以前年度亏损可优先用纳税所得弥补，不足的再用免税所得弥补，弥补亏损后还有盈余的不再纳税。

【实例 7-10】

某企业以前年度合法未弥补亏损 250 万元，当年纳税所得 200 万元、免税所得 150 万元，所得税税率 25%。弥补亏损的方案有两个：一是先用纳税所得弥补，不足的部分再用免税所得弥补；二是先用免税所得弥补，不足的部分再用纳税所得弥补。

方案 1：该企业弥补亏损后有盈余 100 万元，为免税所得，不用纳税。

方案 2：该企业弥补亏损后有盈余 100 万元，但为纳税所得，应交所得税为 25 万元（100×25%）。

企业应选择方案 1。

当然，在用税前利润补亏的期限里，企业须注意：必须正确向税务机关申报应纳税所得额。因为税法规定，对纳税人查增的所得额，不得用于弥补以前年度亏损。

2）利用企业合并弥补亏损的税务筹划

按税法规定，企业股东在企业合并发生时取得的股权支付金额不低于其交易支付总额的85%，以及同一控制下且不需要支付对价的企业合并，其合并具有合理的商业目的，不以减少、免除或者推迟缴纳税款为主要目的，企业合并后的连续12个月内不改变资产原来的实质性经营活动，企业合并中取得股权支付的原主要股东在合并后连续12个月内不转让所取得的股权的，被合并企业合并前的相关所得税事项可由合并企业承继。

$$\frac{\text{可由合并企业弥补的}}{\text{被合并企业亏损的限额}} = \frac{\text{被合并企业}}{\text{净资产公允价值}} \times \frac{\text{截至合并业务发生当年年末}}{\text{国家发行的最长期限的国债利率}}$$

【实例7-11】

某企业以前年度亏损100万元，预计本年度亏损15万元。该企业上年末与A企业实施合并，股权收入额不低于交易支付总额的85%。经税务机关审核符合条件，可以适用特殊性税务处理规定。A企业净资产公允价值2 000万元，合并当年年末国家发行的最长期限的国债利率为6.1%。合并当年实现利润200万元，税率25%。

可弥补该企业亏损的所得额＝2 000×6.1%＝122（万元）

合并企业弥补亏损后应缴所得税＝（200－100）×25%＝25（万元）

合并企业实现税后利润＝200－25＝175（万元）

如果不实施合并，则当年该企业因亏损不纳税，A企业盈利为215万元（200+15）。所得税税负为215×25%＝53.75万元，比实施合并多交所得税28.75万元。

7.5.2 利润分配的税务筹划

利润分配是企业财务管理活动的最后一个环节。合理的利润分配政策对企业的筹资、投资有很大影响。在企业利润分配过程中，税收是重要影响因素。在现代企业中，利润分配主要表现为股利分配。股利分配的税务筹划是指公司在遵守相关税收法规的前提下，确定恰当的股利政策，尽可能减轻股东的税负，以实现企业股东财富最大化的财务管理目标。不仅关系到企业能否长期稳定地发展，关系到投资者的权益能否得到保障，还对企业和投资者的税负产生直接的影响。

在股利分配过程中涉及的税种，主要是个人所得税和企业所得税。

个人所得税法规定，股息所得征税，资本利得免税。股东收到股利要按照20%的税率计征个人所得税。个人从公开发行和转让市场取得的上市公司股票，持股期限在1个月以内（含1个月）的，其股息红利所得全额计入应纳税所得额；持股期限在1个月以上至1年（含1年）的，暂减按50%计入应纳税所得额；持股期限超过1年的，暂减按25%计入应纳税所得额。个人股东转让境内上市的股票免征个人所得税。

企业所得税法规定，股息所得免税，资本利得征税。股息所得是投资方从被投资单位获得的税后利润。居民企业直接投资于其他居民企业取得的投资收益，以及在中国境内设立机构场所的非居民企业从居民企业取得的与该机构场所有实际联系的股息、红利等权益性投资收益，免征企业所得税。投资收益免征企业所得税的条件为连续持有居民企业公开发行并上市流通的股票 12 个月以上。资本利得是投资企业处理股权的收益，即企业收回、转让或清算处置股权投资所获得的收入，减除股权投资成本后的余额。这种收益应全额并入企业的应纳税所得额，依法缴纳企业所得税。

虽然公司的股利政策不会影响公司本身的税负，但是股利政策会影响公司股东的税负，进而可能会影响企业集团整体的税负。因此，应结合公司的实际经营情况和发展需要，考虑税收对利润分配的影响，制定合理的股利分配政策。

1）股利分配形式的税务筹划

对我国上市公司而言，股利分配形式主要包括现金股利、股票股利和转增股本三种。股票股利，也叫送股，是利用可分配利润转增股本。转增股本是利用资本公积金或盈余公积金转增股本。送股属于利润分配行为，但转增股本不属于利润分配行为。严格地讲，只有送股才是股票股利，转增股不是股票股利，但是由于我国上市公司公布股利分配方案的同时也宣布了转增方案，转增股对公司的股价也会产生重要影响，投资者往往把它视为公司的送股。税法规定，股份制企业用资本公积金转增股本不属于股息、红利性质的分配，对个人取得的转增股本数额，不作为个人所得，不征收个人所得税；股份制企业用盈余公积金派发红股属于股息、红利性质的分配，对个人取得的红股数额，应作为个人所得征税。

股票股利和转增股本不会导致公司资产的流出或负债的增加，不会减少公司的所有者权益，但会引起公司所有者权益的结构发生变化。公司发行在外的股份数量增加，股东的持股数量会增加，每股净资产会下降，每股收益会相应地下降，从而会引起股票价格发生变动，各股东持股比例保持不变。

【实例 7-12】

假设某公司转增股本之前的资本结构如下：

股本（800 万股，每股 1 元）	800 万元
资本公积	3 000 万元
留存收益	1 200 万元
合计	5 000 万元

假设该公司宣布用资本公积转增股本，每 4 股送 1 股，增加 200 万股股票，当时该股票的每股市价为 5 元，需用 1 000 万元资本公积转增资本。该公司转增资本以后的资本结构如下：

股本（1 000 万股，每股 1 元）	1 000 万元
资本公积	2 800 万元
留存收益	1 200 万元
合计	5 000 万元

假设转增股本之前，该公司当年实现净利润 400 万元，则每股收益为 0.5 元（400÷800），每股净资产为 6.25 元（5 000÷800）。转增股本后，每股收益则为 0.4

元（400÷1 000），每股净资产为 5 元（5 000÷1 000）。

假设股东甲原来持有该公司股票 800 股，每股面值 1 元，每股市价 5 元，他持有该种股票的总值为 4 000 元。公司转增股本后，股东甲现有的股票数量为 1 000 股，每股市价从 5 元降至 4 元（（5×800）÷1 000）。股东甲拥有该公司股票的总值仍为 4 000 元（1 000×4），只是股票数量由 800 股增加到 1 000 股。

但一般情况下，处于成长期的公司发放股票股利或转增股本后，可能向股东暗示公司未来的预期利润将会继续增长，其股票价格并不一定成比例下降，反而会上升。处于成长期的公司分配股票股利或转增股本，股东可以通过出售部分股票（分得的股票）而获得资本利得。由于我国个人所得税法对股息所得和资本利得的税收待遇不同，这种股利分配形式与发放现金股利相比，股东要少缴纳个人所得税，获得纳税上的好处。

公司在确定股利分配政策时，不能只考虑税收的影响，还要综合考虑公司的发展阶段、发展机会、公司形象等多方面因素。股票股利和转增股本不仅能够为股东造成税负的优势，对公司也有好处。公司可以因此留有大量的现金，便于公司发展，满足追加投资的需要。还可以使公司股价保持在一个合理的范围之内，以吸引更多的中小投资者。

2）股利分配时间和金额的税务筹划

目前，纳税人开展股权投资业务已很普遍。投资人从被投资企业获得的收益主要有股息性所得（包括股息）和资本利得。根据目前我国企业所得税相关法规的规定，企业股权投资取得的股息与资本利得的税收待遇不同。

股息性所得是投资方从被投资单位获得的税后利润，属于已缴过企业所得税的税后所得，原则上应避免重复缴税。我国税法规定，居民企业直接投资于其他居民企业取得的投资收益，以及在中国境内设立机构场所的非居民企业从居民企业取得的与该机构场所有实际联系的股息、红利等权益性投资收益，免征企业所得税。投资收益免征企业所得税的条件为连续持有居民企业公开发行并上市流通的股票 12 个月以上。税法还规定，不论企业会计处理中对投资采取何种方法，被投资企业会计处理实际作利润分配处理时，投资方企业应确认投资所得的实现。也就是说，如果被投资单位未进行利润分配，即使被投资单位有很多未分配利润，也不能推定为投资方企业的股息所得实现。因此，如果被投资企业保留利润不分配，即使不符合税法规定的投资收益免税条件，投资方也无须缴纳税款。对投资方来说，可以达到递延纳税的目的；对被投资方来说，由于不分配利润可以减少现金流出，可以更充分、有效地利用资金。税法提到的受控外国企业除外。属于以下两种情况的，其利润中应归属于该居民企业的部分应当计入该居民企业的当期收入：由居民企业，或者居民企业和中国居民直接或者间接单一持有外国企业 10% 以上有表决权股份，且由其共同持有该外国企业 50% 以上股份；居民企业，或者居民企业和中国居民持股比例没有达到上述标准，但在股份、资金、经营、购销等方面对该外国企业构成实质控制，且该企业设立在实际税负低于规定税率水平 50% 以上的国家（地区)，并非由于合理的经营需要而对利润不作分配或者减少分配的。

资本利得是投资企业处理股权的收益，即企业收回、转让或清算处置股权投资所获得的收入，减除股权投资成本后的余额。这种收益应全额并入企业的应纳税所得额，依法缴纳企业所得税。

正是由于股息性所得和资本利得在税收待遇上的差异，纳税人可以充分利用上述政策差异进行筹划。例如，如果被投资企业是母公司下属的全资子公司，则没有进行利润分配的必要。但是，由此引发的问题是，如果投资方企业打算将拥有的被投资企业的全部或部分股权对外转让，则会造成股息所得转化为股权转让所得。因为，企业保留利润不分配将导致股权转让价格增高，使得本应享受免税的股息性所得转化为应全额并入所得额征税的股权转让所得。因此，除非保留利润一直到转让投资前分配或清算，否则保留利润不分配导致的股息性所得与资本利得的转化对企业是不利的。因此，正确的做法是被投资企业保留利润不分配，企业欲进行股权转让时，在转让之前必须将未分配利润进行分配。这样做，对投资方来说，可以达到不需补税或递延纳税的目的，同时又可以有效地避免股息性所得转化为资本利得，从而消除重复纳税；对被投资企业来说，由于不分配可以减少现金流出，而且这部分资金无须支付利息，等于增加了一笔无息贷款，因而可以获得资金的时间价值。另外，如果被投资企业是私营企业，在利润分配方面也有特殊规定。以下将对被投资企业是私营企业和投资方股权转让过程中的先分配后转让两种情况的税务筹划予以解释。

(1) 被投资企业是私营企业

根据税法规定，如果被投资企业为私营有限责任公司或其他私营企业，其税后利润按规定弥补亏损、提取盈余公积金或者提取生产发展基金后的剩余利润，不分配、不投资、挂账达一年的，从挂账的第二年起，将剩余利润依照投资者（股东）的出资比例计算分配个人投资者的所得，按“利息、股息、红利所得”项目征收个人所得税。由此可见，对于私营有限责任公司的股东，即使公司保留利润不分配，也不能免除其个人所得税，递延纳税的期限至多也只有一年。企业可利用《中华人民共和国公司法》中企业提取公积金的比例进行税务筹划，达到减轻投资者税负的目的。《中华人民共和国公司法》规定，公司实现的税后利润弥补亏损和提取法定盈余公积金后，可以提取任意盈余公积金，而且没有规定任意盈余公积金的提取比例。这些规定为企业增加留存收益中盈余公积的比例、减少未分配利润的比例提供了可能。

【实例 7-13】

ABC 公司为私营有限责任公司，有甲、乙两个投资者，其中甲投资 60%、乙投资 40%。某年，ABC 公司实现税后利润 26.8 万元，以前年度亏损 6.8 万元。现有两个利润分配方案可供选择：

方案 1：提取 10% 的法定盈余公积金、5% 的任意盈余公积金。

方案 2：提取 10% 的法定盈余公积金、30% 的任意盈余公积金。

由于ABC公司当年未分配利润，甲、乙两个投资者当年没有股息所得，但ABC公司的剩余利润挂账一年后，将对甲、乙两个投资者按其出资比例计算征收个人所得税。计算如下：

方案1：

ABC公司剩余利润 =（26.8-6.8）×（1-10%-5%）= 17（万元）

甲投资者应缴纳个人所得税额 = 17×60%×20% = 2.04（万元）

乙投资者应缴纳个人所得税额 = 17×40%×20% = 1.36（万元）

甲、乙两投资者缴纳的个人所得税总额 = 2.04+1.36 = 3.4（万元）

方案2：

ABC公司剩余利润 =（26.8-6.8）×（1-10%-30%）= 12（万元）

甲投资者应缴纳个人所得税额 = 12×60%×20% = 1.44（万元）

乙投资者应缴纳个人所得税额 = 12×40%×20% = 0.96（万元）

甲、乙两投资者缴纳的个人所得税总额 = 1.44+0.96 = 2.4（万元）

从以上计算结果可以看出，无论从甲、乙两个投资者个体分别应缴纳的个人所得税额看，还是从甲、乙两个投资者应缴纳的个人所得税总额看，方案2均要比方案1低得多。

（2）投资方转让股权

①投资方是企业

如果投资方企业打算将其所拥有的被投资企业的全部或部分股权对外转让，则很有可能造成本应享受免税的股权投资所得转化为应全额并入所得额缴税的股权投资转让所得。因此，被投资企业必须在转让之前将累积的未分配利润分配。这样可以有效地避免股权投资所得转化为股权投资转让所得，避免重复纳税。

【实例7-14】

A公司于1月1日购入B公司普通股股票20万股，每股30元，占B公司股本总额的40%。B公司当年实现净利润400万元，所得税税率15%。当年A公司自营利润200万元，所得税税率25%。

方案1：6月，B公司董事会决定将税后利润的60%用于分配现金股利，A公司分得96万元。10月，A公司将其拥有的B公司40%的股权全部转让出售，转让价格为650万元。

方案2：B公司保留利润不分配。10月，A公司将其持有的B公司40%的股权全部转让出售，转让价格为810万元。

A公司应纳所得税计算如下：

方案1：

自营利润应纳税额 = 200×25% = 50（万元）

股息所得应纳税额 = 0

转让所得应纳税额 =（650-600）×25% = 12.5（万元）

A公司合计应纳所得税额 = 50+12.5 = 62.5（万元）

方案2：

自营利润应纳税额＝200×25%＝50（万元）

转让所得应纳税额＝（810－600）×25%＝52.5（万元）

A 公司合计应纳所得税额＝50＋52.5＝102.5（万元）

由以上的计算可以看出，方案 1 由于在股权转让之前进行了利润分配，避免了重复征税，因而相对于方案 2 而言，减轻税负 40 万元（102.5－62.5）。

②投资方是个人

个人所得税法规定，个人股东收到股利要按照 20% 的税率计征个人所得税，视持股期限长短享受不同的税收优惠。个人股东转让境内上市的股票免征个人所得税。转让其他股权，如果股权转让是平价转让或折价转让不缴纳个人所得税；如果股权溢价转让，应交个人所得税额的计算公式为：

应交个人所得税＝（股权转让收入－投资成本－转让费用）×20%

股东一般可以通过采取先增资、后转让的办法和先上市、后转让股权的方式避税。

我国现行税法规定，外国企业和外籍个人转让其在中国境内外商投资企业的股权取得的超出其出资额部分的转让收益，应按 20% 的税率缴纳预提所得税或个人所得税。是否可以压低交易价格免缴所得税呢？显然不行。税法规定，纳税人之间进行交易应按公允价值进行，价格不能明显偏低，否则税务机关有权进行调整。在一般情况下，以转让日资产负债表中所有者权益乘以转让数额作为交易价格。若企业处于盈利状态（未分配利润为正数）或企业资本公积有余额，则转让价格会高于投资额，转让方会获得转让收益，应缴纳所得税。有没有节税的办法呢？回答是肯定的。现行税法规定，外籍个人从外商投资企业取得的股息、红利，免缴个人所得税。比较以上规定可以看出，若外国投资者在股权转让之前先进行股利分配，合法地使转让价格降低，则可以使税收负担降低；对于受让方来说，也可以用较低的价款取得相同的股权。

【实例 7－15】

某外商投资企业的外方投资者刘某为个人，投资额占实收资本的 70%。该企业期末资产负债表中实收资本为 1 000 万元、资本公积为 500 万元、未分配利润为 2 000 万元，所有者权益合计为 3 500 万元。由于企业有发展前景，潜力大，外方另一投资者张某也想参股，共同投资发展企业，故双方签订了股权转让合同。刘某将其拥有股权的一半转让给张某，转让价格按所有者权益乘以股权比例计算。现有两种方案如下：

方案 1：直接转让。

方案 2：企业先分配股息，刘某再进行股权转让，即企业通过董事会决议，对未分配利润进行全额分配，而后再进行股权转让。

从税收节约的角度看，外方投资者刘某应选择何种方案？

对于方案 1 而言：

转让价格＝3 500×35%＝1 225（万元）

转让收益=1 225-1 000×35%=875（万元）

应缴纳的个人所得税=875×20%=175（万元）

对于方案2而言：

根据董事会的决议，刘某可分得股利1 400万元（2 000×70%），按规定，该股利收入不用缴纳个人所得税。当然，若企业为正常运作的需要，避免因支付股利而带来现金周转困难，可以先将该股利挂在资产负债表“应付股利”项目，待以后再进行分期支付。分配股利后，企业所有者权益合计为1 500万元。

刘某转让35%股权的价格=1 500×35%=525（万元）

转让收益=525-1 000×35%=175（万元）

转让收益应缴所得税=175×20%=35（万元）

通过以上的计算可以看出，从税收负担上看，方案2比方案1节省了税款140万元（175-35），因而，对于刘某而言，应采纳方案2。

不论投资方是企业还是个人，都必须要注意的问题是：其一，股利分配的可行性。一方面，公司提出的股利分配方案必须得到董事会的同意，如果外方具有控股权或相对控股权则问题比较好解决，如上述案例中，因外方具有控股权，所以具有可行性。如果不具有控股权，则应征得各方的同意，若其他各方要求外方付出代价，则应对所付代价与税务筹划收益进行比较，后者大于前者才具有可行性。另一方面，企业的现金应足够充裕，不应因股利分配给企业经营带来不利影响。否则，就会得不偿失，若影响太大，可能还会使投资者望而却步。在本问题中，其实就是要考虑企业有没有充裕的现金。尽管如前所述，企业可对股利暂不进行支付，而挂在资产负债表中的负债方。但若金额太大，则会使企业的资产负债率过高，从而降低企业的偿债能力，降低企业的信誉，降低企业的筹资能力。其二，《关于企业股权投资业务若干所得税问题的通知》规定，被投资企业对投资方的分配支付额如果超过被投资企业的未分配利润和累计盈余公积金而低于投资方的投资成本的，视为投资回收，应冲减投资成本；超过投资成本的部分，视为投资方企业的股权转让所得，应并入企业的应纳税所得额，依法缴纳企业所得税。因此，在进行转让之前分配股息时，其分配额应以“可供分配的被投资单位未分配利润和盈余公积的部分”为限。

【相关链接7-6】

各国对股息重叠征税的态度及处理办法可以分为古典制、分率制、免税制和归属制4种基本类型。古典制就是对公司所得征收公司所得税，公司分配的股利不能在公司所得税前扣除，股东还必须为股利收入缴纳个人所得税。分率制，就是对公司分配的利润按较低的税率征收公司所得税，对留存利润按较高税率征税。免税制又可分为公司阶段免税制和个人阶段免税制。公司阶段免税制在一些国家称为未分配利润税或留存利润税，即只对留存利润征收公司所得税，而对分配利润免征公司所得税。个人阶段免税制就是个人可以把收到的股利的全部或部分从个人所得税额中扣除。归属制，又称抵免制，就是在股东计算缴纳个人所得税时，将获得的股利还原为税前股利，然后与其他项目合计算出个人所得税应纳税额，准予股东从应纳税额中抵免获得的股利已纳公司所得税的全部或部分。允许部分抵免的称为部分归属制，允许全部抵免的称为完全归属制。

[总结与结论]

筹资活动是企业重要的财务活动之一，是企业资金运动的起点。企业筹资活动与税务筹划有着密不可分的联系。

企业筹资可采用不同的筹资方式：银行贷款、向非金融机构或企业借款、企业内部集资、企业自我积累、发行股票或债券等。从纳税角度来看，不同的筹资方式所产生的税负不尽相同，取得的税后收益也有差别。这便为企业在筹资决策中运用税务筹划提供了可能。

企业筹资决策的核心问题是最优资本结构的确定，资本结构问题的核心是最优负债规模的确定。在不同的负债规模下，企业的风险、成本水平是不同的，更重要的是，企业的税收负担以及权益资本收益的实现水平是不同的。企业可通过规划合理的负债规模，在债务资金的抵税利益、风险水平、权益资本收益水平之间进行权衡。

租赁可使企业集融资与融物于一身，更重要的是，租入资产支付的租金可按规定在所得税前扣除。若是融资租赁的话，融资租入的固定资产可以计提折旧，而折旧可以计入成本费用，从而可以进一步减少纳税基数。因而，企业可充分、有效地利用租赁进行税务筹划。

在企业生产和销售过程中，进行税务筹划的空间依然广阔。企业可以利用会计准则所提供的选择方法的机会进行税务筹划，也可以通过对生产经营活动的调控，实现一定程度的利润控制并进而影响所得税的实际负担。企业可以通过销售方式的选择、销售地点的选择以及销售收入确认时间的选择等来进行筹划，从而降低税收负担。

财务成果对企业和投资者的税负也会产生直接的影响。企业可通过亏损的弥补、利润分配方式的有效设计进行合理的税务筹划。

[练习题库]

★案例分析题

案例 1

阿尔弗雷德在新墨西哥州的西尔维市拥有一家名为“塞维利瓷器生产公司”的企业，长期以来都是他自己在进行经营管理。这家公司已经有 50 多年的历史了。阿尔弗雷德对自己取得的成就极为自豪。他生产的瓷器享誉整个美国。其产品不仅高贵，而且质量极佳。在阿尔弗雷德还是一个小孩时，他便在西班牙学会了怎样制作瓷器。他后来随父母移民到美国。到了他具有独立经商能力时，他便开办了属于自己的一家小公司。为了发展这家公司，他付出了许多年的牺牲和艰苦劳动，并一直梦想着扩大自己所拥有的公司的规模。在本会计年度初期，阿尔弗雷德决定执行一个巨大的扩展计划。由于执行这一计划，购置新的机器设备，需花费6 000万美元。阿尔弗雷德的公司所得税税率为40%。

阿尔弗雷德与其投资银行进行系统的分析和研究，最后其投资银行为本次筹资提出了以下几个可供选择的方案：

方案1：增发普通股股票6 000万股，每股1美元。

方案2：增发普通股股票3 000万股，每股1美元；发行债券3 000万美元，债券票面年利率为6%。

方案3：增发普通股股票2 000万股，每股1美元；发行债券4 000万美元，债券票面年利率为7%。

方案4：增发普通股股票1 500万股，每股1美元；发行债券4 500万美元，债券票面年利率为9%。

假设：该公司年息税前利润为600万美元，年息税前投资收益率为10%。为分析方便，假定上述债券利率均不高于同期银行贷款利率。

要求：若你是阿尔弗雷德，将做何选择？并简要阐述理由。

案例2

某外商投资企业的外方投资者A，其投资额占企业实收资本的50%。企业所有者权益共计1 050万元，包括实收资本500万元、资本公积200万元、未分配利润350万元。A准备将其拥有的股权的一半转让给B。现有两种方案：

方案1：A直接转让给B，转让价格为262.5万元。

方案2：企业先分配股息，假设企业将未分配利润的80%用于股利分配。A可得140万元，然后A再转让股权给B，转让价格为192.5万元。

要求：试计算两种方案下外方投资者应缴纳的个人所得税。

★ 思考题

1. 不同的筹资方式对税务筹划的影响如何？
2. 若考虑本金的偿还，债务资金筹资方式的税务筹划问题应如何进行？
3. 不同的资本结构理论对不同负债规模与税务筹划问题的解释有何不同？
4. 融资租赁与债务筹资方式在税务筹划上有何不同？
5. 企业在产销过程中的税务筹划方式都有哪些？
6. 若你是企业的股东，你希望公司在财务成果的分配过程中如何维护你的利益？

第 8 章

企业特殊问题的税务筹划

[学习目标]

学完本章后，应当掌握：

1. 企业债务重组的税务筹划；
2. 企业购并的税务筹划；
3. 企业分立的税务筹划；
4. 企业清算的税务筹划。

8.1 企业债务重组的税务筹划

在市场经济竞争激烈的情况下，一些企业可能因为经营管理不善，或受外部各种不利因素的影响，致使盈利能力下降或经营发生亏损，资金周转不畅，出现暂时资金紧缺，难以按期偿还债务。在这种情况下就需要对债务进行重组，即债权人与债务人就双方涉及的债务进行变更、修改。企业债务重组一般可采取以下方式：以低于债务账面价值的现金清偿债务；以非现金资产清偿债务；债务转为资本；修改其他债务条件，如延长债务偿还期限、延长债务偿还期限并加收利息、延长债务偿还期限并减少债务本金或债务利息等。有时需要采取两种或者两种以上方式的组合进行债务重组。企业在进行债务重组时，必然涉及税收问题，究竟采取何种重组方式有利呢？本节拟对企业采取的重组方式从税收方面进行分析和筹划。

8.1.1 债务重组对企业应纳税额的影响

企业在进行债务重组时，一般只涉及流转税和企业所得税，包括债权人企业的流转税和企业所得税以及债务人企业的流转税和企业所得税。

1）债务重组对债权人企业应纳税额的影响

债务重组对债权人企业的流转税影响不大，主要是对其企业所得税产生影响。根据税法规定，债权人企业的重组损失可在税前扣除，冲减应纳税所得额；债权人企业的重组收益则一般不直接予以确认。

在以低于债务计税成本的现金清偿债务和以非现金资产清偿债务两种方式下，债权人企业的重组损失是指重组债权的计税成本与收到的现金或者非现金资产的公允价值之间的差额；以修改其他债务条件进行债务重组的，债权人企业的重组损失是指重组债权的计税成本和将来的应收金额之间的差额；如果涉及或有收益，会计准则根据谨慎性原则要求债权人企业在计算将来应收金额时不应将或有收益包括在内，而应于实际发生时计入当期损益。不确认或有收益意味着减少将来的应收金额，增加计入营业外支出的重组损失，但从理论上讲这种调减应纳税所得额的情况是不符合确定性原则的，也是没有法律依据的。因此，债权人企业应就或有收益金额调增当期应税所得，待或有收益实际收到时再调减当年应纳税所得额。

债权人企业重组收益产生于两种情况：第一种情况是受让的非货币性资产的公允价值超过了放弃债权的账面价值，会计上要求按受让非现金资产的公允价值确认其入账价值，税法上则要求债权人企业按照受让的非货币性资产的公允价值（包括与转让资产有关的税费）确定其计税成本，据以计算可以在企业所得税前扣除的固定资产折旧费用、无形资产摊销费用或者结转商品销售成本等。第二种情况是以修改其他负债条件的方式重组时，将来应收金额大于重组债权的账面价值。这种情况下的收益不论在会计和税法上都不符合实现原则，会计、税法都不予确认，也不予处理。当债权人企业实际收到时，会计上计入当期损益，税法上要相应调增应纳税所得额。

2）债务重组对债务人企业应纳税额的影响

债务重组不仅影响债务人企业的应纳所得税额，而且影响债务人企业的流转税额。根据税法规定，债务人企业的重组收益应当计入当期应纳税所得额，重组损失则不能在所得税前扣除。

在以低于债务计税成本的现金清偿债务和以非现金资产清偿债务两种方式下，债务人重组收益是指重组债务的计税成本大于支付的现金金额或者非现金资产的公允价值（包括与转让非现金资产相关的税费）的差额，在会计上计入当期损益，税法上则要求计入当期应纳税所得额。在以非现金资产清偿债务的方式下，债务人企业除了债务重组收益计入应纳税所得额之外，还应当确认有关资产的转让收益（或损失），即转让的非现金资产的公允价值与账面价值之间的差额，并计入应纳税所得额。以修改其他债务条件进行债务重组的，债务人企业的重组收益是指重组债务的计税成本与将来应付金额之间的差额。如涉及或有应付金额，且该或有应付金额符合《企业会计准则第13号——或有事项》中有关预计负债的确认条件的，债务人应将该或有应付金额确认为预计负债。上述或有金额在随后会计期间未发生的，企业应冲减已确认的预计负债，同时确认“营业外收入”。债务人企业确认或有支出意味着增加将来应付金额，减少重组收益。由于该项支出不符合税法中扣除项目的基本确认原则和确定性，所以不能税前扣除，应调增应税所得，待或有支出实际支出后，再调减当年应税所得。如果或有支出并未发生，则不需做纳税调整。

在债务重组中，债务人企业发生重组损失的情况较少，例如在以非现金资产清偿债务的方式下，债务人企业的重组损失是指重组债务的计税成本小于支付的现金金额或者非现金资产的公允价值（包括与转让非现金资产相关的税费）的差额。

债务重组对债务人企业流转税的影响主要表现在以非现金资产清偿债务的方式下，根据税法规定，债务人抵债的非现金资产应视同资产转让，缴纳有关的增值税、消费税、营业税等。

8.1.2　债务重组的税务筹划

1）债务重组与商业折扣选择的税务筹划

【实例 8-1】

甲、乙两个公司均为增值税一般纳税人，增值税税率为 17%，企业所得税税率为 25%。甲公司赊销一批商品给乙公司，价税合计 234 万元，规定的商业折扣条件为九八折。商品已发出，货款预计在 10 天内收到，共计 229.32 万元。经过考虑，甲公司又提出以下方案：双方采用债务重组方式，由甲公司减免乙公司 4.68 万元的货款，这样乙公司实际支付的货款仍为 229.32 万元。

以下对两个方案的纳税情况进行分析（假设只考虑企业所得税和增值税）：

方案 1 采用商业折扣方式。根据税法规定，纳税人销售货物给购货方的商业折扣，如果销售额和折扣额在同一张销售发票上注明的，可按折扣后的销售额计算征税；如果将折扣额另开发票，则不得从销售额中减除折扣额。如果甲公司将销售额和折扣额在同一张销售发票上注明，甲公司增值税销项税额为 33.32 万元（34-0.68），乙公司增值税进项税额也是 33.32 万元。甲公司在计算应税所得额时，可以扣除折扣金额 4 万元。如果甲公司没有将销售额和折扣额在同一张销售发票上注明，而是在增值税发票上先按全额反映，在实际收到折扣价款后，再按折扣后金额开具其他发票或单据给乙公司入账，则甲公司增值税销项税额为 34 万元，乙公司增值税进项税额也是 34 万元。甲公司在计算所得税时，折扣金额 4 万元不得减除销售额，而应并入应纳税所得额征收企业所得税。乙公司在两种情况下均应按扣除商业折扣以后的净额增加存货成本。

方案 2 采用债务重组方式，由甲公司减免乙公司 4.68 万元的货款。甲公司增值税销项税额为 34 万元，乙公司增值税进项税额也是 34 万元。考虑到企业所得税，甲公司的债务重组损失 4.68 万元可在税前扣除，相对方案 1 可减少应税所得 4.68 万元，少缴企业所得税 1.17 万元（如果甲公司将折扣额另开发票）；或者可减少应税所得 0.68 万元，少缴企业所得税 0.17 万元（如果甲公司将销售额和折扣额在同一张销售发票上注明）。乙公司的债务重组收益 4.68 万元应增加应税所得。

比较两个方案，债权人甲公司均收到 229.32 万元的货款。因此，如果甲公司将折扣额另开发票，采用债务重组方式对甲公司较为有利。甲公司增值税销项税额均为 34 万元，可减少企业所得税 1.17 万元。乙公司进项税额均为 34 万元，企业所得税因债务重组收益多缴纳 1.17 万元。如果甲公司将销售额和折扣额在同一张销售发票上注明，采用商业折扣方式对甲公司较为有利。甲公司增值税销项税额减少0.68万元（34-33.32），企业所得税多缴纳0.17万元，甲公司减少税收负担0.51万元（0.68-0.17）。对债务人乙公司来说，采用债务重组方式，乙公司可抵扣的增值税进项税额比采用商业折扣方式多0.68万元（34-33.32），乙公司增加的应税所得比采用商业折扣方式多4.68万元，多负担所得税1.17万元（4.68×25%）。相比之下，采用债务重组方式可使乙公司多负担税金0.49万元（1.17-0.68）。

2）债务重组方式的税务筹划

【实例8-2】

甲公司是一家位于市区的房地产开发公司，因资金不足拖欠乙建筑公司210万元工程款。甲公司与乙公司协商，决定进行债务重组。甲公司以一套房产抵偿其所欠全部工程款。甲公司用于抵债的房产账面成本为150万元，市场售价大约为200万元。乙公司准备取得该房产后用作自己公司办公。假设该地区契税税率为3%，营业税税率为5%，城建税税率为7%，教育费附加征收率为3%，甲乙公司的企业所得税税率均为25%。甲乙两公司以下列两种不同的房产作价方式进行债务重组：

方案1：重组协议约定甲公司以房产的评估价210万元抵偿乙公司的全部工程款。

方案2：甲公司与乙公司协商，首先，乙公司豁免甲公司工程款10万元，然后，双方约定对房产作价200万元抵偿所欠工程款。

以房产抵债，债务人应缴纳营业税及附加税、土地增值税、企业所得税和印花税。债权人应缴纳契税、印花税等。营业税法规定，单位或个人以房屋抵顶有关债务，不论是经双方（或多方）协商决定的，还是由法院裁定的，其房屋所有权已发生转移，且原房主也取得了经济利益（减少了债务），因此，对单位或个人以房屋或其他不动产抵顶有关债务的行为，应按“销售不动产”税目征收营业税。土地增值税法规定，房地产开发企业将开发产品用于职工福利、奖励、对外投资、分配给股东或投资人、抵偿债务、换取其他单位和个人的非货币性资产等，发生所有权转移时应视同销售房地产，其收入按下列方法和顺序确认：①按本企业在同一地区、同一年度销售的同类房地产的平均价格确定。②由主管税务机关参照当地当年、同类房地产的市场价格或评估价值确定。企业所得税法规定，企业发生非货币性资产交换，以及将货物、财产、劳务用于捐赠、偿债、赞助、集资、广告、样品、职工福利或者利润分配等用途的，应当视同销售货物、转让财产或者提供劳务。印花税法规定，对商品房销售合同按照产权转移书据征收印花税。契税法规定，在中华人民共和国境内转移土地、房屋权属，承受的单位和个人为契税的纳税人。债权人乙公司取得房产后用作自己办公使用，按照房产税和城镇土地使用税法的规定，乙公司取得抵债房产次月起应当申报缴纳房产税，应从抵债合同约定交付土地使用权时间的次月起缴纳城镇土地使用税；抵债合同未约定交付土地时间的，由乙公司从抵债合同签订的次月起缴纳城镇土地使用税。

方案 1 两公司的税负如下：

甲公司：

应纳营业税 = 210×5% = 10.5（万元）

应纳城建税和教育费附加 = 10.5×（7% + 3%）= 1.05（万元）

应纳印花税 = 210×0.5‰ = 0.105（万元）

假设税务机关核定的扣除项目金额为 150 万元，

增值额 = 210 − 150 = 60（万元）

增值率 = 60÷150×100% = 40%

应纳土地增值税 = 60×30% = 18（万元）

应纳企业所得税 =（210 − 150 − 10.5 − 1.05 − 0.105 − 18）×25% = 7.586（万元）

甲公司在债务重组过程中的总税负 = 10.5 + 1.05 + 0.105 + 18 + 7.586 = 37.241（万元）

乙公司：

应纳契税 = 210×3% = 6.3（万元）

应纳印花税 = 210×0.5‰ = 0.105（万元）

乙公司在债务重组过程中的总税负 = 6.3 + 0.105 = 6.405（万元）

此外，每年尚需缴纳的房产税 = 210×（1 − 30%）×1.2% = 1.764（万元）

方案 2 两公司的税负如下：

甲公司：

应纳营业税 = 200×5% = 10（万元）

应纳城建税和教育费附加 = 10×（7% + 3%）= 1（万元）

应纳印花税 = 200×0.5‰ = 0.1（万元）

假设税务机关核定的扣除项目金额为 150 万元，

增值额 = 200 − 150 = 50（万元）

增值率 = 50÷150×100% = 33.33%

应纳土地增值税 = 50×30% = 15（万元）

应纳企业所得税 =（200 − 150 − 10 − 1 − 0.1 − 15 + 10）×25% = 8.475（万元）

甲公司在债务重组过程中的总税负 = 10 + 1 + 0.1 + 15 + 8.475 = 34.575（万元）

乙公司：

应纳契税 = 200×3% = 6（万元）

应纳印花税 = 20×0.5‰ = 0.1（万元）

乙公司在债务重组过程中的总税负 = 6 + 0.1 = 6.1（万元）

此外，乙公司因豁免 10 元工程款导致债务重组损失 10 万元，少交企业所得税 2.5 万元。

每年尚需缴纳的房产税 = 200×（1 − 30%）×1.2% = 1.68（万元）

通过上述对甲乙两公司的税负情况比较，甲公司在债务重组过程中采用方案 1 比方案 2 多交税金为 2.666 万元（37.241 − 34.575）。乙公司在债务重组过程中，采用方案 1 比方案 2 多交税金 2.805 万元（6.405 −（6.1 − 2.5））。此外，乙公司每年还需多交房产税 0.084 万元（1.764 − 1.68）。

从上面的案例可以看出，在债务重组过程中，如果债务人以其拥有的房产抵偿债务，债权人在适当豁免债务人所欠债务的同时，促使债务人降低抵债房产在抵债时的作价，就完全可以达到降低债权人和债务人双方的税收负担的目的。

当然，企业在选择债务重组方式时，税收因素只是其中的一个影响因素。在重组双方均能接受的前提下，企业应综合考虑各种因素，如坏账损失的可能性、收账费用、资产转让的有关费用、股票发行的费用等，选择最佳的债务重组方式。

8.2 企业购并的税务筹划

购并是资本市场中企业兼并、收购和联合3种具体的资本经营方式的统称，是企业实现快速扩张的主要途径。购并作为市场经济条件下企业进行资源整合和市场整合的一种有效方式，正被越来越多的企业所采用。购并是指产权独立的法人双方，其中一方以现金、股权或其他支付形式，通过市场购买、交换或其他有偿转让方式，达到控制另一方股份或资产，实现企业控股权转移的行为。如果两个企业之间或者多个企业之间购并活动做得很好，能够使企业的运作效率得到提高，可以更有效地利用资源，或得到更多的发展资源，而且企业可以有更强的实力进入资本市场，利用资本市场为自己融资。

8.2.1 企业购并的税收政策

在财务会计和税法中，各国对企业购并一般都有规定，但不尽相同。影响企业购并税收负担的主要因素包括以下几个方面：

1）亏损是否可以承继结转

公司亏损的向后期结转是指如果一个公司在某一年中出现亏损，该公司不但可以免缴当年的公司所得税，其亏损还可以向后期结转，冲抵以后若干年的所得，直到公司亏损全部冲抵完的年度，公司才开始就冲抵亏损后的所得缴纳企业所得税。公司购并的亏损承继结转是指两个或两个以上公司购并后，存续公司或新设公司可以承继被购并公司或原各公司的亏损，结转冲抵以后若干年度的所得，直至亏损全部冲抵完才开始缴纳企业所得税。如果一个公司目前有营业亏损，被其他当前有应税利润的公司购并，会带来净收益，这种收益是以牺牲政府利益为代价的。购并后的企业中，损失可以用于抵扣应缴纳的税款。梅耶德和迈尔斯认为，即使两家企业都有当前利润，购并同样可以减少未来的税收义务。因为在购并后的未来期间内，一个公司的利润将会因另一公司的损失而抵消或有所降低，现金流量的变动性降低，这将带来税收节省。因此，购并企业未来税收义务的现值将降低。如果两公司间现金流量的相关性很小，这一效应就会更大。

大多数国家的税法都规定，公司的亏损可以结转，但有些国家对公司购并的亏损承继结转有一定的限制。因此，考虑公司购并是否可以运用税法中公司购并的亏损承继结转有关条款以及亏损承继结转的条件、亏损可以向后期结转多少年等，是公司购并税务筹划里很重要的一个方面。比如，对亏损承继结转的条件，有些国家规定：只有被购并公司3/4的业务在被购并的前1年和被购并后的2年内由相同的人员经营；被购并公司的产权在购并后 3 年内不再发生变化的，购并公司才能承继亏损结转。

2）采用哪种支付方式

根据对目标企业支付方式的不同，企业购并可以分为现金购并、股票购并和承担债权债务式购并 3 种形式。现金购并是指购并企业直接向目标企业股东支付现金，完成对目标企业的收购。股票购并是指购并企业以股票换股票（资产）作为支付手段，即购并方向目标企业的股东发行股票，由目标企业的股东们将其所持有的目标企业的股票交付给购并企业并取得购并企业所发行的股票，或者目标企业的股东将目标企业的资产折算成一定数量的购并企业的股份，将该资产交付给购并企业并取得相应数量的购并企业的股票。承担债权债务式购并主要发生在优势企业购并劣势企业时，劣势企业负债累累，负债与资产基本相等，这时，往往由优势企业承担劣势企业的全部债权债务，但不需另外支付任何现金或股票，购并劣势企业，包括其全部现有资产。

上述3 种购并方式中，股票购并又被称为免税购并方式。根据美国 1954 年税法规定，购并企业用其有投票权的股票换取目标企业的股票或资产时，可以获得一定范围内的税收优惠。对目标企业而言，其股东不需要在获得购并企业股票时立即确认资本利得，只需在其将来处理该股票时，确认已实现收益，所以目标企业股东可以获得延期纳税的优惠；对购并企业而言，可以获得目标企业的以前年度累计亏损额，并可以用来冲减企业未来的净收益，以此达到节省所得税的目的。现金购并又被称为应税购并方式。在这种方式下，目标企业的股东必须立刻确认在购并中可能获得的资本收益，并缴纳相应的所得税税款。如果目标企业在购并前使用了加速计提固定资产折旧的方法，则这部分由于早提或多提固定资产折旧而取得的收益，在购并后将视同为普通经营收益，从而要缴纳所得税。这种做法通常被称为折旧的重新收回。然而应税购并方式也有其有利的一面。购并企业利用免税购并时，只能按照目标企业资产的账面价值接受其转来的固定资产；但在应税购并方式下，购并企业可以按照目标企业的公允价值接受固定资产。因而，如果目标企业固定资产的账面价值低于公允价值时，利用应税购并方式可以享受到由于增加固定资产折旧计提基础而带来的税收利益。

企业在进行购并的税务筹划时，可以将免税购并方式和应税购并方式结合使用，以实现最大的税收优惠。比如：①如果目标企业的固定资产被低估，购并企业可以选择以现金收购目标企业股东所持有的全部股票。在会计处理上，这一交易可以被视为购并企业以现金购买目标企业的全部资产，目标企业将现金全部分配给股东，换回所有股票并加以注销。这样，购并企业不仅取得了经过重新估价的资产，增加了企业固定资产折旧的计提基础，而且不会发生折旧的重新收回，目标企业的股东则可以获得已实现的资本利得。②如果购并企业希望取得目标企业的一个子公司的资产，它不必直接购买子公司的股票，可以直接对目标企业进行现金购并，在取得其一定数量的股票之后，要求目标企业用其子公司的股票赎回购并公司所占有的目标企业的股票。目标企业的股东可以自由选择是否将股票出售给购并企业，同意者将直接获得现金收益；不出售股票的股东可以从整个交易过程中获取资本利得，得到延期纳税的优惠。③购并企业也可以使用部分清偿的税务筹划方式。首先，购并企业对目标企业发起购并，购买其50%以上的控股权股票，购并完成后，目标企业即成为购并企业的子公司；然后，再根据股票的价格，用部分股票换取目标企业的一部分资产。这部分资产的价值已经上升到交换股票的价格，从而增加了购并企业固定资产折旧的计提基础，而目标企业仍然独立存在，不会立即发生折旧的重新收回，目标企业未被清偿的资产保持原有的状态。因此，部分清偿对购并双方都有一定的节税作用。

3）购并是否可以承继税收优惠

大多数国家规定购并各方的债权、债务、税收权利（如应退未退税权利、未用完税收抵免权利等）、税收债务（如应纳未纳税额、应补未补税额等）等，应由购并后存续公司或新设公司承继。在有些国家，由于经济还处于刚开始发展阶段，企业的规模都还很小，无法形成规模经济，无法与经济发达国家公司竞争，政府鼓励其公司购并，对公司购并给予税收减免等税收优惠。

我国对企业购并的税收政策与上述各国的政策不完全相同，主要表现在亏损承继结转、购并支付方式和税收优惠政策的承继等。

（1）一般情况下，被合并企业应视为按公允价值转让、处置全部资产，计算资产的转让所得，依法缴纳所得税。被合并企业以前年度的亏损，不得结转到合并企业弥补。合并企业应按公允价值确定接受被合并企业各项资产和负债的计税基础。

（2）当合并企业支付给被合并企业（股东）价款的方式不同时，其所得税的处理就不相同。即合并企业支付给被合并企业或其股东的收购价款中，股权支付金额不低于其交易支付总额的85%，以及同一控制下且不需要支付对价的企业合并，而且合并具有合理的商业目的，不以减少、免除或者推迟缴纳税款为主要目的，企业合并后的连续12个月内不改变原来的实质性经营活动，合并中取得股权支付的原主要股东在重组后连续12个月内不转让所取得的股权，经税务机关审核确认，当事各方可选择按下列规定进行所得税处理：

①被合并企业不确认全部资产的转让所得或损失，不计算缴纳所得税。被合并企业合并以前的全部企业所得税纳税事项由合并企业承担，以前年度的亏损，如果未超过法定弥补期限，可由合并企业继续按规定用以后年度实现的与被合并企业资产相关的所得弥补。具体按下列公式计算：

$$\begin{array}{c}\text{可由合并企业弥补的}\\\text{被合并企业亏损的限额}\end{array}=\begin{array}{c}\text{被合并企业}\\\text{净资产公允价值}\end{array}\times\begin{array}{c}\text{截至合并业务发生当年年末国家}\\\text{发行的最长期限的国债利率}\end{array}$$

②被合并企业的股东以其持有的原被合并企业的股权（简称旧股）交换合并企业的股权（简称新股），不视为出售旧股、购买新股处理。被合并企业的股东换得新股的成本，以其所持旧股的成本为基础确定。但未交换新股的被合并企业的股

东取得的全部非股权支付额，应视为其持有的旧股的转让收入，按规定计算确认财产转让所得或损失，依法缴纳所得税。

③合并企业接受被合并企业全部资产和负债的计税基础，以被合并企业的原有计税基础确定。

（3）被合并企业净资产几乎为零的处理。如被合并企业的资产与负债基本相等，即净资产几乎为零，合并企业以承担被合并企业全部债务的方式实现购并，由于几乎无须支付非股权支付金额，所以一般将该合并按照上述免税重组的方式处理，即不视为被合并企业按公允价值转让、处置全部资产，不计算资产的转让所得。合并企业接受被合并企业全部资产的成本，以被合并企业原账面价值为基础确定，被合并企业的股东视为无偿放弃所持有的旧股。

（4）关于税收优惠的承继，税法规定，在企业吸收合并中，合并后的存续企业性质及适用税收优惠的条件未发生改变的，可以继续享受合并前该企业剩余期限的税收优惠，其优惠金额按存续企业合并前一年的应纳税所得额（亏损计为零）计算。

8.2.2　企业购并的税务筹划

1）所得税的筹划

根据我国对企业购并规定的税收政策，购并企业支付给目标企业的价款方式不同，会导致不同的所得税负担水平，涉及目标企业是否就转让所得缴税、亏损是否能够弥补以及固定资产折旧计提基数的多少。如果购并企业支付给目标企业或其股东的收购价款中，股权支付金额不低于其交易支付总额的85%，目标企业股东收到股票时免税，只有在股票出售时才作为资本利得课税。在通常情况下，由于资本利得税的税率比一般所得税的税率要低，目标企业的股东由此可以得到推迟并减少纳税的好处。如果购并企业有高额利润，通过购并有累积亏损的企业，还可用目标企业的亏损冲减购并企业的利润，避免或减少纳税。这样，企业一方面可以为自己过剩的资金找到投资机会；另一方面也可借此降低当期的利润水平，从而减轻企业当期的所得税税负。如果股权支付金额低于其交易支付总额的85%，购并企业接受目标企业的有关资产可以按经评估确认的价值确定计税成本。相对上一种方式，如果目标企业的资产账面价值被低估，这种方式可以使购并企业的固定资产折旧计提的基数加大，从而使购并企业在固定资产使用期间内可以多提折旧，减少应税所得。两种方式相比，第一种方式下购并企业要发行更多的股票来支付，这样虽然可以节省购并企业购并当期的现金流出，但由于股票发行量较大，一方面造成现有股东控股权的分散，同时也加重了购并企业以后支付股利的负担。这是购并企业在做出投资决策时必须要考虑的问题。两种方式各有利弊，企业应进行综合分析，选择最优的支付方式。

【实例 8-3】

某股份有限公司甲欲购并乙公司。乙公司为有限责任公司。相关资料如下：

（1）甲公司发行在外股票 1 000 万股（每股面值 1 元，市价 2.5 元），估计购并后甲公司每年未弥补亏损前的应纳税所得额为 4 000 万元，企业所得税税率为 25%。假设购并后甲公司新增固定资产的平均折旧年限为 5 年。

（2）乙公司购并前账面净资产为 1 000 万元，评估确认的价值为 1 500 万元。2007 年亏损 100 万元，以前年度无亏损。企业所得税税率为 25%。

经双方协商，甲公司可以用以下方式购并乙公司：

方式 1：甲公司发行 580 万股股票并支付 50 万元人民币购买乙公司。

方式 2：甲公司发行 400 万股股票并支付 500 万元人民币购买乙公司。

假定股票发行前后市价保持不变，甲、乙公司的合并为非同一控制下的合并。

采用第一种购并方式，甲公司的股权支付金额占交易支付总额的 96.67%（580×2.5÷（580×2.5+50））>85%。根据税法规定，被合并企业股东取得合并企业股权的计税基础，以其原持有的被合并企业股权的计税基础确定。股权支付暂不确认有关资产的转让所得或损失，非股权支付应在交易当期确认相应的资产转让所得或损失，并调整相应资产的计税基础。乙公司购并以前的全部企业所得税纳税事项由甲公司承担。以前年度的亏损，如果未超过法定弥补期限，可由甲公司继续按规定用以后年度实现的与乙公司资产相关的所得弥补。则：

乙公司应纳税额 =（1 500－1 000）×50÷1 500×25% = 4.17（万元）

甲公司应纳税额 =（4 000－100+100）×25% = 1 000（万元）

甲公司税后利润 = 4 000－100－1 000－4.17 = 2 895.83（万元）

甲公司在进行账务处理时，对乙公司的资产按评估确认价值入账，而税法上只能以资产的原账面价值为基础确定计税成本，因此，购并后甲公司要进行纳税调整，即对购并资产公允价值 1 500 万元和原账面价值 1 000 万元的差额，按 5 年时间平均每年调增应纳税所得额 100 万元。

采用第二种购并方式，甲公司的股权支付金额占交易支付总额的 66.67%（400×2.5÷（400×2.5+500））<85%，根据税法规定，乙公司应视为按公允价值转让、处置全部资产，计算资产的转让所得，依法缴纳所得税。乙公司以前年度的亏损不得结转到甲公司弥补。甲公司接受乙公司的有关资产，计税时可以按经评估确认的价值确定成本。则：

乙公司转让所得 = 400×2.5+500－1 000 = 500（万元）

乙公司应纳税额 = 500×25% = 125（万元）

甲公司应纳税额 = 4 000×25% = 1 000（万元）

甲公司税后利润 = 4 000－1 000－125 = 2 875（万元）

通过比较两种购并方式可以看出，第一种购并方式下甲公司负担的应纳税额共计为 1 004.17 万元，税后利润为 2 895.83 万元；第二种支付方式下甲公司负担的应纳税额共计为 1 125 万元，税后利润为 2 875 万元。所以应选择第一种方式。

如果考虑甲公司购并后若干年内将要支付给原乙公司股东的现金股利因素，则结果可能就不一样了。假设甲公司每年税后利润计提 10% 的法定盈余公积，10% 的任意盈余公积，其余全部分配给股东，计算甲公司购并乙公司后 5 年内的现金流出的现值（假设折现率为 10%）。

第一种购并方式下，甲公司购并后第一年的税后利润先弥补乙公司 100 万元的亏损，再按 10% 计提法定盈余公积、10% 计提任意盈余公积后，分配给原乙公司股东的现金股利为：

$$2\ 895.83\times(1-10\%-10\%)\times\frac{580}{1\ 000+580}=850.42\text{（万元）}$$

甲公司购并后第二年至第五年支付给原乙公司股东的现金股利计算如下：

税后利润 $=4\ 000-(4\ 000+100)\times25\%=2\ 975$（万元）

可供分配利润 $=2\ 975\times(1-10\%-10\%)=2\ 380$（万元）

支付给原乙公司股东的现金股利 $=2\ 380\times\frac{580}{1\ 000+580}=874$（万元）

综合考虑甲公司购并后 5 年内的现金流出情况，分析如下：

购并时甲公司支付的现金 = 50 万元

购并后第一年甲公司应纳所得税额 = 1 004.17 万元

购并后第一年甲公司支付给原乙公司股东的现金股利 = 850.42 万元

购并后第二年至第五年甲公司应纳所得税额 $=(4\ 000+100)\times25\%=1\ 025$（万元）

购并后第二年至第五年甲公司支付给原乙公司股东的现金股利 = 874 万元

甲公司购并后 5 年内的现金流出现值 $=50+(1\ 004.17+850.42)\times(1+10\%)^{-1}+(1\ 025+874)\times(1+10\%)^{-2}+(1\ 025+874)\times(1+10\%)^{-3}+(1\ 025+874)\times(1+10\%)^{-4}+(1\ 025+874)\times(1+10\%)^{-5}=7\ 208.17$（万元）

第二种购并方式下，甲公司购并后第一年的税后利润按 10% 计提法定盈余公积、10% 计提任意盈余公积后，分配给原乙公司股东的现金股利为：

$$2\ 875\times(1-10\%-10\%)\times\frac{400}{1\ 000+400}=657\text{（万元）}$$

甲公司购并后第二年至第五年支付给原乙公司股东的现金股利计算如下：

税后利润 $=4\ 000-4\ 000\times25\%=3\ 000$（万元）

可供分配利润 $=3\ 000\times(1-10\%-10\%)=2\ 400$（万元）

支付给原乙公司股东的现金股利 $=2\ 400\times\frac{400}{1\ 000+400}=686$（万元）

综合考虑甲公司购并后 5 年内的现金流出情况，分析如下：

购并时甲公司支付的现金 = 500 万元

购并后第一年甲公司应纳所得税额 = 1 125 万元

购并后第一年甲公司支付给原乙公司股东的现金股利 = 657 万元

购并后第二年至第五年甲公司应纳所得税额 $=4\ 000\times25\%=1\ 000$（万元）

购并后第二年至第五年甲公司支付给原乙公司股东的现金股利 = 686 万元

甲公司购并后 5 年内的现金流出现值 $=500+(1\ 125+657)\times(1+10)^{-1}+(1\ 000+686)\times(1+10\%)^{-2}+(1\ 000+686)\times(1+10\%)^{-3}+(1\ 000+686)\times(1+10\%)^{-4}+(1\ 000+686)\times(1+10\%)^{-5}=6\ 978.54$（万元）

通过比较两种购并方式在购并时的现金支出和购并后应支付的所得税，以及因购并而多支付给原乙公司股东的现金股利的现值，第一种方式甲公司现金流出现值为7 208.33万元，第二种方式甲公司现金流出现值为6 978.54万元。如果考虑未来的现金流出，应选择第二种购并方式。

2）流转税的筹划

流转税通常是在生产、流通或者服务领域中，按照纳税人取得的销售收入、营业收入或者进出口货物的价格（数量）征收的，包括增值税、营业税、消费税和关税等。流转环节越多，企业应缴纳的流转税额就越多。如果购并企业和目标企业在生产经营业务方面具有一定的联系，则通过购并减少了流转环节，可以节省部分流转税。当然，购并决策的做出不能只考虑税负因素，企业应综合考虑各种因素进行分析，以做出正确的决策。

（1）购并可以减少部分增值税

由于增值税是价外税，从理论上讲，无论企业各期缴纳多少增值税，其总体税负是不变的。但考虑到货币时间价值，如果能使企业纳税时间推迟，也能使企业获得节税利益。购并对企业应纳增值税的影响主要有两个方面：其一，购并过程中涉及的存货处理。如果目标企业有大量的期初存货可以用于抵扣，则购并企业在购并当年的应纳增值税额就会减少。其二，根据增值税税法的规定，设有两个机构并实行统一核算的纳税人，将货物从一个机构移送其他机构用于销售的行为，视同销售货物，但相关机构设在同一县、市的除外。如果购并企业和目标企业在同一县、市，购并前需要缴纳增值税的业务在购并后则被视为双方移送货物用于销售，不会被视同销售货物，无须缴纳增值税。

（2）购并可以减少部分营业税

如果购并企业和目标企业双方，某一方所提供的主要应缴营业税的业务是另一方生产经营活动中所需要的，而且购并双方存在提供服务的合同关系，那么在购并以前，这种提供营业税应税服务的行为是应该缴纳营业税的，而在购并以后，由于变成了一个营业税纳税主体，各方相互提供服务的行为属于企业内部行为，不需缴纳营业税。这样通过购并就达到了节省营业税的目的。

（3）购并可以减少部分消费税

购并会使原来企业间的购销环节转变为企业内部的原材料转让环节。如果购并企业双方存在着原材料供应关系，则在购并前，这种原材料的转让关系为购销关系，应该按照正常的购销价格缴纳消费税。而在购并后，购并企业和目标企业之间的原材料供应关系转变为企业内部的原材料转让关系，因此不用缴纳消费税。这笔税款递延到以后的环节（销售环节）缴纳，使企业获得递延纳税的好处。而且，因为前一环节应该缴纳的税款延迟到后面的环节缴纳，如果后面环节适用的消费税税率较低，则购并前企业的销售额在购并后可以适用较低的税率，直接减轻了企业的税收负担。

企业在进行购并的税务筹划中，还可以考虑其他一些税种，比如契税、印花税、遗产税（我国尚未开征）。无论是所得税、流转税，还是契税、印花税和遗产税，都不是影响企业购并决策的唯一因素。企业在购并过程中，不但要进行税收负担能力的分析，也要综合考虑其他因素，包括对购并企业自身经济承受能力的分析。在此基础上选择最佳方案，找出购并的最佳途径，才是购并双方的理想之举。

【实例 8-4】

甲企业是一家国有独资有限责任公司，其产品主要是电视机显像管。现有资产经评估价值为 7 000 万元，其中土地及房屋建筑物等不动产账面原值 2 900 万元，评估值 3 400 万元；设备账面原值 1 500 万元，评估值 2 000 万元；其他资产 1 600 万元。负债总额 8 000 万元。甲企业已资不抵债，且资产变现能力差，流动资金短缺，政府决定对其进行改制重组。经广泛宣传招商，现已确定乙企业为合作对象。乙企业是一家电视机生产厂家。双方可选择的重组方案如下：

方案 1：乙企业以现金 5 400 万元直接购买甲企业的设备和土地及房屋建筑物等不动产，甲企业宣告破产。

方案 2：注册一家新公司丙，由甲企业和乙企业共同出资。

方案 3：乙企业以承担全部债务的方式整体购并甲企业。

三种方案下企业的税负分析如下：

方案 1 属资产买卖行为，应承担的相关税负如下：

(1) 流转税。按照营业税和增值税有关政策规定，销售不动产要缴纳 5% 的营业税。销售土地及房屋建筑物等不动产，应缴纳 170 万元（3 400×5%）的营业税。转让固定资产的增值税分两种情况：第一，如果该固定资产在购进时抵扣了增值税进项税额，则按 17% 的税率计算销项税额；第二，如果该固定资产在购进时没有抵扣增值税进项税额，则按 3% 的征收率减按 2% 征收。在本例中，假设该设备购置于 2009 年以前，由于生产型增值税不允许抵扣固定资产进项税额，所以该设备购买时没有抵扣进项税额。增值税应纳税额应为 38.83 万元（2 000÷（1+3%）×2%）。

(2) 企业所得税。按照企业所得税有关政策规定，企业销售非货币性资产，要确认资产转让所得，依法缴纳企业所得税。设备原值为 1 500 万元，评估值为 2 000万元；土地及房屋建筑物原值 2 900 万元，评估值 3 400 万元。售价等于评估值，因此，要按照差额 1 000 万元缴纳企业所得税，税额为 250 万元（1 000×25%）。

(3) 契税。乙企业在办理土地及房屋建筑物过户手续时，应以 3 400 万元按 3% 税率（假设乙企业所在城市适用的契税税率为 3%）缴纳契税 102 万元。

因此，甲企业共承担 458.83 万元税金，乙企业承担 102 万元契税。

方案 2 协议内容为：丙公司注册资本 13 500 万元，其中甲企业以土地及房屋建筑物等不动产（评估值 3 400 万元）和设备（评估值 2 000 万元）出资，占注册资本的 40%；乙企业以现金 8 100 万元出资，占注册资本的 60%。应承担的相关税负如下：

(1) 流转税。按现行税法规定，企业产权交易行为不缴纳营业税，转让设备应缴纳增值税 38.83 万元（计算同上）。

（2）企业所得税。根据所得税税法规定，企业以经营活动的部分非货币性资产对外投资，应在投资交易发生时，将其分解为按公允价值销售有关非货币性资产和投资两项经济业务进行所得税处理，并按规定计算确认资产转让所得或损失。在本例中，甲企业要确认资产转让所得 1 000 万元，依法缴纳企业所得税 250 万元（1 000×25%）。

（3）契税。丙公司在办理土地及房屋建筑物过户手续时，应以 3 400 万元按 3%税率（假设丙公司所在城市适用的契税税率为 3%）缴纳契税 102 万元。

因此，甲企业共承担 288. 83 万元税金，丙公司承担 102 万元契税。

根据税法规定，非公司制国有独资企业或国有独资有限责任公司，以其部分资产与他人组建新公司，且该国有独资企业（公司）在新设公司中所占股份超过 85%的，对新设公司承受该国有独资企业（公司）的土地、房屋权属，免征契税。有关专业人员对方案 2 进行了调整，内容如下：

第一，丙公司成立初期，注册资本定为 6 200 万元，其中甲企业以价值 5 400 万元的土地及房屋建筑物和设备出资，占注册资本的 85%以上；乙企业以现金 800 万元出资。双方另行签订借款协议，乙企业将 5 200 万元现金无偿借给丙公司使用。管理仍以乙企业为主。根据上述规定，丙公司承受甲企业的土地及房屋权属，免征契税。与调整前的方案 2 相比，可节省 102 万元的契税。

第二，在双方认为适当时间（与丙公司成立间隔 6 个月以上），丙公司定向增资 5 200 万元，全部由乙企业以现金出资，出资额为 5 200 万元。增资后丙公司注册资本 11 400 万元，其中甲企业出资占注册资本的 47%；乙企业以现金增资，占注册资本的比例增加到 53%。增资时企业的土地及房屋建筑物权属不发生转移，按现行税法规定不需缴纳契税。

方案 3 属产权交易行为，相关税负如下：

（1）流转税。同方案 2，企业产权交易行为不缴纳营业税，转让设备应纳增值税 38. 83 万元。

（2）企业所得税。根据所得税税法规定，如果目标企业的资产与负债基本相等，即净资产几乎为零，购并企业以承担目标企业全部债务的方式实现购并，不视为目标企业按公允价值转让、处置全部资产，不计算资产的转让所得。甲企业资产总额 7 000 万元，负债总额 8 000 万元。根据上述规定，在企业购并时，甲企业不视为按公允价值转让、处置全部资产，不缴纳企业所得税。

（3）契税。乙企业在办理土地及房屋建筑物过户手续时，应以 3 400 万元按 3%税率（假设乙企业所在城市适用的契税税率为 3%）缴纳契税 102 万元。

从企业所承担的税负角度考虑，方案 3 税负最轻，甲企业承担 38. 83 万元增值税，乙企业承担 102 万元契税；其次是方案 2；再次是方案 1。

分析购并方乙企业的经济负担能力，三种方案比较如下：

方案 1：虽然乙企业只需出资购买甲企业的土地及房屋建筑物和设备，而不必购买其他没有利用价值的资产，而且又不用承担甲企业巨额的债务，但是，乙企业要支付高额的现金（5 400 万元），对乙企业来说，经济压力异常巨大。

方案 2：首先，乙企业需要全部购买甲企业资产，对于乙企业来说，没有必要；其次，乙企业还需要承担大量不必要的债务；最后，由于我国养老、医疗和失业等基本保障制度尚不健全，整体购并巨额亏损的甲企业可能同时背上安置大量甲企业员工的社会负担。因此，该方案在经济上是不可行的。

方案 3：首先，乙企业避免支付大量现金，解决了筹集现金的难点问题；其次，乙企业在付出有限代价的情况下，购买了甲企业有利可图的生产线，其他资产不必购买，增加了经济上的可行性。

从乙企业经济上的可行性分析，方案 3 是首选，其次是方案 1，再次是方案 2。

综上所述，无论是从购并企业的支付能力分析，还是从企业的税负承受能力分析，只有方案 3 对于购并双方来说才是最优的。

8.3　企业分立的税务筹划

企业分立是指一个企业依照法律的规定，将部分或全部业务分离出去，分化成两个或两个以上新企业的法律行为。企业分立可以采取存续分立和新设分立两种形式。存续分立，也称派生分立，是指原企业将部分子公司、部门、产品生产线、资产等剥离出来，组成一个或几个新公司，而原企业在法律上仍然存在。新设分立，也称解散分立，是指原企业解散而成立两个或两个以上的新企业。企业无论采取何种方式分立，一般不需经过清算程序。分立前企业的债权债务，按法律规定的程序和分立协议的约定，由分立后的企业承继。企业分立是企业产权重组的一种重要类型。企业分立的动因很多，提高管理效率、提高资源利用效率、突出企业的主营业务等，都是企业分立的动因，获取税收利益也是企业分立的一个动因。

8.3.1　企业分立的所得税筹划

1）不同税率的筹划

为了鼓励小型微利企业和高新技术企业的发展，我国企业所得税法规定，从事国家非限制和禁止行业，并符合下列条件的小型微利企业，减按 20% 的税率征收企业所得税：①工业企业，年度应纳税所得额不超过 30 万元，从业人数不超过 100 人，资产总额不超过 3 000 万元；②其他企业，年度应纳税所得额不超过 30 万元，从业人数不超过 80 人，资产总额不超过 1 000 万元。拥有核心自主知识产权，并同时符合下列条件的高新技术企业，减按 15% 的税率征收企业所得税：①拥有核心自主知识产权。②产品（服务）属于《国家重点支持的高新技术领域》规定的范围；③研究开发费用占销售收入的比例不低于规定比例；④高新技术产品（服务）收入占企业总收入的比例不低于规定比例；⑤科技人员占企业职工总数的比例不低于规定比例；⑥《高新技术企业认定管理办法》规定的其他条件。企业利用这一税收优惠政策，通过分立，使原本适用高税率的企业，分化成两个或两个以上适用低税率的企业，从而使总体税负得以减轻。

【实例 8-5】

甲公司为一小型生产企业，经营规模较小，由两个部门组成，一个部门为原材料生产部门，另一个部门为产成品制造部门。该公司某年应纳税所得额 50 万元，从业人数 150 人，资产总额 5 000 万元，其中原材料生产部门的应纳税所得额为 25 万元，从业人数 80 人，资产总额 2 800 万元；产成品制造部门的应纳税所得额为 25 万元，从业人数 70 人，资产总额 2 200 万元。预计公司在第 2 年的原材料生产费用和产成品的价格不会有大的变化，公司经营规模也不会有大的变动。第 2 年年初，甲公司的财务经理提出将甲公司分立为两个独立核算企业的方案。其中一个为原材料生产企业，另一个为产成品制造企业。两个企业之间的产品交换按照正常的市场价格成交，以避免利用关联企业转让定价的嫌疑。试分析该方案是否可行。

甲公司在分立前的年应纳税所得额为 50 万元，适用 25% 的税率。第 2 年应纳所得税额为：

50×25% = 12.5（万元）

若采用财务经理提出的方案，分立后原材料生产企业的年应纳税所得额为 25 万元，适用 20% 的税率；产成品制造企业的年应纳税所得额为 25 万元，适用 20% 的税率。则分立后拥有两个企业的甲集团在第 2 年的应纳所得税额为：

原材料生产企业应纳税额 = 25×20% = 5（万元）

产成品制造企业应纳税额 = 25×20% = 5（万元）

甲集团合计应纳税额 = 5+5 = 10（万元）

较分立前，甲公司可节税 2.5 万元（12.5-10），该方案可行。

当然，企业在做出分立决策时不能只考虑税收负担。如上例，将甲公司分立成两个适用低税率的企业，虽然从减少税收负担的角度考虑是个不错的决策，但企业办理分立手续时需要支出一定的费用，多一个企业也必然多一份固定成本的支出，而且企业的规模相对较小，也不利于企业进一步开拓市场，树立良好的企业形象，不利于企业资本流动及运营等。所以企业在做出决策时，必须将这些成本与单一的节税利益进行比较。只有当节税利益大于这些成本时，分立的决策才是可取的。否则，企业分立就成了一个得不偿失的筹划方案。

企业也可以通过将高新技术项目分立出来，享受国家为高新技术企业提供的税收优惠政策，从而大大降低所得税的税负。

2）支付方式的筹划

企业分立业务按照支付方式的不同，其税务处理方式也不同，而税务处理方式的不同，也会对分立企业或存续企业的所得税负产生不同的影响，所以企业分立时应当根据实际情况选择适当的支付方式。我国税法规定，企业分立业务应按照以下方法进行税务处理：

（1）被分立企业应视为按公允价值转让其被分立出去的部分或全部资产，计算被分立资产的财产转让所得，依法缴纳所得税。分立企业应按公允价值确认接受资产的计税基础。

（2）分立企业支付给被分立企业或其股东的交换价款中，被分立企业所有股东按原持股比例取得分立企业的股权，分立企业和被分立企业均不改变原来的实质经营活动，且被分立企业股东在该企业分立发生时取得的股权支付金额不低于其交易支付总额的85%，经税务机关审核确认，企业分立当事各方也可选择下列规定进行分立业务的所得税处理：

①被分立企业可不确认分离资产的转让所得或损失，不计算所得税。

②被分立企业已分离资产相对应的纳税事项由接受资产的分立企业继承。被分立企业的未超过法定弥补期限的亏损额可按分离资产占全部资产的比例进行分配，由接受分离资产的分立企业继续弥补。

③分立企业接受被分立企业资产和负债的计税基础，以被分立企业的原有计税基础确定。

④被分立企业的股东取得分立企业的股权（以下简称“新股”），如需部分或全部放弃原持有的被分立企业的股权（以下简称“旧股”），“新股”的计税基础应以放弃“旧股”的计税基础确定。如不需放弃“旧股”，则其取得“新股”的计税基础可从以下两种方法中选择确定：直接将“新股”的计税基础确定为零；以被分立企业分立出去的净资产占被分立企业全部净资产的比例先调减原持有的“旧股”的计税基础，再将调减的计税基础平均分配到“新股”上。

企业产权变动时都要进行资产评估，资产评估是由专业的资产评估机构和人员根据特定的评估目的，选择适当的评估方法，对资产的价值进行评定和测算。资产评估价值受到很多因素的影响，如评估目的、评估方法、资产所处的外部环境和损耗程度、资产的收益能力等等。资产评估价值的高低，会对分立企业的支付方式产生直接的影响。

如果被分立企业分离给分立企业的资产价值被高估，即评估价值高于资产的账面净值，被分立企业股东在该企业分立发生时取得的股权支付金额不低于其交易支付总额的85%，可以不确认分离资产的转让所得，不缴纳资产转让所得税，从而降低被分立企业的所得税税负。但站在分立企业的角度看，采用这种支付方式，分立企业应按接受资产的原账面价值为基础确定计税成本，不得按经评估确认的价值进行调整，使企业按较低的基础计提固定资产折旧，折旧费用减少，增加了分立企业的所得税税负。相反，如果被分立企业股东在该企业分立发生时取得的股权支付金额低于其交易以付总额的85%，这种支付方式应该确认分离资产的转让所得，缴纳资产转让所得税，增加了被分立企业的所得税税负。但分立企业接受被分立企业的资产，按经评估确认的价值确定计税成本，固定资产折旧的计提基数增加，折旧费用增加，可以减轻分立企业的税收负担。

如果被分立企业分离给分立企业的资产价值被低估，即评估价值低于资产的账面净值，被分立企业股东在该企业分立发生时取得的股权支付余额不低于其交易支付总额的85%，不确认分离资产的转让损失，被分立企业按未扣除资产转让损失的利润纳税，缴纳的所得税额较多。分立企业应按接受资产的原账面价值为基础确定计税成本，固定资产折旧基数相对较高，折旧费用多，减轻了分立企业的税收负担。如果被分立企业股东在该企业分立发生时取得的股权支付金额不低于其交易支付总额的85%，这种支付方式可以确认资产转让损失，并入被分立企业的利润总额，从而减轻被分立企业的所得税税负。但分立企业接受被分立企业的资产，应按经评估确认的价值确定计税成本，这样，固定资产折旧的计提基数减少，折旧费用减少，又会增加分立企业的所得税税负。

企业在选择分立的支付方式时，应综合考虑以上因素进行税务筹划，使企业获得最大的税收利益。

【相关链接8-1】

关于企业重组业务企业所得税处理若干问题的通知（节录）

一、本通知所称企业重组，是指企业在日常经营活动以外发生的法律结构或经济结构重大改变的交易，包括企业法律形式改变、债务重组、股权收购、资产收购、合并、分立等。

（一）企业法律形式改变，是指企业注册名称、住所以及企业组织形式等的简单改变，但符合本通知规定其他重组的类型除外。

（二）债务重组，是指在债务人发生财务困难的情况下，债权人按照其与债务人达成的书面协议或者法院裁定书，就其债务人的债务作出让步的事项。

（三）股权收购，是指一家企业（以下称为收购企业）购买另一家企业（以下称为被收购企业）的股权，以实现对被收购企业控制的交易。收购企业支付对价的形式包括股权支付、非股权支付或两者的组合。

（四）资产收购，是指一家企业（以下称为受让企业）购买另一家企业（以下称为转让企业）实质经营性资产的交易。受让企业支付对价的形式包括股权支付、非股权支付或两者的组合。

（五）合并，是指一家或多家企业（以下称为被合并企业）将其全部资产和负债转让给另一家现存或新设企业（以下称为合并企业），被合并企业股东换取合并企业的股权或非股权支付，实现两个或两个以上企业的依法合并。

（六）分立，是指一家企业（以下称为被分立企业）将部分或全部资产分离转让给现存或新设的企业（以下称为分立企业），被分立企业股东换取分立企业的股权或非股权支付，实现企业的依法分立。

二、本通知所称股权支付，是指企业重组中购买、换取资产的一方支付的对价中，以本企业或其控股企业的股权、股份作为支付的形式；所称非股权支付，是指以本企业的现金、银行存款、应收款项、本企业或其控股企业股权和股份以外的有价证券、存货、固定资产、其他资产以及承担债务等作为支付的形式。

三、企业重组的税务处理区分不同条件分别适用一般性税务处理规定和特殊性税务处理规定。

四、企业重组，除符合本通知规定适用特殊性税务处理规定的外，按以下规定进行税务处理：

（一）企业由法人转变为个人独资企业、合伙企业等非法人组织，或将登记注册地转移至中华人民共和国境外（包括港澳台地区），应视同企业进行清算、分配，股东重新投资成立新企业。企业的全部资产以及股东投资的计税基础均应以公允价值为基础确定。

企业发生其他法律形式简单改变的，可直接变更税务登记，除另有规定外，有关企业所得税纳税事项（包括亏损结转、税收优惠等权益和义务）由变更后企业承继，但因住所发生变化而不符合税收优惠条件的除外。

（二）企业债务重组，相关交易应按以下规定处理：

1. 以非货币资产清偿债务，应当分解为转让相关非货币性资产、按非货币性资产公允价值清偿债务两项业务，确认相关资产的所得或损失。

2. 发生债权转股权的，应当分解为债务清偿和股权投资两项业务，确认有关债务清偿所得或损失。

3. 债务人应当按照支付的债务清偿额低于债务计税基础的差额，确认债务重组所得；债权人应当按照收到的债务清偿额低于债权计税基础的差额，确认债务重组损失。

4. 债务人的相关所得税纳税事项原则上保持不变。

（三）企业股权收购、资产收购重组交易，相关交易应按以下规定处理：

1. 被收购方应确认股权、资产转让所得或损失。

2. 收购方取得股权或资产的计税基础应以公允价值为基础确定。

3. 被收购企业的相关所得税事项原则上保持不变。

（四）企业合并，当事各方应按下列规定处理：

1. 合并企业应按公允价值确定接受被合并企业各项资产和负债的计税基础。

2. 被合并企业及其股东都应按清算进行所得税处理。

3. 被合并企业的亏损不得在合并企业结转弥补。

（五）企业分立，当事各方应按下列规定处理：

1. 被分立企业对分立出去资产应按公允价值确认资产转让所得或损失。

2. 分立企业应按公允价值确认接受资产的计税基础。

3. 被分立企业继续存在时，其股东取得的对价应视同被分立企业分配进行处理。

4. 被分立企业不再继续存在时，被分立企业及其股东都应按清算进行所得税处理。

5. 企业分立相关企业的亏损不得相互结转弥补。

五、企业重组同时符合下列条件的，适用特殊性税务处理规定：

（一）具有合理的商业目的，且不以减少、免除或者推迟缴纳税款为主要目的。

（二）被收购、合并或分立部分的资产或股权比例符合本通知规定的比例。

（三）企业重组后的连续12个月内不改变重组资产原来的实质性经营活动。

（四）重组交易对价中涉及股权支付金额符合本通知规定比例。

（五）企业重组中取得股权支付的原主要股东，在重组后连续12个月内，不得转让所取得的股权。

六、企业重组符合本通知第五条规定条件的，交易各方对其交易中的股权支付部分，可以按以下规定进行特殊性税务处理：

（一）企业债务重组确认的应纳税所得额占该企业当年应纳税所得额50%以上，可以在5个纳税年度的期间内，均匀计入各年度的应纳税所得额。

企业发生债权转股权业务，对债务清偿和股权投资两项业务暂不确认有关债务清偿所得或损失，股权投资的计税基础以原债权的计税基础确定。企业的其他相关所得税事项保持不变。

（二）股权收购，收购企业购买的股权不低于被收购企业全部股权的75%，且收购企业在该股权收购发生时的股权支付金额不低于其交易支付总额的85%，可以选择按以下规定处理：

1. 被收购企业的股东取得收购企业股权的计税基础，以被收购股权的原有计税基础确定。

2. 收购企业取得被收购企业股权的计税基础，以被收购股权的原有计税基础确定。

3. 收购企业、被收购企业的原有各项资产和负债的计税基础和其他相关所得税事项保持不变。

（三）资产收购，受让企业收购的资产不低于转让企业全部资产的75%，且受让企业在该资产收购发生时的股权支付金额不低于其交易支付总额的85%，可以选择按以下规定处理：

1. 转让企业取得受让企业股权的计税基础，以被转让资产的原有计税基础确定。

2. 受让企业取得转让企业资产的计税基础，以被转让资产的原有计税基础确定。

（四）企业合并，企业股东在该企业合并发生时取得的股权支付金额不低于其交易支付总额的85%，以及同一控制下且不需要支付对价的企业合并，可以选择按以下规定处理：

1. 合并企业接受被合并企业资产和负债的计税基础，以被合并企业的原有计税基础确定。

2. 被合并企业合并前的相关所得税事项由合并企业承继。

3. 可由合并企业弥补的被合并企业亏损的限额=被合并企业净资产公允价值×截至合并业务发生当年年末国家发行的最长期限的国债利率。

4. 被合并企业股东取得合并企业股权的计税基础，以其原持有的被合并企业股权的计税基础确定。

（五）企业分立，被分立企业所有股东按原持股比例取得分立企业的股权，分立企业和被分立企业均不改变原来的实质经营活动，且被分立企业股东在该企业分立发生时取得的股权支付金额不低于其交易支付总额的 85%，可以选择按以下规定处理：

1. 分立企业接受被分立企业资产和负债的计税基础，以被分立企业的原有计税基础确定。

2. 被分立企业已分立出去资产相应的所得税事项由分立企业承继。

3. 被分立企业未超过法定弥补期限的亏损额可按分立资产占全部资产的比例进行分配，由分立企业继续弥补。

4. 被分立企业的股东取得分立企业的股权（以下简称“新股”），如需部分或全部放弃原持有的被分立企业的股权（以下简称“旧股”），“新股”的计税基础应以放弃“旧股”的计税基础确定。如不需放弃“旧股”，则其取得“新股”的计税基础可从以下两种方法中选择确定：直接将“新股”的计税基础确定为零；或者以被分立企业分立出去的净资产占被分立企业全部净资产的比例先调减原持有的“旧股”的计税基础，再将调减的计税基础平均分配到“新股”上。

（六）重组交易各方按本条（一）至（五）项规定对交易中股权支付暂不确认有关资产的转让所得或损失的，其非股权支付仍应在交易当期确认相应的资产转让所得或损失，并调整相应资产的计税基础。

$$\text{非股权支付对应的资产转让所得或损失}=\left(\text{被转让资产的公允价值}-\text{被转让资产的计税基础}\right)\times\left(\text{非股权支付金额}\div\text{被转让资产的公允价值}\right)$$

七、企业发生涉及中国境内与境外之间（包括港澳台地区）的股权和资产收购交易，除应符合本通知第五条规定的条件外，还应同时符合下列条件，才可选择适用特殊性税务处理规定：

（一）非居民企业向其 100% 直接控股的另一非居民企业转让其拥有的居民企业股权，没有因此造成以后该项股权转让所得预提税负担变化，且转让方非居民企业向主管税务机关书面承诺在 3 年（含 3 年）内不转让其拥有受让方非居民企业的股权；

（二）非居民企业向与其具有 100% 直接控股关系的居民企业转让其拥有的另一居民企业股权；

（三）居民企业以其拥有的资产或股权向其 100% 直接控股的非居民企业进行投资；

（四）财政部、国家税务总局核准的其他情形。

八、本通知第七条第（三）项所指的居民企业以其拥有的资产或股权向其 100% 直接控股关系的非居民企业进行投资，其资产或股权转让收益如选择特殊性税务处理，可以在 10 个纳税年度内均匀计入各年度应纳税所得额。

九、在企业吸收合并中，合并后的存续企业性质及适用税收优惠的条件未发生改变的，可以继续享受合并前该企业剩余期限的税收优惠，其优惠金额按存续企业合并前一年的应纳税所得额（亏损计为零）计算。

在企业存续分立中，分立后的存续企业性质及适用税收优惠的条件未发生改变的，可以继续享受分立前该企业剩余期限的税收优惠，其优惠金额按该企业分立前一年的应纳税所得额（亏损计为零）乘以分立后存续企业资产占分立前该企业全部资产的比例计算。

十、企业在重组发生前后连续12个月内分步对其资产、股权进行交易，应根据实质重于形式原则将上述交易作为一项企业重组交易进行处理。

十一、企业发生符合本通知规定的特殊性重组条件并选择特殊性税务处理的，当事各方应在该重组业务完成当年企业所得税年度申报时，向主管税务机关提交书面备案资料，证明其符合各类特殊性重组规定的条件。企业未按规定书面备案的，一律不得按特殊重组业务进行税务处理。

8.3.2 企业分立的流转税筹划

1）企业分立可以减少增值税

如果纳税人兼营适用不同增值税税率的货物、应税劳务和应税服务，应当分别核算适用不同税率的货物、应税劳务和应税服务。如果不分别核算，税务机构将从高适用税率征税。纳税人兼营非应税劳务和非应税服务的，应当分别核算货物、应税劳务和非应税劳务、应税服务和非应税服务的销售额。如果纳税人不分别核算或者不能准确地核算其销售额，由主管税务机关核定货物或者应税劳务、应税服务的销售额。因此，对于增值税的筹划，应该将兼营的低税率产品的生产或者非应税项目分立出来，归于单独的生产企业，避免因统一核算而从高适用税率征税，以达到少纳税款的目的。

【实例8-6】

某电梯生产企业甲公司，主要生产销售电梯并负责安装及保养和维修。某年取得含税销售收入2 106万元，其中安装费约占总收入的25%，保养费、维修费约占收入总额的15%。假设主管税务机关核定全部为货物销售额。甲公司本年度进项税额125万元，甲公司应纳增值税额计算如下：

应纳增值税额＝销项税额－进项税额

＝2 106÷（1+17%）×17%－125

＝181（万元）

如果甲公司将安装、保养和维修业务分立出来，设立一个独立核算的安装公司乙，由甲公司负责生产销售电梯，乙公司专门负责电梯的安装、保养与维修，那么甲公司和乙公司就可以分别纳税。而且由于电梯的进项税额不允许抵扣，对客户而言无须取得增值税发票，这样甲公司和乙公司分别开具普通发票对购买方并不产生任何影响。

根据税法规定，电梯属于增值税应税货物的范围，但安装运行之后，则与建筑物一道形成不动产。因此，对企业销售电梯（自产的或购进的）并负责安装及保养、维修取得的收入，一并征收增值税；对不从事电梯生产、销售，只从事电梯保养和维修的专业公司对安装运行后的电梯进行的保养、维修取得的收入，缴纳营业税。设立电梯安装公司后，应纳税额计算如下：

甲公司应纳增值税额 = 销项税额 − 进项税额

= 2 106×（1−40%）÷（1+17%）×17% −125

= 58.6（万元）

乙公司应纳营业税额 = 2 106×25%×3% +2 106×15%×5%

= 31.59（万元）

应纳税款合计 = 58.6+31.59 = 90.19（万元）

比分立前节省增值税和营业税合计 90.81 万元，节省城市维护建设税和教育费附加 9.081 万元（90.81×（7% +3%））。

上述筹划方案一般适用于电梯、机电设备、发电机组等大型设备生产企业。这类企业根据需要可以分设独立核算的安装公司或运输公司。在实际操作中，应当注意两点：一是安装公司或运输公司与制造企业之间存在关联关系，安装公司或运输公司必须合理收费，而不能一味地为降低税负任意抬高收费标准，降低货物销售额，否则税务机关将有权调整；二是设立安装公司或运输公司所增加的费用必须小于或远远小于所带来的收益。

2）企业分立可以减少消费税

根据消费税税法的规定，纳税人兼营适用不同税率或税额标准的应税消费品，应当分别核算其销售额或者销售数量。如果纳税人没有分别核算上述不同的应税消费品的销售额或者销售数量，或者将不同税率或者税额标准的消费品组成成套消费品销售，税务机关在征收消费税时从高适用税率或者税额标准。对于消费税的筹划，和增值税一样，也应该将兼营的减免税产品或低税率产品的生产分立出来，归于单独的生产企业，避免因统一核算而从高适用税率。

根据税法规定，消费税除金银首饰和卷烟外一般在生产委托加工和进口环节征收，在批发和零售环节不再征收。企业可以通过设立一家专门的批发企业，以较低的价格将应税消费品销售给该独立核算的批发企业，再由批发企业按正常市场销售价格销售。这样，企业的销售额减少，消费税的计税基数减少，从而降低应纳消费税额。独立核算的批发企业，由于处在销售环节，只缴纳增值税，不缴纳消费税，企业整体消费税税负下降，但增值税税负保持不变。由于成立独立核算的批发企业会增加相应的注册费用、管理成本等固定成本，因此，企业应综合考虑上述因素。

【实例 8−7】

甲公司为一家实木地板生产企业，每年生产实木地板 10 万延米，每延米实木地板的生产成本为 250 元，批发价为 500 元，零售价为 700 元。甲公司生产的实木地板 60% 通过批发方式销售，40% 通过零售方式销售。该种实木地板的消费税税率为 5%，甲公司适用 17% 的增值税税率，假设每年可抵扣的进项税额为 500 万元。甲公司应纳税额计算如下：

甲公司应纳增值税税额 = 销项税额 − 进项税额

=（10×60%×500+10×40%×700）×17% −500

= 486（万元）

甲公司应纳消费税税额＝应税消费品销售额×适用税率

$= (10\times60\%\times500+10\times40\%\times700)\times40\%$

$=2\ 320$（万元）

如果甲公司设立一个批发企业——乙公司，甲公司生产的实木地板先按照批发价 500 元/延米销售给乙公司，再由乙公司对外销售。假设乙公司也是 60% 通过批发方式销售，40% 通过零售方式销售。甲、乙公司应纳税额计算如下：

甲公司应纳增值税税额＝销项税额－进项税额

$=10\times500\times17\%-500=350$（万元）

甲公司应纳消费税税额＝应税消费品销售额×适用税率

$=10\times500\times40\%=2\ 000$（万元）

乙公司应纳增值税税额＝销项税额－进项税额

$= (10\times60\%\times500+10\times40\%\times700)\times17\%-10\times500\times17\%$

$=136$（万元）

乙公司应纳消费税税额＝0

与分立前相比，应纳增值税税额相同，均为 486 万元，但节省了消费税 320 万元。甲公司还可以通过压低销售给乙公司的批发价来进一步减少应纳消费税税额。

● 8.4　企业清算的税务筹划

企业清算是指企业由于经济或契约等原因不能或不再继续运营时，按照国家有关法律法规以及企业具有法律效力的章程协议等文件精神，依照法定的程序，对企业的资产、债权、债务等进行清理与结算，并对企业剩余财产进行分配，解除企业法人资格的一系列行为。随着我国经济体制改革的不断深化，以及经济全球化进程的加快和市场竞争的日趋激烈，企业新设、解散或破产将逐渐增多，企业清算逐渐成为一种正常的社会经济现象。

8.4.1　企业清算的税收政策

目前，会计理论界关于清算会计期间的界定存在着“一段期间论”和“两段期间论”两种代表性观点。“一段期间论”认为：应将清算会计期间与清算程序的时间范畴保持一致。“两段期间论”则认为应按两段划分会计期间：一是对清算企业的会计处理而言的，自年初起至清算开始日止为第一段会计期间；二是对清算组的会计处理而言的，自清算开始日起至清算结束日即清算组向企业原登记机关办理注销登记日止，不论清算期间有多长或多短，均视为一段会计期间，是企业清算的第二段会计期间。我国现行税收政策采纳了第二种观点。按照税法规定，纳税人清算时，应当以清算期间作为一个纳税年度。

清算期间是指纳税人自终止正常的生产经营活动，开始清算之日起，至主管税务机关办理注销税务登记止的期间。企业清算期间的所得税处理包括以下内容：①全部资产均应按可变现价值或交易价格确认资产转让所得或损失；②确认债权清理、债务清偿的所得或损失；③改变持续经营核算原则，对预提或待摊性质的费用进行处理；④依法弥补亏损，确定清算所得；⑤计算并缴纳、清算所得税；⑥确定可向股东分配的剩余财产、应付股息等。

清算所得是指企业的全部资产可变现价值或者交易价格减除计税基础、清算费用、相关税费等后的余额。清算所得的计算公式如下：

$$\text{清算所得}=\text{企业的全部资产可变现价值或者交易价格}-\text{计税基础}-\text{清算费用和共益债务}-\text{相关税费}+\text{清算期间经营性收益}-\text{清算期间经营性费用}+\text{债务清偿损益}$$

清算所得应纳企业所得税＝清算所得×法定税率（25%）

企业的全部资产可变现价值或者交易价格是指企业全部资产在清算处置时为企业带来的经济利益，即公允价值或实际成交价。纳税人的清算财产包括固定资产、生物资产、无形资产、投资资产、存货和金融资产等。资产的计税基础是资产按照税法规定进行折旧、摊销等后的余额，即在计算清算所得时可以扣除的金额。清算费用是指纳税人在清算过程中实际发生的、与清算活动有关的费用，包括清算组组成人员的工资、差旅费、办公费、公告费、诉讼费、评估费、咨询费等。清算费用据实扣除。共益债务是指纳税人清算过程中清算组为所有债权人的共同利益，管理、变价和分配清算财产而负担的债务，包括：①因清算组或者纳税人请求对方当事人履行双方均未履行完毕的合同所产生的债务；②纳税人财产受无因管理所产生的债务；③因纳税人不当得利所产生的债务；④为纳税人继续营业而应支付的劳动报酬和社会保险费用以及由此产生的其他债务；⑤清算组或者相关人员执行职务致人损害所产生的债务；⑥纳税人财产致人损害所产生的债务。共益债务据实扣除。

清算期间经营性收益和经营性费用，是指在清算期间纳税人因处理未了结业务而取得的经营性收入以及相应发生的经营性费用。债务清偿损益指因债务人的原因，纳税人确实无法支付且以后也不会被要求支付的应付款项。

企业全部资产的可变现价值或交易价格减除清算费用，职工的工资、社会保险费用和法定补偿金，结清清算所得税、以前年度欠税等税款，清偿企业债务，按规定计算可以向所有者分配的剩余资产。投资方企业从被清算企业分得的剩余财产，其中相当于从被清算企业累计未分配利润和累计盈余公积中应当分得的部分，应当确认为股息所得；剩余资产减除上述股息所得后的余额，超过或者低于投资成本的部分，应当确认为投资资产转让所得或者损失。

企业在清算期间，不仅要缴纳企业所得税，企业发生的销售产品、变卖机器设备房屋等固定资产以及转让商标权、专利权等无形资产等业务，也要缴纳相应的增值税、营业税和消费税。例如增值税，按照税法规定，增值税一般纳税企业在清算期间销售产品取得的增值税，记入“应交税费——应交增值税（销项税额）”科目。企业因破产、倒闭、解散等原因不再购进货物而只销售存货的，或者为了维持销售存货的业务而只购进水、电的，其期初存货已征税款可按实际动用数抵扣。申请按动用数抵扣期初进项税额需提供有关部门批准其破产、倒闭、解散的文件资料，并报税务机关批准。对纳税人期初存货中尚未抵扣的已征税款，以及征税后出现的进项税额大于销项税额后不足抵扣部分，税务机关不再退税。

8.4.2 企业清算的税务筹划

1）清算方案选择的税务筹划

【实例8-8】

A投资有限公司于2011年2月以2 000万元货币资金投资成立了全资子公司B特种器材贸易公司。后因A投资有限公司经营策略调整，拟于2015年3月终止对B特种器材贸易公司的投资。假定三种方案都可行，其他情况都一致，A投资有限公司没有可税前弥补的亏损。①

1）终止投资时，B特种器材贸易公司资产负债情况简表8-1：

表8-1 资产负债情况 单位：万元

资产期末数		负债及所有者权益期末数	
流动资产	6 000	流动负债	1 000
其中：货币资金	6 000	其中：短期借款	1 000
长期投资	0	长期负债	0
固定资产	0	所有者权益	5 000
其他资产	0	其中：实收资本	2 000
		盈余公积	500
		未分配利润	2 500
资产总计	6 000	负债及所有者权益总计	6 000

2）A投资有限公司终止投资有三种方案，具体情况为：

（1）注销方案：注销B特种器材贸易公司，支付从业人员经济补偿金及清算费用合计100万元，偿还短期借款1 000万元，收回货币资金4 900万元。

（2）股权转让方案：以5 000万元价格转让B特种器材贸易公司的股权。

（3）先分配后转让股权方案：先将未分配利润2 500万元收回，然后以2 500万元价格转让B特种器材贸易公司的股权。

分析：

（1）A投资有限公司三种终止投资方案的企业所得税应如何处理？

（2）分别计算A投资有限公司三种终止投资方案实施后的税后净利润。

解答：

1）A投资有限公司三种终止投资方案的企业所得税应如何处理？

（1）第一种方案：企业注销其子公司，子公司需要办理企业所得税的清算。

①计算清算所得。

清算所得=6 000（全部资产可变现价值）-6 000（资产计税基础）-0（清算费用）=0

B特种器材贸易公司无须缴纳企业所得税。

① 张金蓉，李伟毅．企业注销清算所得税纳税筹划［J］．税收征纳，2011（6）：37-38.

②向股东分配剩余财产。

可供分配的剩余财产 = 6 000 − 100 − 1 000 = 4 900（万元）

股息性所得 = 500 + 2 500 = 3 000（万元）

免税收入，不需要缴纳企业所得税。

投资资产转让所得或损失 =（4 900 − 3 000）− 2 000 = −100（万元）

投资资产转让损失 100 万元，无须缴纳企业所得税，可以在损失发生当年的应纳税所得额中扣除。

（2）第二种方案：企业转让股权。

应纳企业所得税 =（5 000 − 2 000）×25% = 750（万元）

（3）第三种方案：境内子公司分回的股息红利所得属于免税收入，无须缴纳企业所得税。

企业转让股权，需要计算转让股权应缴纳的企业所得税。

应纳企业所得税 =（2 500 − 2 000）×25% = 125（万元）

2）分别计算 A 投资有限公司三种终止投资方案实施后的税后净利润。

（1）第一种方案：

税后净利润 = 4 900 − 2 000 = 2 900（万元）

由于投资资产转让损失 100 万元可以在损失发生当年的应纳税所得额中扣除，可以少纳企业所得税 25 万元，因此：

实际税后利润 = 2 900 + 25 = 2 925（万元）

（2）第二种方案：

税后净利润 = 5 000 − 2 000 − 750 = 2 250（万元）

（3）第三种方案：

税后净利润 = 2 500 + 2 500 − 2 000 − 125 = 2 875（万元）

2）清算日选择的税务筹划

根据税法规定，企业在清算年度，应划分为两个纳税年度。从 1 月 1 日到清算开始日为一个生产经营纳税年度，从清算开始日到清算结束日的清算期间为一个清算纳税年度。企业的清算日期不同，对两个纳税年度应税所得的影响不同。企业可以利用改变清算日期的方法来影响企业清算期间应税所得的数额。

【实例 8-9】

某公司董事会于某年 8 月初向股东会提交解散申请书，股东会于 8 月 20 日通过并做出决议，清算开始日定于 9 月 1 日。该公司 1 月 1 日至 8 月 31 日的期间应作为一个纳税年度，应税所得为 15 万元。9 月 1 日至清算结束日 10 月 10 日为一个纳税年度，清算期间的清算所得为 −8 万元。其中，9 月 1 日至 9 月 20 日共发生有关支出 20 万元。该公司适用 25% 的所得税税率。则该公司应纳所得税额计算如下：

生产经营年度（1 月 1 日至 8 月 31 日）应纳税额 = 15×25% = 3.75（万元）

清算年度（9 月 1 日至 10 月 10 日）应纳税额 = 0

如果公司将清算开始日推迟到 9 月 20 日，则 1 月 1 日至 9 月 20 日的生产经营纳税年度亏损5万元（20-15），9月20日以后的清算纳税年度有清算所得12万元。该公司应纳税额计算如下：

生产经营年度（1月1日至9月20日）应纳税额=0

清算年度（9月21日至10月10日）应纳税额=（12-5）×25%=1.75（万元）

与清算开始日定于9月1日相比，公司可少缴所得税2万元（3.75-1.75）。

[总结与结论]

企业在其发展的过程中，由于市场条件和外部资源的变化，专业化分工的发展，需要进行债务重组、购并、分立、破产等重组活动。企业的这些重组活动不仅对于社会经济，而且对于企业的健康发展都具有极其重要的意义。与此相适应，为促进我国的产业结构、技术结构以及企业组织结构的优化与调整，近几年来国家越来越多地利用税收杠杆对企业经营行为发挥导向作用。由此可见，税务问题与企业重组具有密切的关系，企业重组决策的一个重要方面就是从税务角度评价其可行性。企业在进行重组决策时，必须做总体税务筹划。传统的重组决策在考虑税务问题时，通常只是考虑税务对目标公司选择、纳税主体定位、支付方式选择以及双方股东利益等方面的影响，而忽略了以下几个问题：①不是从整体税务筹划的角度，而是简单地根据现行税法的有关规定进行计算、分析和评价，没有考虑重组以后的关联关系问题，以及由此引起的内部交易、外部交易相互转换所导致的税务问题。如果改组后纳税主体定位与关联关系的利用之间在税务方面存在一定的冲突，这种冲突将导致从一种选择中所获得的节税利益被同一选择引发的另一税收成本上升所抵销，甚至还可能发生更不利的后果。②没有考虑今后一定时期内国家税收优惠政策的改变。随着经济形势的变化，国家出于宏观调控政策的需要会相应地调整税收政策。因此，企业在考虑因纳税主体变化所引起的税收待遇差异时，不仅应考虑现行的税收优惠政策，还应该研究税制变化发展的规律，把握税收优惠政策的变动趋势。根据税务筹划的综合性原则与要求，企业重组过程中应全面权衡各种税务因素的影响，实现综合税负而非单一税负的最小化。总之，重组是企业的一项重大战略性投资行动，其中涉及大量的财务决策，并伴随着复杂的税务问题。因此，企业重组决策不能只简单地考虑现行税法的有关规定来评价其可行性，而应该深入细致地分析每一重组方案所引起的税务问题，在此基础上提出该方案下的多种税务筹划方案，通过对税务筹划方案的比较和评价，选择税收成本最小、财务利益最大的税务筹划方案作为评价该重组方案可行性的一个因素。在这种税务筹划方案评价中，不仅要考虑重组过程中，还应考虑重组之后的有关税务问题；不仅要考虑现行税法的有关规定，还应考虑税法的变动趋势；不仅要考虑某一具体优惠政策的运用，还应分析由此带来的其他税收成本问题，以及由此可能导致的其他经营成本上升等。只有这样，才能使我们对每一重组方案的可行性有一个系统、深入的认识和评价，使企业能在多个重组方案中选择最佳或最满意的重组方案，使企业在重组刚开始的时候，就能从整体效果最大化的高度实施税务筹划。

[练习题库]

★ 案例分析题

案例 1

甲、乙两个公司均为增值税一般纳税人，增值税税率 17%，甲公司所得税税率为 25%，乙公司所得税税率为 15%。甲公司赊销一批商品给乙公司，价税合计 936 万元，规定的商业折扣条件为九九折。甲公司采用先销售后折扣的方式，增值税发票上先按全额反映，将折扣金额另开发票。甲公司经过考虑，提出以下两个方案：

方案 1：按规定的折扣条件给予乙公司 1% 的商业折扣，乙公司支付 926.64 万元的货款；

方案 2：双方采用债务重组方式，由甲公司减免乙公司 9.36 万元的货款，这样乙公司实际支付的货款仍为 926.64 万元。

你认为乙公司会选择哪个方案？甲公司更倾向于哪个方案？如果甲、乙公司之间存在关联关系呢？

案例 2

某年 10 月，某股份有限公司甲购并某亏损国有企业乙。乙企业被购并时的账面净资产为 500 万元，前一年亏损 100 万元，以前年度无亏损，评估确认的价值为 550 万元。甲公司现有已发行在外股票 2 000 万股，每股面值 1 元，市价 3 元。经双方协商，甲公司可以用以下方式购并乙企业：

方案 1：甲公司以 180 万股股票和 10 万元现金购并乙企业；

方案 2：甲公司以 150 万股股票和 100 万元现金购并乙企业。

假设购并前后甲公司股票市价无明显变化。甲公司每年未弥补亏损前的应纳税所得额为 900 万元，购并后甲公司新增固定资产的折旧年限为 5 年。甲公司和乙企业的所得税税率均为 25%，折现率为 10%。假设甲、乙公司的合并属于非同一控制下的合并。

请你为甲公司选择一个购并方案。

案例 3

某地区有两家大型酒厂甲和乙，均为独立核算的法人企业。甲企业主要经营粮食类白酒，以当地生产的大米和玉米为原料进行酿造，适用 20% 的消费税税率。乙企业以甲企业生产的粮食类白酒为原料，生产系列药酒，适用 10% 的消费税税率。甲企业每年要向乙企业提供价值 3 000 万元的粮食类白酒。乙企业由于缺少资金和人才，无法经营下去，准备破产。乙企业资产账面价值 5 200 万元，资产评估价值 6 000 万元。其中房屋建筑物等不动产账面价值 2 600 万元，评估价值 3 100 万元；机器设备账面原值 1 500 万元，评估价值 1 800 万元，假设该机器设备在购买时抵扣了增值税进项税额；其他资产 1 100 万元。乙企业负债 6 000 万元，其中 2 000 万元为欠甲企业的货款。甲企业有两个方案可供选择：

方案 1：甲企业以现金 4 900 万元购买乙企业的不动产和机器设备，乙企业破产，假设乙企业破产财产扣除各项费用后，甲企业可收回货款 1 800 万元，损失 200 万元。

方案 2：以承担债权债务的方式购并乙企业，即由甲企业承担乙企业的全部债务，不需支付另外的其他费用，来兼并乙企业，包括其全部现有的资产。由于乙企业生产的药酒市场前景很好，甲企业购并后可以继续利用乙企业的设备生产药酒。假设甲企业需要投入 200 万元对乙企业的设备进行改造。

请你为甲企业选择一个方案。

★ 思考题

1. 债务重组对企业的应纳税额会产生影响吗？请就债权人企业和债务人企业分别加以说明。

2. 影响企业购并税收负担的主要因素是什么？我国对企业购并的税收政策是如何规定的？

3. 你认为可以从哪些方面对企业清算进行税务筹划？如何进行税务筹划？

★ 讨论题

1. 你认为可以从哪些方面对企业购并进行税务筹划？如何进行税务筹划？

2. 你认为可以从哪些方面对企业分立进行税务筹划？如何进行税务筹划？

第 9 章

国际税务筹划

［学习目标］

学完本章后，应当掌握：

1. 国际税务筹划的意义；
2. 跨国公司进行国际税务筹划的策略和基本方法；
3. 跨国公司如何运用税收手段实现公司全球所得的最大化。

9.1 国际税务筹划概述

在经济全球化的时代背景下，税务筹划已经超出了一个国家或地区的范围，跨国纳税人的出现和存在拓展了税务筹划的领域。在跨国经营中企业虽然面临国际双重征税的风险，但同样也具有了在更广阔的空间内、利用更为多样的方法进行税务筹划的可能性。此外，国际金融业务和电子商务的迅猛发展也为税务筹划的发展提供了契机，这显然增加了税务筹划业务的专业性和挑战性。

9.1.1 国际税务筹划的概念

国际税务筹划是指跨国纳税人在国际范围内，利用各国税收制度的差异或漏洞，通过对集团整体生产经营活动的安排以及对自身纳税身份或纳税地点的选择，达到免税、减税或延期纳税目的的理财行为。其突出特点是跨国纳税人自身及相关的收入、货物和财产在国际间进行迁移，尽可能使集团整体税收负担最小化。相对国内税务筹划而言，国际税务筹划涉及的内容更加宽泛，不仅需要对相关国家的税收管辖权和税制有充分了解，同时还要考虑到双边或多边税收协定对集团税负的影响。

国际税务筹划的主体是跨国纳税人。一些原本不从事跨国业务的纳税人也借助跨国经营，利用国际税务筹划降低税收负担。

国际税务筹划的目的是谋求全球范围内整体集团税收负担的最小化，往往是以牺牲局部利益为代价的。国际税务筹划的手段具有多样性，通过对集团整体生产经营活动的安排以及对自身纳税身份或纳税地点的选择，达到免税、减税或延期纳税的目的。它包含节税和避税两方面的内容，其中国际避税手段更为复杂和多样，对纳税人总体税收负担的影响也更加明显。

国际税务筹划的范围涉及两个或两个以上国家（地区）的税收管辖权、税收法律法规以及相关的税收协定。

国际税务筹划是在不违背税法的前提下，利用各国税法的差异或漏洞规避税负，不属于违法行为；国际偷漏税是利用国际税收管理合作的疏漏与困难，以欺诈手段偷逃税款，是违反税法的行为，受到各国政府的谴责与惩罚。

9.1.2 税收管辖权与国际双重征税

跨国纳税人会与两个或两个以上国家（地区）发生税收征纳关系，而各国（地区）的税收管辖权是不尽相同的，它决定了跨国纳税人在不同国家（地区）的纳税义务。税收管辖权指一国政府在税收征收管理方面的权力，是国家主权在税收领域的体现。按照属地原则和属人原则，税收管辖权分为地域税收管辖权（或称收入来源地税收管辖权）、居民税收管辖权和公民税收管辖权三种类型。

现实情况是各国根据本国需要，设定使用上述三种税收管辖权中的一种或多种，从而在税收管辖权实施过程中形成了三种不同情况：一是单独行使地域管辖权；二是既行使地域管辖权，也行使居民管辖权；三是同时行使地域管辖权、居民管辖权和公民管辖权。这三种情况的征税范围及部分代表性国家或地区见表9-1。

表9-1 部分代表性国家或地区征税范围

适用税收管辖权	征税范围	代表性国家或地区
地域税收管辖权	本国居民的境内所得，外国居民的境内所得	阿根廷、乌拉圭、巴拿马、哥斯达黎加、肯尼亚、赞比亚、中国香港等
地域、居民税收管辖权	本国居民的境内、境外所得，外国居民的境内所得	阿富汗、澳大利亚、中国、印度尼西亚、日本、韩国、新加坡、秘鲁、奥地利、比利时、丹麦、希腊、意大利、瑞典、英国、加拿大等
地域、居民、公民税收管辖权	本国居民、公民的境内、境外所得，外国居民、公民的境内所得	美国

当各国税收管辖权同时发挥作用时，国际双重征税就成为不可回避的事实。国际双重征税分为法律性国际双重征税与经济性国际双重征税。

法律性国际双重征税也称狭义的国际双重征税，是指两个或两个以上国家作为不同课税主体向同一跨国纳税人的同一跨国纳税对象所进行的重复征税。它通常是由于不同征税主体税收管辖权的重叠和征税原则的冲突所造成的，而且既可能是不同税收管辖权重叠引起重复征税，也可能是同种税收管辖权的重叠引起重复征税。不同税收管辖权的重叠包括居民管辖权与地域管辖权的重叠、公民管辖权与地域管辖权的重叠以及公民管辖权与居民管辖权的重叠，而同种税收管辖权重叠是指不同国家对同一种税收管辖权的理解不尽一致，如对所得来源地和居民的判定标准均有很大差异，导致国际重复征税的出现。

【实例 9-1】

A 先生在甲国拥有习惯性居住地，但在某个纳税年度内在乙国居住了 240 天。甲国根据本国税法规定，因其在本国有习惯性住所，判定他是本国居民；而乙国税法采用住所和居住时间双重标准，虽然 A 先生在乙国不具备习惯性居住地，但居住时间超过了该国所规定的 183 天的时间标准，同样也将他认定为本国公民，这样，A 先生就具有了双重居民身份，对甲国和乙国都负有纳税义务，出现了国际双重征税。

【实例 9-2】

B 先生受甲国某公司派遣到乙国从事技术指导工作，其在乙国工作取得的工资是由在甲国境内的雇主支付的。甲国以所得支付地作为收入来源地，乙国以劳务提供地作为收入来源地。即使不考虑 B 先生是否构成甲国、乙国居民，两国至少都可以行使地域管辖权对 B 先生的工资所得征税，由此导致了地域税收管辖权的重叠，出现了国际双重征税。

经济性国际双重征税是广义上的国际双重征税，是指两个或两个以上国家对不同跨国纳税人的同一税源所得同时行使征税的权力。经济性双重征税主要指以下两种情况：

（1）不同国家对公司利润和股东股息分别征税，导致对同一税源、不同课税对象的国际重复征税。当公司及其股东分别为两个不同国家的纳税人时，公司的居住国对公司的利润课征所得税，而股东的居住国对股息课征所得税。表面上看起来，利润和股息是不同的纳税客体，但从经济渊源上看，股息来自股份公司的利润，它们属于同一税源，对这部分股息存在着重复征税。

（2）不同国家对同一项费用的扣除方法、价格或利润的计算方法不同，或者对“公平市场价格”的确认标准不同，而导致国际重复征税。例如，当一个国家在处理一笔境内子公司与境外母公司关联交易时，调低了子公司购进项目的价格，而母公司的居住国在征税时并没有相应调低母公司的收入，那么对于所调整的这部分受让价格就可能发生重复征税。

9.1.3　消除国际双重征税的基本方法

国际税收协定中明确规定：对已由非居住国优先征收的税款，居住国应采取避免双重征税的方法。跨国纳税人进行税务筹划时，必须要考虑各国所采用的消除国际双重征税的基本方法，以便做出正确的判断和决策。目前由居住国政府采用的避免国际双重征税的方法主要有：免税法、扣除法和抵免法。

（1）免税法

免税法又称豁免法，是指居住国政府对本国居民来源于或存在于来源国的跨国所得或一般财产价值，在一定条件下，单方面放弃行使居民税收管辖权。它是以承认来源国地域管辖权的独占性为前提的。免税法又分为全额免税法和累进免税法。

①全额免税法是指居住国政府在确定其居民应纳税额时，对来源于国外的所得完全不予考虑，既不征税也不与本国所得税的税率相联系。其计算公式表示为：

向居住国政府应纳税额=居住国国内所得×居住国适用税率

②累进免税法是指居住国政府在确定其居民应纳税额时，对国外所得虽然给予免税，但在本国居民国内所得适用的累进税率方面要综合考虑，即按国内、国外所得总额在税率表中查找对应税率计征税款。其计算公式表示为：

向居住国政府应纳税额=国内外所得总额×居住国适用税率×（国内所得÷国内外所得总额）

【实例 9-3】

某跨国公司以法国为居住国，某纳税年度获得所得 250 000 欧元。它设在德国的子公司同年获取所得折合 120 000 欧元，并已按当地政府规定的 30% 的税率缴纳公司所得税 36 000 欧元。如果当年法国规定的公司所得税税率为：年所得不超过 300 000 欧元税率为 30%，在 300 000 欧元至 350 000 欧元之间税率为 40%，350 000欧元以上税率为 50%，那么按上述公式计算向居住国缴纳的应纳税额分别为：

在全额免税法下：

应纳税额=250 000×30%=75 000（欧元）

在累进免税法下：

应纳税额=(300 000×30%+50 000×40%+20 000×50%)×[250 000÷(250 000+120 000)]
=81 081.08（欧元）

在免税法下，当居住国的税率高于来源国时，其实际免除的税额会大于国外已纳税款，给居住国带来少征部分税款的损失，因此，采用免税法的国家为数不多，目前有法国、荷兰和拉丁美洲一些国家，而且它们在采用免税法时，往往附加一些限制性条款。

（2）扣除法

扣除法是指居住国允许本国居民将已在境外缴纳的所得税或一般财产税税额，作为一个扣除项目从应税所得总额中扣除。其计算公式表示为：

向居住国政府应纳税额=（国内外所得总额-在国外已纳所得税额）×居住国适用税率

【实例 9-4】

承接【实例 9-3】，假设法国采用扣除法免除国际双重征税，则该跨国公司全球范围内应税所得和应纳税额为：

应税所得=250 000+120 000-36 000=334 000（欧元）

应纳税额=300 000×30%+（334 000-300 000）×40%=90 000+13 600=103 600（欧元）

采取扣除法只是部分承认地域管辖权的优先地位，从而使国际双重征税得到一定程度的免除，但重复征税问题并没有完全得到解决，目前采用扣除法的国家主要包括挪威、秘鲁、葡萄牙、泰国等国。

（3）抵免法

抵免法是指居住国政府允许本国居民在本国税法规定的限度内，用已缴非居住国的所得税或财产税税款，来抵免一部分应汇总缴纳给居住国的税款。按照纳税人与收入来源国征纳关系的不同，抵免法可分为直接抵免和间接抵免。

①直接抵免

直接抵免是适用于同一个经济实体的跨国纳税人的抵免方法，如对居住国总公司的国外分公司在来源国缴纳的税款进行抵免。所谓“直接”是指对跨国纳税人在收入来源国直接缴纳的税款的抵免，非直接缴纳的税款则不允许抵免。直接抵免又分为全额抵免和限额抵免。

全额抵免是指居住国对其居民纳税人的国内和国外所得或财产汇总计税时，允许本国居民纳税人将其向外国政府缴纳的所得税或财产税全部从应纳税额中扣除，即使在非居住国缴纳的税款多于应向居住国缴纳的税款也给予扣除。目前，全额抵免除在少数国家之间的国际税收协定中被采用之外，单边采用它的国家很少。

限额抵免是指居住国对其居民纳税人的国内和国外所得或财产汇总计税时，允许本国居民纳税人将其向外国政府缴纳的所得税或财产税从应纳税额中扣除，但扣除额不得超过其国外所得或财产按居住国税法计算的应纳税额，即不得超过抵免限额。

【实例 9-5】

某跨国公司来自国内外的所得总额为 10 000 000 万美元，其中，来自于居住国的所得为 8 000 000 万美元，来自来源国的所得为 2 000 000 万美元。居住国的公司所得税税率为 20%，来源国的公司所得税税率为 30%。分别计算在全额抵免和限额抵免方法下该跨国公司在居住国的应纳税额。

向来源国缴纳的税款 = 2 000 000×30% = 600 000（美元）

在全额抵免法下，向来源国缴纳的税款可以从应纳税额中完全扣除：

向居住国缴纳的税款 = 10 000 000×20% −600 000 = 1 400 000（美元）

在限额抵免法下，应首先计算抵免限额：

抵免限额 = 2 000 000×20% = 400 000（美元）

向居住国缴纳的税款 = 10 000 000×20% −400 000 = 1 600 000（美元）

②间接抵免

间接抵免是适用于非同一经济实体的跨国纳税人的抵免方法。所谓“间接”，是指对跨国纳税人在收入来源国间接缴纳的税款的抵免，实质上是专门适用于跨国母子公司之间的税收抵免。母公司和子公司分别是两个独立的经济实体，子公司在国外缴纳的所得税不能全额在母公司抵免。所能抵免的只是子公司分配给母公司的股息所应承担的所得税。间接抵免又分为一层间接抵免和多层间接抵免。

一层间接抵免计算步骤如下：

应并入母公司的子公司所得额 = 母公司收到子公司的股息额÷（1−子公司所得税税率）

$$\text{应由母公司承担的子公司所得税额}=\text{子公司已缴所得税税额}\times\text{母公司收到的股息额}\div\text{子公司的税后所得}$$

抵免限额 = 应并入母公司的子公司所得额×母公司所在国税率

将“应由母公司承担的子公司所得税额”与“抵免限额”进行比较，以二者中较小者作为允许抵免的税额。

$$\text{母公司应向居住国缴纳的税额}=\left(\text{母公司所得额}+\text{应并入母公司的子公司所得额}\right)\times\text{适用税率}-\text{允许抵免的税额}$$

多层间接抵免适用于母公司通过子公司从国外孙公司取得的股息所承担的外国所得税，其基本原理与一层间接抵免法相同，只是计算方面更复杂一些。

【实例 9-6】

某跨国公司在甲国设立母公司，在乙国设立一子公司。母公司所得为 2 000 万元。子公司所得为 1 000 万元。甲国公司所得税税率为 35%，乙国公司所得税税率为 30%。子公司在乙国缴纳所得税 300 万元，分配给母公司的股息为 100 万元。计算母公司应纳税款。

应并入母公司的子公司所得额 = 100÷（1-30%）= 142.8571（万元）

应由母公司承担的子公司所得税额 = 300×100÷（1 000-300）= 42.8571（万元）

抵免限额 = 142.8571×35% = 50（万元）

将“应由母公司承担的子公司所得税额”与“抵免限额”进行比较，前者小，就以它作为允许抵免的税额。

母公司应向居住国缴纳的税额 =（2 000+142.8571）×35% -42.8571 = 707.1429（万元）

与抵免法相联系的一个重要概念是税收饶让。它是抵免法的一种特殊方式，是指居住国对其居民在国外享受减免税而未缴纳的那一部分税款，视同已经缴纳，允许其在不超过抵免限额的范围内从应向居住国缴纳的税款中扣除。税收饶让对于资本输入国，特别是广大发展中国家，意义重大。它能使跨国投资者真正得到益处，从而达到吸引外资的目的。

9.1.4 各国税制的差异

国际税务筹划的前提条件是各国税收制度之间的差异。如果各国的税制完全相同，国际税务筹划就没有任何意义了。各国税收制度的差异除了税收管辖权的差异外，还表现在以下几方面：

（1）税制结构的差异

税制结构是指在复合税制条件下，各类税种收入在全部税收收入中的比例构成。综观各国的税制结构，经济发达国家与发展中国家有明显不同。发达国家大多以直接税为主体税，典型的国家包括美国、法国、英国、澳大利亚、加拿大、日本等国。这些国家各级政府的个人所得税和公司所得税占全部税收收入的比重一般都接近或超过 50%。另有一部分发达国家实行直接税与间接税并重的税制结构，属于这种类型的国家主要有德国、奥地利、挪威等国，直接税与间接税在税收收入中所占的比重大体相当。广大发展中国家的税制结构则一般都是以间接税为主体税，直接税的比重明显不及间接税。原因在于发展中国家经济较为落后，绝大多数纳税人的收入所得、财产利得都不充裕，同时税收征管水平也较低，国家为了满足其财政需要，只能较多地依赖间接税，赋予间接税较重的组织收入及调节经济的任务。

（2）宏观税负的差异

国际上公认，衡量一国宏观税收负担的标准是税收收入（T）占国内生产总值

（GDP）的比值。根据该项指标，世界各国的税收负担可以分为三类：第一类是高税负国，T/GDP 比值一般在 35% 以上；第二类是中等税负国，T/GDP 比值一般在 20% ~30% 之间；第三类是低税负国，T/GDP 比值不超过 20%。大多数经济发达国家属于高税负国，而低税负国有三种情况：一是属于国际避税地；二是属于经济不发达的国家；三是以非税收入为主的资源型国家，特别是石油输出国。

（3）税率的差异

综观各国税制，即使征收同一种税，在税率的规定上也不尽相同，以公司所得税为例，从税率结构上，既有采用单一比例税率的，也有采用分类比例税率和累进税率的。其中采用单一比例税率的国家居多，但其税率差异很大，高税负国的税率在 40% 到 50% 之间，低税负国则不足 25%。

（4）税基的差异

税基的差异主要表现在所得税税基的确定上。所得税税基为应税所得，但在计算应税所得时，各国对各种扣除项目的规定差异很大。这意味着跨国纳税人的某项所得在一国扣除很少或没有扣除，税基较大，而在另一国可能获得较多的扣除，税基因此骤降。在税率相差无几的情况下，税基的大小直接决定了税负的高低。例如对亏损抵补的处理，有的国家是无限期抵补，而大多数国家是有限期抵补，但在抵补年限上的规定有一定差异。

● 9.2　跨国公司组织形式的税务筹划

1983 年，联合国跨国公司中心发表的《世界发展中的跨国公司》对跨国公司界定如下：

跨国公司是指这样一种企业：①包括设在两个或两个以上国家的实体，不管这些实体的法律形式和领域如何；②在一个决策体系中进行经营，能通过一个或几个决策中心采取一致对策和共同战略；③各实体通过股权或其他方式的联系，使其中的一个或几个实体有可能对别的实体施加重大影响，特别是同其他实体分享知识资源和分担责任。

在当今世界经济格局中，跨国公司的作用不容置疑。跨国公司是国际税务筹划最主要的实施者。税务筹划是跨国公司财务管理的一项重要内容。2000 年，全球跨国公司已达 6.3 万家，国外分公司和子公司达 70 万家。全球 500 家大型跨国公司的产值已占世界总产值的 45%，其内部和关联贸易已占世界贸易总额的 60% 以上，投资已占全球累计直接投资的 90%。它们分别从组织形式、经营活动等方面做出有利于公司利益的税收安排，以实现全球所得最大化的总体目标。

9.2.1　利用常设机构的税务筹划

1）常设机构的概念

在确定对非居民（公民）的所得是否课税上，一些欧洲国家一直沿用“常设机构”的概念，即对构成常设机构的经营组织征税，否则就不征税。在《经合组织范本》和《联合国范本》中对常设机构的初始定义是："企业进行全部或部分营业的固定场所。"这一定义涉及对一国地域的有形依附联系，两个范本都采用列举的方式，指出常设机构包括管理场所、分支机构、办事处、工厂、作业场所等。但在有些情况下，可能难以找到上述有形联系。为此，两个范本引入了第二个判定要素，即对非居民在一国内利用代理人从事活动，而该代理人（不论是否具有独立地位）有代表该非居民经常签订合同、接受订单的权利，就可以认定该非居民在该国有常设机构。此条判定标准可以作为对常设机构初始定义的补充加以运用。

2）利用常设机构的税务筹划

（1）避免成为常设机构

绝大多数实行地域税收管辖权的国家对非居民，以其是否在本国境内设有常设机构作为判定其所得是否来源于本国境内，进而决定是否行使课税权的标准。因此，避免成为常设机构是跨国公司进行国际避税的一个重要方法。具体筹划策略是：

①尽可能成为事实上的非常设机构。例如对于建筑工程或安装工程项目，许多税收协定分别按照持续时间 12 个月以上和 6 个月以上来判定其已构成常设机构。随着技术水平的提高，跨国纳税人可以尽量缩短工程周期，设法在达到规定期限前完工撤出，从而避免成为常设机构，免予缴纳非居住国的所得税。

②寻求不在常设机构之列的经营形式。通过《经合组织范本》和《联合国范本》对常设机构的定义可知，常设机构是指进行营业活动的固定场所或代理人。因此，不妨进行逆向思维：如果其活动不属于特定营业活动的话，就不构成常设机构，从而可以规避非居住国行使地域税收管辖权。一些税收协定恰恰为跨国纳税人提供了可以利用的条件。例如，在我国分别与美国、加拿大、比利时、丹麦、泰国、新加坡等国签订的《关于对所得税避免双重征税和防止偷漏税的协定》中明确规定，对下列内容不能视为常设机构：

a. 以专为储存、陈列或交付本企业货物或商品为目的而使用的设施；

b. 以专为储存、陈列或交付为目的而保存本企业货物或商品的仓库；

c. 以专为另一企业加工为目的而保存本企业货物或商品的仓库；

d. 以专为本企业采购货物或商品或搜集情报为目的所设置的固定营业场所；

e. 以专为本企业进行其他准备性或辅助性活动为目的所设置的固定营业场所；

f. 专为 a 和 e 所述活动的结合所设的固定营业场所，如果由于这种结合使该固定营业场所的全部活动属于准备性质或辅助性质。

【实例 9-7】

1973 年西班牙利尔德纺织有限公司在荷兰鹿特丹建立了一个机构，其目的是为该公司搜集北欧国家纺织服装信息。根据西班牙政府和荷兰政府签订的双边税收协定，这种专门用于搜集信息、情报的办事机构不属于常设机构，因而不承担纳税义务。然而，该公司仅 1973 年一年根据荷兰纺织服装市场提供的信息，使利尔德公司成交了两笔生意，价值 2 120 万元的适销产品很快运达荷兰鹿特丹市。在这个过程中，尽管利尔德公司驻鹿特丹的办事机构承担所有有关供货合同和确定订货数量的谈判和协商，但该办事机构最终没有在合同和订单上代表利尔德公司签字，荷兰税务部门也毫无办法，只能眼睁睁地任其避税。

（资料来源 张中秀. 避税与反避税全书［M］. 北京：企业管理出版社，1995）

（2）利用常设机构进行税务筹划

在无法避免成为常设机构的情况下，巧妙地安排总机构与常设机构、常设机构之间的贸易，也是常用的国际税务筹划的方式。毕竟与设立分公司或子公司相比，建立常设机构具有更大的优势。

①利用常设机构转移货物和劳务。由于各国税制的差异性以及缔结税收协定国家、地区范围的有限性，归属于常设机构的同一种经营活动在部分国家、地区可以享受免税待遇，而在其他国家、地区（特别是非缔约国）则不能免税。因此，企业可以选择有免税规定的国家设立常设机构，并将货物或劳务转移到该常设机构，利用常设机构搭建的平台进行经营以达到规避纳税的目的。

②利用常设机构转移管理费用。理论上讲，跨国企业总机构通常会向境外常设机构提供各种管理服务，并按受益程度收取管理费用，但在实际操作中，管理费用项目有很大的弹性。常设机构支付的合理的管理费用是允许扣除的，跨国纳税人可以利用这一点进行税务筹划。例如，为了使一个处于高税国的盈利常设机构既能多汇回利润又减少纳税，总机构会向该常设机构多分摊管理费用，或将与常设机构无实际联系的费用想方设法摊入该常设机构。

③利用常设机构转移利润。对于利润在总机构与常设机构之间的分配，国际上有两种基本形式：第一种形式是将每一个常设机构视为单独企业，即将其视为独立自主的经济实体。依据这一方法，常设机构被视为独立法人，它必须自行计算成本、利润，进行独立经济核算。第二种形式是将一个总机构和它的所有境外常设机构视为一个法人实体，并将该经济实体发生的全部费用和利润分摊到每一个常设机构身上。第一种分配方式是以正常的市场价格等客观规定计算成本和利润，第二种方式则要根据整个法人实体的收入、成本、资本结构计算并分摊全部收入和成本。在第一种形式下，常设机构作为一个法人实体，其收入、成本是难以转移的，因而避税的可能性不大。最常见的避税是利用第二种利润分配方式，选择对纳税人有利的分配标准以降低整体税负。

9.2.2 建立驻外国的分公司（分支机构）或子公司

世界各国对分公司和子公司在税收待遇方面有许多不同的规定，设立分公司的优点往往是子公司的缺点，而设立分公司的缺点恰恰又是子公司的优点。跨国纳税人出于减轻税负的考虑，必须对设立在国外的机构是采用分支机构形式还是子公司形式进行权衡。

（1）采用分支机构形式时，企业可以获得的利益

①登记注册简单、快捷，可以不缴纳资本注册税和相应的印花税。

②将利润汇回总公司无须纳税，避免对利息、股息和特许权使用费征收的预

提税。

③费用和亏损可以冲抵总公司的利润。

④有可能利用避免国际重复课税中最有利的形式——免税法。

（2）采用分支机构形式时，企业可能出现的不利情况

①在境外没有独立的法人地位，无资格享受当地政府向本国法人企业提供的免税期或其他鼓励投资的税收优惠待遇。

②一旦取得利润，总机构在同一纳税年度要就这部分境外利润向其居住国纳税，无法获得延期纳税的好处。

③总机构应承担国外分支机构的所有义务。

④增加跨国集团进行转让定价的难度。税务机关通常认为分支机构与总机构因属于同一经济实体，它们之间的交易价格不属于正常市场价格，而税务机关对偏离市场价格的价格有权进行调整。

⑤分支机构转变为子公司时，可能产生与此相关的资本利得税。

子公司与分公司相比，其主要特征是资产及相应的业务独立于母公司。子公司作为外国的居民公司，应缴纳当地的所有税。如果子公司不将所得汇回母公司，就能避免母公司居住国对其行使课税权，从而避免境外分支机构面临的双重征税问题。

由于子公司与母公司之间存在着资本及经营活动方面的密切联系，子公司很难做到不把股息、利息或特许权使用费汇回母公司，因此，子公司实际上经常会面临双重征税的问题。为了免除母、子公司之间的双重征税，居住国一般允许采用间接抵免法来抵免母、子公司之间股息收益的已缴税额。

通过以上分析可以看出，分公司与子公司在税收待遇上各有利弊，企业应根据自身不同的发展阶段，做出适当的选择。

一般来讲，在国外开展经营活动的初期都会出现亏损，跨国公司应选择分支机构的形式，因为分公司的亏损能够冲抵总公司的利润，从而减少总机构应缴纳的所得税，而对子公司的亏损则没有这样的税务处理规定，母公司不能因此得到任何好处。

随着境外经营活动逐步踏入正轨，境外分支机构会转入盈利期。此时，原有的税收优势将不复存在，转变为子公司将比保留分公司的形式更为有利。一方面子公司作为独立法人，在实施转让定价方面更为有利；另一方面，它可以保留利润不汇回母公司，而享受延期纳税的好处。当然，在转变公司组建形式的过程中，还应考虑资本利得税的影响。如果子公司预期经营前景看好的话，这种转换成本还是值得的。此外，无论在国外设分支机构还是设立子公司，都要注意来源国与居住国税率的差异。在来源国税率高于居住国税率时，跨国公司整体税负会上升。

【实例 9-8】

某英国总公司的应税所得为 100 000 英镑，其中 10 000 英镑为外国分公司的应税所得。分公司已在其居住国缴纳了所得税 1 000 英镑（税率为 10%）。

该总公司在英国应纳所得税额计算如下：

应税所得	100 000 英镑
所得税（30%）	30 000 英镑
外国税收可抵免额	1 000 英镑
在英国的应纳税额	29 000 英镑

实际税率 = 应纳税总额 ÷ 应纳所得税额 × 100%

= 30 000 ÷ 100 000 × 100% = 30%

假设分公司所在国的税率高于英国的税率，为 40%，即对 10 000 英镑的分公司应税所得征 4 000 英镑的所得税，该总公司在英国应纳的所得税计算如下：

应税所得	100 000 英镑
所得税（30%）	30 000 英镑
外国税收可抵免额	3 000 英镑
（抵免限额为 3 000 英镑，超过限额的 1 000 英镑不能抵免）	
在英国的应纳税额	27 000 英镑

实际税率 = 应纳税总额 ÷ 应纳所得税额 × 100%

=（27 000+4 000）÷100 000×100% = 31%

从以上计算可以看出，在企业盈利期，分公司组建形式并未减轻实际税负，特别是在分公司所在国税率高于母公司所在国时，实际税率反而上升。

如果跨国公司设立境外子公司，情况又会如何呢（承接上述内容和条件）？详见表 9-2、表 9-3。

表 9-2 **第一种情况金额** 单位：英镑

项　目	英国母公司	国外子公司	跨国集团
应税所得	90 000	10 000	100 000
应纳税额	27 000	1 000	28 000
实际税率			28%

表 9-3 **第二种情况金额** 单位：英镑

项　目	英国母公司	国外子公司	跨国集团
应税所得	90 000	10 000	100 000
应纳税额	27 000	4 000	31 000
实际税率			31%

在组建境外子公司的经营形式下，企业处于盈利期而且境外税率低于母公司居住国税率时，整体集团实际税率会有所下降，但在子公司所在国税率高于母公司居住国时，实际税率反而会上升。不过，这并不意味着此时跨国公司应放弃在高税国组建分公司或子公司，左右企业投资决策的不仅仅是税收因素，跨国公司完全可能出于非税收、非财务的原因进行投资，这也是为什么存在逆向避税的原因。

9.2.3 在避税地组建各种类型的基地公司

避税地，亦称国际避税地、避税港、租税天堂等，是指对收入和财产免税或按很低的税率课税的国家或地区。目前，世界上已出现的避税地多种多样，提供的税收优惠也千差万别。避税地可以是一个国家，也可以是一个国家的某个地区，如某个港口、群岛、岛屿、沿海地区、城市等。由于对国际避税地的内涵和外延有不同的理解，因此，人们对当前避税地的数量、分类和范围的认识存在很大分歧。简而言之，国际避税地就是指外国人可以取得所得或拥有财产，而无须缴纳高额税，甚至可以享受免税的地方。国际避税地实质上是一种税收模式，由于它可以为投资者带来少纳税、获得更多利益的好处，对外商具有极强的诱惑力，因此，在吸引外资发展本国经济方面作用显著。但是，它也可能被跨国投资者单纯地作为一种工具，达到避税的目的，或者由于资本输出国单方面采取反避税措施，使避税地提供的税收优惠被不同程度地抵消。

从不同的角度看，国际避税地既有广义的解释，也有狭义的解释。广义国际避税地是指狭义国际避税地之外，所有能够为跨国纳税人提供合法避税机会的国家和地区。其特点是在正常税制的基础上，有较为灵活的税收优惠办法，对某些投资经营给予特殊的税收优惠待遇。狭义国际避税地仅仅指不课征某些所得税和一般财产税，或者虽设有所得税或财产税，但税负远低于国际平均水平的国家或地区。前者常被称为“纯粹的”、“标准的”避税地，在这类避税地中，政府不征收直接税，即没有个人所得税、公司所得税、资本利得税，以及财产净值税、遗产税和赠与税。开曼群岛、巴哈马、百慕大等属于这种类型避税地。后者是指那些虽开设某些所得税或财产税，但税负远低于国际平均水平的国家或地区，如巴林、牙买加、英属维尔京群岛等；有的狭义国际避税地只单一行使所得来源地税收管辖权，对来源于境外的一切所得全部免予征税，如阿根廷、埃塞俄比亚、中国香港等。

国际避税地为跨国企业税务筹划提供了“基地”，一个对其本国法人来源于国外的收入只征收少量的所得税或财产税，甚至免税的国家或地区常被跨国公司作为“基地国”，出于在第三国进行经营的目的而在基地国组建的法人企业被称为“基地公司”。

基地公司与母公司及受控子公司的关系如图9-1 所示。

按基地公司开展业务的范围，基地公司可分为：

（1）非联合型基地公司（uncombined）。这类公司所有的业务只能在第三国进行，具有离岸公司的特点，也称离岸基地公司。

（2）联合型基地公司（combined）。这类公司的业务不仅在第三国进行，而且也能在基地公司所在国进行。

按基地公司与母公司居住国的关系，基地公司可分为：

（1）典型基地公司（normal）。这是指作为中介环节，出于在第三国进行经营目的而设立的基地公司。

（2）非典型基地公司（abnormal）。在母公司居住国只对外来投资给予税收优

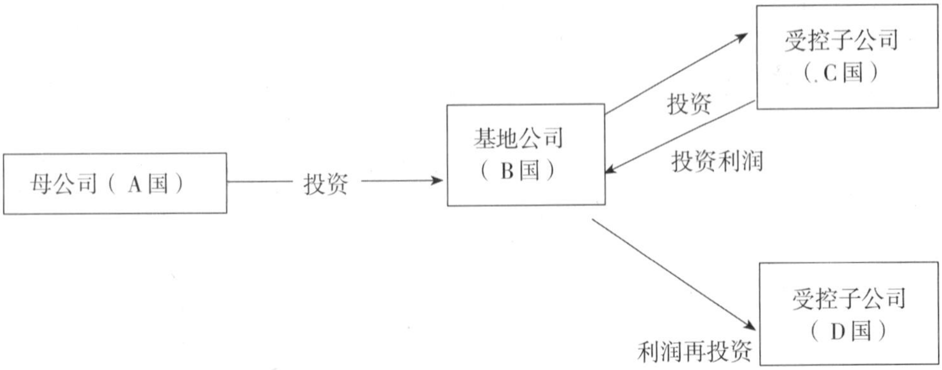

图 9-1 基地公司与母公司及受控子公司的关系图

惠的情况下，跨国企业通过在基地国设立基地公司，然后向母公司所在国进行投资，可以谋求到税收方面的利益。这种用于对母公司所在国，而非第三国，进行投资的基地公司被称为非典型基地公司。

基地公司的主要特征是其受控的独立法人地位。只有拥有受控的独立法人身份，才能摆脱母公司所在国居民税收管辖权的直接束缚，并可以利用转移方式，使利润仍然归该跨国企业母公司所有。如果在国际避税地建立的是不具有独立法人地位的分支机构，分支机构的经营成果仍然处在总机构居住国居民税收管辖权的控制之内，将无法规避较重的税负。

基地公司的种类是多种多样的，包括控股公司、金融公司、投资公司、专利公司、保险公司、服务公司、贸易公司、国际运输公司等等。其中控股公司、金融公司、投资公司与国际金融业务有密切的联系，将在本章第四节加以介绍。以下主要介绍其他几种基地公司。

1）专利公司

专利公司是指跨国集团中专门从事知识产权转让、取得等活动的公司。借助海外的专利公司可以有效地减少因知识产权转让而产生的税收。其经营活动如图 9-2 所示。

专利公司的主要职能包括购买和出售许可证、专利、商标、版权和其他知识产权的使用权，其可利用的税收优势主要是减轻或避免特许权使用费的预提所得税。各国的预提所得税税率不尽相同，幅度为 0～30%，而且各国列入征税范围的特许权种类也不一致。这些因素显然是在选择建立专利公司基地国时首先要考虑的问题。

由于知识产权的非物质性，特许权使用费的定价依据难以控制，为此，不少国家不承认专利基地公司以及支付给它的特许权使用费。例如，德国税法不允许在计算应税所得时从总收入中扣除支付给外国基地公司的特许权使用费，按照德国的法律，基地公司必须是德国母公司参与的股份超过 50% 的公司，而且对基地公司所在国的所得税税率有一定要求。

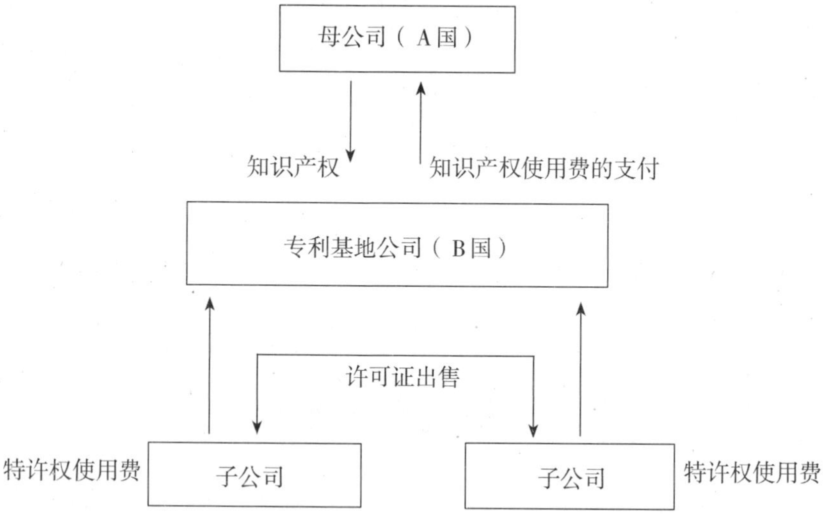

图 9-2 专利公司的经营活动

2）贸易公司

贸易公司是指从事货物和劳务交易的公司，是外国基地公司的一种形式。跨国纳税人往往通过设在避税地的贸易公司进行虚假营业，其主要作用是为购买、销售和其他交易活动开具发票，从而将高税负国公司的利润转移到避税地贸易公司。典型模式是：贸易公司从关联企业或第三方低价或平价购买货物，然后高价卖给本集团另一外国子公司，以此将利润汇集在贸易公司名下。

贸易基地公司与母公司及外部市场的关系如图9-3所示。

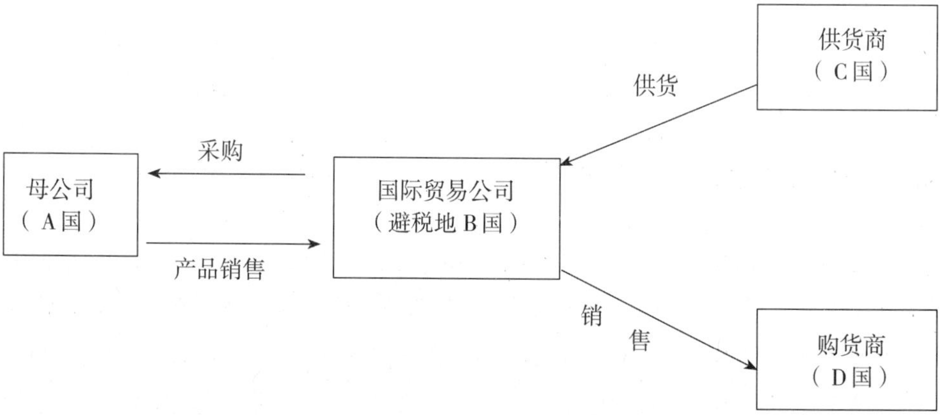

图 9-3 贸易基地公司与母公司及外部市场的关系

通过设立这些贸易基地公司，跨国集团可以将采购或销售业务的利润“沉淀”在国际避税地。出于保密考虑，跨国纳税人倾向于选择没有税收协定的避税港作为建立贸易公司的理想地点，如巴哈马、百慕大、巴拿马等，以躲避税收情报交换。对于大多数中国企业而言，香港是设立国际贸易公司的首选之地。香港一贯实行单一收入来源地税收管辖权，可以使企业的许多收益免予缴纳所得税。

3）服务公司

服务公司从事的业务包括：①跨国公司内部企业的管理；②工艺技术、建筑、科学研究、管理和金融领域的咨询服务；③法律和税收问题的咨询服务；④营销和广告。由于服务是一种非物质性的活动，其价格难以确定，对服务贸易的管理较之商品贸易要困难得多，但这恰恰为国际税务筹划提供了机会。

跨国公司通过向设在避税地的服务公司支付劳务费等手段，可以将高税负国的利润转移到避税地的服务公司，从而避免较高的公司所得税，而从高级管理人员角度讲，避税地服务公司又可以帮助他们逃避高税负国的个人所得税。例如，著名的瑞典爱立信公司曾在遴选高层管理人员时被税收问题所困扰，在瑞典个人所得超过 2.8 万美元，边际税率高达 60%，而当时在美国，个人所得达到 26 万美元，边际税率仅为 40%，则此时组建服务基地公司可以帮助跨国集团克服这类困难。如果将国际贸易公司设立在避税地或对个人所得税有许多优惠政策的国家，那么，该跨国企业在吸引高薪的管理人员及专家方面将更有优势。

4）保险公司

专门从事保险业务的基地公司被称为受控保险公司，以区别于独立保险公司。它以再保险的方式帮助跨国集团实现税务筹划的目标，往往由几家跨国企业共同组建，参与组建受控保险公司的几家跨国企业一般都处于同一行业。

跨国企业可以选择在低税管辖区组建受控保险公司，母公司从独立保险公司那里购买保险单，然后受控保险公司就母公司的保险单与独立保险公司签订再保险合同，独立保险公司按受控保险公司承担责任的比例把母公司的保险费付给受控保险公司。这样操作，一方面使母公司能够从所得额中扣除保险费，降低应税所得；另一方面使受控保险公司在无税管辖区积聚保险所得，而无须缴纳沉重的所得税。著名的荷兰飞利浦公司就是以这种形式将集团的部分利润转移到位于牙买加的金斯敦受控保险公司（Kingston Captive Insurance），从而避免了荷兰的高额税收。据悉，20 世纪 80 年代中期，飞利浦公司每年因此而少纳的税款达到 800 万荷兰盾。

5）国际运输公司

目前，国际税收协定条款所涉及的三种国际运输业务是海运、空运和汽车运输，而国际法条款有关交通工具管辖权的归属问题，只涉及海运和空运两种运输业务。这说明船舶运输和航空运输最有文章可做，是进行国际税务筹划的重点。

国际运输业务涉及的税收既有直接税，也有间接税。国际运输业务一般由船舶或飞机所有者的居住国征税，也可按地域原则由所得来源国征税。例如，中国税法规定，外国海运和航空企业从中国港口或机场起运旅客和货物到达目的地所取得的运输收入，应计算缴纳营业税、企业所得税。中国对外国海运、航空企业应缴纳的流转税和所得税采取综合计征的办法，综合税率定为 4.25%，其计算公式为：

应缴流转税、企业所得税合计数 = 运输收入总额 × 4.25%

对与中国有海运、空运税收协定的国家，可互免对方国家海运、空运企业的所得税。那些允许离岸海运公司登记注册的避税地，不仅所得税、财产税很低，且船舶登记手续也十分简便，可以为运输公司的船舶提供“方便旗帜”。巴拿马是拥有注册船舶量和总吨位最多的国家，它在收取一定的注册费之外，对悬挂本国国旗的船东不实行财政性或其他控制，可以说是建立国际离岸海运公司的首选之地。

就航空企业而言，航空公司通常不会在国外注册和从事离岸业务，因为航空公司要把安全问题和企业的声誉放在首要位置。至于飞机的地面技术服务，如维修、机身喷漆等，则可以安排在提供税收优惠的国家进行，例如，有些航空公司就把外国的服务基地设置在属于低税区的爱尔兰香农机场。

各种形式的基地公司中还有一类值得注意，就是被称为“信箱公司”的基地公司。信箱公司，是指仅在所在国完成必要的注册登记手续，具备法律所要求的组织形式的“文件公司”，是外国基地公司主要形式之一。这类公司往往只存在于信函文件之中，只拥有一只信箱和一个常务董事，公司应该从事的商务、制造、管理等活动都是在别处进行的。信箱公司是典型的避税港公司，也是外国基地公司最重要的形式，虚构避税地营业大多数是通过信箱公司进行的。信箱公司一般设在避税港，但是也有的跨国投资者为了得到某些税收协定中的特别利益，而在高税国家或地区设立信箱公司。

9.3 跨国公司经营活动的税务筹划

除了在公司的组织形式上进行筹划之外，对经营活动进行适当的安排也是国际税务筹划的重要方面。跨国公司利用转移居所、转移定价等手段可以有效降低整体税负，实现全球所得最大化的目标。

9.3.1 利用居所转移的方式进行税务筹划

居所转移有广义、狭义之分。狭义居所转移指纳税人从高税国向低税国或避税地转移，以低税国或避税地居民身份纳税，从而减轻原应负担的纳税义务。跨国纳税人单纯为了躲避税收，而不断从一个国家迁移到另一个国家的现象，也称为税收流亡。居所转移的形式有三种情况：

一是彻底改变居所。从财务上看，将一个公司的居所彻底转移到低税或无税国的成本是非常高的。一方面是因为拆装、运输成本太高抵消了部分税务筹划带来的收益，另一方面有的设备根本无法带走，只能在当地变卖，由此会产生大量的资本利得税款，因此跨国企业必须充分权衡得失才能做出彻底改变居所的决策。

二是假转移。它是指跨国纳税人为进行国际避税而由高税国向低税国或避税地进行短期迁移，以避免取得高税国居民身份的一种居所转移方式。对这种旨在避税的短期迁移，许多国家都有一定的限制措施。

三是部分转移。它是指纳税人并未实现全部转移，而仍与原居住国保持某种社会和经济联系的一种居所转移方式。譬如在原居住国仍保留有住所、银行账户，并参与境内某些社会经济活动等。对这种情况，有时会被认定为双重居民身份，仍然要向原居住国履行纳税义务。

广义居所转移有“居所避免”之义。居所避免是指跨国纳税人通过转移自己的居民身份而避免成为原居住国的纳税人。其具体方法是自然人居民将居所，或法人居民将主要管理机构，从行使居民税收管辖权的国家向行使来源地税收管辖权的国家转移，成为转入国的居民，仅就来源于其境内的收入或存在于其境内的财产纳税，从而逃避对转出国的无限纳税义务。由于各国实行不同的税收管辖权，以及行使居民税收管辖权的国家多以跨国纳税人在本国有无永久性或习惯性住所作为判定居民与非居民的标准，从而为跨国纳税人利用居所避免进行国际避税提供了机会。

各国确认法人居民的标准主要有：登记注册标准、总机构标准、管理中心标准、主要经营活动标准、资本控制标准（如果控制一个公司选举权的股东是某国公民，即判定为该国的居民公司）。

利用居所变化进行税务筹划的核心是实现公司居所“虚无化”，即消除使其被认定为居民公司的所有特征。

【实例 9-9】

“税务倒置”对美国公司而言是一个颇有争议性的“战术”。它可以让一个在美国开展大部分业务的母公司，通过合并或收购低税收国家的海外子公司，然后通过迁移注册地的方式颠倒母子公司的法律关系，达到合法规避联邦税收的目的。在多数情况下，这些企业并不改变它们的运营方式，也不更换公司高管。

由于美国联邦企业税率一直高居 35%，美国是全球公司税负最高的国家之一，而“避税天堂”国家的税率则要低得多，因此税负降低对计划进行倒置重组的公司来说诱惑力颇大。美国国会研究服务的数据显示，过去 10 年来，已经有 47 家美国企业将他们的纳税申报地址迁移至海外。美国财政部正在敦促美国国会采取行动，限制税务倒置。与此同时，它正在探索如何阻止美国公司为了合理避税而大举迁往海外。美国总统奥巴马公开支持一项法案，旨在索回通过此前交易而逃避的税款。目前该法案在国会陷入僵局，而许多大型企业则要求改革美国的税收制度。

随着艾伯维药品公司（AbbVie Inc.）和美敦力医疗器械公司（Medtronic）等其他医疗保健公司为了减少税负而抢先行动之后，作为美国最大连锁药店企业的沃尔格林（Walgreens）不得不承受避免税负倒置（tax inversion）的政治压力。沃尔格林在全美 50 个州、华盛顿特区及波多黎各共经营着大约 7 000 家零售商店，向顾客提供药品及其他的医疗保健服务。该公司日前宣布，继 2012 年以 67 亿美元（现金加股票的形式）收购英国保健及美容产品连锁店联合博姿（Alliance Boots）的 45% 股权之后，将以 153 亿美元的价格收购联合博姿剩余的 55% 股权，同时承诺将总部继续保留在美国芝加哥地区。此前，沃尔格林曾考虑在完成并购之后，将公司总部迁往联合博姿的所在国瑞士，以节省数十亿美元的潜在美国税务负担。但是，该公司在考虑再三之后决定放弃这一策略。沃尔格林公司首席执行官沃森（Greg Wasson）在声明中说，经过了广泛审查后，该公司的董事会认为：“尝试将公司注册地迁出美国，对股东的长远利益并非最佳方案。我们考虑了所有因素，包括我们未能提供一个能让公司和董事会有信心的公司结构，让这起交易能够承受来自国税局（IRS）的大量审查和监督。”该公司声明中说，作为一个标志性的美国消费者零售公司，沃尔格林的主要收入均来自政府资助的报销程序，需要考虑公众的反应。

（苏蕙．美国最大连锁药店承诺不外逃［N］．中华工商时报，2014-08-11（4））

9.3.2 利用转让定价方式进行税务筹划

1）转让定价与关联企业

转让定价本来是一个中性概念，指关联企业之间在相互销售商品、提供劳务、转让无形资产、借贷资金等经济往来中所制定的价格，也称划拨定价。现在它已发展成为跨国企业进行国际避税所使用的重要手段。由于转让定价是存在于关联企业内部交易的定价形式，因此，我们有必要先了解关联企业的确认标准。

关联企业是指资本股权和财务、税收相互关联达到一定程度，需要在国际税收上加以规范的企业。联合国和经济合作与发展组织分别制定的《国际税收协定范本》对关联企业有比较一致的认定标准，即凡符合下列两个条件之一者，便被视为关联企业：一是缔约国一方企业直接或间接参与缔约国另一方企业的管理、控制或投资；二是同一法人或自然人直接或间接参与缔约国一方企业和缔约国另一方企业的管理、控制或投资。通常将具有下列关系的企业视为关联企业：总公司与其分支公司之间、同一总公司的不同分支公司之间、母公司与其子公司或孙公司之间、同一母公司的不同子公司或孙公司之间、总公司与其分支公司的子公司之间等。从各国的税收实践看，对关联企业的认定主要有以下三种方法：①股权测定法，即测算企业之间相互控股的比例，达到规定控股比例便构成关联企业；②实际控制管理判定法，其特点是更加注重实质，从企业之间相互控制管理的实际情况进行判断；③避税地特殊处理法，少数国家对境内企业与设在避税地的企业进行交易即将其认定为关联企业。

关联企业之间进行交易时，双方根据意愿确定转让价格，这种转让价格可能高于或者低于市场价格。当卖方处于高税区而买方处于低税区情况下，其交易价格就以低于市场价格的标准确定，而当卖方处于低税区而买方处于高税区情况下，其交易价格就以高于市场价格的标准确定，以达到向低税区汇集公司利润的目的。由于税率不同，高税区关联企业减少的税负将大于低税区关联企业增加的税负，从而使跨国企业整体税负趋于下降，达到少缴税款的目的。

2）转让定价的原因

转让定价的原因是多方面的，税收因素是其中一个重要因素。概括起来，转让定价的原因主要有以下几个方面：

（1）躲避高额税收。借助转让定价不仅可以降低跨国企业所得税负担水平（当然对所得税的影响是最显著的），而且，当关联企业之间支付股息、利息、特许权使用费等消极所得时，如果适当降低支付标准，还可以减轻各国对非居民公司征收的预提税。此外，转让定价对关税也会产生影响。关联企业之间进行交易时，向设在高关税国的关联企业压低售价，可降低购买方关联企业的进口额，节省进口环节关税。如欧洲自由贸易区规定，如某种商品的价值一半以上是在贸易区内成员国中增值，则该商品在贸易区内运销时可免征关税。这样，不属于该贸易区内成员国的关联企业在与贸易区内关联企业进行交易时，压低零部件的价格可提高在当地的增值比例，满足自由贸易区内免税的要求，与由自由贸易区外企业直接销往该贸易区或以较高价格销给贸易区内关联企业相比，将节省大量的关税。当然，企业不能仅从节省某一个税种的税款出发，而应该综合考虑关联交易涉及的所有税种，进行综合测算后决定是否转让定价。

(2) 逃避外汇管制。在一个完全自由竞争的市场中，政府对跨国企业的经营行为是不应进行直接干预的，但事实上，企业经营活动要受到政府贸易政策、金融政策、投资政策等的影响。在一些发展中国家，外汇管制是普遍存在的。跨国关联企业为了逃避所在国的外汇管制，会利用转让定价，扩大成本费用的列支范围和列支标准，尽量压低境内企业利润，从而将资金转移出境。

(3) 控制市场，树立企业形象。有时关联企业为了控制、垄断市场，会采取低价供货的方式，使买方关联企业能够倾销产品，以击败竞争对手，同时又可以在消费者中树立具有雄厚资本和不凡实力的企业形象。

(4) 消除外汇风险和政治风险。当预期某关联企业居住国货币贬值时，跨国企业可以利用转让定价提前转出子公司的利润，避免或减少货币贬值带来的损失。在政局出现动荡的国家，跨国公司也可以通过转让定价将关联企业的资产和利润事先转移出来，以躲避政治风险。

(5) 谋求过分的合资利益。以合资形式组建子公司的跨国企业，必然涉及与当地合资者分配利润的问题。跨国企业具有资本上的优势，而且往往控制着合资企业外部的进货来源和产品出口渠道，通过抬高原材料购入价、压低成品销售价的方法，可以从合资企业谋求到超过其股权比例的利益。

上述第 (2) 至第 (5) 条原因可以解释某些“逆向税务筹划”的现象，由此也说明转让定价的复杂性和适用的广泛性。

3) 转让定价的基本形式

纵观跨国企业的交易活动和经济往来，转让定价的运作形式主要表现为以下几种：

(1) 货物购销的转让定价。关联企业之间货物转让主要涉及的是有形动产购销，包括原材料、燃料、低值易耗品、零部件、半成品、产成品等内部购销，其价格制定的高低对购销双方的利润水平有着截然不同的影响，从而使双方的税负此增彼减，但增减的税额是不相等的，一般而言增少减多，二者相抵，集团整体税负应是下降的。货物购销的转让定价是目前转让定价最主要的形式。

(2) 资金借贷的转让定价。从财务上讲，一笔正常的贷款利息是允许在所得税前扣除的，而支付的股息只能在税后列支，因此，跨国投资者多采用举借债务的形式改善资本结构，并且在关联企业相互借贷资金时，虚增或虚减利息费用，以达到人为调整利润的目的。

(3) 劳务提供的转让定价。关联企业之间劳务涉及的范围非常广，包括相互提供设计、维修、广告、科研、咨询等劳务活动，甚至总机构的管理活动也可视为广义的劳务。劳务费用的高低直接影响着企业税前利润的多少。

(4) 无形资产使用和转让的转让定价。关联企业之间相互提供专利、专有技术、版权、商标等无形资产，其价格标准难以掌握，但它为转让定价提供的机会相对更多。使用无形资产发生的特许权使用费会影响成本费用的分摊，而转让无形资产价格的高低直接影响应税收入，进而影响应税所得。

(5) 固定资产购置、租赁与投资的转让定价。关联企业之间通过内部交易定价控制着固定资产的购置额与租赁费用。固定资产购置额的高低会影响折旧的摊销，在以固定资产作价投资的情况下，还影响企业的股权份额；在设备租赁领域，由于各国对国际租赁业务应由哪一方计提折旧、由谁承担风险等问题的规定不尽一致，也为税务筹划留下了广阔的空间。

转让定价的上述基本形式，在我国外资企业中则表现为“高进低出”：一是作为投资的进口设备价款大大高于国际市场价格；二是进口材料作价高于国际市场价格；三是外销产品作价低于国际市场价格；四是接受转让的专利技术等无形资产作价高于国际市场价格；五是关联企业之间相互提供服务或劳务，通常是境外公司收费高，境内公司收费低甚至不收费。

4）各国政府对转让定价的限制与调整

跨国企业转让定价会引起相关国家税收利益的冲突。如果转让价格与市场价格严重背离，则可能引起一国对之加以调整，而另一国不给予相应补偿性调整的风险，从而导致国际双重征税。这是跨国企业转让定价可能面临的问题，必须加以重视。

【相关链接 9-1】

应税所得的调整。应税所得的调整是指一国税务机构对关联企业的应税所得进行调整。由于关联企业的转让定价常常偏离正常市场价格，含有虚假的成分，为了正确计算和征收税款，税务机关需要对关联企业的应税所得进行调整。调整的依据是独立企业之间交易的正常价格标准，即独立核算原则，亦称正常交易原则。调整的一般标准和方法有市场标准、比照市场标准、组成市场标准以及成本标准。在上述调整转让定价的一般方法基础上，许多国家根据本国的实际情况规定了具体的做法：①对交易项目逐笔审查，按项目调整；②对某些交易项目的收付定价标准实行弹性规定，在一定浮动范围内的视为合理，超出浮动范围的再予以调整；③按企业集团的总利润进行合理分配，即所谓总利润原则，通过对跨国集团整体利润的分配状况进行考察，确定低于合理平均利润率的关联企业作为调整对象。

【相关链接 9-2】

应税所得的相应调整。应税所得的相应调整是指相关国家税务机构对关联企业的应税所得进行方向相反的调整。由于跨国集团的转让定价涉及两个或两个以上国家的税收分配关系，在跨国企业总体利润既定的前提下，如果利润转出方所在国税务当局调增了应税所得，而利润转入方所在国不调减应税所得，就有可能在解决避税问题之后，又出现国际重复征税，所以，当转出国调增应税所得时，转入国应相应调减应税所得。双方应在协商的基础上，各自课征适当的税收，避免造成重复征税。这样做会减少转入国的税收收入，因此，在具体实施过程中难度较大。

各国对转让定价大多出台了反避税法律法规，其核心是对不合理转让定价的调整。要进行国际税务筹划就必须对各国调整转让定价的原则和标准有所了解。调整转让定价的标准主要有市场标准、比照市场标准、组成市场标准和成本标准。

市场标准是指将无关联的独立企业间的可比非受控价格作为跨国关联企业间交易的价格标准。是最符合独立核算原则的一项基本的跨国收入和费用的分配标准。市场标准适用于跨国关联企业之间的各种交易，如企业间内部的有形财产销售、劳务提供、贷款、财产租赁和无形财产转让等。税务机构对关联企业的销货收入、劳务收入、利息收入、租金收入、特许权使用费收入等主要业务收入分别进行检查，如果关联企业的交易价格高于或低于市场价格，相关国家的税务机构就需要对跨国收入和费用重新调整分配。

比照市场标准是一种运用倒算方法推算出来的市场价格标准。它是以关联交易中购买方的再销售价格减去合理利润后的余额（再销售减利价）作为关联企业收入和费用分配标准，用公式表示为：

比照市场价格＝再销售价格×（1−合理利润率）

比照市场标准是市场标准的延伸，一般适用于关联企业间工业产品销售收入的分配。

组成市场标准是指用成本加利润的方法组成的一种相当于市场价格的分配标准，一般适用于跨国关联企业间缺乏可比对象的某些工业产品销售收入和特许权使用费等无形资产转让收入的分配。

成本标准是指按实际发生的费用作为关联企业交易的价格标准，其特征是交易价格只包括成本费用，而将利润因素排除在外。它的出现是由于关联企业之间的一些业务往来不是以营利为目的的商业交易，所以不需要考虑利润。成本标准一般只适用于跨国关联企业间非主要业务的费用分配，以及一部分非商品业务收入的分配。成本标准要求转出方企业必须把与该项交易有关的成本费用正确地记载在账册上，并以此为依据进行分配。

近年来，美国、日本等国开始实行预约定价制，实际上是纳税人事先将其和境外关联企业之间的内部交易与财务收支往来所涉及的转让价格制定方法向税务机关报告，经审查认可，作为计征所得税的会计核算依据，并免除事后税务机关对转让定价进行调整的协议。它的最大特点是将事后调整改为事先调整，有利于消除跨国企业与相关国家税务当局的矛盾，但并不是每一家跨国企业都适用预约定价制，而且它在一定程度上对利用转让定价进行税务筹划给予了限制。

9.3.3 利用税收优惠进行税务筹划

一般说来，各国税制中都有各种税收优惠措施，诸如加速折旧、投资抵免、亏损结转、减免税期等等。跨国企业可以利用这些税收优惠制度开展国际税务筹划。有关内容在本书第4章中已经涉及，不再赘述。

9.3.4 利用延期纳税进行税务筹划

在国际税务筹划中，延期纳税是指在实行居民税收管辖权的国家，本国居民设立在国外的子公司所取得的利润在没有以股息形式汇回母公司之前，母公司可以不就这部分利润纳税。延期纳税的前提条件是跨国企业在低税国建立有子公司，通过它形成和积累利润，只要这笔利润不以股息形式汇回母公司所在国，就可以逃避母公司所在国的税收征管。对于跨国企业来讲，拖延一段时间迟缴税款，相当于享受了一笔无息贷款，增加了跨国企业的流动资金，实际上也达到了税务筹划的目的。

9.3.5 利用资本弱化进行税务筹划

资本弱化是指跨国纳税人为了少缴税款，采用债权形式代替股权形式进行投资或融资。众所周知，投资回报主要是股权收益和债权收益这两种形式，而各国对股息和利息的财务处理及税收政策是不同的。一般对企业支付的利息，允许将其作为费用按照规定标准在所得税前扣除，而对企业分配的股息，则不能在税前扣除。这使得分配的股息只能来自税后利润，股息在到达跨国投资者手中之前要经历两次课税，一次是企业所得税，另一次是股息汇出来源国时征收的预提税，而一般说来，在预提税方面，对汇出利息设立的预提税税率往往低于汇出股息的预提税税率。综合这些因素，跨国企业应在投资规模相同、回报率既定的情况下，合理调整资本结构，以债权代替股权，即适当增加借款比重，减少自有资金比重。

9.3.6 利用“不合理保留利润”方式进行税务筹划

通常各国政府都允许公司保留一定的税后利润，如果跨国公司把应分配给股东的一部分股息冻结起来，不予分配，往往被视为“不合理保留利润”。它实际上也构成了跨国企业税务筹划的一种形式。跨国企业一般将这部分不予分配的股息以公积金的形式积存起来，然后将这部分利润转化为股东所持有的股票价值的升值额，以达到少纳税的目的。

【实例9-10】

某跨国企业税后利润为385万美元。假设正常股息分配率为80%，按正常水平应分配的股息为308万美元，即应将308万美元作为股息在各股东之间按持股比例进行分配，然后各股东就所获得的股息依照所在国税法缴纳所得税。考虑到股东中可能有境外投资者，在股息汇出时，还要缴纳预提税。如果该公司有意识地降低股息分配比例，由80%降低为20%，股息的分配额将只有77万美元（385×20%），这意味着预提税和各股东缴纳的所得税将大幅度减少，当股东与该跨国公司属于关联企业时，集团整体税负的下降会非常明显。

应予指出的是，有部分股息未予分配并不意味着股东权益的损失，而是可以转化为股东所持股票的升值额，从而带来以后年度股票行市的上涨。届时，股东出售股票能够取得高额收入，而一般情况下，出售股票取得收入所缴纳的资本利得税要比所得税少得多。

9.3.7　利用国际重复征税的免除方法进行税务筹划

本章第一节已经阐明，免除国际重复征税的方法主要有免税法、扣除法和抵免法，以及与抵免法相关的税收饶让。其中免税法和税收饶让在避免或消除跨国重复课税的同时，也为跨国纳税人实现“双重避税”提供了机会。

（1）运用免税法实现双重避税。免税法的特点是：一国政府对其居民来自境外的所得在一定条件下放弃行使居民税收管辖权，免予征税。因此，对采用免税法国家的居民，其境外所得若在境外已享受减税、免税待遇，回国后本国又给予免税，这样，该跨国纳税人不仅少承担甚至不承担境外的税负，而且连本国的税收也合法地规避了。跨国公司可以将免税法与建立基地公司相结合。如果跨国公司在避税地设有基地公司，其税收负担可以着实降低，而且由于母公司居住国采用免税法，其在避税地累积的利润又可以自由地汇回本国，而无须承担居住国的国内税收。

（2）运用税收饶让实现双重避税。税收饶让实质上是居住国放弃部分居民税收管辖权，对跨国纳税人在境外享受的税收优惠，居住国政府给予承认和保护，跨国纳税人不仅在境外少缴或不缴所得税、财产税，而且在居住国可以得到税收抵免。如果居住国提供税收饶让，跨国纳税人可以选择提供较多税收优惠的国家进行投资，或者通过转让定价等方式将利润尽可能转移到税收优惠地区，然后再汇回母公司居住国，从而实现双重避税的目的。需要注意的是：税收饶让一般要通过有关国家之间签订税收协定加以确定，因此，跨国纳税人应首先了解境外所得来源国是否与居住国签订了含有税收饶让条款的税收协定。以美国为例，美国与中国签订的税收协定中不承担税收饶让义务，这样，运用税收饶让进行税务筹划的方式对于在中国投资的美国跨国企业就失去了用武之地。

9.3.8　套用税收协定进行税务筹划

在国际税收协定中通常都有税收优惠条款，并明确规定只有缔约国居民才有资格享受税收优惠。套用税收协定是指税收协定缔约国之外的第三国居民为了躲避营业利润所得税和股息、利息、特许权使用费的预提税，设法改变其居民身份，作为税收协定的适用对象，获取缔约国居民可以享受的税收协定优惠的一种行为。它是跨国纳税人逃避纳税义务的一种重要方法。

【相关链接 9-3】

税收协定，亦称国际税收协定，是指两个或两个以上的主权国家为了协调相互间在处理跨国纳税人征税事务和其他有关方面的税收关系，本着对等原则，经由政府谈判所签订的一种书面协议或条约。国际税收协定是国际公法的一个重要组成部分，是调整国家与国家之间税收关系的法律规范，是经济全球化和税收国际化发展的必然产物。由于不同国家行使的税收管辖权不完全一致，各国税法的具体规定又存在很大差异，当跨国纳税人的一笔所得或收益涉及两个或两个以上国家的时候，可能出现重复征税，也可能出现国际避税与偷漏税。在这种情况下，只有通过遵循一定的原则与惯例，缔结国际税收协定来协调有关国家的税收管辖权，调整缔约国之间的税收分配关系。国际税收协定的积极作用首先是避免和消除国际重复征税，其次是避免国际税收歧视，取消税收差别待遇，最后是通过互换情报，防止和减少国际避税和偷漏税。按照不同标准可将税收协定分成不同类别：按照参加缔约国的多少，税收协定可划分为双边税收协定和多边税收协定；按其涉及范围的大小，国际税收协定可分为单项税收协定和综合税收协定，即分别处理相互间某一特定税收关系或问题的特定税收协定和广泛涉及处理相互间各种税收关系的一般税收协定。缔结国际税收协定通常以《国际经济合作组织范本》和《联合国范本》为样本。两者在承认收入来源地具有优先课税权方面是相似的，但也存在区别：《国际经济合作组织范本》偏重居住地税收管辖权，而《联合国范本》偏重来源地税收管辖权。它们分别反映了发达国家和发展中国家的不同利益。

套用税收协定进行税务筹划的方式，是以设置中介体为主要特征，大体可归纳为以下三类：

1）建立直接导管公司

直接导管公司（direct conduit companies）是指为获取某一特定税收协定的好处，而在某一缔约国中建立具有居民身份的中介体公司。例如，甲国一公司原打算在乙国拥有一子公司，但乙国要对乙国汇往甲国的股息征收高达35%的预提税。乙国与丙国缔结有相互减按6%征收股息预提税的税收协定，甲国与丙国也签订了相互减按6%征收股息预提税的税收协定。此时，甲国便可以在丙国建立一个持股公司，通过丙国持股公司收取来自乙国公司的股息。这样，甲国公司就可以减少其股息所得的总纳税额。这是一种典型的套用税收协定进行国际税务筹划的方法。由于甲国公司通过丙国公司就能得到丙国与甲、乙两国签订的税收协定的税收优惠，丙国公司犹如一根直接吸取缔约国公司所得的导管，因此被形象地称为导管公司。

2）建立脚踏石导管公司

脚踏石导管公司（stepping stone conduit companies）是指为获取特定税收协定待遇的好处，而在相关缔约国中建立的两个或两个以上具有居民身份的中介体公司。这是在设立直接导管公司不能直接奏效的情况下所采用的一种更迂回的税务筹划方式，涉及在两个以上国家设立子公司来利用有关国家所签订的两个或两个以上税收协定。

【实例9-11】

甲国A公司原打算在乙国拥有一公司，但乙国要对乙国汇往甲国的股息征收高达35%的预提税。乙国与丙国、甲国与丁国都缔结有相互减按6%征收股息预提税的税收协定，丙国与丁国则签订相互对持股公司免征股息预提税的税收协定。此时，甲国便可以在丁国建立一个持股公司，通过丁国持股公司在丙国建立一个持股公司，再通过丙国持股公司在乙国建立一个子公司。这样，甲国公司就可以减少其股息所得的总纳税义务。这也是一种典型的套用税收协定进行国际税务筹划的方法。由于甲国 A 公司一定要通过建立丙国公司和丁国公司才能达到取得乙国公司股息并规避税负的目的，丙国公司和丁国公司在其中犹如两块为达到目的所必需的脚踏石，通过它们作为中介获得丙国与丁国、丙国与乙国税收协定所给予的税收优惠，它们能减轻税负，因此，它们被形象地称为脚踏石公司。

3）直接利用双边关系设置低股权控股公司

由于一些国家对外签订的税收协定中有明确规定，缔约国一方居民向缔约国另一方居民支付股息、利息和特许权使用费享受协定优惠的必要条件是：该公司由同一外国投资者控制的股权不得超过一定比例。因此，这些国家的跨国公司在缔约国另一方建立子公司时，就往往把一个公司分立成几个公司，使每个公司持有该子公司的股份都在限额以下，以便使股息能够享受到优惠。这种做法实际上是分割技术在国际税务筹划中的应用。

9.4 国际金融业务的税务筹划

国际金融业务涉及的范围非常广泛，包括国际资本运营、信贷、证券投资、信托以及离岸银行活动等多方面的内容。为适应各项业务需要而设立的公司类型也是多种多样的，包括国际控股公司、金融公司、投资公司、信托公司等等。本节将主要围绕上述各种公司组建形式，阐述国际金融业务的税务筹划策略和离岸银行及其经济活动对跨国企业税收的影响。

9.4.1 借助控股公司对直接投资业务进行税务筹划

随着跨国投资活动的日益复杂，越来越多的跨国公司将对外投资的职能独立出来，选择一些免除外汇管制、政治稳定，并在预提税、所得税、资本利得税方面负担较轻的国家或地区设立专门的子公司——控股公司。控股公司是外国基地公司的一种形式，是指为了控制而非投资目的，拥有一个或多个子公司的大量股份或拥有子公司控制权的公司。控股公司的收入主要是股息和出售股份的资本利得。跨国公司关联企业将所获得的利润以股息或资本利得的形式汇总到避税地的控股公司，可以躲避高税居住国对外国子公司股息和资本利得的课税。许多避税地都为控股公司提供非常优惠的税收待遇，在这方面知名的避税地有荷兰、荷属安的列斯群岛、瑞士、卢森堡、新加坡等。国际控股公司实际上是母公司与子公司之间的中间环节，因此，亦被称为导管公司。

跨国公司的组织形式呈现金字塔形态，母公司位于顶端，是跨国公司的战略中心，中间是控股公司，它起到连接母公司与下属公司的作用，塔基是活跃在各个领域内的各种子公司。

国际控股公司在国际税务筹划中的主要策略有：

（1）在不增加母公司所得税、资本利得税税收负担的情况下，积聚利润进行再投资。控股公司一般都位于没有严格外汇管制的国家或地区。子公司的利润积聚在控股公司所在国，而不是汇回母公司，可以避免母公司居住国许多外汇管制和投资方面的限制。子公司股息在汇回母公司之后，母公司才就这笔所得产生纳税义务，如果由控股公司持有这部分股息，则无须向母公司缴纳所得税，规避了母公司所在国的税收负担。但需注意的是：有时母公司所在国的法律可能要求将子公司的部分或全部超额利润汇回本国，否则将受到处罚。除了对正常经营活动的利润进行汇集外，借助控股公司还可以积聚资本利得。跨国公司的财产如果通过控股公司转让，就可以暂时避免缴纳资本利得税，享受延期纳税的好处。

(2) 实现预提税的最小化。这是国际控股公司在国际税务筹划中最值得关注的一点。预提税并不是一个独立税种的名称，它是从课征方式的角度对源泉扣缴所得税的统称，指企业向境外支付股息、利息、特许权使用费等所得项目时预先将税款扣缴下来，缴纳给来源国政府。减少预提税的有效方法就是选择拥有广泛税收协定网络的国家和地区设立控股公司，这样，按照税收协定的有关条款，预提税的税率一般都有较大幅度的降低，甚至为零。这样，理论上存在两道预提税：第一道是子公司向控股公司支付所得，由子公司所在国征收预提税；第二道是控股公司向母公司汇出利润，由控股公司所在国征收预提税。凭借发达的税收协定网络，这两道预提税税负都不会很高，甚至完全可以免税。当母公司所在国与一般性子公司所在国之间没有税收协定，而且子公司所在国预提税税率较高时，上述筹划方法是有积极意义的。

(3) 实现税收抵免限额的最大化。采用抵免法的国家都规定：企业在汇总境内、外所得纳税时，其来源于境外的所得已在境外缴纳的税款可以从应纳税额中扣除，但扣除额不得超过境外所得依照本国所得税税率计算得出的抵免限额。具体的抵免限额计算方法各国有所不同：有的国家采用综合法，即不分国别加总计算；有的国家采用分国法，即每个国家分别计算；还有的国家采用分项法，即按不同收入项目适用的税率分别计算。我国实行的是“分国不分项”的计算方法。母公司设立控股公司后，可以把原来的分国法改变为综合法。一般而言，综合法要比分国法计算得出更多的抵免限额。

9.4.2 借助金融公司对内部信贷业务进行税务筹划

金融公司主要在跨国集团内部充当信贷中介人，向集团子公司提供贷款，或向集团外独立企业提供贷款。金融基地公司最理想的选址应具备三个条件：一是拥有广泛的税收协定网络，二是对向非居民分配利息不征或征收很轻的预提税，三是国内所得税法允许将基地公司支付给非居民的利息全额扣除。例如，美国跨国公司常常把金融公司设立在荷属安的列斯群岛，其原因就在于美国与荷属安的列斯群岛签有税收协定，规定荷属安的列斯群岛对其境内公司支付给美国债券持有人的利息免征预提税，而且荷属安的列斯群岛所得税税负又很低，凭借这些优势，就可以大量节省与利息有关的税款。其具体运作如图9-4 所示。

如果母公司 a 直接向 b 公司借入资金，a 公司需要向 b 公司支付利息，那么会产生预提税。但是如果设立国际金融公司 c，通过子公司 c 向 b 公司借入资金，再由 c 贷放给 a 公司，情况会发生很大变化。一方面由于荷属安的列斯群岛不征预提

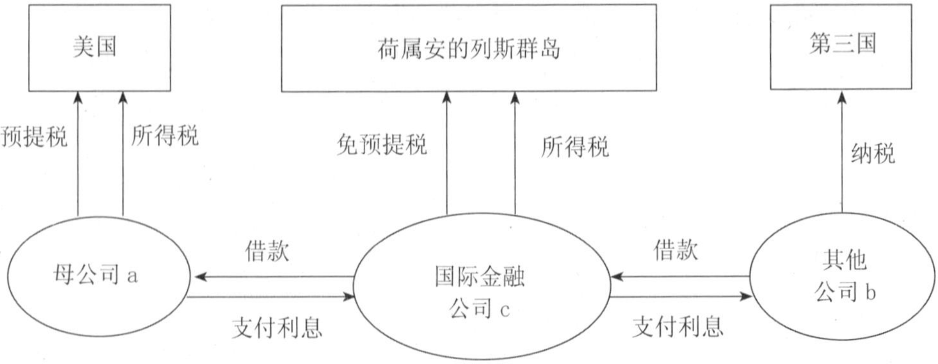

图 9-4　具体运作图（一）

税，c 公司向 b 公司支付的利息免予缴纳预提税；另一方面美国根据税收协定也将免除 a 公司向 c 公司支付利息的预提税。这样，因借款产生的预提税就完全避免了，同时在所得税方面税负也不会很高。

从图 9-4 可以看出，借助国际金融公司之所以能规避预提税是因为美国与荷属安的列斯群岛签订了免除利息所得的税收协定，不过 c 公司仍然要承担一定的所得税。如果该跨国集团再选择一个能够免除所得税的避税地，设立另一家国际金融公司 d，并通过融资业务的转让定价调整利率水平（一般应调高利率），将 c 公司的利润转移给 d 公司，就可以进一步规避所得税的纳税义务。在必要的情况下，跨国企业可以建立双重国际金融公司，分别承担规避预提税和所得税的职能。其具体运作如图 9-5 所示。

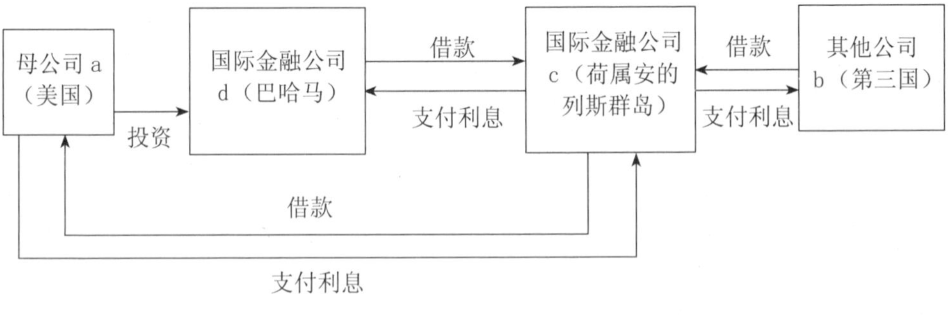

图 9-5　具体运作图（二）

9.4.3　借助投资公司对证券投资业务进行税务筹划

投资公司是指专门从事股票、公司债券或其他证券投资的公司。投资公司与控股公司最大的区别在于投资公司不具有能引起重视的表决权，它在被投资企业股份中只占很少或极少的比重。投资公司按照性质可分为三类：一是公司集团组建的投资公司，二是私人投资公司，三是所谓的“离岸基金”。其中的离岸基金是指高税率国家的公司和个人在避税地建立的一种互助投资的基金，其性质相当于跨国纳税人在避税地建立发行随时可兑换成现款的股票的投资公司。离岸基金既代表一定数量的资金和财产，同时又是具有一定独立法人资格的实体。

跨国企业一般选择在巴哈马、荷属安的列斯群岛、中国香港这样的国际避税地建立投资公司，通过投资公司吸收小额投资者的资金，而后将其投放到国际金融市场中回报率较高的资产上，有时也会投资于不动产。由于绝大多数避税地对股息、利息等投资所得不征或少征预提税，跨国企业的证券投资所得借助设在避税地的投资公司可以达到少缴或不缴预提税的目的。投资公司的利润主要来自投资所得与对小股东支付股息之间的差额，选择所得税税率较低的避税地设立投资基地公司还可以大大节省所得税。投资公司的运作机制如图9-6所示。

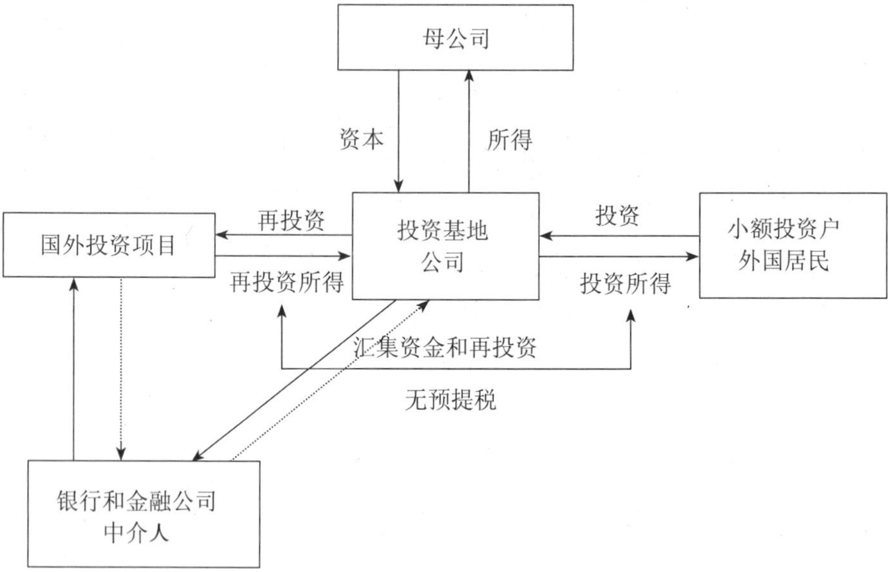

图9-6 具体运作图（三）

需要指出的是：银行和金融公司可以作为中介人参与投资基地公司的业务，专门管理投资公司的资产，而投资公司也可以从事银行和金融公司的业务，如开展内部企业的信贷，这使得投资公司在税务筹划方面拥有了更大的灵活性。

9.4.4 借助信托公司对财产转让业务进行税务筹划

有些国家对财产转让课以重税，为了规避税负，跨国纳税人常常借用“信托”这种特殊工具。信托是指委托人将其资产或权利托付给受托人，并由受托人按照委托人的要求加以管理和使用，以利于受益人的经济行为。受益人可以是委托人所指定的第三人，也可以是委托人自己。建立信托有很多好处，诸如为继承财产创造条件、有利于财产保密、便于投资和从事风险性业务等等。许多避税地都允许外国人或跨国公司在其境内成立信托组织。从税务筹划角度讲，信托形式有利于免除或降低所得税和财产税，因此，一些跨国企业纷纷在避税地设立信托公司，以“虚设避税地信托财产”的形式从事避税活动。

虚设避税地信托财产是指跨国纳税人通过在避税地设立一个信托公司或签订信托合同，将其在高税国的财产虚设为避税地的信托财产，借以躲避高税国的税收。

跨国纳税人在避税地设立关联信托公司后，把远离避税地的财产和所得委托给信托公司，操纵信托公司按自己的意志行事，只是在表面上制造出信托财产与委托人相分离的假象，将信托财产的经营所得归于避税地信托公司的名下，借以躲避资本利得税。在因委托人去世而将财产转归受益人时，这种做法还可以逃避全部或大部分遗产税。

信托公司有个人持股信托公司及受控信托公司两种类型：个人持股信托公司是指股息、利息、租金等消极投资所得占总收入的60%以上，股份的50%以上被5个或5个以下的个人所持有的公司；受控信托公司则是指通过设立信托财产来掩盖股东在公司的股权，主要从事积极投资所得避税活动的公司。例如，一个高税国的跨国纳税人，可以在避税地设立一个受控信托公司，通过关联企业进行生产经营等投资活动，然后把关联企业委托给信托公司，关联企业的股权就合法地归信托公司所有。这是非常典型的虚设避税地信托财产的一种方式。

跨国纳税人除了建立信托公司外，还可以订立各种形式的信托合同从事税务筹划。这是因为，与其在海外建立自己的办事机构，带来投入多、管理效率低的麻烦，不如在海外适合的国家或地区找一个具有居民身份的金融机构帮助自己处理业务。例如，高税国甲国的跨国公司 A 与避税地某一银行 B 签订信托合同，通过该银行向乙国某企业 C 提供贷款，银行受托为 A 公司收取利息。该避税地与乙国签订有税收协定，规定对利息减征或免征预提税，则甲国的跨国公司 A 可以借此获得减免预提税的利益。

9.4.5　国际银行集团借助离岸银行活动进行税务筹划

与一般跨国公司一样，国际银行集团也竭力避免高税国的税负，尽可能将利润转移到无税管辖区，离岸银行活动有助于国际银行集团实现税务筹划的目标。跨国银行集团需要建立一个在形式上类似于基地公司的基地银行，也就是离岸银行。它不从事所在国境内业务，其任务是吸收离岸银行所在国非居民的资金，并将其投放到国际金融市场赚取收益。离岸银行一般设置在无税管辖区内，它的客户可以是各个领域的基地公司，也可以是其他法人，或者是个人。

离岸银行具有提高银行管理水平、增加外汇收入、扩大就业机会、缩短与金融发达国家的差距等诸多优势，各国或地区纷纷对离岸银行活动推出税收优惠措施，而且大有相互竞争之势，如中国香港对境外金融业务所得的税率为15%，而新加坡已经由40%降为10%。此外，世界主要离岸金融中心基本上对离岸银行支付的利息都免征预提税，如新加坡于1969年取消了对外币存款利息所得40%的预提税，香港于1982年取消了对外币存款利息所得15%的预提税，而东京离岸金融市场在1986年正式开业时就免征利息所得税。这些措施显然对国际银行集团具有强大的吸引力，这也是离岸银行业务方兴未艾的原因。

从税收角度看，离岸银行活动对跨国银行本身和客户都是有利的：一方面，跨国银行在从事离岸银行业务的过程中可以享受所得税的优惠，甚至免缴所得税；另一方面，法人和自然人客户可以在银行账户上积聚所得，而无须缴纳利息所得的预提税。这使得跨国银行在谋取到巨大税收利益的同时，也争取到更多客户，拓展了业务范围。

● 9.5 电子商务的税务筹划

20 世纪 90 年代以来，随着信息技术的突飞猛进，国际互联网得到普及和应用，以国际互联网为平台的电子商务（electronic commerce，EC）应运而生。据国际电信联盟统计，1997 年全球电子商务的营业额高达 500 亿美元，2002 年全球电子商务的营业额已突破 3 000 亿美元。即使在经济形势严峻的 2008 年，仅就美国而言，其电子商务和网络零售额仍然达到 2 040 亿美元，比 2007 年增长 17%。2000 年至 2011 年期间，美国电子商务销售额扩大了 7 倍，年均增速为 19.7%，占社会商品零售总额的比重从 0.9% 提高到 4.6%。而同时期美国社会商品零售总额仅扩大了 1.4 倍，年均增速为 3.2%，不及电子商务增速的 1/6。电子商务在推动世界经济发展的同时，也对传统税收理念形成了巨大的冲击。

世界各国对电子商务的纳税问题有两种截然不同的观点：一种观点认为电子商务是全球经济闪亮的增长点，应给予维持和保护，至少暂时不应征税；另一种观点主张对电子商务征税。美国是电子商务的发源地，也是迄今为止电子商务的最大受益国，因此，美国一贯主张对电子商务免税。1999 年 10 月 26 日，美国众议院通过了对全球电子商务免税案，并在同年 12 月召开的 WTO 西雅图会议上要求永久禁止对电子商务征税。2007 年 10 月 31 日，《因特网免税法修正案》经当时美国总统布什签署正式生效，将禁止对互联网交易征税的禁令期限延长至 2014 年。以欧盟成员国为代表的一些国家则主张对电子商务征税。根据《欧盟电子商务增值税指令》的规定，从 2003 年 7 月 1 日开始，所有的电子商务公司都必须对发生在欧盟境内的交易支付增值税。2008 年 2 月欧盟成员国通过了增值税改革方案。与 2003 年的规定相比，该方案较为显著的变化主要体现在：一是今后无论购买者是个人还是企业，在欧盟范围内的电子商务、卫星电视和网络电话等商业活动将不再由服务商注册所在国征税，而转由发生实际服务消费的国家征税；二是为了协调卢森堡等低税国家和地区的利益，服务商所在国对转交给发生实际服务消费国家的增值税仍有权提留一定的比例。根据其客户所在国家不同，税率由 13% ~25% 不等。更有一些专家提出较为极端的设想，如加拿大税收学家亚瑟·科代尔（Arthur Cordell）和荷兰马斯特里克特大学教授路·索特（Lue Soete），建议对全球信息传输的每一个数字信息单位课征比特税（bit tax）。由此看出，对于电子商务的征税问题，无论是理论界，还是各国政府的态度分歧非常大，这导致对电子商务的税收政策、税收制度也有明显差异。同时，不可否认的是：电子商务为国际税务筹划开辟了新的领域，在这种新兴贸易方式下，税收管辖权的运用、常设机构的判定、应税所得类型的确认等问题都趋于复杂和混沌，而这恰恰是纳税人进行税务筹划的重要切入点。

9.5.1　电子商务使税收管辖权的运用出现困难

世界各国确立税收管辖权的原则不尽相同，有的实行属地主义，有的实行属人主义，或二者兼而有之。电子商务特有的无址化、无纸化、无界化、无形化、虚拟化的特征使得收入来源难以确定，进而影响到税收管辖权的适用。比如，外国企业利用国际互联网在一国境内开展贸易活动时，一般只需装有经过授权软件的服务器便可买卖数字化产品，其从事的商务活动已经突破了地域的限制。那么是以服务器所在地为来源地，还是以数字化产品购买者所在地为来源地？目前各国税法规定不尽一致，甚至未做规定。纳税人应在了解相关国家税收法规的基础上，做出有利于减轻自身税负的安排。

例如，新加坡实行的地域税收管辖权以该商品或劳务是否在新加坡销售为收入来源地判定标准。如果企业希望规避新加坡政府的税收，可以选择在新加坡以外的其他适合的国家注册，并将服务器设在该国，通过网络开展对新加坡客户的销售业务。这样，该企业在新加坡利用互联网从事交易就不受新加坡地域管辖权的制约。

利用居民税收管辖权进行税务筹划的核心是尽力避免成为一国的居民纳税人，而由于网络的出现，使得一些法人居民身份的判定标准受到了前所未有的挑战。比如，英国以召开董事会会议或股东大会的地点作为认定实际管理控制中心的标志，但通过网络的可视会议技术，各董事或大股东即使分散在世界各地也可以参加董事会或股东大会，这样的话，只要不在英国召开董事会或股东大会，并尽可能不把与会议有关的材料、报告放在英国国内，就摆脱了按照传统管理中心标准被认定为英国居民公司的税收待遇。

9.5.2　电子商务使常设机构的认定难以成立

在确定对非居民法人的所得是否课税时，传统税收以是否构成常设机构作为标准。按照《国际经济合作组织范本》和《联合国范本》对常设机构的初始定义，常设机构是指企业进行全部或部分营业的固定场所，但电子商务却使得非居民能够通过设在来源国服务器上的网址来实现销售活动，此时该非居民是否拥有常设机构就很难判断，因为互联网上的网址是虚拟空间，并不是固定场所。即使按照常设机构的扩展性定义——是否具备代理人的标准来衡量，网络服务供应商并不是一般意义上的代理人，据此对非居民征税显得过于牵强。到目前为止，尚没有国家对非居民互联网网址是否构成常设机构做出规定，因此，根据法律的确定性原则，可以认为互联网网址目前不构成常设机构。这样，一国非居民公司通过建立的网址进行交易，如果筹划得当，就很可能规避来源国的税收。

【实例 9-12】

在甲国有一家企业 a，它在乙国有客户。如果 a 公司在乙国设立自己的常设机构进行经营活动，则需要在乙国缴纳税款，而 a 公司又是甲国的居民法人，按照甲国税法规定亦应向甲国缴纳税款，从而面临双重征税的压力。这时 a 公司可以利用网址进行筹划，具体运作过程是：a 公司在乙国通过互联网网址销售货物或者提供劳务给乙国客户，同时在乙国设立一个辅助机构，该机构的主要任务是提供售后服务。互联网上的网址不构成常设机构，而该辅助机构不从事具体的销售活动，也没有存货，同样不构成常设机构，则该企业无须向乙国政府纳税，只承担对甲国的纳税义务，税负将明显减轻。

9.5.3 电子商务模糊了各类所得的界限

众所周知，大多数税收协定和各国国内税法对不同类型所得规定的征税办法是有差别的，但是电子商务的兴起，使得所得之间的区别模糊起来，有时候很难清晰地界定所得的类型，进而影响到征税方法的适用。

比较突出的表现就是电子商务混淆了经营所得、劳务所得和特许权使用费的界限。例如，以前在商店购买软件产品，大多以软盘或光碟的形式为载体，所支付的款项形成了商家的经营所得，但是现在可以从网上直接下载软件，那么该如何判断支付款项的性质呢？商家是取得经营所得还是取得特许权使用费？1996 年 11 月，美国国内收入局提出一项关于计算机程序和软件交易性质的规定，认为软件销售的性质如何界定关键是看购买者是否取得了复制软件以销售给公众的权利。如果没有取得这种权利，软件的销售将被看作是货物的销售，而不是特许权使用的提供。这样的规定表面看起来是明确而合理的，但在实际操作中有较大难度，大大提高了征管成本，而且对此各国并未达成共识，纳税人仍然存在进行筹划的空间。

我国税法中也有类似的规定，可以为纳税人所利用。如针对外国企业通过网络为境内企业提供信息资料服务而取得的收入是这样限定的：①如该信息资料为专利权或专有技术，则此类信息资料费属于特许权使用费，应对其征收预提所得税和营业税；②如该信息资料不涉及专利权和专有技术，而是外国企业收集、整理的一些社会公开的信息资料，则该项资料费不属于特许权使用费，而且由于资料的收集活动在境外完成，属于境外发生的劳务，因此，对此类信息资料费不征收企业所得税和营业税。可以为纳税人所利用来进行税务筹划的主要是上述第二种情况。外国企业为中国境内企业搜集各种信息，并通过网络传输是不必向中国政府纳税的。另外，无论是第一种情况，还是第二种情况，如果该企业注册地点、组建形式等方面筹划得当，在境外都是可以规避所得税和预提税的。

9.5.4 电子商务的无纸化和便捷性有助于降低税负

电子商务的一个显著特征就是无纸化，而现行税制没有明确规定网上订单是否具有纸质合同的性质和作用、是否应该缴纳印花税。网上交易方式动摇了传统的账册、凭证记账方式，使得依附于纸质应税凭证的印花税无法施行。

电子商务的交易方式还可以节省关税。互联网的普及将一些有形产品转化为数字化产品的形式，在网络上就可以实现销售，使原来必须经过海关的部分商品借助网络就轻松地传递给了消费者。这些产品可以避开关税，大大降低了税收负担。如果数字化产品的购买者处于高税国，电子商务的优势将更加凸显。

电子商务的出现推动了经济全球化的进程。跨国企业对注册地点的选择更加灵活，在避税地设立基地公司的成本也大为降低。实际上，跨国企业只要在避税地有一台电脑、一个调制解调器和一个网址就够了。伴随着电子支付手段的推广和加密技术的升级，跨国公司可以更加隐匿地利用基地公司积聚利润，而税务机关的稽查将面临许多技术难题。

由于电子商务改变了公司进行商务活动的方式，跨国企业的转让定价运作起来更为便捷，可以迅速地在关联企业之间对成本费用及收入利润做出分配和转移。电子商务在促进企业集团内部功能一体化的同时，又能够根据集团的需要将产品的开发、生产、销售等活动分散到世界各地的关联企业，使得转让定价更加复杂、严密，从而为跨国企业提供了更加灵活而安全的避税手段。

9.5.5　电子商务对企业税负的不利影响

从前面的分析不难看出，电子商务作为新兴的经营方式，蕴藏着进行税务筹划的空间，能够帮助企业实现降低税负的目标，但是，任何事物都具有两面性，电子商务亦然。在一定条件下，它可能会对企业税负带来负面影响。这一点集中体现在增值税上。再者，在电子商务方式下，取得销售方开具增值税专用发票等抵扣凭证过程比较繁琐，这显然会影响到进项税额的抵扣，如果处理不好，有可能增加企业的税负。

需要注意的是：世界各国已经意识到电子商务对传统税收理念和税收制度的冲击，为了避免政府税收收入流失，许多国家正在积极探讨如何完善电子商务税收法律法规的问题，并加强了国际间税收合作与协调。这些努力会在不远的将来发挥出效力，因此，电子商务的税务筹划没有一个固定的模式，它会随着各国税制及国际税收协定的日益健全而不断做出调整。

[总结与结论]

国际税务筹划是跨国企业财务管理的一项重要内容，通过对与税收有关的事宜的精心安排，旨在实现公司全球所得最大化的目标。

各国税收管辖权的冲突与各国税制的差异是国际税务筹划得以存在的基础和前提。与国内税务筹划相比，国际税务筹划的手段和方式更为多样化、复杂化。

从组织形式方面讲：首先，跨国公司应避免成为常设机构，从而规避来源国对非居民的税收。在无法避免成为常设机构的情况下，则可以充分利用常设机构转移货物和劳务、转移管理费用和利润。其次，跨国公司应在建立驻外国的分公司还是建立驻外国的子公司之间进行权衡。一般说来，在国外开展经营活动的初期选择分公司的形式比较适宜，因为分公司的亏损能够冲抵总公司的利润；而在正常盈利期，则可以转换为子公司的形式，以享受在子公司保留利润不汇回母公司带来的递延纳税的好处。再次，跨国企业应充分利用避税地提供的优厚条件，组建各种形式的基地公司，通过基地公司积聚利润，规避母公司居住国的高额税负。

从经营活动方面讲，居所转移及转让定价、套用税收协定等方式都是降低集团整体税负的有效途径。特别是转让定价在国际税务筹划中扮演着重要角色。它主要借助关联企业交易抬高或压低交易价格，达到将利润汇集到低税国的目的，由于高税国、低税国税率悬殊，跨国集团整体税负会趋于下降。

从国际金融业务角度讲，借助控股公司可以对直接投资业务进行税务筹划，借助金融公司可以对信贷业务进行筹划，借助投资公司可以对证券投资业务进行筹划，借助信托公司可以对财产转让业务进行筹划，而离岸银行活动又是国际银行集团进行税务筹划的重要领域。

随着近年电子商务的日益盛行，利用网络进行税务筹划成为一个新的动向。电子商务对税收管辖权、常设机构等传统税收理念提出挑战。各国政府态度大相径庭且没有统一的规定，为税务筹划留出了一定的空间。

国际税务筹划是一个历久弥新的课题。它受到国际政治经济形势、国际税收协定、跨国企业战略等多方面因素的制约。与正向税务筹划相比，逆向税务筹划则更多地考虑到非税务因素的影响。

[练习题库]

★ 案例分析题

假设德国 A 公司与卡塔尔 B 银行有贷款意向，德国 A 公司希望以优惠的利率条件获得卡塔尔银行提供的贷款。由于德国与卡塔尔没有签订避免双重征税的双边税收协定，当德国 A 公司向卡塔尔 B 银行支付利息时，应按照德国公司所得税法的规定缴纳 25% 的预提所得税，银行不会放弃应得的利益，仍然要求得到双方事先约定的利息数额，这意味着德国 A 公司将增加 1/4 的借款支出。请问，从国际税收筹划的角度出发，德国 A 公司应采用什么措施？采用该措施有什么税收方面的优势？

★ 计算题

1. 某跨国企业 M 有 3 个子公司 A、B、C，分别位于不同的国家，3 个公司适用的企业所得税税率分别为 50%、40%、25%。A 公司为 B 公司生产汽车零部件。A 公司以 2 000 万美元的成本生产了一批零部件，加上利润 600 万美元，本应按 2 600万美元的价格直接销售给 B 公司，经 B 公司组装后按 3 200 万美元的价格投放市场，但是 A 公司却将这批零部件按成本价卖给 C 公司，C 公司又转手按 3 000 万美元的价格卖给 B 公司，B 公司组装后仍按 3 200 万美元的价格投放市场。这样，各公司及集团的税收负担会发生重大变化。

请计算转让定价前后的利润额、应纳税额及税负情况。

2. 某跨国公司在我国经济特区深圳设立一子公司。跨国集团母公司所得为 6 000万元，子公司所得为 1 000 万元。母公司所得税税率为 30%，子公司所得税税率为 15%。子公司在我国缴纳所得税 150 万元，分配给母公司的股息为 200 万元（母公司所在国采用间接抵免法）。

请计算母公司应纳税额。

★ 思考题

1. 比较控股公司、金融公司、投资公司、信托公司税务筹划的特点和运行方式。

2. 分析电子商务对传统税收理念的挑战及进行税务筹划的可能性。

主要参考文献

1. 李建国，曹叠云．中华人民共和国税收征收管理法释义及实用指南［M］．北京：中国民主法制出版社，2001.

2. 中华人民共和国税收征收管理法实施细则［M］．北京：中国法制出版社，2002.

3. 史耀斌，等．《中华人民共和国企业所得税法》释义及适用指南［M］．北京：法律出版社，2007.

4. 立法起草小组：《中华人民共和国企业所得税法实施条例》释义及适用指南［M］．北京：中国财政经济出版社，2007.

5. 盖地．税务筹划［M］.4 版．北京：高等教育出版社，2014.

6. 盖地．税务筹划学［M］.3 版．北京：中国人民大学出版社，2013.

7. 朱洪仁．国际税收筹划［M］．上海：上海财经大学出版社，2000.

8. 斯科尔斯，等．税收与企业战略筹划方法［M］．张雁翎，主译．北京：中国财政经济出版社，2004.

9. 方卫平．税收筹划［M］．上海：上海财经大学出版社，2001.

10. 黄衍电．税收政策与筹划［M］．北京：经济科学出版社，2002.

11. 王兆高．税收筹划［M］．上海：复旦大学出版社，2003.

12. 计金标．税收筹划［M］．北京：中国人民大学出版社，2004.

13. 高金平．税收筹划谋略百篇［M］．北京：中国财政经济出版社，2002.

14. 梁云凤．所得税筹划策略与实务［M］．北京：中国财政经济出版社，2002.

15. 李军．纳税筹划［M］．北京：经济科学出版社，2014.

16. 陈建国．电子商务的国际避税与对策初探［J］．涉外税务，1999（1）.

17. 盖地，周宇飞．风险税务筹划方案的衡量与选择［J］．经济与管理研究，2005（9）.

18. 盖地，周宇飞．风险税务筹划决策方法探讨［J］．经济与管理研究，2007（6）.

19. 盖地．税务筹划：法律与道德的碰撞［J］．会计之友，2006（2）.

20. 盖地，钱桂萍．试论税务筹划的非税成本及其规避［J］．当代财经，

2005（12）.

21. 盖地．税务筹划的主体、目标及学科定位［J］．郑州航空工业管理学院学报，2006（5）.

22. 盖地．避税与特别纳税调整［J］．财务与会计：理财版，2008（11）.

23. 盖地，崔志娟．显性税收、隐性税收与税收资本化［J］．经济与管理研究，2008（3）.

24. 盖地．企业增值税税负辨析［J］．财务与会计，2010（9）.

25. 盖地．税务筹划：目标、原则和原理［J］．北京工商大学学报：社会科学版，2012（5）.

26. 盖地．避税的法理分析［J］．会计之友，2013（9）（中）.

27. 孙晓妍，盖地．盈余管理、受托责任关系与企业总体税负——基于企业经济资源视角的面板数据分析［J］．山西财经大学学报，2014（1）.

28. 盖地，路娜．递延所得税对财务报表信息质量的影响研究［J］．北京工商大学学报，2014（2）.